普通高等教育"十三五"精品规划教材

管 理 学

主 编 戴德锋 窦德强 熊 雯
副主编 薛 磊 邹媛春 何 鹏

北京邮电大学出版社
www.buptpress.com

内容简介

本书旨在介绍管理学的基本概念、基本知识和基本原理。内容共分为 15 章,即管理、管理者与管理学、管理思想与理论的演进、计划、决策、战略管理、组织设计与运行、组织变革与创新、人力资源管理、领导、激励、沟通、控制、创新与创业管理。在编写过程中,注重理论与实践相结合,由浅入深地介绍管理的基本理论、原理和方法。每章由学习目的、开篇案例、正文、学习要点、复习思考题、参考文献和案例分析七部分组成,力争做到既体系完整又重点突出,方便读者根据专业特点和个人兴趣与能力有的放矢地学习。

本书可以作为普通高等学校经济管理类专业本专科教材,也可供管理人员在工作实践中学习参考。

图书在版编目(CIP)数据

管理学 / 戴德锋,窦德强,熊雯主编. -- 北京:北京邮电大学出版社,2016.1(2018.7 重印)
ISBN 978-7-5635-4646-6

Ⅰ. ①管… Ⅱ. ①戴… ②窦… ③熊… Ⅲ. ①管理学－高等学校－教材 Ⅳ. ①C93

中国版本图书馆 CIP 数据核字(2015)第 304920 号

书 名:	管理学
著作责任者:	戴德锋 窦德强 熊雯 主编
责 任 编 辑:	满志文
出 版 发 行:	北京邮电大学出版社
社 址:	北京市海淀区西土城路 10 号(邮编:100876)
发 行 部:	电话:010-62282185 传真:010-62283578
E-mail:	publish@bupt.edu.cn
经 销:	各地新华书店
印 刷:	保定市中画美凯印刷有限公司
开 本:	787 mm×1 092 mm 1/16
印 张:	21.5
字 数:	537 千字
版 次:	2016 年 1 月第 1 版 2018 年 7 月第 3 次印刷

ISBN 978-7-5635-4646-6   定 价:42.00 元

·如有印装质量问题,请与北京邮电大学出版社发行部联系·

前　言

随着社会经济的迅猛发展，各类经济组织形式不断涌现，组织面临的环境越来越复杂。管理这一稀缺生产要素对于组织生存、发展和壮大所起的作用日益显著，管理已经成为一种重要的生产力。因此，学习和掌握一些管理学的基本原理和方法，对于当代大学生，特别是经济管理类专业的大学生非常必要。

管理学是研究管理活动的基本理论、基本规律和基本方法的科学，涉及众多的相关理论和专门技术，相当复杂，是经济管理类相关专业的一门重要的专业基础课。然而，管理工作千差万别，要从各种管理工作中寻找出共同的普遍适用的规律、理论和方法，是有很大难度的，因而，管理学不容易掌握。

本书在结合编者多年管理教学实践和管理研究的基础上，综合了国内外管理学领域获得普遍认可的管理研究成果，总结了管理人员在管理实践中的宝贵经验与真知灼见，力求理论联系实际，对管理学进行系统归纳和总结。从内容上讲，本书系统介绍了管理基础理论，以管理的计划、组织、领导、控制和创新五项基本职能为主要框架，全面地介绍了管理的基本概念和管理理论发展与演变的脉络，阐释了管理活动的基本规律、管理学一般原理以及各种管理技术和方法。

本书共分为十三章。每章包括学习目的、案例、问题的提出、主要内容、本章学习要点、复习思考题、参考资料、案例分析等内容。其中第一章由戴德锋编写，第三章、第六章、第九章、第十二章由薛磊编写，第五章、第八章、第十章、第十一章由窦德强编写，第二章、第四章、第七章、第十三章由邹媛春编写。熊雯对全书资料整理及审校，全书由戴德锋任主编，负责全书框架体系并统稿。最后感谢长沙商贸旅游职业技术学院熊文、厦门理工学院何鹏为本书的编写进行了资料的审校和资料的整理。

在编写过程中，我们充分考虑了书的实用性，在加入引导案例之后，还加入了大量的综合案例，以帮助学生更好地理解，锻炼分析问题、解决问题的能力。同时，我们在一些理论较深的章节配置了图表、案例以帮助理解，具有生活和时代气息，注重以人为本。

　　本书在编写过程中参阅了大量相关的著作、教材和案例资料，在此谨向这些作者、译者表示衷心的感谢。在本书的出版过程中，北京邮电大学出版社对书稿提出了许多宝贵意见，付出了大量辛勤劳动，在此表示衷心的感谢。

　　尽管编者们在编写过程中做出了很多努力，但由于水平和时间有限，书中不当之处仍在所难免，恳请广大读者批评指正。

编　者

2015 年 10 月于兰州

目 录

第一章　管理、管理者与管理学	1
第一节　管理概述	3
第二节　管理者	10
第三节　管理学的学科体系	15
本章学习要点	18
复习思考题	19
参考文献	19

第二章　管理思想与理论的演进	21
第一节　中国古代管理思想	23
第二节　西方早期管理思想产生及发展	29
第三节　现代管理丛林	40
本章学习要点	44
复习思考题	45
参考文献	45

第三章　计划	46
第一节　计划概述	48
第二节　计划的类型	54
第三节　计划的编制程序	60
第四节　制订计划的工具和技术	65
第五节　目标管理	69
本章学习要点	79
复习思考题	80
参考文献	80

第四章　决策	83
第一节　决策概述	84
第二节　决策理论	90
第三节　决策制订过程	92
第四节　决策方法	95
本章学习要点	102
复习思考题	102
参考文献	102

第五章　战略管理	104
第一节　战略及战略管理概述	106

第二节　战略层次和类型 …………………………………………… 109
　　第三节　战略管理过程 …………………………………………… 115
　　本章学习要点 ……………………………………………………… 124
　　复习思考题 ………………………………………………………… 125
　　参考文献 …………………………………………………………… 125

第六章　组织设计与运行 …………………………………………… 128
　　第一节　组织概述 ………………………………………………… 129
　　第二节　管理幅度与管理层次、集权与分权 ……………………… 134
　　第三节　组织结构设计 …………………………………………… 142
　　第四节　组织结构的主要类型 …………………………………… 151
　　本章学习要点 ……………………………………………………… 157
　　复习思考题 ………………………………………………………… 157
　　参考文献 …………………………………………………………… 157

第七章　组织变革与创新 …………………………………………… 160
　　第一节　组织变革 ………………………………………………… 162
　　第二节　组织创新 ………………………………………………… 168
　　本章学习要点 ……………………………………………………… 172
　　复习思考题 ………………………………………………………… 173
　　参考文献 …………………………………………………………… 173

第八章　人力资源管理 ……………………………………………… 175
　　第一节　招聘与甄选 ……………………………………………… 176
　　第二节　培训 ……………………………………………………… 186
　　第三节　绩效考核 ………………………………………………… 191
　　第四节　薪酬 ……………………………………………………… 195
　　本章学习要点 ……………………………………………………… 199
　　复习思考题 ………………………………………………………… 200
　　参考文献 …………………………………………………………… 200

第九章　领导 ………………………………………………………… 202
　　第一节　领导概述 ………………………………………………… 203
　　第二节　领导理论 ………………………………………………… 210
　　第三节　领导艺术 ………………………………………………… 229
　　本章学习要点 ……………………………………………………… 234
　　复习思考题 ………………………………………………………… 235
　　参考文献 …………………………………………………………… 235

第十章　激励 ………………………………………………………… 237
　　第一节　激励的原理 ……………………………………………… 238
　　第二节　激励理论 ………………………………………………… 243

第十一章 沟通

第三节 激励的要求与方法	252
本章学习要点	257
复习思考题	257
参考文献	257

第十一章 沟通 259

第一节 沟通概述	260
第二节 沟通的类型与沟通网络	264
第三节 沟通的障碍与克服	271
本章学习要点	276
复习思考题	277
参考文献	277

第十二章 控制 280

第一节 控制概述	281
第二节 控制的过程	291
第三节 控制的技术与方法	295
本章学习要点	303
复习思考题	304
参考文献	304

第十三章 管理创新与创业管理 306

第一节 管理创新	310
第二节 创业概述	318
第三节 创业过程	324
第四节 创新机会识别与评价	327
本章学习要点	333
复习思考题	333
参考文献	334

第一章
管理、管理者与管理学

本章学习目的

掌握管理的基本概念、含义和特点；
了解管理的二重性和重要性；
熟悉管理者的类型；
掌握管理人员能力与知识结构的特点；
熟悉管理学的研究对象、基本内容、方法和特点。

案例——问题的提出

联想的成功靠什么?

在联想集团的网站上可以看到这样的介绍:新联想是一家极富创新性的国际化科技公司,由联想及原IBM个人电脑事业部所组成。作为全球个人电脑市场的领导企业,联想从事开发、制造并销售最可靠的、安全易用的技术产品及优质专业的服务,帮助全球客户和合作伙伴取得成功。我们成功的基础是让客户实现他们的目标:工作高效、生活丰富多彩。联想的总部设在美国罗利,在全球66个国家拥有分支机构,在166个国家开展业务,在全球拥有超过25000名员工,年营业额达146亿美元,并建立了以中国北京、日本东京和美国罗利三大研发基地为支点的全球研发架构。

1984年,在中国的北京,柳传志带领的10名中国计算机科技人员前瞻性地认识到了:PC(Personal Computer,个人电脑)必将改变人们的工作和生活。怀揣着20万元人民币(2.5万美元)的启动资金以及将研发成果转化为成功产品的坚定决心,这11名科研人员在北京一处租来的传达室中开始创业,年轻的公司命名为"联想"(legend,英文含义为传奇)。在公司发展过程中,联想勇于创新,实现了许多重大技术突破。其中包括了研制成功可将英文操作系统翻译成中文的联想式汉卡;开发出可一键上网的个人电脑并于2003年,推出完全创新的关联应用技术,从而确立了联想在3C时代的的重要地位。凭借这些技术领先的个人电脑产品,联想登上了中国IT业的顶峰,2006年联想已连续十年占据中国市场份额第一的位置。1994年,联想在中国香港证券交易所成功上市;4年后,联想生产了自有品牌的第一百万台个人电脑。2003年,联想将其英文标识从"Legend"更换为"Lenovo",其中"Le"取自原标识"Legend",代表着秉承其一贯传统,新增加的"novo"取自拉丁词"新",代表着联想的核心是创新精神。2004年,联想公司正式从"Legend"更名为"Lenovo"。

联想在2005年5月完成对IBM个人电脑事业部的收购,新联想的梦幻组合由此形成。联想集团是一个极富创新性的高科技公司,秉承自主创新与追求卓越的传统,联想持续不断地在用户关键应用领域进行技术研发投入。联想将最新的研发成果从实验室带到市场,转化为生产力并改善人们的工作和生活。联想集团建立了以中国北京、日本东京和美国罗利三大研发基地为支点的全球研发架构;在中国大陆,联想还拥有北京、深圳、上海和成都四大研发机构。联想为全球PC技术的进步做出了重要贡献。联想集团拥有包括众多世界级技术专家在内的一流研发人才,他们曾赢得了数百项技术和设计奖项,并拥有2000多项专利,开创了诸多业界第一。联想研发团队的最终目标是改善个人电脑拥有者的整体体验,同时降低总体拥有成本。2004年3月26日,联想集团作为第一家中国企业与国际奥委会签署合作协议成为国际奥委会全球合作伙伴。2006年2月,都灵第20届冬季奥运会上,联想提供了近5000台台式电脑、600多台笔记本、近400台服务器、1600台桌面打印机以及技术支持和服务。2007年6月12日,联想向北京奥组委提供了15000余台高品质的计算技术设备。还有500名高素质的联想工程师与其他合作伙伴一起,为北京奥运会提供坚强的信息保障。

第一章　管理、管理者与管理学

联想是怎样取得成功的呢？

在联想成长的历程中，人们总要提到创始人柳传志经常强调了的自己总结出来的最深刻的心得：搭班子、定战略、带队伍，也就是他称之为"管理三要素"。人们常常将这一心得视为柳传志对中国管理理论的贡献。柳传志有个著名的比喻：房屋论。他眼里的企业管理有三个层面，最上端的"屋顶"部分是运行层面，包括研发策略、销售策略、降低成本策略等诸多方面。在运行层面，不同的行业可能有不同的做法。中间部分是管理流程，包括对物流、信息流、资金流的管理等，在这个层面由于有科学规律可寻，好的企业之间虽略有差异却已大致相同。最底层的"地基"部分是企业机制和企业文化层面的，包括现代法人治理结构、企业诚信形象的建立、内部激励机制等，在这个层面，好的企业应该是一样的。联想之所以能够成功，固然与运行层面以及管理流程方面的出色表现分不开，但最重要的原因还是因为其"地基"打得好。而要打好的这个"地基"就是柳传志称之的"管理三要素"。

简单来讲，搭班子就是讲一个企业要有一个具有统一意志、团结协作、战斗力极强的领导班子；定战略是公司各级领导的干部要有大局观念，要学会长远考虑，形成发展目标以后要学会分解成具体的战术步骤和实施策略，并能在发展中不断调整；带队伍是指塑造独具特色的企业文化，加强员工的凝聚力，培养领军人物，为未来的发展奠定基础。

（资料来源：根据联想网站和相关资料整理）

从这个案例中你能否体会到优秀管理者的个人魅力？能否感到诸如柳传志这样的优秀管理者在管理的思想上确有超人之处？是否希望通过管理学理论的学习，自己就应该依据管理学理论和思想来探索人生，努力成为像柳传志这样的人？

管理是人类一种普遍的社会活动。凡是一个由两人以上组成的、有一定活动目的的集体都离不开管理，管理是一切有组织的活动中必不可少的组成部分。随着管理实践的产生和发展，作为研究管理活动一般规律和方法的学科——管理学，也应运而生，并越来越受到人们的普遍重视。本章将围绕着管理的概念、特征，管理的职能、性质，管理者的概念、角色、技能，管理学的内容体系结构以及学习方法等问题进行论述，通过对这些问题的论述，为学习本书其余各章打下基础。

第一节　管理概述

在当今这个社会，无论从事什么职业的人都要与管理打交道，要么从事管理，成为管理者（即管理主体）；要么接受管理，成为管理对象（即管理客体）；更多的时候，既是管理者又是管理对象，也就是我们平时所说的中层管理者，他们上有上司，下有下属。管理的范围很广，大到管理一个国家，小到管理自己，管理是我们这个现实世界普遍存在的现象。

一、管理的概念

人类懂得管理的作用，掌握管理的本领，享受管理的好处，可以说由来已久。管理活动产生的原因主要应归结于人类为战胜恶劣的自然环境与凶险的内外势力,为维护自我生存与发展而产生的一种特有的"群聚"现象。对于这种现象产生的原因,人类早就有充分的认识。马克思认为:"一般来说,人们不结合在一起就不能共同劳动。他们集结在一起就是他们进行协作的条件"。切斯特·巴纳德也曾对这种现象进行过简单描述:"协作存在的理由就是克服个人能力的限制。"战国时期的荀子在其《王制》篇中,也十分深刻地揭示了人类特有的群聚现象:"水火有气而无生,草木有生而无知,禽兽有知而无义;人有气、有生、有知亦且有义,故最为天下贵也。力不若牛,走不若马,而牛马为用,何也?曰:人能群,彼不能群也。"在这里,荀子精辟地解释道,人类成为"最为天下贵",能驾驭比自己力量强大的多的牛马,主要在于人能够"群"。人类协作而产生的"群"应该就是管理学理论中的组织了。可以说,有人类就有组织。所谓组织,是由两个或两个以上的个人为了实现共同的目标组合而成的有机整体。组织需要合作、协作或协调,这样,管理就应运而生。管理是伴随着组织的出现而产生的,是协作劳动的必然产物。只要人们需要通过集体的努力去实现个人无法达到的目标,管理就成为必要。

管理的实践和人类的历史一样悠久,然而,对管理进行系统的研究,却是19世纪末20世纪初的事情。随着更多的人对管理科学的研究,人们对管理的认识也更加全面。下边部分中外学者对管理的认识,可以帮助我们对管理的内涵有个大致的了解。

科学管理理论的创始人弗雷德里克·温斯洛·泰勒(Frederick Winslow Taylor)认为,管理就是"确切了解你希望工人干些什么,然后设法使他们用最好、最节约的方法去完成它"。这一观点强调了管理对效率的意义和管理的目的性。

法国著名管理学家亨利·法约尔(Henri Fayol)最早在一般意义上概括了管理的含义。他指出管理是经营活动中的一种,它包括计划、组织、指挥、协调和控制五个职能。这是从管理的基本职能出发,说明什么是管理,同时也表明了"管理是一个过程"。

美国当代管理学家赫伯特·西蒙(Herbert Simon)认为,"管理就是决策"。这一定义突出了决策在管理中的主导地位,说明了决策与管理的内在联系。

普通管理学的创始人哈罗德·孔茨(Harold Koontz)认为,"管理就是设计和维护一种环境,使身处其中的人们能在集体内一道工作,以完成预定的目标和使命"。这里意在说明管理也是一种服务,主要服务于组织成员。

我国管理学家周三多先生将管理概括为:"管理是社会组织中,为了实现预期的目标,以人为中心进行的协调活动。"这种理解强调了管理的根本工作是协调,管理必须以人为中心。

以上的不同见解为我们全面了解管理提供了有益的帮助,综合现代管理发展的趋势,就一般意义而论,我们认为:管理就是对一个组织所拥有的各种资源进行计划、组织、领导、控制和创新,用最有效的方法实现组织目标的过程。

该定义主要包含以下几层意思:

第一,"组织所拥有的各种资源"主要包括人力资源、财力资源、物力资源、时间资源、信息资源、技术资源。资源是管理中的基本问题,资源是有限的,表现在每个组织所拥有的资源都是有限的。组织拥有的自然资源是有限的,甚至是不可再生的;组织的人文社会资源是有限的,如人类的知识文化积累是有限的;组织创造的财富相对于人们的需求而言也是有限的。资源的有限性对组织目标的确定有很大的影响,也要求组织应该充分有效地配置这些有限的资源。

第二,"计划、组织、领导、控制和创新"就是管理的职能。传统的管理职能可以细分为计划、组织、指挥、协调和控制五大职能。随着社会发展和技术进步,我们把计划、组织、领导、控制和创新作为管理新的五大职能。管理就是对各种资源的配置和利用的过程。

第三,"用最有效的方法"意味着管理活动中要遵循其客观规律,并在此基础上运用科学的方法、技术和手段。同时运用管理艺术,激发组织成员的积极性和创造性。创新是灵魂,不断创新管理体制与机制,达到高效益的目的。

第四,"实现组织目标"就是指管理活动具有目的性。目标不同,相应的管理活动也会不同。在实际管理活动中,如果组织成员中的个人目标与组织目标之间存在偏差,管理活动就很难有效地实现管理目标。管理者有一个很重要的任务就是协调组织成员的个人目标,使其与组织目标一致,完成组织目标,同时实现组织成员的目标。

二、管理的必要性

人类对于管理的需要是随着社会经济的发展和组织规模的不断壮大而日益凸显的。如果说简单的组织只需要简单的管理,管理的重要性还不显得十分突出,那么时至今日,社会和经济已获得高度发展,组织的规模越来越大,组织面临的环境越来越不确定,业务作业活动越来越现代化,管理就越来越成为影响组织生死存亡和社会经济发展的关键因素。管理对于人类社会的必要性主要表现在以下几个方面。

(一)管理是人类社会不可缺少的基本活动

人类社会从开始有生产活动起,就同时产生运用科学技术知识与合理安排生产的管理问题。管理与技术一样,是伴随着生产同时产生的,是随着生产的发展而发展的。管理活动可以追溯到古老的年代。我国的生产发展历史悠久,在技术上、管理上都有着丰富的经验并留下了宝贵的历史遗产,如万里长城、都江堰水利工程、京杭大运河等闻名中外的古代工程,这些都表现了我国古代的灿烂文化和劳动人民的精湛技艺,也反映了当时社会的管理工作水平和技术组织能力。

(二)现代化大生产更加需要科学管理

随着科学技术的迅速发展,共同劳动规模的扩大、劳动分工与协作的精心和复杂化,以及生产经营在空间和时间上联系得越来越密切,组织管理工作也就显得更为重要了,尤其要求经营决策的正确与可靠。在社会化大生产的条件下,科学的决策可以给社会和企业带来巨大的经济利益;反之,错误决策所造成的损失也是十分惨重的。

(三)管理是提高经济效益的重要途径

经济繁荣是社会发展的基础,而振兴经济必须依靠科学技术的进步,可是,如果没有科学的管理,即使有了先进的科学技术,也难以发挥应有的作用,取得良好的社会经济效益。

管理是促成社会经济发展的最基本、最关键的因素,发展中国家技术落后,但管理更落后。技术落后可以通过购买专利、引进设备、技术合作等方法加以解决,管理落后却没有现成的模式可供搬用。在今天,一个企业、一个民族乃至一个国家的发展程度,均反映了他们

的管理水平,甚至经济落后与管理水平低下是同义语的观点已经被很多人认可。

三、管理的性质

(一) 自然属性和社会属性

管理活动是人类整个社会活动的一部分,它直接与社会的经济基础和上层建筑相关联。对于任何组织的管理既具有由一定的生产力状态所决定的自然属性,又有由一定的生产关系所决定的社会属性。

1. 管理的自然属性

管理是人类社会生产分工和协作的产物,在许多个人以社会结合和协作形态进行的生产过程中,生产活动的联系、协作和有效进行,必然需要一个整体性的统一指挥的意志,需要遵从这一意志的统一管理和支配。由于人类的生产活动自始至终就是以社会协作的方式进行的。因此,管理是人类的生产活动相伴而生的活动。同时,管理也是社会公共生活的产物。人类自诞生之日起,就是以社会方式共同生活的,在共同的社会生活中产生了社会生活中公共事务和社会职能管理的需要,因此管理也是与人类的社会公共生活相伴而生的。管理的这种与社会生产和公共生活相伴而生的性质,就是管理的自然属性。

2. 管理的社会属性

作为一种社会活动,管理都是在特定的社会经济政治关系中进行的,因此管理的社会历史性质无疑是由不同社会中占统治地位的社会经济政治关系决定的。在资本主义社会,管理是在资本主义社会的经济政治关系中进行的,管理在协调社会生产的同时,更是为资本增值和剥削剩余价值而服务的;在承担社会公共职能的同时,更是为维护资本的政治统治秩序服务的。而在社会主义社会,管理则是为无产阶级和全体劳动人民的经济政治利益服务的。管理的这种特殊性,使得管理具有特定的社会历史性质,具有特定的目标和价值取向,这就是管理的社会属性。

管理的自然属性告诉我们,管理普遍存在于一切社会协作生产和社会公共生活的过程中,管理具有自身的一般规律,管理活动与方法具有科学性和借鉴性。管理的社会属性告诉我们,管理总是在一定生产关系下进行的,体现着一定的统治阶级的意志。所以,在学习西方管理理论时应有原则性,必须能够正确评价资本主义的管理理论、技术和方法,从中去其糟粕、取其精华;在研究后要有选择地在实践中试用,并加以改造,使其适合我们的实际情况,这样才能使其成为我国管理科学体系的有益组成部分。

(二) 科学性和艺术性

1. 管理的科学性

管理的科学性是指它以反映管理客观规律的管理理论和方法为指导,有一套分析问题、解决问题的科学的方法论。管理的科学性是管理作为一个活动过程,其中存在着一系列基本客观规律。人们经过无数次的失败和成功,通过从实践中收集、归纳、检测数据,提出假设,验证假设,从中抽象总结出一系列反映管理活动过程中客观规律的管理理论和一般方法。人们利用这些理论和方法来指导自己的管理实践,又以管理活动的结果来衡量管理过程中所使用的理论和方法是否正确,是否行之有效,从而使管理的科学理论和方法在实践中得到不断的验证和丰富。

2. 管理的艺术性

管理的艺术性就是强调其实践性,没有实践则无所谓艺术。这就是说,仅凭停留在书本上的管理理论,或背诵原理和公式来进行管理活动是不能保证其成功的。主管人员必须在管理实践中发挥积极性、主动性和创造性,因地制宜地将管理知识与具体管理活动相结合,才能进行有效的管理。所以,管理的艺术性,就是强调管理活动除了要掌握一定的理论和方法外,还要有灵活运用这些知识与技能的技巧和诀窍。

从管理的科学性与艺术性可知,有成效的管理艺术是以对它所依据的管理理论的理解为基础的。因此二者之间不是互相排斥,而是互相补充的。靠"背诵经典"来进行管理活动,将必然是脱离或忽视现实情况的无效活动;而没有掌握管理理论和基本知识的主管人员,在进行管理时必然是靠碰运气,靠直觉或过去的经验办事,很难找到对管理问题的可行的、令人满意的解决办法。所以,管理的专业训练不可能培训出"成品"的主管人员,但却是为通过实践进一步培训主管人员的一个良好的开端,它为培养出色的主管人员在理论知识方面打下坚实的基础。当然,仅凭理论也不足以保证管理的成功,人们还必须懂得如何在实践中运用它们,这一点也是非常重要的。因此,管理既有科学性,又有艺术性,是科学与艺术的有机结合体。管理的这一特性,对于学习管理学和从事管理工作的主管人员来说也是十分重要的。它可以促使人们既注重管理基本理论的学习,又不忽视在实践中因地制宜地灵活运用,这一点,可以说是管理成功的一项重要保证。

(三) 普遍性和特殊性

1. 管理的普遍性

管理在组织中具有普遍性。作为管理人员,不管他在何处,其履行的职责都是一样的,无论他是一位高层经理还是一位基层监工,是在赢利性的组织还是在公共服务部门,是在跨国的大公司还是几十个人的小企业,也无论是在纽约还是在北京,他都要做决策、设立目标、建立有效的组织结构、雇用和激励员工、从法律上保障组织的生存,以及获得内部的政治支持以实现计划等。

2. 管理的特殊性

管理的普遍性仅仅是针对管理者的工作内容而言,而且是经过抽象化的分类(管理的职能)。换句话说,脱离了管理者的工作职能,管理的普遍性将不复存在。

现实中的情况是并不存在一种适用于各种情况的普遍的管理方法,管理只能依据具体的情况行事。管理人员的任务就是研究组织内部的各种因素和外部的经营环境,弄清这些因素之间的关系及其发展趋势,从而决定采用哪些适宜的管理模式和方法。

(四) 目的性和动态性

1. 管理的目的性

管理是人类一种有意识、有目的的活动,因而它有明显的目的性。管理的这一特征是我们区别自然界和人类社会中那些非管理活动的重要标志。凡是盲目的、没有明确目的的活动，都不能称其为管理活动；那些纯属于由生理功能驱使、无意识的本能活动，都不能称其为管理活动。管理的目的性是由管理活动产生和发展的内在要求决定的。如果管理没有一定的目标，那么管理就没有存在的必要了。管理的目的性要求管理人员时刻明确管理的目标是什么，围绕目标实施有效的管理。

2. 管理的动态性

管理的动态性主要表现在管理活动需要在变动的环境与组织本身中进行，需要消除资源配置过程中的各种不确定性。由于各个组织所处的环境与具体的工作环境不同，各个组织的目标与从事的行业不同，因而导致了每个组织中资源配置的不同性，这种不同性也是管理动态性的一种派生。管理活动要适应外部环境的变化而变化，因而没有一成不变的管理模式。管理的动态性要求管理者时刻研究和关注组织内外环境的变化，保持管理模式与环境的动态适应性，适时调整管理的内容、手段、方式和方法。

四、管理的职能

管理的职能是指组织的管理活动究竟由哪些基本的工作（或活动）构成，这涉及管理人员工作的内涵，即管理工作究竟在一个组织中负责哪些方面的工作。关于这个问题，在管理学界是颇有争议的。在最早奠定管理学理论框架的亨利·法约尔的论述中，他在1916年出版的《工业管理与一般管理》将管理工作划分为五种职能：计划(Planning)、组织(Organizing)、指挥(Commanding)、协调(Coordinating)和控制(Controlling)。在美国著名的管理学专家哈罗德·孔茨和西里尔·奥唐奈的著作《管理学》中，将计划、组织、人事、领导和控制看成是管理工作的基本职能，这些划分就本质而言，都是对亨利·法约尔管理五职能论的一种微调和修改。自20世纪80年代以来，随着社会科学技术的飞速发展，生产力水平的不断提高，组织的内外环境发生了根本性变化，管理活动的内容也日益复杂化、多样化。一些学者对管理职能的划分又增添了不少新的内容，具有代表性的是将决策与创新活动作为管理的两项新的职能看待。如在周三多编著的《管理学》中，将决策、组织、领导、控制和创新视为管理工作的基本职能。本书赞同国内一些学者的观点，将管理职能划分为计划、组织、领导、控制、创新五项职能。

（一）计划(Planning)

计划就是在对未来探索的基础上，制订组织的行动计划。人们在从事一项活动之前首先要制定计划，这是进行管理的前提。

计划职能是决策的具体化，它包含确定组织的使命和目标，制订组织实现这些目标的计划，以及如何科学地将计划层层展开、落实、具体化，协调组织按时间，按标准地完成各项任务。

（二）组织(Organizing)

组织就是建立企业的物质和社会的双重结构。为保证计划的顺利实现，管理者要根据计划对组织活动中的各种要素和人们在工作中的分工合作关系进行合理的安排,这就是管理的组织职能。

组织职能包含明确组织所承担和需要完成的任务,实现组织权利的划分,根据权责对等的原则,明确完成任务的人员,组织机构的设置,信息指令的传递渠道的建立,以及组织任务和工作的协调。

(三) 领导(Leading)

组织中最重要的资源是人,管理者的任务不仅要设计合理的组织,把每个成员安排在适当的岗位上,而且更主要的任务是指导和协调组织成员,调动其工作积极性,发挥其主观能动性,努力使每位成员以高昂的士气、饱满的热情投身到组织活动中去。

所谓领导是在一定条件下通过指导、沟通、激励与奖惩等手段为实现组织目标而对组织内群体或个体实行影响的行为过程。它包含领导模式的确定;激励下属的原则与方法,引导他们实现组织的目标;如何选择有效的沟通渠道,增强组织领导与组织成员的相互理解,以及解决组织成员之间的冲突和矛盾。

(四) 控制(Controlling)

控制是指为了确保组织目标及为此制订的行动方案能够顺利实现,在方案计划的实施过程中,根据反馈的信息将计划实施结果与计划目标进行对比分析,发现或预见到偏差及时采取措施予以纠正或修改目标的管理活动。

控制的实质就是使组织进行的各项工作尽可能地符合和按照计划运转,并完成计划中所制定的各项目标。它包含控制标准的设置,现场的监督与管理,收集工作进行的信息,将信息与标准进行比较,发现工作中的缺陷,及时采取纠正措施,确保组织工作能沿着正确的轨道前进。

(五) 创新(Innovation)

创新是一项重要的管理职能,在一个科技迅猛发展、环境瞬息万变的社会,任何因循守旧、墨守成规、缺乏创新的组织都将在激烈的竞争中被淘汰出局。经济学家约瑟夫·熊彼特认为,资本主义的发展主要依赖企业家的创新活动这一"内在因素"。这种创新包括引进新产品、采用新技术、开辟新市场、发掘原材料来源等"技术创新"及改进企业组织等"制度创新"。现代社会创新的内容更加广泛,除了技术创新与制度创新以外,还包括观念创新、管理创新等内容。

尽管计划、组织、领导、控制和创新职能都有各自的工作职权与范围,但在管理工作中,它们之间存在着内在的逻辑关系。在组织的工作中,人们会自觉或不自觉地按照计划—组织—领导—控制—创新的顺序开展工作。因为,计划职能具有先导性、首要性,根据计划的要求和安排,确定组织的机构、部门的设置,然后选定有效的领导方式和恰当的激励方式,再根据计划的要求,设置控制标准,进行控制,确保计划的完成,最后还要时时刻刻进行各种创新活动。由于组织在其存在的时间段内是个运行的"生命体",因而这过程又是一个周而复始,头尾相接的过程。

第二节 管理者

管理活动通常是通过人来进行的,人是进行管理活动的主体,因此把执行管理任务的人统称为"管理人员""管理者",管理的任务当然也就是管理人员的任务。管理者是组织最重要的资源,其工作绩效的好坏直接关系着组织的成败兴衰。所以,美国管理学家德鲁克曾这样说:"如果一个企业运转不动了,我们当然是去找一个新的总经理,而不是另雇一批工人。"因此,我们有必要了解管理者的基本概念、角色和技能。

一、管理者的概念

传统观点认为,管理者是运用职位、权利对人进行统驭和指挥的人。这种概念强调的是组织中的正式职位和职权,强调必须拥有下属。美国学者德鲁克曾给管理者下定义:在一个现代的组织里,每一个知识工作者如果能够由于他们的职位和知识,对组织负有贡献的责任,因而能够实质性地影响该组织经营及达成成果的能力者,即为管理者。这一定义强调作为管理者首要的标志是必须对组织的目标负有贡献的责任,而不是权利;只要共同承担职能责任,对组织的成果有贡献,他就是管理者,而不在于他是否有下属人员。依据这一分析,管理者的定义应为:管理者是指履行管理职能,对实现组织目标负有贡献责任的人。

二、管理者的分类

(一)按层次分类

管理者是指从事管理活动的人,即在组织中担负计划、组织、领导、控制和创新五项职能以实现组织目标的人。管理者按其在组织中所处层次的不同,可分为高层管理者(Topmanagement)、中层管理者(Middlemanagers)和基层管理者(First-line managers),如图1-1所示。

1. 高层管理者

高层管理者是组织中处于最高领导层的人,在组织内管理人员中占的数量很少,是对整个组织的管理负有全面责任的管理者。其主要职责是制订组织总目标、总战略,掌握组织的大政方针,对组织绩效负责。高层管理者的决策是否科学,职权利用是否得当等直接关系到组织的存亡兴衰,因此也称为决策层。如学校的正、副校长,企业的董事会成员,医院的正、副院长等。

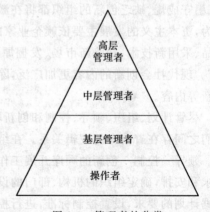

图1-1 管理者的分类

2. 中层管理者

中层管理者是组织中处于中层机构的负责人,处于高层管理者和基层管理者之间的管理者。其主要职责是贯彻执行高层管理人员所制定的重大决策,监督和协调基层管理人员的工作,或对某一方面的工作进行具体的规划和参谋。中层管理者在组织中起着承上启下的作用,对上下级之间的信息沟通、政令通行等负有重要的责任,也称执行层。如企业各职能部门领导,学校的部、院、系领导,医院医务部(处)主任等。

中层管理者一般可分为三类:行政管理人员、技术性管理人员、支持性管理人员。

3. 基层管理者

基层管理者是组织中处于最低层次的管理者,是最直接的一线管理者。它们的主要职责是给下属作业人员分派具体工作任务,直接指挥和监督现场作业活动,保证各项任务的有效完成,也称作业层。如企业车间主任、学校教研室主任、医院科室主任等。

不同层面的管理者,在行使管理职能时的侧重点有很大差别,高层管理者往往关心组织的长远目标、战略计划和重大的方针政策,偏重于计划、组织和控制等职能。而基层管理者更加注重具体工作的落实和执行,他们更侧重于对组织成员的激励和面对面的领导。中层管理者则介于两者之间。

(二) 按领域分类

按管理者的工作领域划分,可以分为综合管理者和职能管理者。

1. 综合管理者

综合管理者即负责整个组织或组织中某个部门的全部管理活动的管理人员。他们是一个组织或该部门的主管,对整个组织或该部门目标实现负有全部责任;他们拥有这个组织或该部门所必需的权利,有权指挥和支配整个组织或该部门的全部资源与职能活动,并能从目标完成过程中获得相应的利益。

2. 职能管理者

职能管理者也称专业管理人员,是指在组织内只负责某种职能的管理人员。这类管理者只对组织中某一职能或某一专业领域的工作目标负责,只在本职能或专业领域内行使职权和指导工作,即仅仅负责管理组织中某一类活动的管理者。

三、管理者的角色

当一些学者从管理职能的角度来研究管理问题时,另外一些学者却从另一视角进行了研究。最具代表性的研究之一是由著名管理学专家亨利·明茨伯格(Henry Mintzberg)提出的管理角色论。他于1975年在《哈佛商业评论》发表了文章《管理者的工作:传说与事实》。在这篇文章中,他认为管理者:"为负责一个组织或该组织的下属部门的人",并认为"管理者的工作可用各种'角色',或者与某一职位相关的井然有序的行为来描述。"明茨伯格将管理者日常的工作分为10种角色:3种人际角色(interpersonal roles),这三种人际角色又产生了3种信息角色(informational rules),这两类角色使管理者能够扮演4种决策角色(decisinal rules)。

对这 10 种角色更为具体的描述如表 1-1 所示。

表 1-1 明茨伯格的管理者角色理论

角 色	描 述	特 征 活 动
人际关系方面		
1. 名义首脑	象征性的首脑,必须履行许多法律性的社会性的例行义务	迎接来访者,签署法律文件
2. 领导者	负责激励和动员下属,负责人员配备、培训和交往的职责	实际上从事所有的有下级参与的活动
3. 联络者	维护自行发展起来的外部接触和联系网络,向人们提供恩惠和信息	发感谢信,从事其他有外部人员参加的活动
信息传递方面		
4. 监听者	寻求和获取各种特定的信息(其中许多是即时的),以便透彻地了解组织与环境;作为组织内部和外部信息的神经中枢	阅读期刊和报告,保持私人接触
5. 传播者	将从外部人员和下级那里获得的信息传递给组织的其他成员——有些是关于事实的信息,有些是解释和综合组织的有影响的人物的各种价值观点	举行信息交流会,用打电话的方式传达信息
6. 发言人	向外界发布有关组织的计划、政策、行政、结果等信息;作为组织所在产业方面的专家	举行董事会议,向媒体发布信息
决策制定方面		
7. 企业家	寻求组织和环境中的机会,制订"改进方案"以发起变革,监督某些方案的策划	制定战略,检查会议决议执行情况,开发新项目
8. 故障排除者	当组织面临着重大的、意外的动乱时,负责采取补救行动	制定战略,检查陷入混乱和危机的时期
9. 资源分配者	负责分配组织的各种资源——事实上是批准所有重要的组织决策	高度协调、询问、授权,从事涉及预算的各种活动,安排下级的工作
10. 谈判者	在主要的谈判中作为组织的代表	参与工会进行合同谈判

在人际关系方面,经理人员首先要扮演好挂名领导的角色,承担这种角色,经理要在所有的礼仪事务方面代表其组织。此外,经理还要扮演联络者和领导者的角色。作为联络者,经理要与组织以外的其他经理和其他人相立交往,维护自行发展起来的外部接触和联系网络。作为领导者,经理要处理好与下属的关系,对组织成员做好激励和调配工作。

在信息传递方面,经理人员主要扮演信息监听者、传播者和发言人的角色。作为监听者,经理要注意接收和收集信息,以便对组织和环境有彻底的了解,进而成为组织内外部信息的神经中枢。作为传播者,经理要把外部信息传播给他的组织,并把内部信息从一位下属传递给另

第一章　管理、管理者与管理学

一位下属。作为发言人,经理要把组织的有关信息传递给组织以外的人,既包括董事会和更上一层次的管理当局,也包括供应商、同级别的人、政府机构、顾客、新闻媒体以及竞争对手。

在决策制定方面,经理人员又要扮演企业家、故障处理者、资源分配者和谈判者的角色,并相应执行四个方面的任务:一是寻求机会,制订方案,从事变革,并对某些方案的设计进行监督;二是在组织面临重大的、出乎预料的故障时,采取补救措施;三是负责对组织的所有资源进行分配,事实上就是做出或批准所有重大的组织决定;四是代表组织参加与外界的重要谈判。

这些角色是一个相互联结的整体,虽然各种类型的管理者出于行业、等级和职能的不同,担任每一角色的分量也不完全相同,但总的来说,都或多或少地担任着这些角色。

明茨伯格最后的结论是:"我对管理工作的描述揭示出许多重要的管理技能:建立同行关系、进行谈判、激励下属、解决矛盾、建立信息网络并传播信息、在不确定的情况下做决策,以及分配资源。"

明茨伯格通过实际观察而得出的管理者工作内容,对人们更清楚地认识与了解管理者的工作特性是有好处和帮助的,这也有利于管理者在工作中根据自己的职位来确定自己的工作内容,更好地开展工作。

> 下面五种情形各属于哪一类管理角色?
> A 管理者与职工代表谈判签订新用工合同
> B 管理者向员工演示如何填写某些表格
> C 管理者早上上班后阅读当天的报纸
> D 管理者开发新的全面质量管理技术
> E 销售经理处理顾客投诉

四、管理者应具备的技能

不管什么类型的组织中的管理者,也不管其处于哪一管理层次,所有的管理者都需要有一定的管理技能,才能开展行之有效的管理工作。一个管理者要想把计划、组织、领导、控制这些管理职能付诸实践,要想在千变万化的复杂环境中进行有效的管理,实现组织的目标,就必须使自己具备必要的管理技能。罗伯将·李·卡茨(Robert. L. Katz)列举了管理者所需的三种素质或技能,海尔茨·韦里克对此进行了补充。综合来说,管理者需要具备的素质或管理技能主要有三类:技术技能、人际关系技能和概念技能。

(一) 技术技能

技术技能是指管理者掌握和熟悉运用某一专业领域内的知识、技术和方法的能力。技术技能包括专业知识、经验、技术、技巧、程序、方法、操作与工具运用的熟练程度等。例如,会计拥有财会方面的技术能力,营销人员拥有市场研究和销售技术方面的技术技能。这些是管理者对相应专业领域进行有效管理所必备的技能。管理者虽不能完全做到内行、专家那样,但必须懂行。特别是一线管理人员,技术技能尤为重要。医院院长不应该是对医疗过程一窍不通的人;学校校长也不应该是对教学工作一无所知的人;工厂生产经理更不应该是对生产工艺毫无了解的人;而如果是生产车间主任,就更需要熟悉各种机械的性能、使用方法、操作程序,各种材料的用途、加工工序,各种成品或半成品的指标要求等。因为一线管理人员大部分时间是从事训练下属人员或回答下属人员有关具体工作方面的问题。因此,他们必须知道如何去做自己下属人员所做的各种工作,只有这样才能成为下属所尊重的管理人员。

(二)人际关系技能

一个管理者的大部分时间和活动都是与人打交道的:对外要与有关的组织和人员进行联系、接触;对内要联系下属,协调下属,调动下属的积极性。所有这些都要求管理者必须具备人际关系方面的技能。人际技能要求管理者了解别人的信念、思考方式、感情、个性以及每个人对自己、对工作、对集体的态度,个人的需要和动机,还要掌握评价和激励员工的一些技术和方法,最大限度地调动员工的积极性和创造性。在以人为本的今天,人际技能对于现代管理者是一种极其重要的基本功。这种技能对各层次的管理人员都具有同等重要的意义。

(三)概念技能

概念技能是指管理者观察、理解和处理各种全局性的复杂关系的抽象能力。任何管理都会面临一些混乱而复杂的环境,管理者应能看到组织的全貌和整体,并认清各种因素之间的相互联系,如组织与外部环境是怎样互动的,组织内部各部门是怎样相互作用的等,并经过分析、判断、抽象、概况,抓住问题的实质,并作出正确的决策。这就是管理者应具备的概念技能。具体包括:对复杂环境和管理问题的观察、分析能力;对全局性的、战略性的、长远性的重大问题处理与决断的能力;对突发性紧急处境的应变能力等。其核心是一种观察力和思维能力,这种能力对于组织的战略决策和发展具有极为重要的意义,是组织高层管理者所必须具备的,也是最为重要的一种技能。

上述三种技能,对任何层次的管理者来说,都是应当具备的。但不同层次的管理者,由于所处位置、作用和职能不同,对三种技能的需要程度则明显不同。高层管理者尤其需要概念技能,而且,所处层次越高,对这种概念技能要求越高。这种概念技能的高低,成为衡量一个高层管理者素质高低的最重要的尺度。而高层管理者对技术技能的要求就相对低一些。与之相反,基层管理者更重视技术技能。由于他们的主要职能是现场指挥与监督,所以若不掌握熟练的技术技能,就难以胜任管理工作。当然,相比之下,基层管理者对概念技能的要求就不是太高。不同的管理层次对管理者技能要求的重点是不相同的,但是各管理层对人际技能的要求却是相同的。

不同层次管理者对技能需要的比例如图1-2所示。

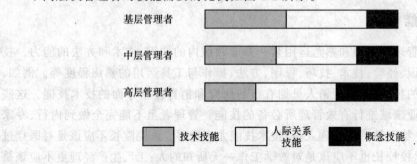

图1-2 不同层次管理者所需管理技能

第一章 管理、管理者与管理学

第三节 管理学的学科体系

一、管理学的研究对象

管理学是管理学科体系的重要组成部分,作为一门独立的学科,它研究的客体是人类社会的各种管理活动涉及的基本要素、基本理论、基本原则、基本技术和基本方法。它不是研究某一特殊领域的管理活动,而是研究不同的组织活动中共同的原理和原则,也就是以各种管理工作中普遍适用的原理和方法作为研究对象。

随着人类社会的实践活动日益丰富,科学技术飞速发展,管理在人们各种活动中的作用越来越受到广泛关注和重视,管理技术、管理手段、管理方法将得到充分体现,这就为全面、系统、深入地研究管理活动过程中的客观规律与一般方法提供了必要的条件和基础。

二、管理学研究的内容

就管理学研究的基本内容而论,可将其大体上作"总—分"的划分。

(一) 管理学说论

该部分内容主要是就管理学最一般的基本范畴、基本原理、基本观点、基本理论和基本方法的问题作系统的介绍。总论又分为两个基本内容。

1. 就管理的含义、参与管理过程的要素、管理的本质、管理的职能作阐述

就管理过程的规律性东西以原现、原则的方式作较详细的介绍。这方向内容的展开,是以总分合的逻辑顺序拓展的。先是从总体上说明管理的本质含义,采取纵横相结合的方法力求透彻揭示管理的意义。在明确了管理本质含义的前提下,对管理过程的方方面面的分析以及管理的具体功能的说明便有了基础。而管理过程各要素的分析和管理基本职能的阐述,又为统观管理总体,深入揭示管理过程的规律性奠定了逻辑前提。管理的基本原理以及引申的诸原则的介绍,就是运用分析与综合相统一的方法揭示管理过程规律性所获得的成果。

2. 就管理思想的历史发展,运用历史与逻辑相统一的方法作简括的介绍

该问题从形式上看似乎与第一方面的内容相距甚远,其实只要我们从相关性上加以思考,就会发现后一方面的内容实际上是前一方面内容的充实和丰富。只要从历史过程考察一下前人对管理实践众多方面的思考所获得认识成果就会真切体会到,我们现在所阐述的有关管理的概念、范畴、原理、原则和方法等内容只不过是前人各种优秀研究成果的积淀而已。

(二) 管理职能过程

该部分内容是总论中有关管理职能内容的分出。它之所以作为相对独立的内容加以较详尽的阐述,因为它是管理学的最基本内容。换言之,即以计划、组织、领导、控制、创新等形式展示出来。

管理的职能若从形式上考察,每一个都是相对独立的环节。但从管理展开过程去考察各职能,就不难发现,每一职能的发挥都是过程的系统,且该系统过程的现实展开总是与其他联系系统交织在一起的。也就是说,在实际的管理活动中,不存在截然分割的所谓各职能环节。当然,我们也不应该以此为据,否认管理过程存在的基本职能,否则我们就不仅不能真切理解管理的本质意义,更难具体说明管理的真正作用。

三、管理学的学科特点

(一) 管理学是一门软科学

软、硬科学之分是借用了计算机科学中"软件"与"硬件"的术语衍生而来。计算机的硬件是指运算器、存储器、控制器、输入/输出设备等具有物质形态的设备和装备;软件是指操纵、指挥和控制计算机运算的各种算法语言、命令、指令、数据库等智能形态的技术系统。人们将具有物质形态的工程科学称为硬科学,而将具有智能形态的信息科学称为软科学。

软科学是研究软件的科学。它研究的是经济、科学、技术、管理、教育等社会环节之间内在的联系及发展规律,从而为它们的发展提供最优化的方案和决策。软科学研究的范围包括管理科学、系统分析、科学学、预测研究和科学技术论等学科,管理学是最早出现的一门软科学。管理学是研究人、财、物等有形资源和信息、规划、决策、预测等无形资源的合理利用的科学,但研究对象及其成果却不是有形物质的本身,而是合理利用这些资源的原理、原则、战略、方案、程序和方法,因此,管理学是一门软科学。

(二) 管理学是一门边缘科学或交叉科学

所谓边缘科学,是指在那些学科领域之间的交叉点、面上产生的新学科。管理学是20世纪发展起来的新兴学科,它的内容涉及政治经济学、生产力经济学、技术科学、数学、社会心理学、伦理学、电子计算机等多种学科的技术,管理学是这些学科交叉渗透的结果。例如,经营决策就涉及社会学、心理学、经济学、数学、法学等多种学科;企业的技术开发、生产过程组织、产品质量管理等都涉及许多专门的技术学科。

管理学是涉及多学科、多领域的边缘学科。管理学的研究是在许多学科的交界领域辛勤耕耘,对各相关学科的知识必须兼收并蓄,才能建立起完善的管理科学体系。作为一名管理者,必须对经济学、社会学、心理学等众多的学科有基本的了解,进而在面对实际问题时可以广博地结合运用。由于管理学涉及众多学科的知识,使得一个人的精力和智慧确实难以驾驭如此复杂的交叉领域,因此,人们在管理实践中成立了管理智囊团或思想库,注重组织成员的在职培训以便吸收新的知识。有的组织还十分重视借用"外脑",请外部的管理专家或管理咨询公司给自身的管理做诊断、提建议。

(三) 管理学是一门应用科学

科学结构学认为,科学可以分为基础科学、技术科学和应用科学三个门类。基础科学是以自然现象和物质运动形式为研究对象探索自然界发展规律的科学,如数学、物理学、化学、天文学、生物学等学科;技术科学是研究技术理论和专业技术的科学,如计算机科学、机电工程学、化学工程学等;而应用科学的特点是研究如何将基础理论和科学技术成就转化为社会生产力,转化为社会的有效财富。

管理学是一门应用科学,它的任务是合理地、有效地组织和利用人力、物力、财力、时间、信息等资源,运用管理方法和管理技术来管理这个转化过程,并在过程中起主导作用。

管理学的应用性质不仅是管理原则、方法和技术的应用,更重要的是管理思想和管理艺术的应用。只有把管理的一般原则与管理对象的具体实际联系起来,运用思想和艺术的力量,才能真正地发挥管理的应用学科作用。

管理学来源于管理实践并反过来指导管理实践,作为管理者,必须时时接触实际产生的各种复杂问题,在不断分析和解决问题的过程中吸收智慧养分。脱离管理实际的管理理论是无用的,不能带来成就的管理方法也绝对不可能有效。

(四)管理学是一门发展中的科学

把管理作为一门科学来研究还只不过几十年时间,因此它还是一门非常年轻的学科,还处于不断更新、完善和发展之中。同时作为一门与社会经济发展密切相连的学科,它也必将随着经济的发展和科技的进步而进一步发展。

四、管理学的研究方法

(一)历史研究方法

历史研究方法要求从管理现象产业与变化发展的历史背景和范围中去把握管理的本质及规律;同时,这一方法要求从历史的因果联系中去把握管理的本质和发展规律,注重历史事实的分析和把握,要求分析管理现象与特定历史条件下的各种因素的联系,分析不同历史条件下管理现象之间的因果联系,以此作为探讨管理规律,解释和验证管理现象、理论、原则和方法的依据。

(二)系统分析法

所谓系统是指出相互作用和相互依赖的若干部分结合而构成的,具有特定功能的有机整体。组织本身是一个系统,就管理过程而言其本身也是一个系统,它是由各个管型职能相互联系、相互作用而构成的有机整体。由此,在学习和研究管理活动时,必须要以系统的观点进行指导,以系统的方法开展研究,对影响组织运行及管理过程中的各种要素及其相互之间的关系进行整体的、系统的分析。

(三)比较研究法

比较研究法是把同类管理现象进行比较分析,求其共同性和差异性,以探求管理规律的方法。管理学中的比较研究方法,既包含对管理的总体过程的活动的比较,也包含对管理的各要素、各方法的比较;既包含对管理的纵向历史比较,也包含对管理的横向比较;既包含求异的研究过程,也包含求同的比较过程;既包含对异同的分析,也包含对产生异同的原因、本质以及这些异同对于管理的影响的分析。

(四) 定性和定量研究方法

定性研究方法是对管理现象性质的分析,该方法主要运用归纳的思维方法,对客观的管理现象进行抽象,判别管理现象的客观属性和客观联系。定量研究方法是对管理现象中可以量化的部分进行测量和分析,以检验研究者自己关于该现象的某些理论假设的研究方法。定量研究方法有一套完备的操作技术和规范,如抽样方法、资料收集方法、数字统计方法等。

(五) 实验法

在管理学的研究中,实验法是重要的研究方法之一,特别是针对微观组织内部的一些管理问题。比如泰勒的动作研究、梅奥的霍桑实验都是典型的实验法。实验法在运用中需要给实验对象创造出一定的条件,然后观察其实验结果,把实验对象的结果与对照组进行比较,找出外加条件与实验结果之间的因果关系,在多次实验的基础上就可以得出比较准确的结论。

(六) 跨学科的研究方法

管理现象的复杂性和多样性,决定了对于管理现象的研究必须从多学科、多角度展开,因此,多学科方法的运用,成为管理学研究的重要特点。管理学在研究中大量借鉴社会科学和自然科学等多种学科的研究方法,如经济学的研究方法、社会学的研究方法、心理学的研究方法、自然科学的系统论、信息论、控制论、协同论、运筹学方法等。

本章学习要点

1. 管理是人类组织起来后特有的一种社会活动。管理活动的主要目的是通过协调活动,使组织的成员目标与组织的目标达到一致,从而提高组织的效率和效果。

2. 管理就是对一个组织所拥有的各种资源进行计划、组织、领导、控制和创新,用最有效的方法实现组织目标的过程。

3. 管理具有自然属性和社会属性、科学性和艺术性、普遍性和特殊性、目的性和动态性等特征,管理的基本职能为计划、组织、领导、控制和创新。

4. 管理者是组织中承担管理工作的人员。工作的性质决定管理者应该具有能承担管理工作的基本素质。在不同层次的管理人员,其能力结构具有差别。管理能力的突出是管理人员的主要特征,越是高层的管理人员,其管理能力应该越强。

5. 管理者按其在组织中所处层次的不同,可分为高层管理者、中层管理者和基层管理者,按管理者的工作领域划分,可以分为综合管理者和职能管理者。

6. 明茨伯格将管理者日常的工作分为10种角色:3种人际角色,这三种人际角色又产生了3种信息角色,这两类角色使管理者能够扮演4种决策角色。

7. 管理学是管理学科体系的重要组成部分,它研究的客体是人类社会的各种管理活动涉及的基本要素、基本理论、基本原则、基本技术和基本方法。

复习思考题

1. 管理的含义是什么？除了本章给出的管理定义外，你能否给管理一个更确切的定义？
2. 什么是管理的二重性？它对我国的管理实践有何意义？
3. 结合实际，谈谈你是怎样认识管理的科学性和艺术性的？
4. 管理的职能有哪些？它们的相互关系如何？请简要说明。
5. 简述管理者扮演的角色与所需要的技能。
6. 如何理解管理学的特点？
7. 管理学的研究方法有哪些？

参 考 文 献

[1] 陈立富,刘保海,夏保京.管理学:理论与方法.上海:第二军医大学出版社,2010.
[2] 耿俊丽.管理学基础.兰州:兰州大学出版社,2010.
[3] 李先江.管理学.北京:北京大学出版社,2012.
[4] 王雪峰,段学红.管理学基础.北京:中国经济出版社,2009.
[5] 张燕.管理学.南京:东南大学出版社,2008.
[6] 韩乐江,李朝辉.管理学基础.北京:中国商务出版社,2009.
[7] 刘金方.现代管理学.成都:电子科技大学出版社,2010.
[8] 廖建桥.管理学.武汉:华中科技大学出版社,2010.
[9] 谭力文,刘林青.管理学.北京:科学出版社,2009.
[10] 明茨伯格.管理者的工作:传说与事实.哈佛商业评论(中文版),2004(1).
[11] 罗宾斯.管理学(第4版).黄卫伟,等,译.北京:中国人民大学出版社,1997.
[12] 部分资料来自:http://baike.baidu.com/.

案例分析

星巴克的 CEO

星巴克(Starbucks)是美国一家连锁咖啡公司的名称,1971年成立,为全球最大的咖啡连锁店,其总部坐落在美国华盛顿州西雅图市。除咖啡外,星巴克还有茶、馅皮饼及蛋糕等商品。星巴克在全球范围内已经有近13 000家分店,遍布北美洲、南美洲、欧洲、中东及太平洋地区。

舒尔茨(Schultz)第一次走进星巴克咖啡公司是在1981年,当时他是来推销咖啡壶的,而那时的星巴克是一家拥有3家连锁店的咖啡豆和咖啡用具销售商。舒尔茨一走进星巴克咖啡就喜欢上了它，他花了一年的时间说服了店主聘用自己担任营销总监。一年之后，在意大利旅行时，舒尔茨注意到当地的咖啡馆提供了一个休闲和社交的场所，他相信咖啡馆的社会性也会吸引美国人。回到美国之后，他提出了这一设想，但星巴克的店主拒绝进入竞争高度激烈的餐饮业。舒尔茨决定辞职，接下来他开办了一家成功的咖啡馆，并且在18个月后，利用从咖啡馆赚取的利润以380万美元的价格买下了星巴克公司。

从舒尔茨收购星巴克开始，它就以超级速度迅速成长，仅仅用75年时间，星巴克就作为第一家专业咖啡公司成功上市，顺利上市迅速推动了公司的业务增长和品牌发展。长期以来，星巴克一直致力于向顾客提供最优质的咖啡和服务，营造独特的"星巴克体验"，让全球各地的星巴克店成为人们除了工作场所和生活居所之外温馨舒适的"第三生活空间"。与此同时，公司还不断地通过各种活动回馈社会，改善环境，回报合作伙伴和咖啡产区农民。鉴于星巴克独特的企业文化和理念，公司连续多年被美国《财富》杂志评为"最受尊敬的企业"。

是谁创造了这一成功？一项非常重要的因素是舒尔茨和后任CEO。舒尔茨是在纽约布鲁林区低收入保障住房中长大的，靠奖学金上的大学，毕业后在不同的公司里担任过销售和运营经理的职务。1985年，他成为星巴克公司的所有者。1992年，公司上市。2000年，舒尔茨卸任CEO，但仍然担任公司董事。他已经不再负责公司的日常管理，但他的愿景仍然指引着公司。

2000—2005年，史密斯（Smith）担任公司CEO，他是在1990年加入星巴克公司的。史密斯的背景与舒尔茨差别很大。史密斯拥有哈佛大学的工商管理项士（Master Business Administration，MBA）学位，在管理咨询公司工作过多年，在加入星巴克之前曾经在多家大型企业担任最高管理者的职位。史密斯是一位高效能的管理者，他将舒尔茨的愿景转化为现实。他亲自主导了星巴克决速成长、创新和运营改进的时代。

2005年，星巴克迎来了第三位CEO唐纳德（Donald）。唐纳德在上中学时就在超市从事打包的工作，19岁时就成为经理助理。唐纳德是一个脚踏实地的人，为人友善，能够叫出每个员工的名字，随时愿意对他人提供帮助。有一次唐纳德巡视店面，恰好一位顾客的咖啡洒了，他拿起拖布亲自拖地。

(资料来源：星巴克官方网站)

案例思考
1. 舒尔茨、史密斯和唐纳德的哪些管理技能带领星巴克走上了繁荣之路？
2. 他们是如何获得这些技能的？对你有何启示？

第二章
管理思想与理论的演进

本章学习目的

中国传统管理思想的主要内容；

了解科学管理思想与理论演进的主要历程；

掌握科学管理思想与理论演进主要历程的代表人物与思想；

分析推动科学管理思想与理论演进的因素。

案例——问题的提出

管理的进步决定着企业的进步

"管理的进步决定着企业的进步"是联想集团现任首席执行官杨元庆十分信奉的经营哲学。

杨元庆1986年毕业于上海交通大学,1988年在中国科技大学取得计算机专业硕士学位。1989年进入联想集团工作。在杨元庆开始负责代理产品的经理时,主要是负责代理HP、SUN等品牌的业务。刚刚走上管路岗位的他简单地认为,管理就像一个劳动模范一样以身作则、身先士卒即可。但就在代理的过程中,杨元庆逐渐开始对西方公司的操作流程、谈判方式、组织架构、员工激励等工作十分感兴趣,并开始模仿西方公司的管理模式对他管辖的公司进行调整。

1994年,杨元庆出任联想电脑事业部的总经理。就在1993年,全球的外国计算机公司大规模进入中国,面对外国公司强大的市场攻势,中国的计算机公司遇到了极大的困难,许多计算机公司倒闭,或被外国公司合资纳入麾下。可以说是临危授命的杨元庆立即开始了较为大幅度的管理改革工作:彻底改变公司原有的管理模式。在他的领导下,首先在公司改变残存的计划经济管理模式,实现完全的以销定产经营模式;其次是调整了销售的方式,由直销改为分销;再次是在管理与销售模式改变后,大幅度地裁减了公司的人员,销售人员从100多人减为18人,公司由300多人减为125人。在他的努力之下,1994年联想计算机的销售量就达到4.5万台,1995年就达到了10.5万台。而在他上任之前的1990—1993年,联想的计算机销量总共才有5.6万台。

此时的杨元庆逐渐形成了一个逐渐清晰的商业经营模式:让中国人用得起先进的国产计算机。这样的想法主要来源于当时市场主要控制者——外国公司经营模式问题的启发。杨元庆后来也说,他当年卖PC的时候就是以惠普为老师的。1994年,联想已经推出了"联想"品牌的电脑,杨元庆作为负责人的第一个动作就是复制"惠普模式"——从直销转变成完全的代理制。杨元庆在惠普绘图仪的销售中还学到了惠普组织销售队伍的技巧,他根据惠普公司的"十步计划法"制订计划,他把惠普公司的高级经理课程《管理过程控制》列为属下经理们的必修课。

由于当时的中国计算机市场主要被外国计算机公司所控制,所以外国公司往往将比外国市场流行的机型低一两个档次的机型在中国销售,且价格却定在15 000元,大大超过了当时中国人购买计算机的能力。此时的杨元庆发现,联想的管理水平已经能够有效地控制计算机的生产成本。于是他大胆地重新设计了联想计算机的生产模式,这主要体现在:一方面,杨元庆根据由于计算机零部件的更新速度很快,零部件的采购成本主要不在规模,而在于合理的运筹。通过"小步快走"的采购模式,控制了计算机的成本;另一方面,杨元庆知晓外国计算机公司在销售计算机的新机型时,往往过度渲染,将毛利率定得很高,虽然这给公司带去了利润,也必然限制了市场的需求。联想采取了"高成本、低利润的产品"运营模式,很快就将当时"奔腾"计算机的价格从15 000元降至9 999元。经营模式的变革给公司带来了丰厚的市场回报。1996年,中国国家统计局和世界上一些著名的市场调查公司几乎同时宣布,联想台式计算机在中国市场的销售量排在了第一。美国的《华尔街日报》也报道说,在1996年最后3个月IDC(Internet Data Center,全球著名的信息技术、电信行业和消费科技市场咨询、顾问和活动服务专业提供商)市场分额排行榜上,联想公司已跃居首位。据统计,在3个月期间,相对于IBM的6.5%,联想的市场占有率为8.3%。

对于自己的成功,杨元庆在他多次的演讲中讲到对外国竞争者的敬意,正是从为他们作代理的时候,他学到了最先进的管理经验,并在与他们的竞争中,找到了运用这些经验的本土化方法。杨元庆的深刻体会得到了当时是联想CAD事业部的副经理,现任神州数码总裁林杨的认可,他评价说:"从1994年到1996年,这一段时间杨元庆用的招数全部是从惠普学来的,到了1996年之后才有创新的招数。"

(根据《联想15年》、《联想少帅杨元庆》及网上资料整理。更多的信息可以上网阅读《联想少帅杨元庆》一书)

在上面的案例中,杨元庆所说的,在与外国竞争者竞争过程中所学到的"最先进的管理经验"是什么呢?简单地讲,杨元庆所说的"最先进的管理经验"就是西方发达国家企业所运用的一系列管理科学的思想、理论、方法和成功的经验了。在将是本章所要介绍的内容。

第一节 中国古代管理思想

中国是世界四大文明古国之一,有着光辉灿烂的民族文化,并在长期的社会实践中,形成众多优秀的管理思想和管理实践。《论语》、《道德经》、《韩非子》、《孙子兵法》等著作中的管理思想,备受世界各国管理学界的重视。中国万里长城、京杭大运河、都江堰等伟大工程,是中国古代管理实践的典范。

一、儒家思想

儒家思想产生于西周时期,成熟于春秋战国时期,一开始就是为当时的各国诸侯治理本国并进而治理天下提供理论和方略的。到汉代,它被推上了独尊的宝座,以后又经过历代思想家的改造和发展,成为统治者治理天下的基本指导思想。从这个意义上可以说,儒家思想是中国传统文化的主干部分,其中包含着丰富的管理思想。孔子、孟子和荀子是儒家思想的主要代表人物。

(一) 孔子的管理思想

孔子作为儒家思想的集大成者,对以往儒家思想进行了总结、阐述和传播,构建了儒家思想的基本框架。孔子的管理思想主要包括"仁爱"的管理思想核心、"以和为贵"的管理目标、"修己安人"的管理过程、"言传身教"的管理机制,以及"循于礼本乎义"的管理原则。孔子的管理思想包含着丰富的管理艺术,主要有以下几个方面。

1. 君子不器

孔子认为,管理者和管理助手,以及管理对象之间应有明确的分工,高层管理者主要关注全局性、方向性的大问题,凡属管理对象职责范围内的事,应放手让管理对象自己去做,高层管理者不应亲为。领导者的职责是领导全局,必须把自己的主要精力放在决策和用人上,不能把自己放在局部、具体工作的执行上,否则会影响自己对全局的观察和指导,也会妨碍管理对象的作为,削弱其主动性和责任心。

2. 举直错诸枉

选拔德才兼备的人放在重要岗位上,一是可以做好这些岗位的工作,二是可以影响处于周围其他岗位的工作者,使其受到激励而努力工作,从而使管理作风有所转变。在这种情况下,那些品质不好、不称职而又不肯改弦更张、弃恶从善的管理者就会被暴露出来,或被揭露出来而遭到清除,或者因感到孤立、无地自容而自行离去。

3. 因材任使

孔子对使用人才,提出了因材任使的原则。作为管理者不但要善于识别管理对象的才能,还要善于为其安排适宜的工作岗位。对任何人都不能要求他完美无缺,只要在品德方面大节无亏,在工作能力方面胜任所担负的职务,即使发现其有某些缺点,只要缺点不妨碍他任职的基本条件,就应该继续使用,并给予信任。

4. 中庸之道

中庸是界定管理职能限度的准绳,管理者要防止偏倚和走极端。不要因喜好而偏倚某人,也不要对于有过失轻易放弃,要教化他。

(二) 孟子的管理思想

孟子是孔子之后儒家的又一杰出代表,被后世称为"亚圣"。孟子的管理思想主要包括以下几点。

1. 实施仁政

孟子继承了儒家的重民思想,并把它发展成为激进的民本思想,鲜明地提出了"民贵君轻"论。孟子认为社会管理的核心就是争取民心和实施仁政。"仁者,人也。"其中"仁"是指"能行五者于天下,为仁矣。"这五者为"恭、宽、信、敏、惠。恭则不侮,宽则得众,信则人任焉,敏则有功,惠则足以使人。"恭、宽、信、敏、惠即庄矜、宽厚、信义、勤敏、慈惠,这五条加起来即是"仁"。只有庄重的人才不会受人侮辱,宽厚的人才能受人爱戴拥护,讲信义的人才能得到别人信用,勤奋机敏的人办事才会有成效,能给别人以恩惠的人才能指挥别人。那些能体察百姓、取信于民的君王能得到百姓的支持和拥护,而那些不能体察百姓的君王则无法得到百姓的支持和拥护。

2. 义利统一

在义利问题上,孟子基本继承了孔子以义制利的观点,同时,他将孔子仅仅涉及个人道德修养的义利观扩大为一个国家和社会如何处理义利关系这样一个更具普遍性的问题上。孟子主张义先利后、义利统一。

3. 执经达权

孟子继承了孔子关于"经""权"的思想并对其有所发展,对"经""权"的内容做了具体的阐述。权的本意是衡量物之轻重,作为一种行为原则,其基本内涵是灵活变通。与权相对的是执一,即拘守某种规范而不知变通,执一必然导致一般规范的僵化,并使之难以应付丰富多样的社会生活,从而最终限制规范本身的作用。在孟子的管理思想中充满着通权达变的灵活性。

(三) 荀子的管理思想

荀子的管理思想在外在形态上与孟子存在不同,但本质上与儒家精神相契合。荀子以其独到的观察和思考,丰富了儒家管理思想,他的主要观点包括以下几点。

1. 隆礼重法,平政爱民

荀子的人性本恶的观点是对人之本性的更深入的挖掘。荀子首先区别了"性""情""欲"三者的不同,认为人性本恶,同时"心""性"两分,对人的管理应该"化性起伪"(变化先天的本性,兴起后天的人为)。荀子从其人性论出发,认为管理必须"隆礼重法",平政爱民。

2. 任贤使能,明分使群

荀子特别强调"任贤使能",他把任不任贤提到仁与不仁的高度,应根据士大夫的不同才能,委任其以不同的管理职责。国家管理者的职责就在于按一定的分工和等级把人们组织起来,这就是"明分使群"。"明分使群"的总要领是使士农工商诸民各得其位,各自按自己的职分从事自己所应该做的工作,使人人各得其位,从而也满足自己的需求。

二、道家思想

(一) 老子的管理思想

老子是道家的创始人,《老子》是道家的经典,该书分为81章,上篇第一句是"道可道",下篇首句是"上德不德",所以也称《道德经》。老子从直接否定天的权威为起点,立足理性思考,反对神创论,视道为根源性的存在,把"道"理解为宇宙间的最高法则、总规律,从而无愧地成为中国思辨哲学的开山。老子管理思想是其道德思想在管理领域的应用,具体包括以下思想精华。

1. 尊道贵德,无为而治

《老子》认为天地万物的根源都遵循一个永恒不变的原理。道是万物的根源,当深刻地体悟到道以后,一个人就能学会道中所蕴藏的"德"。在管理上有德即有道,无德即无道,缺德即失道。管理者必须遵守管理之德,只有在管理上做到尊道贵德,才能真正实现无为而治。

道家的无为而治是管理上的一个至高境界。存乎一心,无为而治。道作为治理天下的大本,在此之下具体解决人与自然、人与人之间的矛盾应当以无为而自化,以好静而自正,以无事而自富,以无欲而自朴为原则,从而理乱求治,建立人与自然、与社会和谐的秩序,达到三者合一的管理的最高境界。道家的自然无为思想中的自然就是事物本来的面貌、状态,自然所表现出来的最大特色就是无为；无为并不是什么都不做，并不是不为，而是含有不妄为、不乱为、顺应客观态势、尊重自然规律的意思，无为而治就是通过人为的管理方法达到较好的管理效果。

2. 道法自然，有无相生

辩证法思想是老子管理哲学的精华。他认为，所有的管理行为与管理效果在产生效益的同时，也会存在不利的因素，事物的不利因素与有利因素是处在同一体中的，有利因素本身就蕴涵着不利因素，不利因素中也蕴含着有利因素，没有绝对的好与坏。而且，老子特别重视"见微知著"，提出了朴素的量变、质变规律，也是现在所讲的"细节决定成败"。

3. 天人合一，欲望适度

老子认为，人性没有绝对的善恶。当一个人以好心做好事的时候就是一个善人，当以恶心做坏事的时候就是一个恶人，一个人的善恶主要看其以什么心态做什么样的事。他还认为，人的行为会受环境的影响，所以作为管理者，一个重要的任务就是寻人从善，即创造良好的氛围，引导百姓的欲望趋向于合道。老子认为，作为成功的管理者，必须引导百姓控制贪欲，同时又强调满足百姓合理的愿望和要求，无原则地满足所有的愿望是不对的，但合理的愿望若不满足，管理也是没有效果的。

（二）庄子的管理思想

庄子的管理思想更多地体现在其对自我的修身和理想状态的描述方面，主要体现在以下几个方面。

1. 道通为一

庄子的"道通为一"思想可以理解为在管理中应遵循"道"这一自然规律，从而将管理中的一切事物都看成一个整体，即一种整体性的管理思维。

2. 物无贵贱

这是庄子关于如何接人待物的重要管理思想。在庄子看来，万物并没有尊卑贵贱的区别，每个人、每个物都有其存在的意义。因此，在管理中就不能主观地判定任何个体、事物价值的有无，而是应充分尊重个体价值、平等相待。

3. 法天贵真

这是庄子管理思想中对于管理者自身的要求。"法天贵真"就是要管理者做到真实可信、具有德行。

三、兵家思想

兵家管理思想是中国管理思想体系中的一个非常重要的组成部分，它主要蕴藏在中国古代浩如烟海的兵书之中。战争作为人类一种暴力对抗形式，蕴含着计谋、策划、指挥、组织、协调、督导等管理要素。因此，从某种意义上说，战争是人类最富有技巧的一种管理行为。兵家管理思想的代表人物主要有孙武。

孙武，后人尊称为孙子。孙子是兵家最伟大的思想家，他所著的《孙子兵法》思想深刻,理论性强,流传千古而不衰,有着非常丰富的管理思想,精华部分主要包括以下几个方面。

(一) 知彼知己,百战不殆

信息是预谋决策的基础。任何特定的决策必须基于给定的信息。正如著名经济学家哈耶克所指出的,社会所面临的根本问题,不是资源的最优配置,而是如何最佳地利用散布于整个社会的信息。为了决策成功,就必须千方百计地使自己的信息更加充分。"知彼知己者,百战不殆;不知彼而知己,一胜一负;不知彼,不知己,每战必殆。"说的就是要了解自己与他方的信息。全面了解己方信息,尽量向对方隐瞒己方信息,千方百计收集对方信息,就成了预谋决策中的一个重要方向。

(二) 将有五德

孙子认为领导者应具有五种德行:智、信、仁、勇、严,仁义爱人、坚毅果敢、纪律严明是一个领导者必备的优良品德。

(三) 修道保法,爱兵如子

在孙子看来,"修道"就是要想民众之所想,急民众之所急,兴民众之所喜,除民众之所恶。"保法"就是要健全各项规章制度,严明国家法律的权威,这样国家政治才能清明,才有了实现国富民强的基础。《孙子兵法》中说:"视卒如婴儿,故可以与之赴深溪;视卒如爱子,故可与之俱死。"也就是说将领要关心爱护自己的士卒,就像爱护自己的孩子一样,这样就可以使得士卒亲附于将领,从而为将领卖命。

(四) 主动权变,立于不败

面对军事竞争,孙子提出两大管理原则,即主动原则和权变原则。主动原则包括"致人不致于人""立不败,待可胜",即在战争中要掌握主动权,要求将领努力使自己立于不败之地,不让敌人有机可乘,同时积极主动寻找敌人的薄弱环节,而不是鲁莽地和敌人交战。权变原则要求将领要对战争进程中各种因素所形成的总体情况和变化趋势、敌我双方力量分布,以及动态变化情况等进行把握,从而主动改变自己的力量分布,以实现避实击虚的目的。

(五) 两利相权从其重,两害相衡趋其轻

合乎利益原则是决策的基本原则。然而利与弊往往是结合在一起的。对于聪明的领导人而言,选择方案时,往往会同时顾及这两个方面。决策中,会面临许多可行性方案。权衡利弊,反复比较,则是选择方案的基本方法。两利相权从其重,两害相衡趋其轻。孙子在《孙子兵法》中提出了这一"最优"准则。在现实生活中,任何方案都有利有弊。利弊有时又不是那么容易权衡,而现实又要求必须果断地从中做出选择,犹豫不决就会丧失宝贵的时机,从而陷入步步落后的困境。此时要寻求"最优"方案往往成为空想。因此,"满意原则"往往也就替代"最优原则"成为选择方案的基本准则。在众多的可行方案中,找出一个令决策者可以接受的"满意解",而无须花费过多的时间、精力去寻找理论上的"最优解",这样也就可以克服犹豫不决,更能把握时机、当机立断。

四、法家思想

法家管理思想是中国古代管理思想的重要组成部分,它兴盛于战国中后期,在中国历史发展进程中起着重要的作用。与其他诸子学派的管理思想相比,法家管理思想以"富国强兵"为管理目标,坚持"好利恶害"的人性论,主张以法为主的制度管理和因时制宜的管理权变观,具有鲜明特色。法家管理思想的主要代表人物有管仲、商鞅、韩非子等人。

(一) 管子的管理思想

管子的管理思想的着眼点在国家政权的巩固和社会秩序的稳定,其立足点在于"趋利避害"的人性思想,其管理思想的主要内容包括以下几点。

1. 趋利避害

这是管子对人性的基本认识。在管子看来,任何人都会追求利益而躲避不利于自己的事情,这是一种客观现象,要对人进行管理,首先要准确把握"趋利避害"的人性特征。管子认为这种人性特征具有强大的动力,人们的各种行为都是在这种人性的驱使下进行的。对于趋利避害的人性,管子没有做简单、机械的善恶批判。他认为,人性本身无所谓善恶,人的善恶如何,是由趋利避害的方式决定的。作为管理者,只有对人性有了准确的把握之后才能进行有效的管理。因此,要招揽民众,应先创造对其有利的条件,有了有利的条件,即使不主动招揽,民众也会自己来,如果对其有害,即使招揽民众也不会来。

2. 以人为本

这是管子管理思想的核心理念。在管子看来,人民是国家的根基,是君主治理天下所依赖的根本力量。因此,在管理中,必须要爱护人民、造福人民、为民除害、使民安乐。

3. 法德并举

管子认为,在国家的治理之中要法德并举,既要靠"法治",又要靠"德治",要有效地运用德治与法治两种手段,互为补充,紧密结合,从而达到治国理民的管理目标。

4 赏罚有度

这是管子激励管理的重要思想。在管子看来,赏罚是引导人们行为的重要手段。在管理中,赏罚既要有分量,又不能太过,这样才能起到良好的激励作用。

(二) 商鞅的管理思想

商鞅在中国法家管理思想发展史上有着崇高的地位,其管理思想的主要内容是以法为本、以刑去刑、无宿治等。

1. 以法为本

商鞅认为,法是建立良好统治秩序、实现富国强兵的基础。要管理人民、强盛国家、建立良好的秩序,就需要实行严刑峻法。

2. 以刑去刑

这是商鞅法治管理思想的根本原则。在商鞅看来,采用重刑能够劝善止恶,能够使所有人都遵纪守法,从而可以达到国家大治的管理效果。而且,商鞅奉行刑无等级的原则,就是实施刑罚不管人们的等级,从卿相、将军直到大夫、平民,有不服从君主命令、违反国家禁令、破坏法制的,判处死刑,绝不赦免。虽然以前立过功,但犯法不因此而减轻刑罚。为了让人们都知法守法,还实行严酷的连坐制,用国家的强制力量保障法律的落实。

3. 无宿治

这是商鞅提出的法制管理的基本要求。在商鞅看来,法律要得到很好的贯彻执行,就必须要提高管理效率,当天的事必须当天完成,不准官吏拖拉政务,不准官吏留下当天的政务,必须提高办事效率,避免造成公务积压。

(三) 韩非子的管理思想

韩非子是先秦时期法家思想的集大成者。他在"好利恶害"人性假说的基础上构建了当时最具综合性、最具实用价值的管理理论,其管理思想的主要内容包括抱法处势、以术治吏、刑德并用。

1. 抱法处势

韩非子提出了以法治国和任势而治的思想。他认为彰明法制,国家就强盛,怠慢法制,国家就会衰弱。他同时强调法治的严肃性和人性化。韩非子对"势"进行了分类,将其分为"自然之势"和"人设之势"。具体来讲,"势"既是权势,即一种具有绝对权威而令人不能不服从的强制力,同时又是威望,即出管理者自身的素质以及管理者与下属之间的情感所产生的。韩非子认为,作为领导者,除了他所具有的正式权力之外,还应当赢得民众的尊敬和拥戴,只有这样,才能巩固自己的权利和地位。

2. 以术治吏

在韩非子的管理体系中,"术"是重要一极。所谓"术",即根据各人的才能来授予相应的职位,按照职位名分来责求、衡量实际功绩,掌握生杀大权,考核各级官史才能的方法和手段。"术"治的实行,使得最高管理者可以很好地管理下属管理人员,监督控制使其依法办事,从而实现了对法治的补充和保障。

3. 刑德并用

刑和德是韩非子管理思想体系中两个不容忽视的方面。韩非子认为"杀戮之谓刑,庆赏之谓德",并且认为要"明赏严刑"。对于刑德管理,韩非子提出了几个基本要求:赏罚有据;赏可为,罚可避(英明的管理者在设立赏罚时,总是使奖赏通过努力可以争取到,而惩罚经过努力也能尽量避免);赏罚敬信(奖赏优厚而且一定守信用,刑罚严厉而且一定执行)。

第二节 西方早期管理思想产生及发展

在人类历史上,自从有了有组织的活动,就有了管理活动。管理活动的出现促使一些人对这种活动加以研究和探索。经过长期的积累和总结,对管理活动有了初步的认识和见解,从而开始形成一些朴素、零散的管理思想。随着社会的发展,科学技术的进步,一些人又对管理思想加以提炼和概括,找出管理中带有规律性的东西,并将其作为一种假设,结合科学技术的发展,在管理活动中进行检验,继而对检验结果加以分析研究,从中找出属于管理活动普遍原理的东西。这些原理经过抽象和综合就形成了管理理论。这些理论又被应用于管理活动,指导管理活动的进行,同时对这些理论进行实践检验。这就是管理理论的形成过程,从中我们可以看出管理活动、管理思想和管理理论这三者之间的关系:管理活动是管理思想的根基,管理思想来自管理活动中的经验;管理思想是管理理论的源泉,管理理论是管理思想的提炼、概括和升华,管理理论本身是管理思想,只不过是较成熟、系统化程度较高的管理思想,但并非所有管理思想部是管理理论;管理理论对管理活动有指导意义同时,又要经受管理活动的检验。

一、西方早期管理思想

西方文化起源于希腊、罗马、埃及、巴比伦等文明古国,他们在公元前6世纪左右即建立了高度发达的奴隶制国家,在文化、艺术、哲学、数学、物理学、天文学、建筑等方面都对人类作出了辉煌的贡献。埃及金字塔、罗马水道、巴比伦"空中花园"等伟大的古代建筑工程堪与中国的长城并列为世界奇观;这些古国在国家管理、生产管理、军事、法律等方面也都曾有过许多光辉的实践。公元3世纪后,随着奴隶制的衰落和基督教的兴起,这些古文化逐渐被基督教文化所取代。在基督教圣经中所包含的伦理观念和管理思想,对以后西方封建社会的管理实践起着指导性的作用。随着资本主义的发展和工厂制度的形成,旧的基督教教义与资本主义精神发生了冲突,于是产生了基督教新教的兴起。在基督教新教义的鼓励下,经商和管理日益得到社会的重视,有愈来愈多的人来研究社会实践中的经济与管理问题,其中的代表人物有亚当·斯密、查理·巴贝奇、罗伯特·欧文。

最早对经济管理思想进行系统论述的学者,首推英国经济学家亚当·斯密,他的主要观点有以下几个方面。

(一) 系统地阐述了劳动价值论

亚当·斯密认为劳动是国民财富的源泉,各国人民每年消费的一切生活日用必需品的源泉是本国人民每年的劳动。这些日用必需品供应情况的好坏,决定于两个因素:一是这个国家的人民的劳动熟练程度、劳动技巧和判断力的高低;二是从事有用劳动的人数和从事无用劳动人数的比例。他同时还提出,劳动创造的价值是工资和利润的源泉,并经过分析得出了工资越低,利润就越高,工资越高,利润就会降低的结论。这就揭示出了资本主义经营管理的本质。

(二) 特别强调了分工的作用

他对比了一些工艺和一些手工制造业实行分工前后的变化,对比了易于分工的制造业和当时不易分工的农业的情况,说明分工可以提高劳动生产率。他认为,劳动分工可以使工人重复完成单项操作,从而提高劳动熟练程度,提高劳动效率;劳动分工可以减少由于变换工作而损失的时间;劳动分工可以使劳动简化,使劳动者的注意力集中在特定对象上,有利于创造新工具和改进设备。

(三)经济现象的利己主义假设

亚当·斯密在研究经济现象时,提出了一个重要的论点:经济现象是基于具有利己主义目的的人们的活动所产生的。他认为,人们在经济行为中,追求的完全是私人的利益。但是,每个人的利益又为其他人的利益所限制。这就迫使每个人必须顾及其他人的利益。由此,产生了相互的共同利益,进而产生和发展了社会利益。

在亚当·斯密之后,另一位英国人查理·巴贝奇发展了他的论点,提出了许多关于生产组织机构和经济学方面带有启发性的问题。巴贝奇原来是一名数学家,后来对制造业发生了兴趣。1832年,他在《论机器和制造业的经济》一书中,概述了他的思想。他的主要思想有如下几点。

1. 提出了"边际熟练"原则

巴贝奇赞同亚当·斯密劳动分工能提高劳动效率的论点,但认为亚当·斯密忽略了分工可以减少支付工资这一好处。巴贝奇对制针业做了典型调查。把制针业的生产过程划分为七个基本操作工序,并按工序的复杂程度和劳动强度雇佣不同的工人,支付不同的工资。如果不实行分工,整个制造过程由一个人完成,那就要求每个工人都有全面的技艺,能完成制造过程中技巧性强的工序,同时又有足够的体力来完成繁重的操作。工厂主必须按照全部工序中技术要求最高、体力要求最强的标准来支付工资。由此,巴贝奇提出了"边际熟练"原则,即对技艺水平、动强度定出界限,作为报酬的依据。

2. 提倡利润分配制度

巴贝奇虽然是一位数学家,但没有忽视人的作用。他认为工人与工厂主之间存在利益共同点,并竭力提倡所谓利润分配制度,即工人可以按照其在生产中所作的贡献,分到工厂利润的一部分。

3. 提出按生产效率确定报酬的制度

巴贝奇也很重视对生产的研究和改进,主张实行有益的建议制度,鼓励工人提出改进生产的建议。他认为工人的收入应该由三部分组成:①按照工作性质所确定的固定工资;②按照生产效率及所做贡献分得的利润;③为提高劳动效率而提出建议所应给予的奖励。

这一时期的著名管理学者除了斯密和巴贝奇有之外,还有空想社会主义者罗伯特·欧文。他经过一系列试验,首先提出在工厂生产中要重视人的因素,要缩短工人的工作时间,提高工资,改善工人住宅条件。他的改革试验证实,重视人的作用和尊重人的地位,也可以使工厂获得更多的利润。

这一时期的各种管理思想是随着生产力的向前发展,适应了当时的工厂制度发展的需要产生的。这些管理思想虽然不系统、不全面,没有形成专门的管理理论和学派,但对于促进生产及以后科学管理理论的产生和发展,都有积极的影响。

二、古典管理理论

古典管理理论形成于19世纪末和20世纪初的欧美,主要分为科学管理理论和组织管理。

(一) 科学管理理论

产业革命后一直到19世纪末之前这段时间,虽然西方资本主义国家的生产力已经有了较大的发展,但在管理方面相对滞后,工厂管理主要依靠资本家个人的经验和主观臆断。不仅管理凭经验,生产方法、工艺制定以及人员培训也都是凭个人经验,管理缺乏科学的依据,工作效率很低。资本家为了赚取更多的利润,采用的手段不外乎是延长劳动时间或增加劳动强度。因此,工人的消极怠工和抵抗情绪都很强烈,劳资矛盾尖锐。伴随着资本主义周期性的经济危机,失业现象非常严重。工人阶级为了加强与企业主的斗争,组织起来成立工会,要求缩短工时、降低劳动强度、增加工资。这就迫使企业主不得不放弃单靠解雇工人、延长劳动时间、增大劳动强度来获得超额利润的做法。另外,当时生产力的发展水平也急需一套系统的管理理论和科学的管理方法与之相适应。实际上,劳资矛盾也是由于生产发展带来的。尽管早期的管理思想有其科学的一面,但数量较少又很不成熟,没有形成理论体系。企业主不可能完全认识到怎样进行管理才能解决劳资关系问题,又不减少所获取的剩余价值。因此,如何改进工厂和车间的管理成了迫切需要解决的问题。为了适应生产力发展的要求,在美国、英国、法国、德国等西方国家都出现了管理研究的热潮,很多理论相续产生,近代管理理论开始形成。泰勒的科学管理理论就是这一时期最有影响力的理论。

弗雷德里克·温斯洛·泰勒

弗雷德里克·温斯洛·泰勒(Frederick Winslow Taylor,1856—1915年)出生在美国宾夕法尼亚州一个具有强烈宗教色彩、十分富裕的律师家庭。他具有"迷恋于科学调查、研究和实验……强烈地希望按照事实改进和改革事物"的精神。泰勒1874年因眼疾而离开了哈佛大学的法学院,到费城特普里斯水压工厂当了一名学徒,1878年学徒期满在费城米德维尔钢铁厂当了一名普通工人。由于他的勤奋和努力工作,在以后6年的时间中就从一名工人升为职员、机工、机工班长、车间工人、总技师和总工程师,并在这期间获取了机械工程的学位。泰勒特殊的个人经历使他非常了解当时美国工厂生产效率低下的根本原因,泰勒还是一位发明家,他一生获得了40多项专利,为他带来了不少的财富。

1915年,在他刚满59岁的第二天就因肺炎而病逝在医院中。他被埋葬在可以俯瞰他花费了几乎毕生精力工作和研究过的费城钢铁厂的小山上,墓碑上镶刻着"科学管理之父弗雷德里克·温·泰勒"的字样。

(雷恩.管理思想的演变.赵睿,等,译.北京:中国社会科学出版社.1986.)

泰勒科学管理的研究内容涉及范围很广,其主要内容可以概括为以下六个方面。

1. 工作效率和工作定额

泰勒在实验过程中发现,提高劳动生产率的潜力非常大。工人们之所以不愿意加快工作速度,有意拖延工作,即"磨洋工",是由于他们相信,如果加快完成生产任务的速度,就会造成其他工人失业或者自己被解雇。因为在当时流行一种"劳动总额"说,认为劳动的总量是有限的,多干或快干会使其他的人没有工作。以经验为主的管理制度和工人们对劳动的认识,使工人不得不通过"磨洋工"来保护自身的利益。泰勒认为,工作的低效率是以经验为主的低效率的管理方式造成的,并且这种低效率使人力、财力浪费惊人。为提高生产效率和工作效率,首先应制定出有科学依据的工作定额。泰勒在制定科学的工作定额方面作了大量的研究,首先从时间研究和动作研究入手。

生产低效率的表现之一是时间浪费严重。为了提高时间的利用率,必须进行时间研究,其主要方法是进行工作日活动写实和测时。

工作日活动写实,是将工人上班一天的活动按照时间顺序记录下来,然后进行逐一分析。这样可以比较准确地了解工人在一天中对时间的利用情况,哪些活动是必需的,哪些活动是不必要的,哪些时间是被浪费的等。泰勒通过长期的研究和实验,提出了改进措施,即根据工作日写实的记录,保留必要时间,去掉不必要时间,从而达到提高劳动生产率的目的。

测时是以工序为对象,按操作步骤进行实地测量并研究工时消耗的方式。他研究总结了先进工人的操作经验,并推广先进的操作方法,确定合理的工作结构,为制定工作定额提供参考。

动作研究是研究工人在工作时各种动作的合理性。泰勒认为具体工序的作业效率除了与时间有关之外,还与工人在干活时身体各部位的动作有关。合理的动作不仅会提高作业的效率,还能大大节省工人的体力消耗,避免对身体的损害。通过动作分析,去掉多余动作,保留和改善必要的动作,使生产率得到提高。泰勒在动作研究中进行了一项搬生铁的实验。他在伯利恒钢铁公司从事管理研究时发现公司搬铁块的工作量非常大,由75名搬运工人负责这项工作,把铁块搬上火车运走。每个铁块重40多千克,搬运距离为30米,尽管每个工人都十分努力,但工作效率并不高,每人每天平均只能搬运12.5吨的铁块。泰勒经过认真的观察分析,最后测算出,一个好的搬运工每天应该能够搬运47吨,而且不会危害健康。他精心地挑选了一名工人并进行了培训。泰勒的一位助手按照泰勒事先设计好的时间表和动作对这位工人发出指令,如搬起铁块、开步走、放下铁块、坐下休息等。实验结束,这名工人将每天的搬运量从12.5吨,增加到了47.5吨。泰勒的这项研究把工作定额一下提高了将近三倍,工人的工资也有所提高。期间,泰勒几乎完成了每一项重要工作的动作研究,为制定合理的工作定额打下了良好的基础。

2. 科学选人

泰勒认为人的天赋与才能各不相同,他们所适合做的工作也有所不同,为了提高劳动生产率,必须为工作挑选最合适的工人。泰勒把工人分成头等工人和二等工人两类,头等工人是指那些能干而又愿意干的工人,二等工人是指那些在身体条件上完全能够胜任但十分懒惰的工人。泰勒认为应该为工作挑选头等工人,要在能力上适合工作。例如,身强力壮的人干体力活可能是合适的,但算账、统计、质量检验这些精细的话可能并不一定合适;而心灵手巧的人干精细的活可能是一流的,但干体力活并不一定合适。除了能力外,还要考虑人的态度问题。一个人的能力与工作再适合,但如果他本人不愿意干,也不会提高工作效率。泰勒的做法使人的能力、态度与工作得到了科学、合理的配合,并对上岗的工人进行教育和培训,教会他们科学的工作方法,从而使工作效率大大提高。

3. 标准化

劳动定额的制定是科学管理的基础,实际上也是劳动时间和操作动作的标准化。泰勒认为,在工作中还要建立各种标准化的操作方法、规定和条例,使用标准化的机器、工具和材料,"要为人们工作的每一个环节制定一种科学方法,以代替旧有的只凭经验的工作方法"。

科学管理是以工作效率的提高为中心,标准化能大幅度地提高生产效率和工作效率,因此,标准化是泰勒研究的一个重要方面。

泰勒在伯利恒钢铁公司曾做过一项铲运标准化的实验。钢铁公司有很多铲运工作,炼钢、炼铁所需的铁矿石的运输都靠工人人工铲运,冶炼时工人还要将煤或焦炭一锹锹铲进高炉里,铲运量非常大,工人也非常辛苦。所用的铲子是工人自己从家带来的,这些铲子大小各异,参差不齐,铲运工作的效率较低。因为工人每天所铲运的物料不一样,有铁矿石、煤、焦炭等,铲子体积相同时,铲运材料不同,重量相差很大。泰勒认为,铲运工作的效率取决于两个方面:重量和频率。铲子形状大小不一,每铲的载荷相差很大,将直接影响到工人铲运的频率。泰勒首先让铲运速度保持一致,然后研究每铲究竟多大载荷生产效率才能最高。为了找到理想的答案,他选择了几个头等工人做实验,根据所得到的结论,泰勒建议由工厂统一制作标准化的铲子,按照使每铲的载荷保持相同的原则设计了几种规格的铲子,使公司铲运工作的效率大大提高。

4. 差别计件工资制

泰勒认为,工资制度不合理是引发劳资矛盾的重要原因。计时工资制不能体现多劳多得,弊病很大。计件工资制表面上将报酬与完成的工作数量挂钩,但随着工人完成数量的增加,资本家可以降低单件的报酬,最后并不能使工人的总报酬有实质性的提高,因此工人只好"磨洋工"。为此,泰勒提出一种差别计件工资制,以鼓励工人超额完成定额。该方法是,如果工人完成或超额完成定额,按比正常单价高出25%计酬;如果工人完不成定额,按比正常单价低20%计酬。泰勒指出,这样做能够体现多劳多得,大大提高工人的劳动积极性。资本家的支出虽然会有所增加,但由于产量增加,利润提高的幅度会超过工资提高的幅度,对资本家还是有利的,况且这种工资制还会缓和劳资矛盾,达到"和谐的合作关系"。他还奉劝资本家要严格按照规定的准则办事,保证工资的增长是永久性的,否则工人不会更卖力地干活。

5. 工作职能研究

泰勒认为,应该对企业中的各项工作的性质进行认真仔细研究、科学分析,用科学的工作方法取代传统的经验工作方法。当时的企业没有专门的管理部门,许多管理工作,如计划、统计、质量检验、控制等都混杂在执行工作之中。泰勒主张将管理工作与执行工作分开,并建立专门的管理部门,配备专门的管理人员,其职能是进行时间研究和动作研究、制定劳动定额和标准、选用标准工具和操作方法等。管理工作与执行工作的分离在管理发展史上具有重要意义,它促进了劳动分工的发展,实现了管理工作的专业化,也为科学管理理论的形成奠定了坚实的组织基础。

6. 例外原则

泰勒主张在管理工作中实行例外原则。他将管理工作分成两类,即一般事务管理和例外事务管理。企业的高级主管人员应把处理一般事务的权限下放给下级管理人员,自己只负责对下级管理人员的监督和处理例外事务。这种原则的实质是实行分权管理,在当时集权化管理的背景下,它的提出无疑具有非常积极的现实意义。

泰勒科学管理的最大贡献是提倡用科学的管理方法代替传统的经验管理方法。由于科学管理方法的逐步普及和发展，极大地促进了企业生产效率的提高，也促进了当时工厂管理的根本变革，其意义是历史性的。泰勒科学管理的提出不仅是管理方法的革命，也是管理思想的革命，不仅在当时的社会生产中发挥了重要的作用，也对以后的管理理论发展产生了深远的影响，其贡献是巨大的、历史性的。科学管理是管理发展史上的一次伟大的革命，它的提出也标志着管理学作为一门科学开始形成。

然而科学管理由于时代限制也存在着一定的局限性。最明显的局限性是认为工人是"经济人"。尽管科学管理的研究重点集中在生产领域，但管理的根本问题是人，管理上的一系列想法和主张最终还要靠人去实现。只可惜泰勒对工人的认识存在错误，他认为工人之所以工作，是因为工人只追求物质利益，没有金钱和物质的诱惑，人们是不会好好工作的，大部分工人是懒惰的、无知的、没有责任心的，因此对工人的管理方法和手段就是制定严格的规章制度，工人只能被动地服从管理者的命令。另外，泰勒的科学管理重视物质技术因素，忽视人及社会因素。他将工人看成是机器的附属品，是提高劳动生产率的工具，因此在生产过程中强调严格服从。他没有看到工人的主观能动性及心理社会因素在生产中的作用，认为人们只看重经济利益，根本没有责任心和进取心。由于泰勒对工人的错误认识，必然导致科学管理理论在实践中的局限性。

（二）组织管理理论

亨利·法约尔是欧洲杰出的经营管理思想家，被称为"一般管理理论之父"。亨利·法约尔是法国人。他在管理学理论上的伟大贡献是系统地构建了管理的理论体系、原则与相关概念，成为管理学理论过程学派的创始人。

亨利·法约尔

亨利·法约尔（Henri Fayol，1841—1926年）出生在法国的一个实业家家庭。1858—1860年在圣艾蒂安国立矿业学院读书。1860年毕业后至1888年，他在科芒特里-富香博-德卡斯维尔公司担任工程师，并在工作中逐渐显示了他的管理才能。1888年，当该公司的财务状况极为困难，公司几乎濒于破产时，法约尔被任命为总经理。到1918年法约尔77岁退休时，公司的经营状况已大大改观。1918—1925年法约尔在科芒特里-富香博-德卡斯维尔公司工作期间就开始了管理的研究工作。1900年，他向"矿业和冶金协会"的会议提交了管理研究的论文，开始系统地阐述他的管理的思想。在1908年的矿业学会五十周年大会上，他提交了论文《论管理的一般原则》；1916年，他在矿业学会公报上，发表了著名的管理著作《工业管理与一般管理》。从1918年退休后到1925年去世这段时间里，法约尔致力于普及自己的管理理论。在这期间，法约尔主要从事两项了工作，第一项是创办一个管理学研究中心。第二项工作是试图说服法国政府对管理原则进行关注。

法约尔的一般管理理论的内容主要包括下面五点:

1. 对"经营"与"管理"区分

法约尔认为"经营"与"管理"是两个不同的概念,管理包括在经营中。经营是指导或者引导一个组织趋向一个目标。他通过对企业全部活动的分析,认为经营应当包括技术活动、商业活动、财务活动、安全活动、会计活动、管理活动六种活动。他把管理活动提炼出来,进一步得出了普遍意义上的管理定义,即"管理是普遍的一种单独活动,有自己的一套知识体系,由各种职能构成,管理是通过完成各种职能来实现目标的一个过程。"

法约尔认为,经营的六种活动是企业中各级管理人员和普通工人都要从事的,但由于每个人职务的高低和企业的大小而各有侧重,一般工人侧重于技术活动,越到高层,管理活动所占的比重越大,而大企业的高层领导比较小企业的高层领导有更多的管理活动,技术活动则较少。

2. 提出社会有机体的概念

社会有机体是与物的组织有区别的人的组织,社会有机体中的每个成员可以看作是一个个的细胞。通过多数成员的结合,形成管理机构,随着结合起来的成员的数量的增加,管理机构日益专门化和完善化。没有有机体,管理活动就不能存在;没有管理活动,社会有机体也就不能有效地形成和维持。

3. 进行管理教育和创立管理理论的必要性

法约尔认为管理能力可以通过教育来获得,所以他强调管理教育的必要性与可能性。由于大公司和其他组织日益增长,今后的领导必须接受管理方面的训练,而不是墨守以往技术教育、商业教育的陈规,不是只按自己的想法、原则与经验行事,他认为当时的法国"缺少管理教育"是由于"没有管理理论"。法约尔之所以要创立一种管理理论,是由于他认为,管理是可以应用于一切事业的独立活动;随着一个人职务的提升,越来越需要管理活动;管理知识是可以传授的。

4. 进行管理教育和创立管理理论的必要性

法约尔认为,管理活动有五项职能:计划、组织、指挥、协调、控制。

5. 管理的14条原则

法约尔根据自己长期的经验提出了管理的14条原则。

在14条管理原则中,有管理人员需要自律的责任与权利、纪律的把握,也有管理工作中需要认真对待的统一领导、统一指挥、集中、公平、人员稳定、首创精神、人员团结等问题。可以从法约尔列举的这14条原则中感受到,在管理很神圣、管理到处有、管理很简单、管理挺深奥的诸多评说中,将管理工作做好是很难的,因为这里既有对管理工作的科学要求,又有对管理人员人格魅力的需要。前者不易,后者更难!针对为什么要总结和提出管理的14条原则,法约尔的回答是:"没有原则,人们就处在黑暗和混乱之中;没有经验与尺度,即使有最好的原则,人们就处在黑暗和混乱之中;没有经验与尺度,即使有最好的原则,人们仍将处于困惑不安之中。原则是灯塔,它能使人辨明方向;它只能为那些知道自己目的地道路的人所利用。"

三、行为管理理论

管理工作自始至终都要与人打交道,要协调、组织各个方面的人员去完成组织的任务,因而诸多的管理科学的研究者会自然地将目光集中在人这样一个组织构成的主体上。

(一) 行为管理思想早期的倡导者

在行为管理思想早期的研究中,最为突出的是罗伯特·欧文、于果·明斯特伯格、福莱特等人。欧文是一位空想的社会主义者,受他哲学观念的影响,他很早就告诫企业经营者,要关心组织的人力资源财富。他曾说道:"……你们将发现,我在进行管理的伊始就把人口(劳动大军)看成是……一个由许多部分组成的系统,而把这些部分结合起来,这是我的责任和兴趣所在,因为每一个工人以及每根弹簧、每根杠杆、每个车轮都应有效地合作,以便为工厂主带来最大的钱财收益……那么如果你的极为重要的构造更为奇特的机器(人力资源)给予相同的注意的话,什么样的结果不可以期望取得呢?"这段话明确地表白了欧文在管理工作中对人的重视和关心。于果·明斯特伯格(Hogo Munsterberg,1863—1916年)是工业心理学的创始人。他出身在德国,1892年在哈佛大学建立了他的心理学试验室。1913年明斯特伯格出版了他的著作《心理学与工业效率》一书,这本书共包括三部分:①最合适的人;②最合适的工作;③最理想的效果。该书分别研究了识辨具备最适合从事人们所要做的工作的心理品质的人的必要性;寻找确定在什么样的"心理条件"下才能够从每一个人那里获得最大的、最令人满意的产量;和对人的需要施加符合实际利益的影响的必要性。玛丽·福莱特(Mary Follett,1868—1933年)是公认最早发现应当从个人和群体行为的角度考察组织的学者之一。福莱特是一位美国的社会哲学家,她认为,组织应该基于群体道德而不是个人主义,个人的潜在能力只有通过群体的结合才能得以释放。作为一名管理者,其重要的任务是调和与协调群体的努力,管理者和一名管理者,其重要的任务是调和与协调群体的努力,管理者和工作应把自己看成是合作者。管理者在日常的工作中应当更多地去依靠他的知识和专长去领导群众,而不要仅仅去依靠自己的职位和相应的权利。从年代上讲,福莱特属于科学管理时代;从哲学知识方面讲,她是社会人时代的一员。她与这两个时代都有联系。她既把泰罗的许多想法加以概括化,又预测到霍桑研究人员的许多结论,从而成为这两个管理时期之间的一个过渡环节。

管理的原则

1. 劳动分工。劳动分工属于自然规律。专业分工会使雇员们的工作更有效率,从而提高了工作的成果。劳动分工也有一定的限度,经验与尺度告诉人们不应超越这些限度。

2. 权利与责任。权利,就是指挥和要求别人服从的权利。一个出色的领导人应该具有承担责任的勇气,并使他周围的人也随之具有这种勇气。

3. 纪律。"纪律是领导人造就的"。无论哪个社会组织,其纪律状况都主要取决于其领导人的道德状况。

4. 统一指挥。无论对哪一件工作来说,一个下属人员只应接受一个领导人的命令。双重指挥经常是冲突的根源,这些冲突有时很严重,特别应该引起各级领导人注意。

5. 统一领导。这项原则认为,对于力求达到同一目的的全部活动,只能有一个领导人和一项计划。人类社会和动物界一样,一个身体有两个脑袋,就是个怪物,就难以生存。

6. 个人利益服从整体利益。这条原则认为,在一个企业里,一个人或一些人的利益不能置于企业利益之上,一个家庭的利益应先于其一个成员的利益,国家利益高于一个公民或一些公民的利益。

7. 人员的报酬。人员的报酬是其服务的价格,应该合理,并尽量使企业同其所属人员(雇主和雇员)都满意。

8. 集中。集中是一种必然规律的现象,就是指在每个动物肌体或社会组织中,感觉集中于大脑或领导部门,从大脑或领导部门发出命令,使组织的各部分运动。所有提高部下作用的重要性的做法就是分散,降低这种作用的重要性的做法则是集中。

9. 等级制度。等级制度是从最高权力机构直至低层管理人员的领导体系。信息应当按等级传递,如果按等级链会导致信息传递的延误,则应允许横向交流,但应使所有当事人同意和通知各自的上级。

10. 秩序。社会秩序的规则是:"每个人都有一个位置,每个人都在他的位置上。"社会秩序要求对企业的社会需求与资源有确切的了解,并保持二者之间经常的平衡。这种平衡是极难建立与维持的,而且企业越大就越难。

11. 公平。组织领导应经常把自己最大的能力发挥出来,努力使公平感深入各级人员。

12. 人员的稳定。一般看来,繁荣的企业的领导人员是稳定的,而那些运气不佳的企业的领导人员是经常变换的。

13. 首创精神。在由于对权利与纪律的尊重而造成的局限中,需要极有分寸地,并要有某种勇气来激发和支持大家的首创精神。

14. 人员的团结。组织的领导人要好好想想这句话:团结就是力量。一个组织中,全体人员的和谐和团结是组织的巨大力量。

(法约尔.工业管理与一般管理.周安华,等,译.北京:中国社会科学出版.1982,23-45.)

(二) 霍桑实验

霍桑实验(Howthorne Studies)是在美国西方电气公司(Western Electric)伊利诺州西塞罗的霍桑工厂中所做的一项试验。此项研究工作开始于1924年。试验初始是由西方电气公司的工业工程师们设计的,并有麻省理工学院的电气教授参加的工作。试验设计的主要思想是,希望通过实验检验工作环境与生产效率之间的关系。他们选择了测试装配依赖性较强的光照亮度与装配效率之间的关系,用以检查不同的照明水平对工人生产率的影响。试验的原设计者们认为,工人的生产率会直接受到照明状况的影响,但试验的结果却出人所料,在试验组和对比组中,两个组的产量似乎与照明的变化关系不大。目睹这一切,试验的设计者们无法解释这一与试验设计初衷完全相悖的现象。随后,试验人员又对工资报酬、休息时间、工作日和工作周的长度对生产率的影响进行了试验,得出的结果依然是与试验者们实验设计的初衷相矛盾,在上述各类因素的正向(或反向)变化过程中,生产效率均有提高。试验持续进行了3年,由于试验结果的不明确,以至试验设计者们准备放弃这个试验。

到了1927年,一次偶然机会,西方电气公司邀请哈佛大学从事心理学研究的埃尔顿·梅奥(Elton Mayo,1880—1949年)教授参加实验。试验又重复进行,且并一直延续到了

1935年。在后续的试验中,梅奥教授还与参加试验的职工进行座谈,对绕线组织的成员进行了团体行为的测试。通过这些实验、调查,梅奥教授终于破解了其中的奥秘,并得了以下的结论:

(1) 企业的职工是"社会人"。梅奥的这种看法是对从亚当·斯密开始,直至科学管理阶段理论中的把人视为"经济人"的否定。梅奥曾说过:"人是独特的社会动物,只有把自己完全投入到集体之中才能实现彻底的'自由'"。与梅奥一起参与霍桑试验的另一名学者弗里茨·罗特列斯伯格(Frizy Roethlisberger)也认为:"一个人是否全心全意地为一个团体服务,在很大程度上取决于他对自己的工作、自己的同事和上级的感觉如何……"。"——社会承认——我们的社会重要性的明显证明——完全的感觉,这种感觉更多的是来自接受为一个团体的成员,而不是来自银行中存款的金额。"

(2) 满足工人的社会欲望,提高工人的积极性,是提高生产率的关键。也就是说,满意的工人才是有生产率的工人。

(3) 组织中实际存在着"非正式组织"。正式组织可以看成是两个或两个以上的个人为了实现共同的目标组合而成的有机整体。这种组织存在着强制性,维系组织的是组织的目标和理性的原则。非正式组织是伴随着正式组织的运转而产生的,是正式组织的一些成员,由于工作性质相近,对一些具体问题认识基本一致,在性格、业余爱好以及感情相投的基础上,形成了一些被其他成员共同接受并遵守的行为规则的组织。这类组织联系的纽带是感情,因而维系非正式组织的往往是情感与友情,存在着非理性的色彩和成分。梅奥发现,非正式组织对组织成员起着两种作用:①保护其成员免于遭受内部成员不当行为的伤害,如生产冒尖或生产落后;②保护其成员免受管理部门的外来干预,如提高生产产量标准、降低工资率等。但梅奥也认为,非正式组织不应被看成是坏的组织形式,而应看成是正式组织所必需要的、相互依存的一个方面,应对非正式组织进行正确的引导。

(4) 组织应发展新的领导方式。在梅奥看来,这种新的领导方式是以社会和人群技能为基础的领导方式,并认为,这种领导方式能克服社会的反常状态和社会的解体。因而,新型的领导能力在于,通过对职工满足度的提高而激励职工的"士气",从而达到提高生产率的目标。

(三) 行为管理阶段的特点

在20世纪20年代所创立的行为管理理论和方法,一直繁衍至今,是现代管理思想库中的一个主要流派。从其顽强的生命力和人们迄今仍在这一领域所做出的努力探索就不难发现,行为科学的最大特色是更为全面地发现和认识了管理的主要对象——人的本质,被管理的人不是"经济人",而是"社会人",是复杂的社会系统的成员。任何组织的成员都不会单纯地追求金钱收入,他们还有社会、心理等各方面的需求,要求得到人与人之间的友情、安全感、归属感和受人尊重。这些对人认识的重新定位,必然对组织的管理模式、管理方法带来重要的影响。

(四) 行为管理发展的主要方向

在梅奥奠定了行为科学的基础后,西方管理学界涌现了一大批关注行为科学发展的学者,并在梅奥研究的基础上进行了更为深入和广泛的研究。这些研究成果主要体现在以下四个方面。

1. 关于人需求、动机和激励问题的研究

在这方面突出的、有代表性的研究成果是：①马斯洛的"人类需求层次理论"；②赫茨伯格的"激励因素—保健因素理论"；③斯金纳的"强化理论"；④弗鲁姆的"期望理论"。

2. 关于"人性"问题的研究

在这方面有代表性的理论有：①美国麻省理工学院教授道格拉斯·麦格雷戈（Douglus MeGregor，1906—1964年）提出的"X理论—Y理论"。②阿吉里斯的"不成熟—成熟理论"等。

3. 关于组织中非正式组织和人与人的关系问题的研究

在这方面有代表性的理论主要是：①库尔特·卢因（Kurt Lewin，1890—1947）的"团体力学理论"。②里兰·布雷德福（Leland Bradford）等人创造的敏感性训练方法等。

4. 关于组织中领导方式问题的研究

在这方面有代表性的理论是：①坦南鲍姆、施米特的"领导方式连续统一体理论"。②利克特的"支持关系理论"。③斯托格弟、沙特尔"双因素模式"。④布莱克、穆顿的"管理方格法"等。

四、科学管理理论

管理科学产生于第二次世界大战期间，这一学派强调应用定量和数学工具来解决管理问题。所谓管理科学理论是指以现代科技成果为手段，运用计量模型，对管理领域中的人、财、物、信息等资源做系统定量的分析，进行优化规划和决策的理论。管理科学理论的主要内容包括运筹学、系统工程、作业管理与定量决策等。大多数管理科学的运用具有以下基本特征。

（1）以决策为基本出发点。决策是以充分的事实为依据，采取严密的逻辑思考方法，对大量的数据资料按照事物内在的联系进行系统分析和定量计算，遵循科学程序，做出正确决策。

（2）以经济效果作为评估的标准。通过对各种可行性行为进行比较，必须以能反映组织未来利益的可衡量的数值为依据。所测量变量包括成本、总收入和利润率等。

（3）应用各种数学模型。管理科学往往以数学形式来表示解决某些问题的可行办法。

（4）依靠电子计算机。无论是从数学模型的复杂性，还是需要处理的大量数据来看，计算机的运用都是必需的。管理科学正是由于使用了先进的工具——电子计算机和管理信息系统，才使得定量决策的科学化成为可能。

第三节　现代管理丛林

哈罗德·孔茨是美国管理学家,管理过程学派的主要代表人物之一,管理学领域集大成者。他在1961年和1980年在美国管理学理论权威杂志《管理学术月刊》上发表的论文《管理理论的丛林》和《再论管理理论的丛林》对当时管理学界出现的理论现象进行了系统的归纳、梳理与评述。因而他也就成为这一阶段管理学界著名的代表人物。

孔茨教授在论文中认为,从车间的泰罗管理秩序研究到法约尔抽象得到的一般管理理论,现在看到的是过分生长和相互缠绕的管理理论的丛林。他认为,在这丛林之中,随着诸如心理学、社会学、人类学、社会人际关系学、经济学、数学、物理学、生物学、政治科学管理学理论,甚至管理者的实践经验都对管理理论的发展产生了影响。为了让人们能梳理丛林,指明管理理论研究的方向,孔茨认为根据理论丛林源头的主要差别,应该可以将其分成不同的"学派"。

哈罗德·孔茨

哈罗德·孔茨(Harold Koontz,1908—1984年)是美国当代著名的管理学家,人们一般认为他是管理过程学派最为重要的代表人物。孔茨出生于美国俄亥俄州。1931年在美国西北大学获企业管理硕士学位,1935年在美国耶鲁大学获得哲学博士学位。他担任过大学教授(1962年为加里福尼亚大学洛杉矶分校管理学院管理学教授)、政府的官员、企业的高级管理人员。孔茨教授在管理理论方面的研究成果颇为丰富。从1941年开始,孔茨先后撰写了多本教材、专著和多篇论文,他的著作有《管理学》、《管理学精要》、《董事会和有效管理》等。与西里尔·奥唐奈(Cyril O'Donell)、海因茨·韦里克(Heinz Weihrich)一起编写的《管理学》先后在美国出版发行十余版。《董事会和有效管理》于1968年获得"管理学院学术书籍奖",1974年获美国管理促进协会最高奖赏——"泰罗金钥匙"。

一、管理过程学派

管理过程学派把管理看作是在组织中通过别人或同别人一起完成工作的过程。管理学者应该分析这一过程,从理论上加以概括,确定一些基础性的原理,并由此形成一种管理理论。有了管理理论,就可以通过研究,通过对原理的实验,通过传授管理过程中包含的基本原则,改进管理的实践。管理过程学派的创始人是法约尔。这个学派把它的管理理论建立在以下七条基本信念的基础上。

(1) 管理是一个过程,可以通过分析管理人员的职能从理性上很好地加以剖析。

(2) 可以从管理经验中总结出一些基本道理或规律,这些就是管理原理。它们对认识和改进管理工作能起一种说明和启示的作用。

(3) 可以围绕这些基本原理开展有益的研究,以确定其实际效用,增大其在实际中的作用和适用范围。

(4) 这些原理只要还没有被证明为不正确或被修正,就可以为形成一种有用的管理理论提供若干要素。

(5) 就像医学和工程学那样,管理是一种依靠原理的启发而加以改进的技能。

(6) 即使在实际应用中不是由于背离了管理原理而造成损失。但管理学和物理学中的原理一样,仍然是可靠的。

(7) 管理人员的环境和任务受到文化、物理、生物等方面的影响,但管理理论并不需要把所有的知识都包括进来才能起一种科学基础或理论基础的作用。

二、人际关系学派

这一学派是从20世纪60年代的人类行为学派演变来的。这个学派认为,既然管理是通过别人或同别人一起去完成工作,那么,对管理学的研究就必须围绕人际关系这个核心来进行。该学派把有关的社会科学原有的或新近提出的理论、方法和技术用来研究人与人之间和人群内部的各种现象,从个人的品性动态一直到文化关系,无所不涉及。这个学派注重管理今"人"的因素,认为在人们为实现其目标而结成团体一起工作时,他们应该互相了解。

三、群体行为学派

这一学派是从人类行为学派中分化出来的,因此与人际关系学派关系密切,甚至容易混同。但它关心的主要是群体中人的行为,而不是人际关系。它以社会学、人类学和社会心理学为基础,而不以个人心理学为基础,它着重研究各种群体行为方式。从小群体的文化和行为方式,到大群体的行为特点,都在它研究之列,因此也常被称为"组织行为学"。"组织"一词在这里可以表示公司、政府机构、医院或其他任何一种事业中一组群体关系的体系和类型。

四、经验学派

这个学派通过分析经验(常常就是案例)来研究管理。其依据是管理学者和实际管理工作者通过研究各式各样的成功和失败的管理案例,理解管理问题,学会有效的管理。

五、社会协作系统学派

社会协作系统学派是以组织理论为研究重点,从社会学的角度来研究组织的。这个学派的创始人是切斯特·巴纳德,他的代表作是1937年出版的《经理人员的职能》一书。巴纳德把组织看作是一个社会协作系统,即一种人的相互关系系统。这个系统的存在取决于三个条件:一是协作效果,即组织的目标是否顺利达成;二是协作效率,即实现目标的过程中,协作成员损失最小而心理满足最高;三是组织目标和环境相适应。巴纳德还指出,在一个正式组织中要建立这种协作关系,必须满足以下三个条件:一是共同的目标;二是组织中每一成员都有协作的意愿;三是组织内部有一个能够彼此沟通的信息系统。此外,巴纳德对管理者提出了三个责任要求,分别是规定目标、善于使组织成员为实现组织目标作出贡献以及建立和维持一个信息联系系统。

六、社会技术系统学派

这一学派的创始人是特里司特及其在英国塔维斯托克研究所中的同事。他们通过对英国煤矿中长壁采煤法生产问题的研究,发现只分析企业中的社会方面是不够的,还必须注意其技术方面。他们发现,企业中的技术系统(如机器设备和采掘方法)对社会系统有很大的影响。个人态度和群体行为都受到人们在其中工作的技术系统的重大影响。因此,他们认为,必须把企业中的社会系统与技术系统结合起来考虑,而管理者的一项主要任务就是要确保这两个系统相互协调。

七、系统学派

近年来,许多管理学家都强调管理学研究与分析中的系统方法。他们认为系统方法是形成、表述和理解管理思想最有效的手段。所谓系统,实质上就是由相互联系或相互依存的一组事物或其组合所形成的复杂统一体。这些事物可以像汽车发动机上的零件那样是实物,也可以像人体诸组成部分那样是生物的,还可以像完整综合起来的管理概念、原则、理论和方法那样是理论上的。尽管我们给理论规定出界限,以便更清楚地观察和分析它们,但是所有的系统(也许只有宇宙除外)都与它们的环境在相互起作用,因而都受到其环境的影响。

八、决策理论学派

这一学派的人数正在增加,而且都是些学者。他们的基本观点是,由于决策是管理的主要任务,因而应集中研究决策问题。他们认为,管理是以决策为特征的,所以管理理论应围绕决策这个核心来建立。

九、数学学派

尽管各种管理理论学派都在一定程度上应用数学方法,但只有数学学派把管理看成是一个数学模型和程序的系统,一些知名的运筹学家或运筹分析家就属于这个学派。这个学派的人士有时颇为自负地给自己取上一个"管理科学家"的美名。他们的一个永恒的信念是:只要管理、组织、计划、决策是一个逻辑过程,就能用数学符号里的运算关系来予以表示。这个学派的主要方法就是模型。借助于模型可以把问题它的基本关系和选定目标表示出来。由于数学方法大量应用于最优化问题,可以说,它与决策理论有着很密切的关系。当然,构建数学模型绝不限于决策问题。

十、权变理论学派

这个学派强调,管理者的实际工作取决于所处的环境条件。权变管理与情境管理的意思差不多,常常通用。但有的学者还是认为应该加以区别,情境管理只是说管理者实际上做些什么取决于既定情境,而权变管理则意味着环境变化与管理对策之间存在着一种积极的相互关系。根据权变的观点,管理者可以针对一条装配线的具体情况来确定一种适应于它的高度规范化的组织形式,并考虑二者之间的相互作用。

十一、经理决策学派

这是最新的一个学派,同时受到管理学者和实际管理者的重视,其推广得力于亨利·明茨伯格。这个学派主要通过观察经理的实际活动来明确经理角色的内容。对经理(从总经理到领班)实际工作进行研究的人很早就存在,但把这种研究发展成为一个众所周知的学派的却是明茨伯格。明茨伯格系统地研究了不同组织小5位总经理的活动,得出结论说,总经理们并不按人们通常认为的那些职能分工行事,即只从事计划、组织、协调和控制工作,而是还进行许多别的工作。明茨伯格根据他自己和别人对经理实际活动的研究,认为经理扮演着10种角色。

本章学习要点

1. 中国古代管理思想源远流长,最具代表性的包括儒家、法家、道家和兵家。儒家提出人性善的人性假设,依此相应提出施仁政、德治扎制的管理方式,用礼制规范和道德感化的手段,实现治国的目的,代表人物包括孔子、孟子。法家与儒家相反,提出人性恶的人性假设,因而力主推行法制,重罚推法护法,实现治国的目的。代表人物包括管仲、商鞅和韩非子。道家提出人性自然的假设,认为"道法自然","无为而万物化"主张以弱小胜刚强,以反求正,以实现至德之世的理想境界,代表人物包括老子、庄子。兵家从战争管理的角度提出一系列管理的思想,并又从实践上征明了其有效性,代表人物是孙子。

2. 西方工业革命时期开始有了现代管理学的雏形。代表人物包括亚当·斯密、查理巴贝奇等。

3. 古典管理理论形成于19世纪末和20世纪初的欧美,主要分为科学管理理论和组织管理。科学管理理论主要研究如何提高单个工人的生产效率,其代表人物主要有泰勒。组织管理理论着重研究管理职能和整个组织结构,其代表人物主要有法约尔、韦伯和巴纳德。

4. 行为管理理论形成于20世纪20年代,早期被称为人际关系学说,以后发展为行为科学,即组织行为理论。人际关系学说最重要的成果来自梅奥及其领导的霍桑试验。1949年在美国诞生了"行为科学",产生一大批有影响力的行为科学家及其理论,主要有马斯洛及其提出的需求层次理论、麦格雷戈及其提出的"X理论—Y理论"、赫茨伯格及其提出的双因素理论、弗鲁姆及其提出的期望论等。

5. 管理科学产生于第二次世界大战期间,这一学派强调应用定量和数学工具来解决管理问题。

6. 孔茨发现的管理丛林现象是第二次世界大战以后管理理论出现的一种现象。孔茨分析了形成的原因,并探讨了形成较为统一的管理学理论的基本思路。

复习思考题

1. 为什么在管理学界将泰勒视为"管理之父"？泰勒建立的科学管理思想主要体现在何处？
2. 法约尔对管理理论的主要贡献是什么？
3. 何为管理丛林？管理丛林形成的原因是什么？

参 考 文 献

[1] 法约尔.工业管理与一般管理.周安华,等,译.北京:中国社会科学出版社.1982.
[2] 泰勒.科学管理原理.胡隆昶,等,译.北京:中国社会科学出版社.1984.
[3] 王慧娟,彭傲天.管理学.北京:北京大学出版社.2012.
[4] 肖小虹.管理学.北京:科学出版社.2011.
[5] 李先江,张家俊,李方晖,等.管理学.北京:北京大学出版社.2012.
[6] 王柏林.管理学.西安:西北大学出版社.2006.

第三章
计　划

本章学习目的
  明确计划的概念、内容、特征和意义；
  区分计划的分类标准和类型；
  清楚计划的编制程序；
  熟悉和掌握各种常用的制订计划的工具和技术；
  了解目标的特点、目标管理的概念、特征及实施过程。

第三章 计划

案例——问题的提出

西门子公司

德国的西门子公司始终致力于让那些杰出的工程师们生产高质量的产品。但是近年来,它的管理层认识到,它们与美国的通用电气公司、芬兰的诺基亚公司的竞争,已经不仅是在质量方面,还必须在产品推出市场的速度、持续的创新,以及无情的压缩成本等问题上开展竞争。1996—1998年期间,公司的利润减少了2/3,公司的市场份额则下降得更快。公司的CEO海因里西·冯·皮埃尔(Heinrich Von Pierre)制订了一个旨在使西门子公司复兴的计划,具体目标是:3年内,强化公司的整体财务业绩,使公司能在美国的股票交易所挂牌上市。

管理层制订的行动计划包括:①缩短开发和生产新产品的时间;②出售或关闭业绩不良的下属单位,通过并购来强化剩余的企业,使得它们成为世界上的领军企业;③为经理们设定很高的利润指标,并且按照业绩支付报酬;④按照美国的会计化标准进行财务工作并且报告经营结果。然后,各个企业的经理们也为他们各自单位内的员工制订了行动计划。

每个季度召开一次会议来检查行动计划的执行情况,在会上,来自14家企业的经理直接向冯·皮埃尔报告工作进展情况。如果工作没有达到计划的要求,就会要求经理们做出解释,并且说明将如何克服存在的缺点。每年的年底制订下年计划时,将对每家企业的绩效,以及整个公司的整体绩效进行考评。那些实现了目标的经理将得到奖励,那些始终完不成目标的将下台,而那些绩效最差的经理会首先被解职。

自从该计划实施以来,西门子公司已经大大提高了它的生产速度和全面财务成绩。例如,过去曾经要辛辛苦苦花13个小时来生产一部手机,而现在只要5分钟就可以下线了。西门子下属的许多企业已经从亏损转变为盈利,而股票行情也一路上升。西门子公司已经开始走上按照美国标准报告经营成果的轨道上来,并且在美国股票交易所挂牌上市。目标管理体系激发了管理层的干劲,使得全公司的员工都按高管层所设定的关键目标前进。

(资料来源:理查德·L.达夫特(Richard L. Daft).管理学(第7版).范海滨,王青,译.清华大学出版社,2009)

正如哈罗德·孔茨所言:"计划工作是一座桥梁,它把我们所处的此岸和我们要去的对岸连接起来,以克服这一天堑。"计划工作给组织提供了通向未来目标的明确道路,给组织、领导、控制和创新等一系列管理工作提供了基础。无论是对于营利性组织还是非营利性组织,管理层都意识到了计划在组织成功中的重要角色。通用电气公司CEO杰克·韦尔奇曾经说过,与其让别人掌握你的命运,不如你自己来主宰。组织要想获得成功,必须回答"我是谁"、"我想做什么"(目标)、"我如何去做"(计划的编制与实施)等问题。本章我们将讨论计划的内容和内涵、作用和地位、计划类型以及不同计划的编制与实施。

第一节 计划概述

古人云:"凡事预则立,不预则废。"即无论做什么事情,如果事先能够做好计划和准备,就能够取得成功,反之就会失败。这则出自《礼记·中庸》的名句,对生活在现代的人仍旧具有重要的意义。在现代社会中,无论是组织还是个人,也无论是工作还是生活,都会经常遇到"计划"问题。作为一个国家,要协调社会经济的发展,合理确定社会各系统之间的关系,需要编制国家计划;作为一个企业,要实现经济利益最大化,将要制订产品开发计划和销售计划;作为一个家庭,为有效利用家庭经济资源,需要制订家庭收支计划;作为个人,要进行日常活动,也需要事前安排和计划。

计划作为管理的首要职能,对组织的成败起着关键的作用。计划工作直接影响且贯穿于组织、领导、控制和创新等管理活动全过程。科学的、可行的计划将会使组织有步骤地开展各项活动,从而增强在市场中的竞争力;反之,没有计划或无序的计划只会使组织陷入盲目的发展困境中,进而导致组织的市场机会和自身实力的丧失。因此,对于任何组织而言,必须制定并实施有效的计划与目标,才能在市场中立于不败之地。

一、计划的概念

什么是计划?不同的学者对此有不同的理解,关于计划的含义主要包括以下一些观点。

"计划是预先决定的行动方案。"

"计划是事先对未来应采取的行动所作的规划和安排。"

"计划职能包含规定组织的目标,制定整体战略以实现这些目标,以及将计划逐层展开,以便协调和将各种活动一体化。计划既涉及目标(做什么),也涉及达到目标的方法(怎么做)。"

"计划是一种结果,它是计划工作所包含的一系列活动完成之后产生的,它是对未来行动方案的一种说明。"

"计划是一种预测未来、设立目标、决定政策、选择方案的连续程序,以期能够经济地使用现有的资源,有效地把握未来的发展,获得最大的组织成效。"

这些陈述分别从目的角度、过程角度、结果角度、内容角度、实施角度给出了计划所包含的含义,对于我们完整地理解计划的含义非常重要。

管理存在于集体协作活动中。为了使人们的集体活动卓有成效,就必须使人们明确他们应该去完成什么目标,明确为了完成这些目标必须通过什么途径,采取什么方案。这种旨在明确所追求的目标以及相应行动方案的活动就是管理的计划职能。计划是所有管理职能中的一个最基本职能,它是针对未来活动所进行的预先的行动安排,即为实现已定的决策目标而对各项具体管理活动以及所需人力、物力、财力的设计和谋划。古人所说的"运筹帷幄",就是对计划职能最形象的概括。

我们认为,作为管理学中的计划包括两重含义:一方面,是作为动词的计划工作,指为实现组织既定的目标,对未来的行动进行规划和安排的活动;另一方面,计划又有名词方面的含义,指为实现既定目标所制订的具体行动方案,是计划工作的结果。

从作为动词的计划工作来看,计划工作有广义和狭义之分。广义的计划工作是指制订计划、执行计划和检查计划执行情况三个紧密衔接的工作过程;狭义的计划工作则是指制订计划。这里所讲的计划是狭义的计划,也就是通过计划的编制,合理地安排组织内的一切具体管理活动,有效的利用各种资源,以期达到决策目的的实现。

二、计划的内容

计划的内容通常被概括为"5W2H",这是一般的计划工作需要确定和描述的七项内容,它们分别是:

What to do(做什么):确定工作的目的及内容,即明确该项工作的具体任务和要求,每一时期的中心任务和工作重点。例如,企业在未来5年要达到什么样的战略目标;企业年度生产计划的任务主要是确定生产哪些产品,生产多少,合理安排产品投入和产出的数量及进度,在保证按期、按质和按量完成订货合同的前提下,使得生产能力得到尽可能充分的利用。

Why to do it(为什么做):这样做的原因是什么,即明确该项工作的宗旨、目标和战略,并论证其可行性。实践表明,计划工作人员对组织和企业的宗旨、目标和战略了解得越清楚,认识得越深刻,就越有助于他们在计划工作中发挥主动性和创造性。正如通常所说的,"要我做"和"我要做"的结果是大不一样的,其道理就在于此。

When to do it(什么时候做):开展工作的时间,即规定计划中各项工作的开始和完成的时间,以便对进度进行有效控制,合理调配资源,提高工作效率。

Who to do it(由谁来做):完成工作的人员,即在工作的进程中,确定某一阶段的某些具体工作由哪些人或哪些部门来负责。只有落实责任人,才能够防止工作互相推诿或由于工作相互交叉重叠造成资源浪费,计划才能够有条不紊地执行。例如,开发一种新产品,要经过产品设计、样机试制、小批试制和正式投产几个阶段。在计划中要明确规定每个阶段由哪个部门、哪个人负主要责任,哪些部门协助,各阶段的接口处由哪些部门和哪些人员参加鉴定和审核等。

Where to do it(在哪里做):开展工作的地点和场所,即了解计划实施的环境条件和限制,选择最合适的场所,以便合理安排计划的实施。

How to do it(怎样做):达到目标的方式和手段,即详细制订实现计划的具体措施和规则,对各项资源进行合理地调配。

How much(需要多少):完成工作所需要的各种资源的数量、成本以及能够取得的利润,这关系到工作的预算,是成本和效益的平衡问题。

实际上一个完整的计划还应包括控制标准和考核指标的制定,使组织中所有部门与成员不但知道组织的使命、战略、目标和行动计划,而且还要明确本职工作的内容、如何去做以及要达到什么标准。

计划的具体内容如表3-1所示:

表 3-1 计划的内容

要素	所要回答的问题	内容
前提	该计划在何种情况下有效	预测、假设、实施条件
目标	做什么,What	最终结果、工作要求
目的	为什么要做,Why	理由、意义、重要性
时间表	何时做,When	起止时间、进度安排
责任	由谁做,Who	人选、奖罚措施
范围	涉及哪些部门、何地,Where	组织层次、地理范围
战略	如何做,How	途径、基本方法、主要战术
预算	需投入多少资源和代价,How much	费用、代价
应变措施	实际与前提不符时怎么办	最坏情况计划

表 3-1 中所列要素对于一切计划来说,是缺一不可的。一旦出现计划前提与事实不一致时,依据目的来确定放弃计划还是创造条件实施计划。

三、计划的特征

计划的特征主要体现在以下几个方面:

(一) 首位性

计划工作相对其他管理职能处于首位。把计划工作放在首位的原因,不仅因为从管理过程的角度来看,计划工作先于其他管理职能,而且因为在某些场合,计划工作是付诸实施的唯一管理职能。任何组织都只有把实现目标的计划制订出来后,才能确切地知道需要什么样的组织层次与结构,配备什么样的合格人选,按照什么方针、政策来实行有效的领导以及采取什么样的控制方法等。计划工作的结果可能得出一个决策,即无须进行随后的组织工作、领导工作及控制工作等。例如,对于一个是否建立新工厂的计划研究工作,如果得出的结论新工厂在经济上是不合算的,那也就没有筹建、组织、领导和控制一个新工厂的问题了。计划工作具有首位性的原因,还在于计划工作影响和贯穿于组织工作人员配备、指导、领导工作和控制工作中。

从管理过程的角度看,计划、组织、领导、控制和创新等方面的管理活动都是为了实现企业的目标。计划工作必须先于其他管理职能。在实际工作中,所有职能交织成一个行动网络,但计划工作有它特殊的地位,因为它牵涉整个集体去努力完成的目标。此外,主管人员必须制定计划以了解需要什么样的组织关系和人员素质,按什么方针去领导下属工作人员,以及采用什么样的控制。因此,要使其他管理职能发挥效用,必须首先做好计划。图 3-1 描述了计划的首位性。

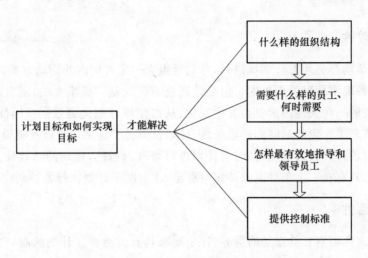

图 3-1　计划的首位性

（二）目的性

目标是计划的重点,所以计划是组织精心安排的更有技巧地实现组织目标的过程,具有强烈的目的性。没有计划就不能达到组织各系统的协调行动,也就难以顺利实现组织的目标。在实际工作过程中,管理者一般要根据实际情况确定组织的总目标;根据总目标的需要进一步明确各部门、各系统的具体工作目标;在此基础上制订科学的计划,保证组织总目标的实现。

（三）效率性

计划工作的任务不仅要确保总目标的实现,而且要从众多方案中选择最优的资源配置方案,在实现总目标的过程中合理地利用资源和提高效率。计划工作的效率,是以实现企业的总目标和一定时期的目标所得到的利益,扣除制订和执行计划所花的费用以及预计不到的损失之后的总额来测定的。它一般是指投入和产出之间的比率,但这一概念不仅包括了按资金、工时或成本表示的投入产出比率,而且包括了组织和个人的满意程度这一类主管评价标准。所以,只有按合理的代价实现目标,这样的计划才是有效率的。

（四）普遍性

计划工作的普遍性主要体现在如下几个方面。首先,计划工作涉及组织管理区域的每个层次。虽然计划工作的特点和范围随各级主管人员的层次、职权不同而不同,但计划工作是每位管理者无法回避的职能工作,只不过不同层次的管理者所从事的计划工作的侧重点和内容有所不同,高层管理者往往侧重于负责制定战略计划,而具体的计划由下级完成;较低层次的管理者偏重于作业计划。其次,现代组织的管理工作纷繁复杂,即使最聪明、最能干的领导人也不可能包揽全部的计划工作。最后,授权下级制订某些计划,有助于调动下级参与组织管理的积极性,进一步挖掘下级的潜力。因此,计划工作是各级管理人员的一个基本职能,具有普遍性。

（五）时效性

任何组织活动都必须有计划地进行，计划是组织一定时期内的行动方案，它的制订是以一定时间内各种现实情况为前提的。但是计划也不可能是一成不变的，随着时间和条件变化，与目标有关的一些关键因素也会发生变化，从而使原计划失去效用。因此，计划具有很强的时效性，离开了一定的时间和环境条件，计划就失去了意义。管理者必须充分了解计划的时效性，根据各种因素的变化，及时对计划进行修改。当然，计划的时效性并不否定计划的相对稳定性，只有在一定条件下保持相对稳定，才有助于计划执行者顺利完成计划任务。

（六）灵活性

面对不确定性因素日益增加的世界，计划要求具有灵活性。计划的制订并不是一成不变的，计划应随着外界环境因素灵活改变，计划的灵活性也表现在计划内容中的应变措施上，对于一些变化的东西，由于人们具有有限理性的特征，并不能全部掌握，因此，在制订计划时，要使计划具有弹性，要随环境变化而变化。

四、制订计划的意义

计划是对未来的提前思考，它为组织的发展提供了方向。在复杂多变和充满不确定性的组织环境中，一个科学、准确的计划，会减少各种变化所带来的影响，为管理者实现既定的目标起到事半功倍的作用。计划的意义可以归结为以下四点：

（一）计划是行动的指南

计划的确定为组织成员清晰地指出了组织的目标和如何实现这些目标的行动方案，就如同提供了一份路线图，减少了在未来活动过程中的不确定性和模糊性。计划能够促使组织中全体人员的活动方向趋于一致，从而形成一种复合的、巨大的组织力量，以保证达到计划所设定的目标，也就是说管理者是基于计划来进行指挥的，而整个组织的成员也是基于计划来展开行动的。例如，企业要根据年度生产经营计划安排各月的生产任务，并进行新产品开发和技术改造。

（二）计划是适应变化的手段

当今世界，唯一不变的就是变化。社会在变革，技术在革新，人们的价值观念也在不断变化。计划是预期这种变化并且设法消除变化对组织造成不良影响的一种有效的手段。计划是针对未来的，这就使计划制订者不得不对将来的变化进行预测，根据过去的和现在的信息来推测将来可能出现哪种变化，这些变化将对达成组织目标产生何种影响，在变化确实发生的时候应该采取什么对策，并制订出一系列备选方案。一旦出现变化，就可以及时采取措施，不至于无所适从。如果没有预先估计到这些变化，就可能导致组织的生存发展十分被动，最终因无法应付各种突如其来的变化而失败。诚然，有些变化是无法事先预知的，而且随着计划期的延长，这种不确定性也就相应增大，这种情况的出现部分是由于人们掌握的与将来有关的信息是有限的,部分是由于未来的某种变化可能完全由于某种偶然因素引起的,但这并不否认计划的作用。通过计划工作,进行科学的预测,可以把未来的风险降到最低限度。

(三) 计划是有效配置资源的方法

计划工作的一项重要任务就是要使未来的组织活动均衡发展。预先对此进行认真的研究,有助于避免由于缺乏科学预测而进行轻率判断所造成的损失。同时,实现预定目标可以有多种途径和方案,计划工作要对各种方案进行可行性分析,从技术、经济等角度选择最有效的方案来达到目标,这无疑都是对有限资源的合理利用,最大限度地保证实现同样的目标,资源的使用量最少,从而减少盲目性所带来的浪费。此外由于有了计划,组织中各成员的努力将形成一种合力,这将极大的提高工作效率和组织的效益,可以克服由于资源短缺或者由于未来情况不确定性所带来的困难,使一些原本难以实现的目标得以实现。

(四) 计划是管理者进行控制的标准

为了保证计划执行的结果可以达到事先所设定的目标,管理者需要对计划的执行过程进行控制,即检查实际执行过程和计划有无偏差,如果出现容许范围之外的偏差就需要及时进行纠正,以保证实现预期目标。而控制中所使用的控制标准就来自于计划中建立的目标和一些指标。也许这些目标和指标还不能被直接地在控制过程中使用,但它确实提供了控制的标准。另外,如果执行过程中的偏差经过分析,是由于计划执行的前提条件发生了某种变化而造成的,这又可能使管理者修订计划,建立新的目标,导致计划的执行过程使用新的控制标准。计划和控制的这种关系,使得实际执行过程得以沿着计划目标的方向前进。

在实际工作中,对计划工作的作用应有正确的认识。第一,计划工作不是策划未来,也就是说,计划工作并不是预测。实际上,人类无法完全准确地预言未来和控制未来,试图指挥和策划未来是幼稚的。我们仅能决定为了实现将来的目标应当采取什么样的行动。第二,计划工作不是作未来的决策,计划工作所涉及的是当前决策对将来事件的影响。所以,计划工作涉及未来,但是,计划工作的决策是现在作出的。第三,计划工作并不能消除变化。管理者不管做些什么,变化是客观存在的。管理部门之所以要从事计划工作是为了评估各种变化和风险,并对它们作出最为有效的反应。第四,计划工作并不减少灵活性。组织的正式计划比存在于一些高层管理者头脑中模糊的假设要容易修改,因为它推理明确,构想清晰。而且,有些计划可以人为地增加其灵活性,管理人员是管计划的,而不是被计划管住的。

总之,组织的成功在于是否合理运用计划。如果一个组织将计划工作放在首位,那么各项工作将得到有效的协调且能够按时完成,员工的努力就会避免低效重复,部门之间可以实现有效的合作与协调,员工的技能与潜力将会得到充分的运用,成本得到控制,最终将提高工作质量。

第二节 计划的类型

计划是对未来行动的事先安排,是决策实施所需完成的任务在时间和空间上的分解。计划的种类很多,按照一定的分类标志可以将计划类别进行划分。各种类型的计划不是彼此割裂的,而是由分别适用于不同条件下的计划组成的一个计划体系。

一、按照计划的形式和层次分类

哈罗德·孔茨和海因·韦里克从抽象到具体把计划分为一个完整的层次体系,即宗旨、目标、战略、政策、程序、规则、方案、预算,如图3-2所示。

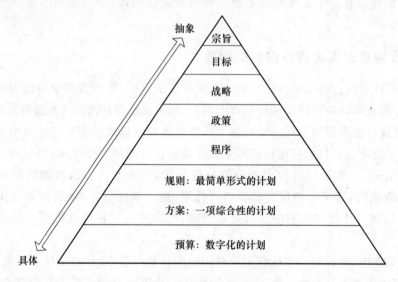

图3-2 计划的层次体系

(一) 宗旨或使命

宗旨或使命指明一定的组织机构在社会上应起的作用和所处的地位。它是为了说明组织存在的根本价值和意义,也是不同组织相互区别的根本标志。换句话说,宗旨表明组织是干什么的,应该干什么。例如,一般而言,企业的使命是生产和分配商品与服务,法院的使命是解释和执行法律,大学的使命是教书育人和科学研究,医院的使命是治病救人。任何有意义的集体组织活动,都至少应该有一个目的或使命,即社会对该组织的基本要求——宗旨。然而,有许多企业的经理却很难清楚地回答这样的问题。这些企业的经理还没有体会到深入思考企业的宗旨,并将它明确阐述出来用以指导日常的经营活动的重要意义。相反,当我们把眼光转向一些取得了巨大成功的公司时,我们会发现,他们成功的原因首先在于有明确的宗旨。例如,在电子计算机芯片行业中首屈一指的英特尔(Intel)公司就有着明确的宗旨:"英特尔公司的目标是在工艺技术和营业这两方面都被承认是最好的,是领先的,是第一流的。"著名的日本索尼(SONY)公司的宗旨便是:"索尼是开拓者、永远向着那未知的世界探索。"表示索尼公司绝不步别人后尘的意志。正是从这一宗旨出发,索尼公司把最大限度地发掘人才、信任人才、鼓励人才不断前进视为自己的唯一生命,从而取得了巨大成功。

(二)目标

目标是组织活动所要达到的结果,它是在组织的目的或使命指引下确立的,是目的的具体化和数量化。宗旨是组织价值的高度抽象,组织的运行还需要一定时空范围内的具体目标。组织的使命支配着组织各个时期的目标和各部门的目标,而且组织各个时期的目标和各部门的目标是围绕组织存在的使命所制订的,并为完成组织使命而努力。例如,教书育人和科学研究是一所大学的使命,但一所大学在完成自己使命时会进一步具体化不同时期的目标和各院系的目标,比如最近3年培养多少人才、发表多少论文等。在通常情况下,人们可以把组织目标进一步细化,从而得出多方面的目标,形成一个互相联系的目标体系。美国学者对80家美国最大的公司的一次研究结果表明,每家公司设立的目标数量从1个到18个不等,平均是5~6个。

(三)战略

战略是为实现组织目标所确定的发展方向、行动方针、行为原则、资源分配的总体谋划。战略是指导全局和长远发展的方针,对于组织的思想和行动起引导作用。战略并不打算确切地概述组织怎样去完成它的目标,这是无数主要的和次要的支持性计划的任务。"战略"源于军事用语,具有对抗的含义。在管理学中,战略仍有对抗的含义。因此,组织的战略总是针对竞争对手的优势和劣势,以及其正在和可能采取的行动为保证自身取得优势地位获得竞争胜利而制定的。

(四)政策

政策是组织在决策或解决问题时用来指导和沟通思想与行动方针的规定或行为规范。但并非所有的政策都是"明文规定",政策也常常从管理人员的活动中含蓄地反映出来。例如,一家企业的主管人员习惯于从企业内部提升员工,这种做法可能会被员工看作政策而认真依照执行。这种管理者处理某问题的习惯方式会被下属作为处理该类问题的模式,这就是一种含蓄的、潜在的政策。

政策是组织活动中必不可少的,它使各级管理人员在决策时有一个明确的思考范围,同时也有利于统一和协调组织成员之间的思想与行动。组织的不同层次可以相应地制定不同层次的政策,用于指导和规范各个职能部门的工作。

(五)程序

程序是完成未来某项活动的方法和步骤,是将一系列行为按照某种顺序进行安排。程序是通过对大量日常工作过程及工作方法的总结、提炼而逐渐形成的,对组织的例行活动具有重要的指导作用。在实践工作中,程序往往表现为组织的政策。比如,一家制造企业的订单处理程序、财务部门批准给客户信用的程序、会计部门记载往来业务的程序等,都表现为企业的政策。又如,某学校对教学活动进行设计,按照每一学期时间顺序对必要的活动进行安排,形成周而复始的教学活动程序,如图3-3所示。

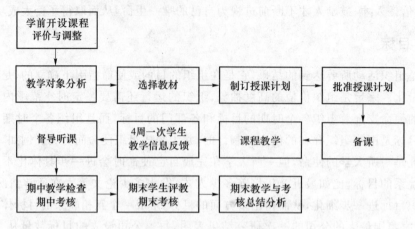

图3-3　某学校教学活动程序

构成程序的基本要素包括四个方面:行为主体,即行为者;客体,即被处理或作用的对象;行为方式,即办事的手段、方式、方法;时间顺序,即活动进行的先后程序及时限,其中最后一个要素是核心要素。有效的管理应按照这四个要素,根据目标的要求和工作的性质与特点制定明确的办事程序。

(六) 规则

规则是一种最简单的计划,它是具体场合和具体情况下,允许或不允许采取某种特定行动的规定。

规则不同于程序。其一,规则指导行动但不说明时间顺序;其二,可以把程序看作一系列的规则,但是规则可能是也可能不是程序的组成部分。比如,"禁止吸烟"是一条规则,但和程序没有任何联系;而一个规定为顾客服务的程序可能表现为一些规则,如在接到顾客需要服务的信息后30分钟内必须给予答复。

规则也不同于政策。政策的目的是指导行动,并给执行人员留有酌情处理的余地;而规则虽然也起指导行动的作用,但是在运用规则时,执行人员没有自行处理之权。

就其性质而言,规则和程序均旨在约束思想,因此只有在不需要组织成员使用自行处理权时,才能使用规则和程序。

(七) 方案

方案是为了实施既定方针所必需的目标、政策、程序、规则、任务分配、执行步骤、使用的资源而制订的综合性计划。方案可大可小,不同级别的组织都可以有自己的方案。如一家企业为了提高数以千计的主管人员的素质和能力而制订的五年方案;而方案也可以表现为某一部门为了提高员工满意度而制订的具体计划。

一项方案需要很多支持计划或者说方案是由目标、政策、程序、规则、预算等不同形式的计划组合而形成的,并且这些不同形式的计划需要系统的安排在一起。

(八) 预算

预算是用数字表示预期结果的一种报告书,是一种数字化的计划。它是对保证目标实现的资源分配与部署作精确的、定量化的反映,是按财务项目——比如收入和费用以及资本预算,或者按非财务项目——比如直接工时、材料、实物销售量和生产量等来表明预期的效果。预算通过计划数字划为财务报表,并把这些计划分解成许多部分使之与组织结构、预算小组和有关的计划相一致,这样既可把职权授予出去,又不至于失去控制。有精确、可靠的预算,才能保证有效地实现目标;没有预算的计划,是一种无法控制的盲目计划。

二、按照时间跨度分类

根据时间的长短可以将计划分为长期计划、中期计划和短期计划。

(一) 长期计划

长期计划的期限一般在五年以上,又可称长远规划或远景规划,如我国计划在 21 世纪中叶(即 2050 年)达到中等发达国家水平。

长期计划一般只是纲领性、轮廓性的讨论,它只有一个比较粗略的远景规划设想,主要任务是指出组织在较长时期内的发展方向和方针,规定组织各部门在较长时期内从事某种活动应达到的目标和要求,绘制组织长期发展的蓝图,因此内容相对比较笼统。由于计划的期限较长,不确定的因素较多。因此,它只能以综合性指标和重大项目为主,还必须有中、短期计划来补充,把计划目标加以具体化。

(二) 中期计划

中期计划期限一般在 3~5 年之间。相对于长期计划而言,中期计划可以比较准确地衡量计划期各种因素的变动及其影响。在一个较大系统中,中期计划一方面可以把长期的战略任务分阶段具体化,另一方面又可为年度计划的编制提供基本框架,因而成为联系长期计划与年度计划的桥梁和纽带。

(三) 短期计划

短期计划一般期限的长度为一年以下,包括年度计划和季度计划等,以年度计划为主要形式。短期计划具体规定了组织的各个部门在目前到未来的各个较短时期应该从事何种活动,为各组织成员在近期内的行动提供了依据。它是长期、中期计划的具体初始计划、行动计划。它根据中期计划具体规定本年度的任务和有关措施,内容比较具体、细致、准确;有执行单位,有相应的人力、物力、财力的分配,为贯彻执行提供了可能,为检查计划的执行情况提供了依据,从而使长、中期计划的实现有了切实保证。

长、中、短期计划的有机协调和相互配套是每一个组织生存与发展的保证。在实践的过程中,一般的经验是长期计划可以粗略一些,弹性大一些,而短期计划则要具体详细些。

需要指出的是,上述划分期限并不是绝对的,会因组织的规模和目标的特性而有所不同。例如,我国的"南水北调"工程,规模巨大,它将会涉及许多建设领域和地方行政单位的管理活动,所以即便是短期计划也需要两年以上的时间。而对于时装公司来说,流行时装生产的中期计划可能至多为半年。

三、按照企业职能分类

根据企业职能可将计划分为业务计划、财务计划和人事计划。人们通常用"人、财、物"来描述企业所涉及的主要要素,其中人事计划的内容主要涉及"人";财务计划的内容主要涉及"财";业务计划的内容主要涉及"物"。

(一) 业务计划

业务计划是组织的主要计划。长期业务计划主要涉及业务方面的调整或业务规模的发展,短期业务计划则主要涉及业务活动的具体安排。比如,企业业务计划包括产品开发、生产作业及销售促进等内容。进一步划分,产品计划又涉及新产品的开发、现有产品的结构调整、功能完善等;生产计划安排了企业生产规模的扩张及实施步骤,不同车间、班组的季度、月份、旬乃至周的作业进度安排;销售计划关系到销售渠道与销售手段的选择和建立等。

(二) 财务计划与人事计划

财务计划与人事计划是为业务计划服务的,也是围绕着业务计划而展开的。财务计划研究如何从资金的提供和利用上促进业务活动的有效开展;人事计划则分析如何为业务规模的维持或扩展提供人力资源的保证。比如,财务计划要决定如何建立新的融资渠道或选择不同的融资方式、如何保证资金的供应、如何监督这些资金的使用效果;人事计划要研究如何为保证组织的发展提高员工的素质、如何把具备不同素质特点的员工安排在不同的岗位上。

四、按照指导程度分类

(一) 指令性计划

根据指导程度可将计划分为指令性计划和指导性计划。

指令性计划又称具体性计划,是由上级主管部门下达的具有行政约束力的计划,具有非常明确的目标和措施,具有很强的可操作性,一般由基层部门制定。例如,企业销售经理打算使企业销售额在未来6个月中增长15%,他制订了明确的程序、预算方案及日程进度表。

(二) 指导性计划

指导性计划是由上级主管部门下达的具有参考作用的计划,一般只规定一些指导性的目标、方向、方针和政策等,并由高层决策部门制定,给予计划实施者较大的自由处置权。例如,上例指令性计划规定企业销售额在未来6个月中增长15%,而指导性计划可能只规定企业销售额在未来6个月中增长12%～18%。相对于指导性计划而言,指令性计划更易于计划的执行、考核和控制,但是缺少一定的灵活性。

五、按照管理活动重复出现的频率分类

根据管理活动重复出现的频率可将计划分为程序性计划和非程序性计划。

(一) 程序性计划

程序性计划主要针对组织活动中的例行活动,这些例行活动往往会定期或不定期地重复出现,如订货、报账、材料的出入库、市场分析等。由于这类活动的出现具有一定的规律和结构,因此,针对这些重复出现的活动可以建立相应的决策程序。一旦在工作中出现这些活动,就可以调用既定的程序来解决,以此提高组织活动的效率。

(二) 非程序性计划

非程序性计划主要是针对例外活动制订的。例外活动不具有规律性,并且不重复出现,如新产品的开发、新服务项目的推出、产品结构的调整、生产和规模的调整等,这类问题的出现不能采用既定的程序来解决,因为这些问题在组织的发展过程中从未出现且没有固定的解决方法和程序,需要采用一些特殊的方式加以解决,因此这就需要制订非程序性计划。

六、按照计划对组织整体活动的影响范围和程度分类

根据计划对组织整体活动的影响范围与影响程度的不同和计划制订者所处的管理层次的不同,可将计划分为战略计划、战术计划和作业计划。

(一) 战略计划

战略计划是关于组织活动长远发展方向、基本目标的计划。它只规定总的发展方向、基本策略和具有指导件的政策、方针。战略计划是对本组织有关重大的、带全局性的、时间较长的工作任务的筹划。战略计划的特点是长期性和整体性,一次计划可以决定在相当长的时期内大量资源的运动方向;它的涉及面很广,相关因素较多,需要站在组织整体的层面上进行综合考虑。另外,由于所涉因素关系复杂又不明确,还含有很多无法量化研究的因素,因此战略计划的制定必须借助于非确定性分析和推理判断才能对它们有所认识。战略计划的这些特点决定了它对战术计划和作业计划的指导作用。

(二) 战术计划

战术计划是关于组织活动如何具体运作的计划。它是由中层管理者制定的,将战略计划中具有广泛性的目标和政策,转变为确定的目标和政策,并且规定了达到各种目标的确切时间。战术计划中的目标和政策比战略计划具体、详细,并具有相互协调的作用。此外,战略计划是以问题为中心的,而战术计划是以时间为中心的,一般情况下,战术计划是按年度

分别拟订的。

(三) 作业计划

作业计划是由基层管理者制定的。战术计划虽然已经相当详细,但在时间、预算和工作程序方面还不能满足实际实施的需要,还必须制订作业计划。作业计划根据战术计划确定计划期间的预算、利润、销售量、产量以及其他更为具体的目标,确定工作流程,划分合理的工作单位,分派任务和资源,以及确定权利和责任。

第三节 计划的编制程序

虽然各类组织编制的计划内容差别很大,但科学地编制计划所遵循的步骤却具有普遍性。管理者在编制任何完整计划时,实际上都要遵循如图 3-4 所示的步骤。即使是编制一些小型的简单计划,也应按照如下完整的思路去构想整个计划过程。

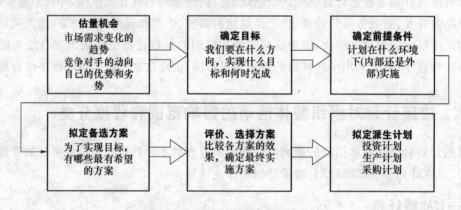

图 3-4 计划的编制程序

一、环境分析

在计划开始前,管理者应该对组织的外部环境和内部条件进行分析,认清组织的长处和不足、外部环境存在的机会和威胁,并评估把握机会所需的资源和能力。可以说环境分析是计划的起点。

(一) 宏观环境

(1) 政治环境,如政府的各种经济政策、方针、法令等。
(2) 社会环境,如社会风气、风俗习惯、消费倾向等。
(3) 经济环境,如人口趋势、就业状况、国民收入水平等。
(4) 技术环境,如国内外科学技术发展的趋势、国内科学技术发展的水平等。
(5) 资源环境,如人力资源、物质资源、自然资源,包括水、电、油等各项生产资源。

（二）微观环境

(1) 供应商,如供货的及时和稳定、供货的质量和价格、供货货源的选择性等。
(2) 顾客,如顾客的需求质量、需求数量、购买能力等。
(3) 竞争对手,如竞争对手的市场占有率、竞争对手产品质量、产品价格、竞争对手的服务质量、竞争对手的品牌等。
(4) 替代新产品,如替代产品的种类、质量、价格、技术,以及替代产品的市场占有率等。
(5) 社会公众,如组织在社会中的形象、组织与媒体的关系、组织与金融机构的关系、组织与政府机构的关系等。

（三）环境分析的作用

一般地说,企业、事业单位组织的管理人员必须花大量的时间去调查和分析各种有关的信息、情报。从下述几个方面,我们可以更清楚地看出环境分析对一个组织的重要作用。

(1) 一个企业要进入一个新的市场,它就必须调查有关市场的情况。通过对搜集的情报进行分析,管理者才能做出是否进入这个新的市场的决定,或需再观察一段时间才能做出决定。只有通过分析才能做到既避免因冒险造成的失败,又及时地抓住有利的时机。

(2) 通过环境分析,搜集并分析关于技术环境的情报,管理者才能做出是否扩大对技术发展的投资,是否购买新的技术设备,是否放弃原有较落后的设备等方面的决定。

(3) 如果了解并分析了有关政府的一些倡导或即将出台的政策和法律,管理者就可以采取相应的行动,提前到位。

因此,环境分析可以使管理者对搜集到的信息情报进行分析和鉴别,以利捕捉良机,制订出正确的计划。

二、确定目标

计划目标是企业预定的、在计划期内生产经营活动的结果,它应在分析企业外部和内部情况的基础上确定。各种情况与计划目标的具体内容的关系是错综复杂的,往往某个情况对计划目标中的一个或几个具体内容有利,而对另一个或几个具体内容不利;也可能某个情况对某个具体内容适合,而却受到另一个情况的限制。因此,对各种情况要进行全面的分析和衡量,权衡利弊得失,避免顾此失彼,然后确定计划目标。

（一）计划目标的类型

我国企业所确立的计划目标是多方面的,通常,计划目标有以下四类。

1. 贡献的目标

即对社会贡献的大小,这是我国企业的首要目标,企业之所以能够生存和发展,就是因为它能为社会作出贡献。每个企业应根据自身的条件和客观的需要,力争对社会作出更多的贡献。贡献的目标可用产品品种、质量、数量、上缴税金和利润等表示。

2. 市场的目标

企业生产经营活动有无活力,就要看它占有市场的深度和广度,即市场覆盖面和市场占有份额的大小。企业的市场目标应是通过扩大市场范围和提高市场占有率,增加销售额。

3. 发展的目标

企业为了对社会作出更大的贡献,为企业和职工谋求更多的利益,必须不断发展自己。企业应从国民经济的需要出发,考虑国家对企业的投资和自筹资金的可能性,确定企业改造和更新设备,扩大再生产,也可以通过联合的办法来壮大自己。

4. 利益的目标

利益目标是企业生产经营活动的内在动力。它不仅关系到企业职工的利益,而且也关系到企业自身的发展。因此,企业应争取扩大经济效益,增加赢利,提高赢利水平。

(二)企业计划目标的要求

1. 企业计划目标应兼顾多方面的利益

既要考虑国家的利益,又要考虑企业本身和职工的利益,同时也要考虑消费者和社会的利益。要防止牺牲国家、社会、消费者的利益,片面追求企业利益的倾向。

2. 企业目标的确定应当明确,并且尽可能使之数量化

有些难以直接用数量陈述的目标,也可以用间接方式来表示。只有明确陈述目标并数量化,才能使企业全体职工清楚地了解努力方向,从而有利于提高工作效率,同时,也便于对计划执行情况的检查。

3. 企业计划目标的确定必须先进合理

目标的先进性可以鼓励职工的进取心,目标的合理性即目标的现实性,可以不挫伤职工的积极性。为此,必须吸引职工参与计划目标的拟订。

4. 企业计划目标应具有执行上的弹性

计划目标执行上的弹性是指允许目标有适当的变通性,以便遇到环境的改变或意外的困难时可以及时做出适应性的改变。当然,这并非否定计划目标的严肃性,而是使计划目标更加切合已经改变了的客观现实。

三、确定前提条件

确定前提条件,就是要对组织未来的内外部环境和所具备的条件进行分析与预测,弄清计划执行过程中可能存在的有利条件和不利条件。确定计划前提是编制计划的一项基础工作。一个企业要确定其计划前提,主要进行以下几种预测:

(一)经济形势预测

经济形势较好时,可以给企业提供更多的发展机遇,从而促进企业的发展;反之,经济形势不好时,则会在诸多方面限制企业的发展。

(二) 政府政策预测

政府的政策,如税收政策、信贷政策和产业政策等,都与企业的发展息息相关。企业在确定目标时必须了解并预测政府政策及其变更趋势,以便充分利用政策带来的机会谋求发展。

(三) 科学技术发展预测

当今世界,科学技术的发展速度越来越快,新技术、新工艺、新产品层出不穷,技术水平在决定企业竞争力方面正显示出越来越大的作用,科技发展的总体水平对企业生产经营的前景正发生着越来越大的影响。

(四) 市场预测

企业产品的市场销售状况直接影响产品的产量、销售收入及成本高低,对市场销售状况的预测是企业确定经营目标的直接依据和最重要的前提。

(五) 资源预测

企业既要对已有资源的优势和不足进行详细分析,又要对从外部环境获取资源的可能性进行预测。

四、拟定备选方案

计划目标确定后,确定了前提条件后,下一步的工作就是拟定各种可行的计划方案。由于实现计划目标的可行性方案往往不止一个,而是多个,因此,企业应拟定各种实现计划目标的方案,以便寻求实现目标的最好计划方案。拟定各种可行的计划方案,一方面要依赖过去的经验,已经成功的或失败的经验对于拟定可行的计划方案都有借鉴作用;另一方面,也是更重要的方面,就是依赖于创新。因为企业内、外部情况的迅速发展变化,使昨天的答案不一定适应今天的要求,要拟定切合实际情况的计划方案必须创新。

拟定各种可行的计划方案应注意以下两点。

(1) 要尽可能完整地收集实现计划目标的各种可行方案,因为只有如此,才能选择最好的方案。如果漏掉一些可行方案,就难以确定所选方案是最好的。当然,在实际工作中要想详尽无遗地获得所有可行方案是十分困难的,但认识到这一点,就不致产生获得少量可行方案即进行选择最好方案的草率行为。

(2) 各种可行方案必须是相互排斥的。只有各种可行方案是相互排斥的,才可能进行选择和必须进行选择。如果甲可行方案包含了乙可行方案,或甲、乙两个可行方案是互相补充的,这样的选择意义不大。

五、评价、选择方案

对可行方案的评估,就是根据企业的内、外部条件和对计划目标研究,分析各个可行方案的优、缺点。在各种备选方案中,有的方案利润大,但支出资金多,回收慢;有的方案利润小,但风险也小;有的方案对长远规划有效益,有的方案对当前工作有好处。这样就必须进行认真的评价,进行充分的分析和比较,比较时要考虑下面几个问题:

(1) 要特别注意发现每一个方案的制约因素或隐患。制约因素是指那些妨碍目标达成的因素。在评估各种可行方案时,对制约因素认识得越深刻,选择方案时的效率就越高。

(2) 在将一个方案的预测结果和原有目标进行比较、评估时,既要考虑到许多有形的、可以用数量表示的因素,也要考虑到许多无形的、不能用数量表示的因素,例如,一个人或一个企业的声誉和人际关系等。

(3) 要用总体的效益观点来衡量方案。这是因为对某一部门有利的不一定对全局有利,对某项目标有利的不一定对总体目标有利。

在比较分析各备选方案之后确定最终方案。这是计划的关键一步,也是制定决策的真正关键。为了保持计划的灵活性,选择的结果往往可能是两个或更多的方案,并且决定首先采取哪个方案,并将其余的方案也进行细化和完善,作为后备方案。

从众多的可行方案中选择最优方案,要充分比较各个方案的优、缺点。选择方案的标准,主要是看哪一个方案最接近许可条件和计划目标的要求,冒的风险最少。在比较各方案的时候,如果必须考虑的条件不多且较肯定,那么这种方案的比较就容易一些,可以利用数学方法帮助确定最优方案。如果需要考虑的因素较多,而其中又包括一系列不确定的因素,方案的比较就困难一些。这时,主要依靠决策人员的经验、实验和研究分析进行比较。

六、拟订派生计划

选择好方案后,计划工作并没有完成,还必须为涉及计划内容的各个部门制订派生计划。几乎所有的总计划都需要派生计划的支持和保证,完成派生计划是实施总计划的基础。例如,企业的一项新产品开发计划确定以后,为了保证计划能够具体落实,还要制订相应的资金筹措计划,原材料供应计划,新产品设计、试制、生产和销售计划等一系列派生计划,使新产品开发计划完善起来。

在此过程中,注意尽量将计划指标量化,编制预算。预算用数字表述计划,并把这些数字化的计划分解成与组织的职能业务相一致的各个部分。预算将计划压缩成一些数字以实现管理的条理化,它使管理人员清楚地看到哪些资源将由谁来使用,将在哪些地方使用,并由此涉及哪些费用计划、收入计划或实物计划以及投入量和产出量计划。有利于计划的实施和考核。

以上论述了计划编制的一般程序,按照这个程序一步步地去做,可以使编制计划的工作条理化,减少随意性,避免盲目性。但应当指出:在实际工作中,各步骤之间的关系比较复杂,不一定机械地照上述顺序逐步进行,有可能进行到下一步需要返回到上一步或更上一步。例如,在拟订各种可行性计划方案时,发现各种方案都达不到计划目标的要求,这时就不得不返回来重新修订计划目标。总之,编制计划的程序既有严格的规律性,又有运用的灵活性,只有从实际出发,才能使编制的计划合理、科学。

第四节 制订计划的工具和技术

计划工作的成效如何不仅取决于计划的编制与实施,在相当程度上还取决于所采用的编制计划的方法。恰当的方法可以使计划工作取事争半功倍的效果。下面将简要介绍几种常见的计划方法。

一、滚动计划法

对于一些时间跨度较长的中长期计划来讲,要做到对未来若干年的准确预测是很难的,而且随着时间跨度的延长,不确定性因素会越来越多,预测的难度也会随之增加,因此,在计划的执行过程中,往往会有一些意料之外的变化发生,这些变化要求对既定的计划加以调整,否则,如果按照既定的计划实施下去,就有可能使组织蒙受巨大的损失。因此,在编制中长期计划时需要采用滚动计划法。

滚动计划法是按照"近细远粗"的原则制订一定时期内的计划,然后按照计划的执行情况和环境变化,调整和修订未来的计划,并逐期向后滚动,将短期计划、中期计划和长期计划结合起来的一种计划方法。

滚动计划是一种动态编制计划的方法。它能够根据变化了的环境及时调整和修正组织计划,体现了计划的动态适应性。而且,它可使中长期计划与年度计划紧密衔接起来,能根据年度计划执行情况,分析短期计划中的问题并找出原因,在中长期计划编制时加以克服,从而保证了中长期计划的经济性和科学性。

滚动计划法具有以下三个特点:

1. 延伸性

即随着时间的推移,计划不断向前延伸。用滚动计划法制定中长期经营计划,要求每年根据计划执行结果和新一年的可能发生的变化,对计划重新修正一次,并将计划期向后顺延一年。

2. 灵活性

滚动计划法可以使组织的计划随客观环境的变化、目标的改变以及计划执行结果而及时地调整和修正,因而市场适应性强。

3. 阶段性

组织的中长期计划可以按照"近细远粗、远近结合"的原则分为三个阶段:前一年的计划由于侧重于活动过程、实施细节,可以订得具体一点;中间两年是目标实现的过渡阶段,计划可以订得比较细一点;后两年的计划侧重于目标战略,可以订得概况一些,从而保证组织在实施计划时可以根据环境的变化适时地调整计划,把握计划主动权。

滚动计划的编制方法是:把计划执行期分为若干个阶段,根据对近期和远期情况把握程度的不同采用"近具体、远粗略"的方法制订第一个计划,即近期计划尽量做得具体以方便实施,而远期计划只规定大概方向,使组织成员明确努力的方向。计划执行每经过一段固定时期,比如一年、半年或者一个季度等(这段时期称为滚动期),就需要根据计划执行情况和组织面临的内外部环境变化对原有计划进行适当调整,使计划向前延伸滚动至下一执行期,继而根据同样原则,逐期对计划进行修订,每次修订都使计划向前滚动一个执行期,这样逐渐将中远期计划具体化,使之便于实行,进而将长期计划与短期连接起来,提高计划工作的经济性和科学性,如图 3-5 所示。

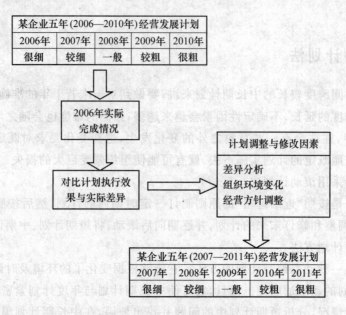

图 3-5　某企业五年计划滚动程序

滚动计划法的突出优点为:第一,滚动计划法把执行期分为几个阶段,不断修订计划,相对来说缩短了计划时期,加大了准确性,保证了计划的指导作用,提高了计划执行的质量,使计划更具有现实性和可行性。第二,滚动计划大大增加了计划的弹性,提高了组织的应变能力。第三,滚动计划法协调了不同计划执行阶段间的关系,保证了计划的前后衔接,使计划既具有阶段性又具有连续性。

二、网络计划法

网络计划法也称计划评审法、关键路线法,我国数学家华罗庚将其称为统筹法。它是利用网络理论来制订计划,对计划进行评价、审定,求得最优的计划方案,并用来组织和控制计划的执行,以达到预期目标的科学管理方法。

网络计划法是 20 世纪 50 年代末为了适应科学研究和新的生产组织管理的需要发展起来的,依其起源有关键路径法(CPM)与计划评审法(PERT)之分。1956 年,美国杜邦公司研究创立了网络计划技术的关键线路方法(CPM),并试用于一个化学工程上,取得了良好的经济效益。1958 午美国海军武器部在研制"北极星"导弹计划时,应用了计划评审法(PEPT)进行项目的计划安排、评价、审查和控制,获得了巨大成功。随着现代科学技术的迅猛发展、管理水平的不断提高,网络计划技术也在不断发展和完善。

应用网络计划法可以有效地缩短工期降低成本,提高企业的经济效益,根据国外有关资料统计显示,在采用原有技术基础之上,无须增加任何人力、设备和投资,通过应用网络计划法一般可以将工期缩短 20% 左右,同时使成本降低 10% 左右,因此,网络计划法被公认为当前最为行之有效的管理方法之一。

网络计划法的应用范围比较广,尤其对于一次性工程项目,如船舶制造、大型机器制造、房屋建筑、道路桥梁工程、新产品试制、设备大修理、单件小批量生产作业计划、重大的科研项目等非常有效。在工程项目大、协作关系多、生产组织复杂的情况下,网络计划技术往往更能够显示其优越性。如广州白天鹅宾馆在建设中成功地应用了网络计划法,使工期缩短了四个半月,仅利息就节约了 1000 万港币。

网络计划法的基本原理是:将一项工作分为若干作业,然后按照作业的先后顺序对其进行排列,应用网络图对整个工作进行总体规划和控制,在此基础上进行网络分析,计算网络时间,从而找出关键工序与关键线路;利用时差,不断地优化网络计划,最终实现用最少的人力、物力和财力资源最快地完成整个工作。该方法简便易行,可以迅速确定计划的重点。

三、甘特图

甘特图也称"条状图",是在 1917 年由亨利·甘特设计的一种二维坐标图,通常横轴用来表示时间,纵轴表示工作计划及目前的进度,常用于编制工作进度计划。甘特图可以清晰地展示出某项工作计划的进展状况,管理者可以根据甘特图采取相应的措施和手段以保证计划的顺利完成。

图 3-6 绘出了一个图书出版的甘特图。从图中可以发现,除打印长条校样活动外,其他各项活动都是按计划完成的,而长条校样比计划进度落后了两周。给出这些消息,项目的管理者就可以采取纠正行动。因此,甘特图可以作为一种控制工具,帮助管理者掌握实际进度偏离计划的情况。

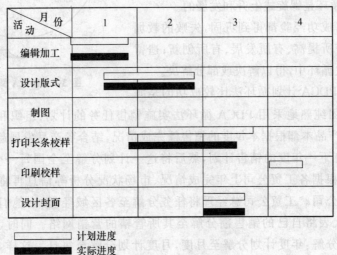

图 3-6 图书出版的甘特图

四、PDCA 计划循环法

PDCA 计划循环法又称"戴明环法",是由美国管理学家戴明(W·E·Deming)发明的。PDCA 是英文 Plan(计划)、Do(执行)、Check(检查)、Action(总结)四个单词的第一个字母缩写。其基本原理是:做任何事情,都要根据目标订出计划,然后按照计划去执行,最后对计划情况进行检查总结。这是做任何事的一般规律。这一方法可应用于组织任何计划的执行和控制,是使组织计划有序实施和不断发展的有效方法。

PDCA 计划循环法具有以下特点:

(1) 这一方法是依照计划目标作为核心的循环方法。

具体来说,该方法以目标为核心形成四个环环相接不得中断的过程。

P(计划)——确定目标,围绕目标提出决策方案并加以选择,按决策方案制订计划。

D(执行)——组织力量执行计划,保证计划的实施。这一阶段实际上是实现计划目标。

C(检查)——在执行计划的过程和结果时,把执行情况与目标加以对照,检查实施情况,防止偏离目标的现象发生。

A(总结)——在计划完成后总结成功的经验和失败的教训,判断目标能否达到、达到何种程度,并把没有解决的问题转入下一个 PDCA。

上述四个阶段如图 3-7 所示。

(2) 这一方法在实际应用时要求大循环套中循环,中循环套小循环,环环相扣,相互促进。

假定企业为一个 PDCA 大循环系统,内部的各部门就为中循环系统,基层班组则是小循环系统,如此逐级分层环环扣紧,就把整个计划工作有机联系起来,以协调发展。

(3) PDCA 循环是螺旋式上升和发展的。

每循环一次,成功经验都得到巩固,失败的教训加以总结,因而有所提高、有所发展、有所创新;遗留的问题,在下一次循环中,得以解决或部分解决。

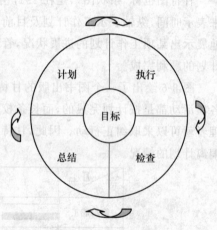

图 3-7　PDCA 循环示意

在我国运用 PDCA 计划循环法比较成功的是海尔集团。海尔集团纯熟地采用 PDCA 循环法实施销售任务的计划、组织和控制。每年年终,集团商流、各产品本部根据本年度的销售额完成情况,结合各产品发展趋势及竞争对手分析等情况,制订下一年度的销售计划,然后将这一计划分解至全国每一个销售事业部、销售事业部部长根据各工贸公司上年完成情况、市场状况分析等信息再将销售额计划分解至下属各工贸公司。工贸公司总经理将任务分解至各区域经理,由他们将任务下达至区域代表,区域代表将自己的销售额分解至其所管辖的营销网络。同时,海尔集团还从时间纬度上进行分解:年度计划分解至月度,月度计划分解至每日。这样,处于管理层的每位管理者都可以对下属每日的工作状况进行监督,并及时纠正偏差,最终控制每一个具体网点。

五、投入产出法

投入产出法作为一种科学的方法来说,是研究经济体系(国民经济、地区经济、部门经济、公司或企业经济单位)中各个部分之间投入与产出的相互依存关系的数量分析方法。)它是由美籍俄国经济学家沃西里·里昂惕夫(Wassil. W. leotief)在1936年首先提出来的,到目前已有100多个国家采用投入产出法以进行经济方面的研究。

投入产出分析的特点是:

(1)反映了各部门(或各类产品)的技术经济结构,可用以合理安排各种比例关系,特别是在综合平衡方面是一种有力的手段。

(2)在编表过程中不仅能充分利用现行统计资料,而且能建立各种统计指标之间的内在关系,编出的投入产出表则是一个比较全面反映经济过程的数据库,可以用来做多种经济分析和经济预测。

(3)投入产出分析是通过表格形式反映经济现象,以及各产品之间的数量依存关系,涉及的数学不难,因而容易被广大计划工作者理解和接收。

(4)适用面广。不仅可以在全国、地区、部门中使用,而且适用于企业,可以提高计划科学性,特别适用于综合性计划的编制。

第五节 目标管理

对于计划工作而言,目标是计划工作的基础。它为所有的管理决策指明了方向,并且可作为标准来衡量管理活动的合理性、有效性以及努力程度;它是组织内部各项管理活动的起点和依据,也是管理活动的终点。正是由于这个原因,目标成为计划工作的基础。本节主要介绍有关目标与目标管理的内容。

一、目标的概念与特点

目标是一个组织各项管理活动所指向的终点,每一个组织都应有自己的目标。只有有了目标,才能让全体成员明确下一步努力的方向,才能到全体成员产生巨大的激励作用,使组织始终朝着既定的目标前进。

(一)目标的概念

所谓目标(Goals),一般是指人们从事某项活动所要达到的预期结果。组织目标,是指根据组织宗旨而提出的组织在一定时期内要达到的预期成果。尽管不同的组织目标各异,但有一点应当是共同的,这就是追求效益。也就是说,要以尽可能少的人力和其他资源投入来实现尽可能多的产出。如果一个组织不能始终做到这一点,也就会逐渐丧失自己的存在

价值。所以,目标不仅是一个组织的基本特征,还表明一个组织存在的意义。

目标就好比是灯塔,为组织指明了努力的方向。因此,管理者的首要任务是明确组织目标并使之具体化,通过计划工作将目标逐级分解为众多的小目标,形成一个目标系统,通过进一步的协调统一,使组织的各种愿景与所明确的目标统一起来。在这个过程中,管理者要率先做到将个人的愿景与组织的目标统一起来,引导团队成员将个人愿景融入组织目标,带领全体成员共同为组织目标而奋斗。

(二) 目标的特点

1. 目标的差异性

目标的差异性主要体现在不同性质的组织目标有所不同,比如,服务型组织与有形产品生产组织、企业与事业组织,由于它们的组织宗旨不同,因此其组织目标也不同。企业更加注重营利,事业单位则不以营利为主要目标。即使是相同性质的组织,由于自身资源与外部环境不尽相同,其组织目标也可能会有所不同,如同一行业中的不同企业追求的目标就不完全相同。

2. 目标的多元性

不同的组织会有不同的目标,在同一个组织内部,不同的部门也会有不同性质的多个目标。组织目标的多元性,是组织为了适应内外部环境的要求而导致的必然结果。组织目标的多元性要求管理者要协调处理好各类目标之间的关系。美国管理学家德鲁克认为,一个成功的企业应在八个方面建立自己的多目标体系,分别在市场、生产力、发明创造、物质和金融资源、人力资源、利润、管理人员的行为、工人的表现和社会责任方面有自己的一定的目标,如表 3-2 所示。

表 3-2 德鲁克提出的经营成功的企业所包括的各种目标

目标性质	目标内容
市场方面	应表明本公司希望达到的市场占有率或在竞争中应占据的地位
技术改进与发展方面	对改进和发展新产品,提供新型服务内容的认识与具体措施
提高生产力方面	有效地提高原材料的利用,最大限度地提高产品的数量和质量
物质和金融资源方面	获得物资和金融资源的渠道及有效的利用
利润方面	用一个或几个经济指标表明希望达到的利润率
人力资源方面	人力资源的获得、培训和发展,管理人员的培养及个人才能的发挥
职工积极性发挥方面	发挥职工在工作中的积极作用,激励和报酬等措施
社会责任方面	注意本公司对社会产生的影响,说明对社会应尽的责任

3. 目标的层次性

目标的层次性又称目标的纵向性。从组织结构的角度来看,反映目标系统的众多目标可按层次结构进行分解,从组织的总战略目标到每一个部门、每一个员工的工作目标,组织目标往往要经过逐层的分解与细化。一般来说,组织有多少个管理层次,目标就会经过多少层的分解与细化。从最高层的战略目标,经过部门目标,最后形成岗位目标。从而使得抽象的目标具体化,并成为指导每一个组织成员工作的标准。

4. 目标的可接受性

组织目标的实施和评价主要是通过组织内部人员与外部公众来实现的,因此,组织目标必须被他们理解并符合他们的利益。但是,不同的利益集团有着不同的甚至是相互冲突的目标,因此,组织在制订目标时一定要注意协调。另外,组织目标表述必须明确,有实际的含义,不至于产生误解,易于被组织成员理解的目标也易于被接受。表 3-3 是组织所面对的不同公众的利益需求。

表 3-3 组织所面对的不同公众的利益需求

组织所面对的公众	公众的利益需求	企业目标
股东	红利	利润
员工	待遇	人均收入
消费者	功能、质量	销售量、质量、品种
竞争者	市场、资源	占有率
社区	环境、贡献	捐赠、环保
政府	税收、守法	税款、法规
新闻机构	公开、形象	企业形象

5. 目标的可检验性

为了对企业管理的活动进行准确的衡量,组织目标应该是具体和可以检验的。目标必须明确,具体地说,应将在何时达到何种结果。目标的定量化是使目标具有可检验性的最有效的方法。但是,由许多目标难以数量化,时间跨度越长、战略层次越高的目标越具有模糊性。此时,应当用定性化的术语来表达其达到的程度,要求一方面明确组织目标实现的时间,另一方面需详细说明工作的特点。特别是越往基层,目标应该越能定量化,这样才便于考核。这里的定量化包括"什么事""什么时间""完成多少"等。

6. 目标的挑战性

所谓目标的挑战性,主要体现在制定的目标要有一定的高度,即起点要高,要求要高,要有一定的难度。如果目标定得太低,员工不需要付出太大的努力就可达到,则不体现目标的挑战性,但目标的挑战性要视工作的性质和内容而定,并要充分考虑到员工能否完成,如果目标定得太高,员工们即使是付出了最大的努力也无法达到,那么员工唯一能做的就是放弃努力或干脆不干,反而会适得其反。所以正确的目标应该如同挂在树上的苹果,能得到,但必须付出努力,要跳一跳,甚至要借助于其他工具方可得到。有挑战、能实现的目标,其本身就是对员工最好的激励。

总结以上的几点,我们总结出一个合理的目标应该具备以下几个特征,即目标表述的 SMART 方法。

S:明确 Specific、可拓展 Stretching;

M：可衡量 Measurable；
A：能达到 Attainable、可接受 Accepted；
R：有关联 Relevant、能记录 Recorded；
T：可追踪 Traceable、有时限 Time-bound。

目标表述实例剖析

"实现利润最大化"：标准与期限不清，无法衡量考核。
"增加销售收入与销售量"：目标不单一，产品需求弹性不足时两目标有矛盾。
"2008年增加15％的广告费支出"：广告费支出增加只是活动而不是目的。
"成为行业研究开发领域先驱及技术领先者"：范围太宽不明确而且难以操作。
"成为行业中最盈利企业"：最盈利的标准与水平是什么？

二、目标管理的概念与特点

目标的传统作用是组织最高管理者实时控制的一种手段，因此目标是由最高管理者设定，然后分解成子目标落实到组织的各个层次上。目标设定过程是单向的，由上级给下级规定目标。其中隐含着一个假设前提，即最高管理者掌握的信息最多，只有他们才能够纵观全局，才最了解应当设立什么样目标。

这种传统的自上而下的目标设定方法，在很大程度上具有非操作性。由于最高管理者设定的目标不可能很具体，需要每一个管理层次的管理者加上一些可操作的含义，在目标自上而下的分解过程中，可能丧失了目标的清晰性和一致性。因此，这种传统的目标设定方法有着很明显的局限性。为了使目标的作用得到切实发挥，管理学上倡导一种目标管理的方法，在实践中证明是一种较为有效的目标设置方法。

（一）目标管理的概念和特点

目标管理（Management By Objectives，MBO），是美国著名管理学家彼得·德鲁克于1954年在其名著《管理的实践》中最先提出的。德鲁克认为，目标管理作为一种程序或过程，它使组织中的上级和下级一起协商，根据组织的使命确定一定时期内组织的总目标，由此决定上、下级的责任和分目标，并把这些目标作为组织经营、评估和奖励每个单位与个人贡献的标准。目标管理提出后，逐步发展成为许多西方国家的组织普遍采用的一种系统制定目标，并据此进行管理的有效方法。目标管理引入我国之后，也成为我国各级政府、企业或组织普遍使用的行之有效的管理方法之一。

目标管理是一种由组织的管理者与组织成员共同决定具体的工作目标，组织成员在工作中"自我控制"，管理者定期检查达成目标的进展情况，并根据目标的完成情况来确定对组织成员奖惩的管理制度。这种管理制度的实质是以人为中心，组织成员参与制定目标、实行自我管理和自我控制。它不仅保证了组织成员的"承诺意识"，而且使得目标设定真正成为提高工作绩效的动力，大大激发他们去为完成组织目标而努力。这种管理制度和方法最大限度地发挥了上下级的共同积极性，符合现代组织中尊重人的需求发展的特点，因此也成为现代管理方法的代表。

目标管理作为一种现代管理哲学,彻底打破了管理就是对管理过程进行严格监督控制的观念,提倡管理者要通过科学的目标体系来进行激励和控制,放手让被管理者自我控制,自觉、自愿、自主地去实现组织目标。目标管理思想广泛应用于一切管理之中,而且特别适用于高层管理。

目标管理具有以下特点:

1. 目标管理通过参与管理最大限度地调动员工的积极性

在目标管理过程中,目标是在上级和下级的共同参与下制定出来的。首先确定出总目标,然后对总目标进行分解,逐级展开,通过上下协商制定出企业各部门、各车间直至每个员工的目标。共同参与的好处在于上下级可以充分了解相互的期望,使下级在充分了解组织目标的前提下,获得对目标的认同,从而为发挥下级的工作热情和积极性奠定基础。

2. 目标管理有助于实现组织成员的"自我控制"

德鲁克认为,员工愿意承担责任,愿意在工作中发挥自己的聪明才智和创造性。如果控制对象是一个社会组织中的"人",那么"控制"的必须是行为的动机,而不应当是行为本身,也就是说通过对动机的控制达到对行为的控制。目标管理将理念与手段转化为管理工具。由于目标是共同制定的,上下级为目标的实现共同努力,将达成目标的方式、方法的选择权交给了员工个人,增加了工作挑战性,有助于激发员工的工作热情和积极性;下级参与到目标的制定过程中,目标获得个人的认同,从而获得了个人的承诺,下级会努力实现,极大地减少了抵触情绪,从被动管理转向自我管理与控制,使得员工个人潜力得到发挥和有效挖掘。

3. 目标管理强调整体管理效率的提升

目标管理采用目标分解的方法,即下一级的目标必须与上一级的目标一致,而且必须是根据上一级的目标分解而来。所有的下级目标合并起来应等于或大于上一级的目标,并因此形成系统的目标体系,从而实现整体性的目标管理。目标管理借助事前的、计划式的目标承诺与事后的结果认可,既是目标管理的起点与终结,注重过程管理,循环推进,又重视双向沟通与共识的达成,以共识作为评价激励的操作基础,从而全面提升管理的效率。

4. 目标管理主张下放权利

授权是组织领导对自己和员工自信的表现。因为只有宽容而自信的领导才不怕自己失去对组织的领导力,才敢于授权,而且他对员工的才华和能力能够给予充分的信任。集权和分权的矛盾是组织的基本矛盾之一,唯恐失去控制是阻碍大胆授权的主要原因之一。推行目标管理有助于促使权利下放,有助于在保持有效控制的前提下,调动员工的想象力和创造力,发挥其主观能动性,把组织局面搞得更有生气和更有效率。

5. 目标管理注重成果

目标管理的关键就是要不断地将目标对准结果,通过及时检查、监督、反馈来达到目标。不论对于管理者自身,还是对于下级员工,目标管理关注的都是结果,即目的达成了没有,而不是"工作"或"活动"的本身或过程。目标的优先顺序是根据目标结果的重要性决定的。管理者在管理过程中,不仅通过下达指令和监控下级发挥作用,而是处在教练和顾问的角色中,不断地向下属提供建议和信息,与下属共同商议对策,帮助下属调整行动方案,达成目标。

(二) 目标管理的作用

作为一种现代管理方法,目标管理对管理者和员工都有着积极意义。

目标管理对管理者的意义在于,借助目标管理能够帮助管理者科学合理地制订工作目标和计划,合理确定下级的工作目标和计划安排,并公正和准确地考核下属业绩,确保企业目标的层层落实和实现,同时实现对下级的培养和挖掘。

目标管理对员工的意义在于,通过参与管理可以增强员工的组织归属感,使得员工个人能够更加准确地把握个人的岗位责任和目标绩效,对工作有信心,满怀热情投入;可以借助自我管理和控制,为员工的个人发展提供有利的空间,有助于发挥个人潜能,实现个人的职业发展;有助于上下级良好的沟通,实现组织内部关系的和谐,构造有利于员工能力发挥的组织氛围。

三、目标管理的基本过程

一般来说,目标管理的实施大致可分目标制定、目标实施、成果评价、新的循环四个阶段(图 3-8)。其具体过程如下:

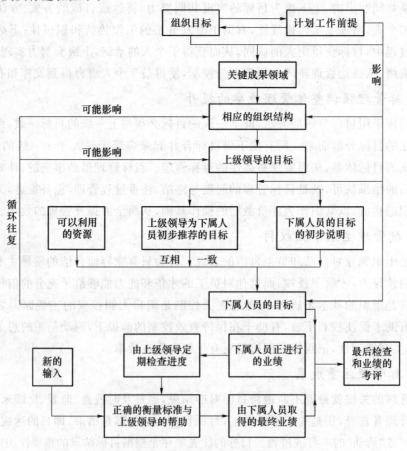

图 3-8 目标管理全过程

(一) 目标制定

目标制定是目标管理实施的第一阶段,主要是指组织总体目标的设定和分解过程。这一阶段也是最重要的阶段。目标定得合理、明确,后两个阶段才能顺利进行,它是保证目标管理有效实施的前提和保证。

1. 组织总目标的设立

总目标可以由下级和职工提出、上级批准,也可以由上级部门提出,再同下一级讨论决定。不管采用哪种方式,都要注意两点:第一,必须由领导会同各级管理人员及员工共同商量决定,尤其是要听取员工的意见;第二,领导必须根据组织的长远规划和面临的客观环境,对应该完成和能够完成的目标有一个清醒的估计,并在确定总目标的过程中发挥主导作用,不能简单地对下级目标进行汇总作为组织的总目标。

为了使目标切实发挥作用,在设定组织总目标时,要注意尽量将目标的难度设立为略高于现状,保证组织经过一定努力能够实现;目标要保证质与量的有机结合,如果可能,尽可能量化组织目标,确保目标考核的准确性;在期限、数量上都要适中。

2. 组织目标的分解

总目标设立好以后,要把组织的总目标分解成各部门的分目标、个人目标,使组织所有员工都乐于接受组织的目标,并且在完成这一目标中承担自己应承担的责任。

在目标分解过程中,首先要向下级传达组织的规划和目标,在此前提下与下级商定他们的目标。这是一个自上而下层层展开的过程。目标分解的结果应该是下级目标支持上级目标,分目标支持总目标,每个人员、每个部门的目标都要和其他人员、部门的目标协调一致,不能损害本单位和整个组织的长远利益和长远目标。

第一,目标体系的逻辑要严密,纵横成网络,体现出由上到下越来越具体的特点。

第二,目标要突出重点,与组织总目标无关的其他工作不必列入各级分目标。

第三,要鼓励职工积极参与目标分解,尽可能把目标分解工作由"要我做"变为"我要做";

第四,目标分解完毕,要进行严格的审批。目标展开完成以后,上一级就要本着权责相称的原则,根据目标的要求,授予下级部门或者个人以相应的权利,让他们有权有责,在职责和权限范围内自主开展业务活动,自行决定实现目标的方法、手段,实行自主管理。上下级之间还有就目标实现后的奖惩事项达成协议。

(二) 目标实施

目标的实施过程主要依靠目标的执行者进行自主的管理,即由执行人主动地、创造性地工作,并以目标为依据,不断检查对比,分析问题,采取措施,纠正偏差,实行自我控制。但这并不说明领导者可以放手不管。由于组成了目标锁链和目标系统,目标的实现过程是一个自下而上的层层保证的过程,一个环节出现失误,则可能牵动全局。在此过程中,领导者的责任主要是深入基层,对工作情况进行定期检查,一方面检查应由上级保证的目标执行者的工作条件是否得到了正常的保证,发现问题,及时给予解决;另一方面,当好目标执行者的参谋和顾问,以商议、劝告的方式帮助下级解决问题。在必要时,也可以通过一定的手续,修改原来的目标。但从本质上看,目标管理在过程控制上是十分宽松的,夸张一点就是"只问结果,不问过程"。因此,领导者对执行者的监督和控制应采用"内紧外松"的方式。目标管理强调自我控制、民主管理,同时积极的自我控制与有力的领导控制相结合是实现目标动态控制的关键。

在目标实施过程中应注意以下几点:

第一,要充分发挥员工自我控制的能力,必须将领导的充分信任与完善的自检制度相结合。

第二,建立目标控制中心,结合组织业务的特点保证组织工作的动态平衡。

第三,保证信息反馈渠道的畅通,以便及时发现问题,对目标做出必要的修正。MBO寻求不断将实现目标的进展情况反馈给个人,以便他们能够调整自己的行动。也包括正式的评估会议,上下级共同回顾和检查进展情况。

第四,创造良好的工作环境,保证组织在目标责任明确的前提下形成团结互助的工作氛围。

(三) 成果评价

成果评价是指通过评议,肯定成绩,发现问题,奖优罚劣,及时总结目标执行过程中的成绩与不足,以此完善下一个目标管理过程。成果评价是一个目标管理周期的结束,也是下一个周期的开始。该阶段主要应做好两方面的工作,一是对目标执行者的工作成果进行考核,并决定进行奖惩;二是总结经验教训,把成功的经验和好的做法固定下来,并加以完善,使之科学化、系统化、标准化、制度化,对不足之处则要分析原因,采取措施加以改进,从而为下一循环打好基础。

目标考评的方法主要有两种。一种是由目标实施者根据自己的业绩对自己的目标实施情况作出总结和评价;另一种是上级部门根据下级部门的业绩与目标完成情况进行分析评判。这两种方法各有利弊,第一种方法可以有效地提高组织成员的自觉性和自我管理能力,但有时由于评价者个人的主观性而造成一定的偏差;第二种方法虽然无法在提高组织成员的自觉性和自我管理能力方面发挥作用,但却可以更加客观地评价员工的业绩。因此,在实践中可以将两种方法进行结合,以实现最优的评价效果。

(四) 新的循环

目标管理是一个不断循环的过程。要根据目标实施的结果和发现的问题,再制定新的目标,开始新的循环。并在此过程中,接受各方的反馈,不断调整目标的制定和实施。从上级主管部门开始确定目标并把它们分别分配下去的工作是很难做好的,这项工作也不应该从基层开始,而是强调上下结合、目标时刻保持一致,这需要上下反复进行。

四、目标管理评价

目标管理是一个全面的管理系统。它用系统的方法,使许多关键管理活动结合起来,高效率地实现个人目标和组织目标。具体而言,它是一种通过科学地制定目标、实施目标,依据目标进行考核评价来实施组织管理任务的过程。目标管理在管理实践中的应用,促进了管理效率和效果的提高,同时也向组织提出了相应的要求。

(一) 目标管理的优点

在组织计划的实施过程中,目标管理形成了一个全员参与、全过程管理、全面落实的立体管理体系,它的优点是十分突出的。

1. 目标管理能有效地提高管理的效率和效果

目标管理是一种重视结果的管理方式,即组织的所有活动都是以目标的实现为导向,这就要求各级、各部门和各组织成员首先考虑怎样能够更好地实现各自的目标,因为一个个分目标的实现是保证组织总目标实现的基础,而任何一个分目标的延误都会拖累总目标的实现。因此,采用目标管理能够迫使组织的管理人员为实现最终目标而进行计划,同时也促使他们考虑为实现目标所采用的手段,考虑与这些目标相适应的组织结构和人员,而一套精心设计的目标体系则提供了最好的控制标准,从而全面提高组织管理水平,进而提高管理的效率和效果。

2. 目标管理有助于组织机构的改革和完善

目标管理的实施使组织内部形成一个自上而下的目标体系,每个部门和个人的职责在这个体系中都得以明确,通过责、权、利的统一,管理人员就可以发现组织体系中存在的弊端,进而通过组织结构的优化设计来避免各部门职责不清、机构臃肿和人浮于事的现象,通过不断地修正使得组织结构得以逐步完善。

3. 目标管理能有效地激励员工完成组织目标

目标管理的一个最显著的特点就是体现了参与管理的意识。由于员工参与了自己目标制定,体现了员工个人需要,因而更容易为员工所接受。在实现目标的过程中,员工能得到授权和来自上级的帮助,为了实现自己的承诺目标,将积极主动地去工作。同时由于员工参与成果的评价,而评价的标准就是目标的达成程度,这种评价比较公正、客观,从而有利于个人工作能力的提高。因此,目标管理提供了一个良好的激励氛围,使掌握了自己命运的员工对工作充满热情。在这里,员工不再是被动地等待指示的盲从者,而是具有明确目的的个体。

4. 目标管理有助于开展有效的监督与控制工作

控制就是对进行着的业务活动进行衡量,发现计划实施过程中所发生的偏离并采取措施加以纠正,从而保证既定目标的实现。对业务活动的衡量取决于所使用的标准,而一套明确的、可考核的目标将是最好的控制标准。

5. 目标管理有助于促进组织沟通和交流

目标管理明确了各类人员的角色,十分重视上下级之间的协商和意见交流,无论是目标的制定、实施还是实施结果的评价都不是只靠上级的严格管理和监督,而主要是靠员工独立自主地工作。组织成员通过参与目标的商议与制定会感觉到自己不再只是听命于上级指示和命令的被动服从者,而是成为组织管理活动的参与者,在这个过程中,通过上下级之间的反复沟通和意见的交流,管理层和组织成员之间的认同感得以加强,从而极大地改善了组织内部成员之间的关系,这样一种民主、和谐、平等的人际关系能够启发每一个组织成员的自觉性,从而使达到目标的措施具有可靠的基础。

(二)目标管理的局限性

尽管目标管理拥有许多的优点,但同时也存在着许多缺点与不足,如果我们对这些缺点没有清楚的认识,就有可能导致目标管理的失败。

1. 过分强调短期目标

大多数目标管理中的目标通常是指一些短期的目标:年度的、季度的、月度的等。短期目标比较具体,易于分解,而长期目标比较抽象,难以分解;另外,短期目标易迅速见效,长期目标则不然。所以,在目标管理方式的实施中,组织似乎常常强调短缺目标的实现而对长期目标漠不关心。过分强调短期目标所导致的短期行为对长远目标的安排可能会带来不利的影响。因此,在目标管理中,管理者需要协调长期目标与短期目标的关系。

2. 目标设置困难

随着组织面临的管理环境的日益复杂,组织活动的不确定性越来越大,目标的设定也变得更加困难,这体现在两个方面:一方面,目标的实现是大家共同合作的成果;这种合作中很难确定某个人究竟做了多少,因此,可度量的目标确定也就十分困难。另一方面,一个组织的目标有时只能定性地描述,定量是很困难的,例如,组织后勤部门的目标是有效服务于组织成员,虽然可以采取一些量化指标来度量,但完成了这些指标,却未必实现了"有效服务于组织成员"的目的。

3. 缺乏灵活性

在目标管理中,目标的设定是经过组织上下反复协商确定的,各分目标之间是相互联系制约的,为了保证目标的顺利实施,目标体系需要在一定的时期内保持稳定性。但是,未来情况存在着许多不确定的因素,因此目标要随着情况的变化而调整。可是在目标管理执行过程中,管理人员对改动目标往往表现出迟疑和犹豫不决。一是如果目标经常改动,目标本身便无价值可言;二是若修订一个目标体系,所花费的精力可能与制定一个目标体现相差无几,代价较大。正因为如此,使得组织运作缺乏弹性,无法通过权变来适应变化多端的外部环境。

(三)目标管理实施应注意的问题

基于以上分析,我们认为,在实施目标管理的过程中,管理者应当注意以下几个方面的问题。

1. 要对目标管理的本质要有正确的认识

对目标管理的认识往往需要一个过程,缺乏对目标管理基本思想的正确认识,常常会使目标管理走样,蜕变成华而不实的表面功夫。

2. 在目标制定过程中必须谨慎,不能草率从事

目标是目标管理的核心,没有目标不行,目标错了也不行。影响目标的要素往往很多,而多个目标之间也难以平衡,加上目标的确定上下反复讨论协商,需要耗费大量的时间和精力,因而有的组织刚开始还比较认真,到了后面就会草率行事,把目标管理变成了数字游戏,或强迫下属接收其不同意的目标等,从而使目标管理失去了意义。

3. 管理人员要真正实现角色的转换

目标管理强调目标的实现主要依靠下级人员的自我控制和自我调节,管理人员的职责是及时进行监督检查,提供帮助和指导,而不是直接指挥下属的工作。在目标管理实践中,有的管理人员常常难以实现这种角色的转换,在具体行动过程中不时地插手下属的工作,指令下属该怎么做,使得下属左右为难,从而使目标管理的思想得不到落实。因此,要实现有效的目标管理,管理人员就必须实现其自身角色的转换。

4. 要做到奖惩严明

目标管理强调最终考核时要以目标的完成情况按事先商定的协议予以奖惩。而在实际操作中,当下属完成情况大大超出管理者事先的预料时,如果按协议兑现,要给予下属较大的奖励或者惩罚,这时,管理人员往往就会因各种原因而转换考核标准,不按协议兑现奖惩。长此以往,目标管理也就流于形式。所以,严格按协议实行奖惩是实现目标管理所必需的。

20 世纪 50 年代末,美、日、西欧各国组织广泛应用了目标管理,目前已成为世界上流行的一种组织管理体制。我国于 20 世纪 80 年代初开始引进目标管理,并取得较好成效。目标管理在我国还处在探索阶段,需要不断完善。

本章学习要点

1. 计划是实现组织目标的方法、途径和时间表。计划要做到"5W2H",计划具有首位性、目的性、效率性、普遍性、时效性和灵活性六个特点。

2. 计划按不同的标准可以分为不同的类型。例如,按层次体系分为使命、目标、战略、政策、程序、规则、方案和预算;按时间跨度分为长期计划、中期计划、短期计划;根据企业职能可分为业务计划、财务计划和人事计划;根据重复出现的频率可分为程序性计划和非程序性计划;根据指导程度可分为指令性计划和指导性计划;按范围广度分为战略计划、战术计划和作业计划。

3. 计划的制定过程要经过估量机会、确定目标、确定前提条件、拟订备选方案、评价选择备选方案、拟订派生计划六个环节。

4. 现代计划方法可以帮助确定各种复杂的经济关系,提高综合平衡的准确性,并能采用计算机辅助工作,加快计划工作的速度,已为越来越多的计划工作者所采用。常见的现代计划方法有滚动计划法、网络计划法、甘特图、PDCA 计划循环法和投入产出法等。

5. 目标管理注重上下结合,其管理过程要经过目标设定、目标实施、结果检查与评定和新的循环四个阶段。

复习思考题

1. 什么是计划？计划有哪些性质？
2. 简述计划的种类。
3. 简述计划的编制程序。
4. 制订计划的工具和技术有哪些？
5. 如何理解目标的特点？
6. 目标管理的过程如何？结合一个组织谈如何实现目标管理。

参考文献

[1] 王慧娟,彭傲天.管理学.北京:北京大学出版社,2012.
[2] 马海牡.管理学理论与方法.北京:北京大学出版社,2010.
[3] 胡宁,韦丽丽.管理学.武汉:武汉理工大学出版社,2009.
[4] 王雪峰,段学红.管理学基础.北京:中国经济出版社,2009.
[5] 刘雪梅,胡建宏.管理学原理与实务.北京:清华大学出版社,2011.
[6] 李丽娟.管理学原理.北京:北京理工大学,2010.
[7] 孙晓红,闫涛.管理学(第2版).大连:东北财经大学出版社,2009.
[8] 谈流芳.管理学原理(第2版).武汉:华中科技大学出版社,2006.
[9] 谭力文,刘林青.管理学.北京:科学出版社,2009.
[10] 徐向艺.管理学.济南:山东人民出版社,2005.
[11] 朱秀文.管理概论.天津:天津大学出版社,2004.
[12] 哈罗德·孔茨,海因·韦里克.管理学(第9版).郝同华,等,译.北京:经济科学出版社,1993.
[13] 部分资料来自:http://baike.baidu.com/.

案例分析

乔森家具公司五年目标

乔森家具公司是乔森先生在20世纪中期创建的,开始时主要经营卧室和会客室家具,取得了相当的成功,随着规模的扩大,自20世纪70年代开始,公司又进一步经营餐桌和儿童家具。1975年,乔森退休,他的儿子约翰继承父业,不断拓展卧室家具业务,扩大市场占有率,使得公司产品深受顾客欢迎。到1985年,公司卧室家具方面的销售量比1975年增长了近两倍。但公司在餐桌和儿童家具的经营方面一直不得法,面临着严重的困难。

一、董事长提出的五年发展目标

乔森家具公司自创建之日起便规定,每年12月份召开一次公司中、高层管理人员会议,研究讨论战略和有关的政策。1985年12月14日,公司又召开了每年一次的例会,会议由董事长兼总经理约翰先生主持。约翰先生在会上首先指出了公司存在的员工思想懒散、生产效率不高的问题,并对此进行了严厉的批评,要求迅速扭转这种局面。与此同时,他还为公司制定了今后五年的发展目标。具体包括:

(1) 卧室和会客室家具销售量增加20%;
(2) 餐桌和儿童家具销售量增长100%;
(3) 总生产费用降低10%;
(4) 减少补缺职工人数3%;
(5) 建立一条庭院金属桌椅生产线,争取五年内达到年销售额500万美元。

这些目标主要是想增加公司收入,降低成本,获取更大的利润。但公司副总经理托马斯跟随乔森先生工作多年,了解约翰董事长制定这些目标的真实意图。尽管约翰开始承接父业时,对家具经营还颇感兴趣。但后来,他的兴趣开始转移,试图经营房地产业。为此,他努力寻找机会想以一个好价钱将公司卖掉。为了能提高公司的声望和价值,他准备在近几年狠抓一下经营,改善公司的绩效。

托马斯副总经理意识到自己历来与约翰董事长的意见不一致,因此在会议上没有发表什么意见。会议很快就结束了,大部分与会者都带着反应冷淡的表情离开了会场。托马斯有些垂头丧气,但他仍想会后找董事长就公司发展目标问题谈谈自己的看法。

二、副总经理对公司发展目标的质疑

公司副总经理托马斯觉得,董事长根本就不了解公司的具体情况,不知道他所制定的目标意味着什么。这些目标听起来很好,但托马斯认为并不适合本公司的情况。他心里这样分析道:

第(1)项目标太容易了,这是本公司最强的业务,用不着花什么力气就可以使销售量增加20%;

第(2)项目标很不现实。在这领域的市场上,本公司就不如竞争对手,决不可能实现100%的增长;

第(3)项目标也难以实现。由于要扩大生产,又要降低成本,这无疑会对工人施加更大的压力,从而也就迫使更多的工人离开公司,这样空缺的岗位就越来越多,在这种情况下,怎么可能降低补缺职工人数3%呢?

第(4)项目标倒有些意义,可改变本公司现有产品线都是以木材为主的经营格局。但未经市场调查和预测,怎么能确定五年内我们的年销售额达到500万美元呢?

经过这样的分析后,托马斯认为他有足够的理由对董事长所制定的目标提出质问。除此之外,还有另外一些问题使他困扰不解——一段时期以来,发现董事长似乎对这公司已失去了兴趣;他已50多岁,快要退休了。他独身一人,也从未提起他家族将由谁来接替他的工作。如果他退休以后,那该怎么办呢?托马斯毫不怀疑,约翰先生似乎要把这家公司卖掉。

(资料来源:冯国珍. 管理学(第2版). 上海:复旦大学出版社. 2011:162-164)

案例思考

1. 你认为约翰董事长为公司制定的发展目标合理吗？为什么？

2. 你认为托马斯对董事长所制定目标的分析有道理吗？你能否从本案例中概括出制定目标需注意哪些基本要求？

3. 假如你是托马斯，如果董事长在听取了你的意见后同意重新制定公司目标，并责成你提出更合理的公司发展目标，你将怎么做？

第四章
决　策

本章学习目的
　　决策的概念、原则和影响因素；
　　几种不同的决策理论；
　　决策的划分标准及类型；
　　决策的制定程序；
　　各种定性决策和定量决策方法。

案例——问题的提出

凋落的民族之花——活力28兴衰之旅

1998年,在一次关于洗衣粉认知率的调查中,高居榜首的不是汰渍、奥妙等广告满天飞的外资品牌,也不是熊猫、白猫这些老牌国有洗衣粉企业。达到100%认知率的是在市场上消失近多年的活力28。作为中国洗衣粉发展进程上的一个重要里程碑,活力28创下的一系列辉煌,让人记忆犹新,当问及被访者时,每个人都会提及那句脍炙人口的"活力28,沙市日化"广告词,都会哼唱几句"一比四"的广告歌。

也就在这一年,新广告词的活力28广告在各大省台高密度的播放。这个模仿宝洁的对比性广告虽不怎么出众,却让人怀想起当年的活力28,人们以为活力28又要破茧而出了。

1999年,上市公司活力28发布亏损公告,引来社会一片哗然。一个上市3年绩优企业,突然亏损到足以将过去3年的业绩全面抹去。接着,证监会对其关联交易等一系列弄虚造假的违规行为提出严肃批评。证券市场的日化明星一下成了反面典型。人们更是觉得不可思议,广告打得好好的,市场上也到处可见的活力28,怎么就亏损了呢?

2000年,活力28正式挂上ST,同年,大股东沙市国资局将股权正式转让给本地的天发股份,ST活力随之更名为天颐科技,并将日化从上市公司的优良资产中剥离出去。

至此,活力28走完了其超乎寻常的异军突起,又超乎寻常地迅速衰败的短暂历程,沉寂在后继者接连掀起的日化浪潮中。

是什么导致了一个被誉为"民族之骄傲"的企业的匆匆落幕?

(资料来源:王慧娟,彭傲天.管理学.北京:北京大学出版社,2012)

第一节 决策概述

著名的诺贝尔奖获得者赫伯特·西蒙曾经说过"管理即是决策",他把制定决策看成管理人员的中心工作。决策工作对于管理者而言十分重要,尤其是对于高层管理人员而言。实际工作中管理人员必须经常就一些问题做出抉择,如要做什么、由谁来做、何时做、如何做等,这些决策问题有时候明确,有时候难以确定,快速正确的决策能力是管理人员必备的技能之一。

一、决策的定义

所谓决策(Decision),是指组织或个人为了达到某种目标而提出若干方案,并对其进行选择的过程。换言之,决策是决策者经过各种考虑和比较之后,对应该做什么和应该怎么做所做的抉择。任何组织的管理工作,都存在着各种各样的问题,需要研究对策并决定采取适当的措施加以解决,这个过程就是决策的过程。

决策不仅是一个过程,还是一个系统。决策系统包括:决策主体,即决策者,是决策之中体现主观能动性的要素,可以是个人,也可以是群体或组织;决策客体,是人的行为可以对其施加影响的客体系统,是决策的行动指向;决策工具,包括决策系统所必需的决策信息、决策方法和决策手段。

决策是组织管理工作中最重要的工作,是组织运行成败的关键。决策正确,就能提高组织的竞争能力和适应外部的能力,取得良好的经济效益,为社会作出更大的贡献;反之,决策失误,会给组织带来巨大的损失。因此,要求每一个组织都要对内外环境做出灵敏的反应,高瞻远瞩,运用科学的方法,做出正确的决策。

理解决策的定义

1. 决策主体是管理者。
2. 决策的本质是一个过程,"三思而后行"。
3. 机会与问题是一个事物的两面。
4. 决策的目的是解决问题或利用机会。

二、决策的原则

决策原则是指决策必须遵循的指导原理和行为准则。它是科学决策指导思想的反映,也是决策实践经验的概括。领导决策过程中所需要遵循的具体原则是多种多样的,但是,就领导决策的基本原则而言,有许多是共同的,这些一般原则主要有经济性、系统性、满意性、预测性、可行性、方向性、信息性、民主性、科学性等。

(一) 经济性原则

经济性原则,就是研究经济决策所花的代价和取得收益的关系,研究投入与产出的关系,领导决策必须以经济效益为中心,并且要把经济效益同社会效益结合起来,以较小的劳动消耗和物资消耗取得最大的成果,如果一项决策所花的代价大于所得,那么这项决策是不经济的。

(二) 系统性原则

系统性原则,也称整体性原则,它要求把决策对象视为一个整体,以系统整体目标的优化为准绳,协调系统中各分系统的相互关系,使系统完整、平衡。因此,在决策时,应该将各个分系统的特性放到系统的整体中去权衡,以整体系统的总目标来协调各个分系统的目标。

(三) 满意性原则

在选择活动方案的时候应遵循满意原则,而非最优原则。最优原则往往只是理论上的幻想,因为它要求:①决策者了解与组织活动有关的全部信息;②决策者能正确地辨识全部信息的有用性,了解其价值,并能据此制订出没有疏漏的行动方案;③决策者能够准确地计算每个方案在未来的执行结果。

然而,在管理过程中,这些条件是难以具备的:①没有人为过去做决策,决策是为了未来而进行的。而未来不可避免地包含着不确定性;②人们也很难识别出所有可能实现目标的备选方案,尤其是决策涉及做某种事情的机会,而这种事情以前从未做过;③多数情形下,尽管可以借助最新的分析方法和电子计算机,也不能对所有的备选方案都进行分析,也就是说,尽管管理者热切希望做到最佳,但是信息、时间和不确定性的局限限制了最佳,因此,他们通常采纳一个令人满意的,即在目前环境中是足够好的行动方案;④决策者可能很大程度上从个人因素进行考虑,而较少地涉及组织与环境因素;⑤出于各种原因,决策者可能没有继续研究的积极性,而只满足于在现有的可行方案中进行选择。

(四)预测性原则

预测是决策的前提和依据。预测是由过去和现在的已知,运用各种知识和科学手段来推知未来的未知。科学决策,必须用科学的预见来克服没有科学根据的主观臆测,防止盲目决策。决策的正确与否,取决于对未来后果判断的正确程度,不知道行动后果如何,常常造成决策失误。所以领导决策必须遵循预测性原则。

(五)可行性原则

可行性原则的基本要求是以辩证唯物主义为指导思想。运用自然科学和社会科学的手段,寻找能达到决策目标的一切方案,并分析这些方案的利弊,以便最后抉择。可行性分析是可行性原则的外在表现,是决策活动的重要环节。只有经过可行性分析论证后选定的决策方案,才是有较大把握实现的方案。掌握可行性原则必须认真研究分析制约因素,包括自然条件的制约和决策本身目标系统的制约。

(六)方向性原则

决策必须具有清晰和实际的具体方向目标,并且这个方向目标应该具有相对的稳定性,一经确定下来,不宜轻易改动。

(七)信息性原则

决策是靠信息来制定的,信息是决策的基础,信息的质量决定着决策的质量。科学决策所要求的信息必须准确、及时、适用。进行决策必须广泛收集与之有关的全面系统的信息资料,然后进行归纳整理、分析、加工,从而为正确的决策提供基本的条件。当今社会正向信息社会发展,信息在决策中的地位越来越重要,这就要求决策者在决策时,一定要重视信息性原则。

(八)民主性原则

决策的民主性原则,是指决策者要充分发扬民主作风,调动决策参与者甚至包括决策执行者的积极性和创造性、共同参与决策活动,并善于集中和依靠集体的智慧与力量进行决策。

(九)科学性原则

科学性原则是一系列决策原则的综合体现。现代化大生产和现代化科学技术,特别是信息论、系统论、控制论的兴起,为决策从经验到科学创造了条件,也使得领导者的决策活动产生了质的飞跃。当今领导者必须加强学习现代管理知识,树立科学的决策思想,遵循科学的决策程序,运用科学的决策方法,建立科学的决策体制,整个决策才可能是科学的,否则,就不能称为科学决策。

所有这些原则都是指导决策活动的总和、基本原则,而不是决策过程中某个环节或个别决策类型的具体原则。领导者只有认真掌握这些原则的基本精神,并紧密联系工作实践,才能不断提高决策水平。

三、决策的类型

(一) 按决策影响的时间划分

按决策影响的时间划分,决策可以分为长期决策与短期决策。

1. 长期决策

长期决策是指决策结果对组织的影响时间长,事关组织发展方向的长远性、重大决策,也称发展规划或长期战略决策,如投资方向选择、组织规模确定等。

2. 短期决策

短期决策是为实行长期战略目标而采取的短期策略手段,又称工作计划或短期战术决策,如日常营销决策、资源配置决策、物资采购、储备决策等。

(二) 按决策重要性划分

按决策的重要性划分,决策可以分为战略决策、战术决策与业务决策。

1. 战略决策

战略决策是所有决策中最为重要的,是关系到组织的生存与发展,组织全局性、长期性的目标和方针等方面重大问题的决策。这类决策主要是协调组织与外部环境之间的关系,由于环境变化性较大,战略决策对决策者的洞察力、判断力有很高的要求,因此,在决策中找出关键问题并利用合理的科学的决策工具最为重要。

2. 战术决策

战术决策又称管理决策,是为实现战略决策的目标服务的,是组织内部范围贯彻执行的决策。决策旨在实现组织内部各环节活动的高度协调和资源的合理利用,以提高经济效益和管理效率,如企业的生产计划、销售计划、产品定价等。战术决策不直接决定组织的命运,但决策行为的质量,在很大程度上影响组织目标的实现程度和组织效率的高低。

3. 业务决策

业务决策也称"执行性决策",是指为提高日常工作的效率而做出的具体决策,如企业中生产任务的分配、物资采购、工作日程监管等都属于这类决策。该类决策是组织所有决策中范围最小、影响最小的具体决策,是组织中所有决策的基础,也是组织运行的基础,是组织绝大多数员工经常性的工作内容。这类决策在很大程度上依赖于决策者的经验和常识,很少使用模型和计算机。

（三）按决策主体划分

按决策主体划分，决策可以分为集体决策与个人决策。

1. 集体决策

集体决策或者称为群体决策，是指多个人一起参与到组织活动过程中的各种决策。集体决策的主要特征就是决策群体决断权比较分散。

2. 个人决策

个人决策是指单个人做出的决策，即俗语说的"一言堂"。个人决策的主要特征是管理者个人掌握方案决断权。

（四）按决策重复性划分

按决策重复性划分，决策可以分为程序化决策与非程序化决策。

1. 程序化决策

程序化决策就是对日常例行的问题，按原已规定的程序、处理方法和标准进行决策，如签订购销合同、上班迟到的处罚、招聘新员工的决策等。由于此类决策解决的问题是重复出现的，决策者仅需按以往处理问题的方法、标准去操作，确定型决策、业务决策及大部分管理决策都属于此类型，包括可以用来分析与研究的决策问题也基本属于该类决策。这类决策大多数可以用量化解决。

2. 非程序化决策

非程序化决策是指对不经常发生的业务工作、管理工作等例外问题所做的决策，如并购决策、新产品开发决策等。该类决策需要考虑内外部条件变动及其他不可量化的因素，决策正确与否、效果如何，往往取决于决策者的首创精神、气魄、判断力和决策方法的科学性，大多数战略决策属于非程序化决策。

一般而言，高层管理者所做的主要决策是非程序化决策，占决策比例一半以上，而中、基层管理者所做的决策主要居于程序化决策。

（五）按决策的确定性程度划分

按决策的确定性程度划分，决策可以分为确定型决策、风险型与不确定型决策。

1. 确定型决策

决策者确切知道自然状态的发生，每个方案只有一个确定的结果，方案的选择取决于各个方案的结果的比较。确定型决策问题是一种逻辑上比较简单的决策，只需要从所有备选方案中，根据方案的结果，选择一个最好的即可。

2. 风险型决策

这类决策所遇到的问题自然状态不止一种，而且每种自然状态下都会有不同结果，不过每种自然状态出现的概率可以预先估计，决策者需要权衡各种方案的利弊，择优选择。

3. 不确定型决策

不确定型决策是在不稳定条件下进行的决策,决策者不知道有多少种自然状态,也不知道每种自然状态发生的概率。这种不确定性主要来自组织内外所处的环境复杂性与动态性。这类决策没有一种先例,没有固定模式可以套用,关键在于决策者对信息把握的程度、信息质量,以及对未来发展的主观判断。

四、决策的影响因素

在决策过程中,有很多因素都会对决策造成影响,其中重要的因素有如下几项。

(一) 环境

环境的具体特点影响组织决策的内容。在稳定的环境下,管理者的决策重点通常是如何扩大规模、扩大销售。而在急剧变化的市场环境下,管理者的决策重点通常是如何对经营目标、经营内容和经营方向进行调整。如果环境中提供的机会多于威胁,组织活动的选择倾向于利用机会,反之,则倾向于回避威胁。

(二) 组织文化

组织文化影响组织成员的思维方式和行为习惯。在开放、乐观、积极创新的组织文化氛围中,人们一般喜欢从事有新意的活动,欢迎新鲜事物,并希望日常活动经常改变,这有利于更多创新性的决策产生和实施;而在保守、因循守旧、害怕改变的组织文化中,人们对新事物的不确定性有种莫名的恐惧感,特别是一些既得利益者,经常担心在改变中会失去一些东西。在这种氛围下,决策也会缺乏创新、因循守旧。即使是新决策,它也很难实施,需要做大量的工作来改变组织成员的态度,甚至要考虑改变组织文化,营造出一种有利于开展变革创新的氛围。

(三) 决策者对风险的态度

因为未来环境的不确定性,任何决策都存在一定程度的风险。决策者对风险的态度会影响对决策方案的选择。冒险或敢于承担风险、锐意开拓进取的决策者,倾向于选择主动出击的战略和高收益高风险的方案;而保守谨慎型、不敢或不愿承担风险的决策者,倾向于选择被动适应的战略和低风险的方案。

(四) 前期决策

组织的决策是连续不断的序列决策,当前决策在某种程度上是前期决策的延续。前期决策的实施过程中内外部环境的变化,以及人、财、物资源的消耗,形成了当前决策的特定环境和前提条件,也就是说,前期决策的结果是当前决策的起点。因此,"非零起点"的当前决策必然要受到前期决策的影响和限制。

当前决策受前期决策的制约程度,主要取决于前后决策之间的关系。如果过去的决策是由现任决策者制定的,那么决策者为了保持决策的连贯性,一般不会对组织所从事的活动作重大的调整;反之,由于决策判断的主观性,当前决策者的认识、偏好、习惯等使他们选择可能与前期决策完全不同的决策方案。

(五) 时间

有些决策对时间比较敏感,要求决策者以尽可能快的速度进行决策,如某些军事上的决策,这些决策对速度方面的要求可能远高于对质量方面的要求。而有些决策对时间的要求不是很严格,但对质量方面的要求很高,需要人们充分地利用现有的知识和经验,集中集体的智慧,使决策尽可能做到科学、正确、符合实际情况。

第二节 决策理论

一、古典决策理论

古典决策理论又称规范决策理论,是基于"经济人"假设提出来的,主要盛行于1950年以前。古典决策理论认为,应该从经济的角度来看待决策问题,即决策的目的在于为组织获取最大的经济利益。

古典决策理论的主要内容是:

(1) 决策者必须全面掌握有关决策环境的信息情报。

(2) 决策者要充分了解有关备选方案的情况。

(3) 决策者应建立一个合理的自上而下的执行命令的组织体系。

(4) 决策者进行决策的目的始终都是在于使本组织获取最大的经济利益。

古典决策理论假设决策者是完全理性的,决策环境条件的稳定与否是可以被改变的,在决策者充分了解有关信息情报的情况下,是完全可以做出完成组织目标的最佳决策的。古典决策理论忽视了非经济因素在决策中的作用,这种理论不一定能指导实际的决策活动,从而逐渐被更为全面的行为决策理论代替。

二、行为决策理论

行为决策理论的发展始于1950年。对古典决策理论的"经济人"假设发难的第一人是赫伯特·A·西蒙,他在《管理行为》一书中指出,理性的和经济的标准都无法确切地说明管理的决策过程,进而提出"有限理性"标准和"满意度"原则。其他学者对决策者行为做了进一步的研究,他们在研究中也发现,影响决策者进行决策的不仅有经济因素,还有其个人的行为表现,如态度、情感、经验和动机等。

行为决策理论的主要内容是:

(1) 人的理性介于完全理性和非理性之间,即人是有限理性的,这是因为在高度不确定和极其复杂的现实决策环境中,人的知识、想象力和计算力是有限的。

(2) 决策者在识别和发现问题上容易受知觉上的偏差的影响,而在对未来的状况做出判断时,直觉的运用往往多于逻辑分析方法的运用。所谓知觉上的偏差,是指由于认知能力的有限,决策者仅把问题的部分信息当作认知对象。

(3) 由于受决策时间和可利用资源的限制,决策者即使充分了解和掌握有关决策环境的信息情报,也只能做到尽量了解各种备选方案的情况,而不可能做到全部了解,决策者选择的理性是相对的。

(4) 在风险型决策中,与经济利益的考虑相比,决策者对待风险的态度起着更为重要的作用。决策者往往厌恶风险,倾向于接受风险较小的方案,尽管风险较大的方案可能带来较为可观的收益。

(5) 决策者在决策中往往只求满意的结果,而不愿费力寻求最佳方案。导致这一现象的原因有多种:

① 决策者不注意发挥自己和别人继续进行研究的积极性,只满足于在现有的可行方案中进行选择。

② 决策者本身缺乏有关能力,在有些情况下,决策者出于个人某些因素的考虑而做出自己的选择。

③ 评估所有的方案并选择其中的最佳方案,需要花费大量的时间和金钱,这可能得不偿失。

行为决策理论抨击了把决策视为定量方法和固定步骤的片面性,主张把决策视为一种文化现象。例如,威廉·大内(William Ouchi)在其对美、日两国企业在决策方面的差异所进行的比较研究中发现,东西方文化的差异是导致这种决策差异的一种不容忽视的原因,从而开创了决策的跨文化比较研究。

除了西蒙的"有限理性"模式,林德布洛姆的"渐进决策"模式也对"完全理性"模式提出了挑战。林德布洛姆认为决策过程应是一个渐进过程,而不应大起大落,否则会危及组织内的稳定,给组织带来结构、心理倾向和习惯等的震荡与资金困难,也使决策者不可能了解和思考全部方案并弄清每种方案的结果。实际上,决策不能只遵守一种固定的程序,应根据组织内外环境的变化进行适时的调整和补充。

三、当代决策理论

继古典决策理论和行为决策理论之后,决策理论有了进一步的发展,即产生了当代决策理论。当代决策理论的核心内容是:决策贯穿于整个管理过程。决策程序就是整个管理过程。组织是由作为决策者的个人及其下属、同事组成的系统。整个决策过程从研究组织的内外环境开始,继而确定组织目标、设计可达到该目标的各种可行方案、比较和评估这些方案,进而进行方案选择(即做出择优决策),最后实施决策方案,并进行追踪检查和控制,以确保预定目标的实现。这种决策理论对决策的过程、决策的原则、程序化决策和非程序化决策、组织机构的建立同决策过程的联系等作了精辟的论述。

对当今的决策者来说,在决策过程中应广泛采用现代化的手段和规范化的程序,并以系统理论、运筹学和电子计算机为工具,辅之以行为科学的有关理论。这就是说,当代决策理论把古典决策理论和行为决策理论有机地结合起来,它所概括的一套科学行为准则和工作程序,既重视科学的理论、方法和手段的应用,又重视人的积极作用。

第三节 决策制订过程

组织中,管理者的重要职能就是做决策。企业组织中的高层管理者制订的是关于整个组织发展总目标的决策,如选择厂房的地点、研究开发新的市场、提供新产品与服务的类型或改革。相对应的是,中层和基层管理者则负责制定季度、月份或每周的生产、销售进度决策,处理薪酬水平的调整、员工的招募、选择和培训等决策。当然制定决策这一活动并不仅限于组织中的管理者,可以说,组织中的每一个人都会做出各种各样的决策,决策技术高低对于决策者本人的工作,以及所处的团体、组织都会产生重要影响。

无论决策所需要解决的问题多么复杂多样,但决策的程序一般都遵循一些基本步骤,即遵循发现问题、分析问题与解决问题的过程。具体过程如图4-1所示。

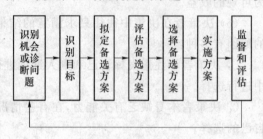

图 4-1 决策流程

一、识别机会或诊断问题

决策者必须知道哪里需要行动,从而决策过程的第一步是识别机会或诊断问题。管理者通常密切关注与其责任范围有关的各类信息,包括外部的信息和报告以及组织内的信息。实际状况和所想要状况的偏差提醒管理者潜在机会或问题的存在。识别机会和问题并不总是简单的,因为要考虑组织中人的行为。有些时候,问题可能植根于个人过去的经验、组织的复杂结构或个人和组织因素的某种混合。因此,管理者必须特别注意要尽可能精确地评估问题和机会。另一些时候,问题可能简单明了,只要稍加观察就能识别出来。

评估机会和问题的精确程度有赖于信息的精确程度,所以管理者要尽力获取精确的、可信赖的信息。低质量的或不精确的信息使时间白白浪费掉,并使管理者无从发现导致某种情况出现的潜在原因。

即使收集到的信息是高质量的,在解释的过程中,也可能发生扭曲。随着信息持续地被误解或有问题的事件一直未被发现,信息的扭曲程度会加重。大多数重大灾难或事故都有一个较长的潜伏期,在这一时期,有关征兆被错误地理解或不被重视,从而未能及时采取行动,导致灾难或事故的发生。更糟的是,即使管理者拥有精确的信息并正确地解释它,处在他们控制之外的因素也会对机会和问题的识别产生影响。但是,管理者只要坚持获取高质量的信息并仔细地解释它,就会提高做出正确决策的可能性。

二、识别目标

合理的目标是合理决策的前提。决策目标必须十分明确,模棱两可、含糊不清或过分抽象,都将导致决策无所遵循。

我们要经过调查和研究,掌握系统准确的统计数据和事实,进行由表及里、去伪存真的整理分析,确定该问题在多大程度上属于管理者可控范围之内,从而确定可能达到的最高决策目标及各种目标的影响程度,确定必须达到的最低决策目标;最后结合组织的价值准则和决策者能够支配的资源和愿意为此付出努力的程度,在最低目标和最高目标之间确定最终的决策目标。

三、拟定备选方案

决策的本质是选择,而要进行正确的选择,就必须提供多种备选方案。因此,在决策过程中,拟定可替代的方案要比从既定的方案中选择重要得多。

为了使方案的选择有意义,这些不同的方案必须相互替代、相互排斥,而不能相互包容。如果某个方案的活动包容在另一个方案中,那么它就失去可以参加比较和选择的资格。

方案产生的过程是在环境研究、发现不平衡的基础上,根据组织任务和消除不平衡的目标,提出改变设想开始的;在此基础上,对提出的各种改进设想进行集中整理和归类,形成多种不同的初步方案;在对这些初步方案进行初步筛选、补充和修改以后,对余下的方案进一步完善,并预计其执行结果,便形成了一系列不同的可行方案。

可供选择的方案数量越多,备选方案的相对满意程度就越高,决策就越有可能完善。因此,在方案制订阶段,要广泛发动群众,充分利用组织内外的专家,通过他们献计献策,产生可能多的改变设想,制订尽可能多的可行方案。

四、评估备选方案

确定所拟定的各种方案的价值或恰当性,即确定最优的方案。为此,管理者起码要具备评价每种方案的价值或相对优势和劣势的能力。在评估过程中,要使用预定的决策标准以及每种方案的预期成本、收益、不确定性和风险。最后对各种方案进行排序。

决策者必须认真地对待每一个方案,仔细分析和评价。根据决策所需的时间和其他限制条件,层层筛选。可进行重要性程度的评分加权,也可对其中某些关键处的缺点加以修改、补充,更可对一些各有利弊的备选方案优势互补、融会贯通,取其精华,去其不足,使最终的结果更优化。在这一阶段中,依靠可行性分析和各种决策技术,如决策树法、矩阵汇总决策、模糊决策等,尽量科学地显示各种方案的利弊,加以比较。

五、选择备选方案

在确定方案时,要在各种可供选择的方案中权衡利弊,然后选取其一,或综合成一个。有时会在方案全面实施之前,进行局部试行,验证在真实条件下是否真正可行。若不可行,为避免更大损失,则需再次考察上述各个活动步骤,修订或重新拟定方案。方案确定之后,就进入下一阶段——实施方案。

六、实施方案

方案的实施是决策过程中至关重要的一步。在方案选定以后,管理者就要制定实施方案的具体措施和步骤。实施过程通常要注意做好以下工作:

(1) 制定相应的具体措施,保证方案的正确实施。

(2) 确保与方案有关的各种指令能被所有有关人员充分接受和彻底了解。

(3) 应用目标管理方法把决策目标层层分解,落实到每一个执行单位和个人。

(4) 建立重要的工作报告制度,以便及时了解方案进展情况,及时进行调整。

七、监督和评估

方案的评价必须是全方位的,在方案实施过程中要不断进行追踪。若在新方案运行过程中发现重大差异,在反馈、上报的同时,决策者应查明原因、具体分析,根据具体情况区别对待:若是执行有误,应采取措施加以调整,以保证决策的效果;若方案本身有误,应会同有关部门和人员修改方案;若方案有根本性错误或运行环境发生了变化,使得执行方案产生不良后果,则应立即停止方案的执行,待重新分析、评价方案及环境后,再考虑执行。

反馈也是决策过程中的一个重要环节。通过反馈可对原方案不停地再审查和再改进。当原有决策实施活动出乎所料,或者环境突然发生重大变化时,需要将方案推倒重来。实施一个时段后,需要对方案运行及预测的结果做个评价,评价可以由个人或专家组负责,目的是审核方案是否达到了预定目标或解决了问题,随时指出偏差的程度并检查原因。值得注意的是,评价和反馈应体现在每一个阶段的工作上,而不仅仅是在方案的实施阶段。特别是重大的决策,必须时刻注意信息的反馈和工作评价,以便迅速解决突发问题,避免造成重大损失。

德鲁克:有效决策的五个要素

1. 要确实了解问题的性质,如果问题是经常性的,那就只能通过一项建立规则或原则的决策才能解决;

2. 要确实找出解决问题时必须满足的界限,换言之,应找出问题的"边界条件";

3. 仔细思考解决问题的正确方案是什么,以及这些方案必须满足哪些条件,然后再考虑必要的妥协、适应及让步事项,以期该决策能被接受;

4. 决策方案要同时兼顾执行措施,使决策变成可以被贯彻的行动;

5. 在执行的过程中重视反馈,以印证决策的正确性及有效性。

(资料来源:彼得·德鲁克.卓有成效的管理者.许是祥译.那国毅审订.北京:机械工业出版社,2005.124)

第四节 决策方法

为了保证组织制定出来的各项决策尽可能正确、有效，必须运用科学的决策方法。由于决策对象和决策内容不同，决策方法可以分为两大类：定性决策方法和定量决策方法。这种分类只是相对的，真正科学的决策方法应该把两者结合在一起综合运用。

一、定性决策方法

定性决策方法又称软方法，是指依靠决策者的知识、经验、智慧，运用社会学、逻辑学、心理学等方面的理论，做出判断与决策的技术。这种方法较多地运用于综合抽象程度较高的、高层次的战略问题的决策。

定性决策方法主要有以下几种：

(一) 德尔菲法

德尔菲法是由美国兰德公司于20世纪50年代初发明的，最早用于预测，后来推广应用到决策中来。德尔菲是古希腊传说中的神谕之地，城中有座阿波罗神殿可以预测未来，因而借用其名。德尔菲法是一种向专家进行调查研究的专家集体判断法。它以匿名方式通过几轮函询征求专家们的意见，组织决策小组对每一轮的意见都进行汇总整理，作为参照资料再发给每一个专家，供他们分析判断，提出新的意见。如此反复，专家的意见渐趋一致，最后做出最终结论。

具体实施过程如下：

第一、发函给各个专家，提出所需要调查或决策的问题。问题的提出不应带有任何倾向性，由各个专家独立自主地发表自己的意见和看法。

第二、将回函所得的专家意见进行统计、归纳和综合，说明某一个问题之下共有几种看法，并将这些意见制成第二轮调查表，再寄发给各个专家，由他们进一步做出评价，阐明理由。

第三、决策分析小组在收到第二轮意见之后进一步归纳整理，将意见进一步集中，然后制作第三轮调查表，再一次请专家们进行分析判断，他们既可以坚持己见并充分阐述其理由，也可以改变以前的意见而选择另一种意见。

第四、按照领导小组的要求，对提出独特见解的专家，有针对性地进行征询意见调查，使他们作更深一步的论证。

这样，经过上述四步的调查、分析、综合之后，所得的结论往往比较准确。

德尔菲法隔绝了群体成员间过度的相互影响，它还无须参与者到场。当然，德尔菲法也有其缺点，它太耗费时间了，当需要进行一个快速决策时，这种方法通常行不通，而且这种方法不能像相互作用的群体那样，提出丰富的设想和方案。

(二) 头脑风暴法

头脑风暴法又称"自由畅谈法"和"智力激励法"，是美国创造学家A.F.奥斯本于1939

年首次提出,1953年正式发表的一种激发性思维的方法。这种方法的特点是邀集专家内行,针对一定范围的问题,敞开思想,畅所欲言,不受约束地进行讨论。在讨论小要遵守四项原则：

(1) 鼓励每个人独立思考,开阔思路。想法越新颖越奇异越好,不要重复别人的意见；

(2) 意见和建议越多越好,不考虑建议的质量,想到什么就应该说出来；

(3) 对别人的意见不要反驳,不要批判,也不要作结论；

(4) 可以补充和完善已有的建议,使它更有说服力。

(5) 不准参加者私下交流,以免打断别人的思维活动。

(6) 每一次讨论的题目不能太小、太窄或带有过多的限制条件,但在讨论时必须注意针对性或方向,以免无的放矢。

这种方法的主要精神在于鼓励创新并集思广益,类似我们的"诸葛亮会"。这种方法最适合于问题比较单一、明确的情况。如果问题比较复杂,因素众多,牵涉面广,则不宜用这种方法来决策。

(三) 名义小组法

名义小组法也是一种常用的组织决策方法。与德尔菲法有所不同,名义小织法的成员要求集中在一起工作,但小组成员之间不允许自由讨论,因而被称为名义小组。在集体决策中,如对问题的性质不完全了解,且意见分歧严重,则可采用名义小组法。在这种方法下,小组成员互不通气,也不在一起讨论、协商,这种名义上的小组可以有效地激发个人的创造力和想象力。运用这种入法的步骤如下：

第一,成员集合成一个群体；但在进行任何讨论之前,每个成员独立地写下对问题的看法；

第二,经过一段沉默后,每个成员将自己的想法交给群体。然后一个接一个地向大家说明自己的想法,直到每个人的想法都表述完全并记录下来为止。在所有的想法都记录下来之前不进行讨论。

第三,群体现在开始讨论,以便把每个想法搞清楚,并做出评论。

第四,每一个群体成员独立地把各种想法排出次序,最后的决策是综合排名最高的想法。

这种方法的主要优点在于,使群体成员正式开会但不限制每个人的独立思考,而传统的会议方式往往做不到这一点。

(四) 电子会议法

最新的组织决策方法是将名义小组法与尖端的计算机技术相结合的电子会议。多达50人的群体围坐在一张U形的桌子旁,这张桌子上除了一系列的计算机终端外别无他物。将问题显示给决策参与者,他们把自己的回答打在计算机屏幕上。个人评论和票数统计都投影在会议室内的屏幕上。

电子会议的主要优点是匿名、诚实和快速。它使决策参与者能不透露姓名地表达出自己所要表达的任何信息,一敲键盘即刻显示在屏幕上,使所有的人都能看到。它消除了闲聊和讨论跑题,且不必担心打断别人的"讲话"。但电子会议也有缺点,那些打字快的人使得那些口才虽好但打字慢的人相形见绌；再有,这一过程缺乏面对面的口头交流所传递的丰富信息。但可以预计,随着此项技术的发展,未来的组织决策很可能会广泛地使用电子会议技术。

二、定量决策方法

定量决策方法,又称"硬"方法,就是运用数学的决策方法。其核心是把与决策相关的变量与变量、变量与目标之间的关系,用数学表达式表示,即建立数学模型,然后通过计算机求解答案,供决策者参考使用。近年来,计算机的发展为数学模型的运用开辟了更广阔的前景。现代企业决策中越来越重视决策的"硬"方法的运用。

(一) 确定性决策

确定性决策是指备选方案只存在一种自然状态的决策。在这类决策中,各种备选方案的条件都是已知的和肯定的,而且各种方案未来的预期结果也是非常明确的,只要比较各个不同方案的结果,就可以选择出最满意的方案。线性规划法、盈亏分析法、净现值法等都属于确定性决策方法。

1. 线性规划法

线性规划是一种寻求单位资源最佳效用的数字方法,常用于组织内部有限资源的调配问题。

例如,某公司制造 A、B 两种产品,它们都要经过甲、乙两道工序,A、B 每单位耗费的工时、甲乙总工时和 A、B 的单位利润如表 6-5 所示:

表 6-1 A、B 产品的资料情况

	A	B	可利用工时(小时)
甲	2	4	180
乙	3	2	150
单位产品利润	40 元	60 元	—

假定市场状况良好,企业生产的全部产品都能售出,则产品组合决策是确定型决策,产品组合的方案有很多,但可以通过线性规划方法找出使利润最大的产品组合方案。

首先建立线性规划模型,设 X_1,X_2 分别为 A、B 两种产品的生产数量,则此问题的目标可用一个函数表示(称为目标函数):

$$\max Z = 40 \times X_1 + 60 \times X_2$$

制造两种产品所花的工时不能超过各道工序的可利用工时,则限制条件可用如下的函数表示(称为约束函数):

甲工序:$2 \times X_1 + 4 \times X_2 \leq 180$

乙工序:$3 \times X_1 + 2 \times X_2 \leq 150$

同时,$X_1 \geq 0$,$X_2 \geq 0$

用图解法求解模型,得出最优方案是生产 A 产品 30 件,B 产品 30 件,可获利最大 3 000 元。

2. 盈亏平衡分析法

盈亏平衡分析是企业经营决策常用的一种有效方法,其基本思想是根据产品的销售量、成本和利润三者的关系,分析各种方案对盈亏的影响,从中选出最佳方案。其关键在于找出盈亏平衡点,即直角平面坐标系中企业利润为零的点,也就是销售收入总额与成本总额相等的点,如图4-2所示。

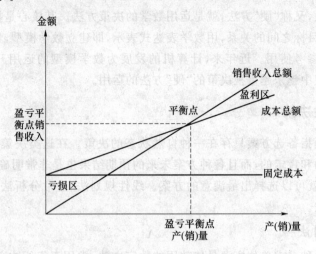

图4-2 盈亏平衡分析

假设产销平衡,于是:

$$盈亏平衡点产(销)量 = 固定成本 / (单位售价 - 单位变动成本)$$

例如,某厂生产一种产品,根据预算其成本如下:固定成本每天400元,原材料和工人工资等变动成本平均每件产品为11元,该产品单价为15元。需要决策的问题是每天生产多少才能使盈亏平衡? 根据上式,可以得到

$$盈亏平衡点产量 = 400/(15-11) = 100(件)$$

盈亏平衡分析法虽被广泛应用,但也有缺点,就是只注意盈亏平衡点的分析,而没有考虑时间代价。就是说用于支付固定成本和变动成本的资金是可以用来进行投资的,如果一个组织只注意达到盈亏平衡,就有可能失去在其他方面取得更大的利润。所以,还要综合采用其他方法。

(二) 风险性决策

风险性决策,是指备选方案存在两种或两种以上自然状态,每种自然状态发生的频率可以估计的决策。因而,根据已知的概率计算得到不同的方案的期望值并进行比较,就可以获得最满意的方案。

风险性决策的方案评价方法有以下几种:

1. 期望值法

期望值法通过计算各个方案的期望值大小来选择方案。

例如,某企业新产品定价,如果我们知道新产品在不同价格水平下其销量好、一般、差的客观概率,那么就可以利用期望值法进行决策。

假设该产品销售好、一般、差的发生概率为0.25、0.50、0.25,根据公式:

$$期望值 = \sum_{i=1}^{n} (策略方案在 i 状态下的预期收益) \times (策略方案在 i 状态下发生的概率)$$

我们就可以得到各方案的收益期望值,如表4-2所示。

表4-2 收益期望值

	销售利润(万元)和概率			期望值(万元)
	畅销(0.25)	一般(0.5)	差(0.25)	
高价格7元	90	75	60	90×0.25+75×0.5+60×0.25=75
平价格6元	96	72	56	96×0.25+72×0.5+56×0.25=74
低价格5元	100	60	46	100×0.25+60×0.5+46×0.25=66.5

从表4-2中得出,高价策略时期望值最高,所以人们一般选择高价策略,定价7元。

2. 决策树法

决策树法也是根据各方案的期望值大小来选择,但它可以解决很复杂特别是多阶段的决策问题,因为它通过树的形状来表达决策问题,问题越复杂,决策树分枝越多。它把可行方案、所冒风险及可能的结果都直观地表达了出来。

例如,某仪器公司准备开发一种新产品,预计今后10年市场对该产品高需求出现概率为0.3,中需求概率为0.5,低需求概率为0.2。公司面临三种方案:第一,增加技术开发投入,需投资100万元;第二,新建车间、投入设备,需要投资60万元;第三,更新现有设备,需投资20万元。各方案在三种不同需求状态下的利润预测如表4-3所示。

表4-3 三种方案的具体情况

	高需求(0.3)	中需求(0.5)	低需求(0.2)
增加技术开发投入	80	40	−20
新建车间、投入设备	60	30	0
更新现有设备	40	20	10

根据三种可行方案情况画出决策树,如图4-3所示:

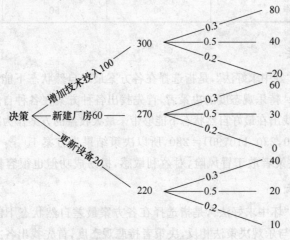

图4-3 三种方案的决策树

由决策点引出的若干条树枝称为方案枝,由状态点引出的若干条树枝称为状态枝,状态枝上标明状态的情况和可能的概率。各状态结点的期望收益如下:

方案一的期望值:[80×0.3+40×0.5+(-20)×0.2]×10-100=300(万元)
方案二的期望值:(60×0.3+30×0.5+0×0.2)×10-60=270(万元)
方案三的期望值:(40×0.3+20×0.5+10×0.2)×10-20=220(万元)

比较三个方案的期望值可以得出选择方案一,从而做出增加技术投入的决策。

决策树方法具有以下优点:

(1) 决策树反映了整个决策过程,使决策者能够以一定顺序,有步骤、有条理地去周密考察各有关因素;

(2) 决策树方法要求决策者考虑检验所有可能的结果,合意和不合意的都同样要进行考虑;

(3) 决策树以一种直观、简明的方式,用图形把决策过程形象地显示出来,使更多的人了解这个决策过程,以便用集体智慧进行决策;

(4) 决策树方法可以通过计算机进行计算和模拟,可以观察分析这些备选方案的变化对最终结果产生的影响。

(三) 不确定性决策

不确定性决策是指决策者所要解决的问题有若干个方案可供选择,但对事件发生的各种自然状态缺乏概率资料。它只能依赖于决策者的主观经验,选择决策标准,择优确定决策方案。

不确定性决策主要有乐观决策法、悲观决策法、中庸法和最小最大后悔值法。

例如,有四个备选方案,在各自状态发生后预期的利润如表4-4所示。

表4-4 预期的利润

方案/状态	畅销	一般	滞销
方案1(大厂)	280	180	-100
方案2(小厂)	230	180	80
方案3(技术改造)	110	100	70
方案4(合作)	90	60	40

1. 乐观决策法

乐观决策法又称"好中求好法",是指选择在各方案最好自然状态下能够带来最大收益的方案作为决策实施方案。持乐观态度的决策者,首先找出各种方案在各种自然状态下的最大收益值,然后进行比较,再找出在最好自然状态下能够带来最大收益的方案作为决策实施方案。

本例中,max(280,230,110,90)=280,所以决策结果为方案1。

乐观决策法的决策者敢于冒风险,对盈利敏感,极易成功但也很容易失败。

2. 悲观决策法

悲观决策法又称"坏中求好法",是指选择在各方案最差自然状态下能带来"最大收益"的方案作为实施方案。与乐观决策法相反,决策者持悲观态度,首先找出各方案在各自然状态下的最小收益值,然后进行比较,再选择在最差状态下仍能带来最大收益的方案作为实施方案。

本例中，max(−100,80,70,40)=80，所以决策结果为方案 2。

悲观决策法的决策者属于保守型，对亏损比较敏感，在保证不亏损的情况下获取最大利润。不易有大的成功，但也不会有大的失败。

3. 中庸法

中庸法既不乐观也不悲观，而是根据自己的判断，给最好状态一个乐观系数 α，给最差状态一个悲观系数 β，且 $\alpha+\beta=1$。然后用各种方案在最好状态下的收益值与乐观系数相乘的积，加上最差自然状态下的收益值与悲观系数相乘的积，得出各方案的期望收益值，然后比较各期望值，做出选择。这种原则认为应该在两种极端中求得平衡，决策时既不过于乐观也不过于悲观。

本例中，假设一个决策者给定的乐观系数为 0.6，则悲观系数是 0.4，那么：

$$E_1=280\times 0.6+(-100)\times 0.4=128$$
$$E_2=230\times 0.6+80\times 0.4=170$$
$$E_3=110\times 0.6+70\times 0.4=94$$
$$E_4=90\times 0.6+40\times 0.4=70$$

则 max(128,170,94,70)=170，所以决策结果为方案 2。

这种方法的优点是考虑问题不绝对化，把最好的情况和最坏的情况均予以考虑，但其准确性在很大程度上依赖于决策者对客观条件的预测和感知能力。

4. 最小最大后悔值法

最小最大后悔值法是指决策者先计算各方案在自然状态下的后悔值（用方案在某自然状态下的收益值与该状态下的最大收益值相减所得），然后找出每种方案的最大后悔值，并据此比较，选择最大后悔值中最小值所对应的方案作为实施方案。

本例中，各方案的后悔值如表 4-5 所示。

表 4-5 最小最大后悔值法

方案/状态	畅销	一般	滞销	最大后悔值
方案 1（大厂）	0	0	180	180
方案 2（小厂）	50	0	0	50
方案 3（技术改造）	170	80	10	170
方案 4（合作）	190	120	40	190

因为 min(180,50,170,190)=50，所以决策结果为方案 2。

决策者在选定方案并组织实施后，如果遇到的自然状态表明采用另外的方案会取得更好的收益，企业无形中遭受了机会损失，那么决策者就会为此感到后悔，最小最大后悔值法就是力求使后悔值最小。

从上文我们可以看出，对于不确定性决策问题，采用不同的决策方法所得的结果不尽相同。这是因为决策者考虑问题的角度不同所致，这就需要决策者根据自己的经验判断选择。一般来说，对一个决策问题采用全部方法预算，若某一方案被选中的次数越多，则相对地说该方案要比其他方案可能优越。

本章学习要点

1. 决策是决策者在拥有大量信息和个人丰富经验的基础上,对未来行为确定目标,并借助一定的手段、方法和技巧,对影响决策的因素进行分析研究后,从一个以上可行方案中选择一个合理方案的分析过程。

2. 决策贯穿管理活动的始终。决策关乎组织的生存和发展,是管理工作的核心和关键,是所有管理者的主要工作。

3. 决策按照不同的标准可以划分为不同的类型。例如,按调整对象分为战略决策和战术决策;按决策主体数量分为集体决策和个人决策;按决策问题可分为程序化决策和非程序化决策;按环境因素的可控程度分为确定性决策、风险性决策和不确定性决策。

4. 制定决策要经过识别机会或诊断问题、识别目标、拟定备选方案、评估备选方案、选择备选方案、实施方案、监督和评估等阶段。

5. 决策有定性和定量两大类决策方法。定性决策包括头脑风暴法、名义群体法、德尔菲法、电子会议法等;定量方法包括线性规划、盈亏平衡分析、期望值、决策树、乐观决策、悲观决策、中庸决策和最小最大后悔值等方法。

复习思考题

1. 什么是企业决策?如何理解决策在企业管理中的地位和作用?
2. 决策的程序是什么?
3. 决策有哪些类型?它们相互之间又有哪些区别和联系?
4. 在确定性、风险性和不确定条件下都有哪些决策方法?如何运用?

参考文献

[1] 冯国珍.管理学.上海:复旦大学出版社.2011.
[2] 周三多 蒋俊,等.管理原理.南京:南京大学出版社.1998.
[3] 李先江.管理学.北京:北京大学出版社.2012.
[4] 肖余春.管理学.杭州:浙江大学出版社.2006.
[5] 王庆海.管理学概论.北京:清华大学出版社.2008.

案例分析

迪斯尼欧洲决策

法国迪斯尼开张两年后,尽管每月有 100 万游客,每天却损失 100 万美元,在什么地方

第四章 决 策

发生了错误呢?

迪斯尼一直充满雄心,结果造成严重的战略和财务失误。在利率开始上升时过于依靠负债。他们假设公园会继续火爆,那时可以卖掉一些股份用于偿还债务。公园本身也有一些错误的决策,包括成本超出、无酒精政策(在法国,午餐有一瓶葡萄酒是正常的)、太少的淋浴卫生间,以及错误地认为法国人不在饭店的餐厅用早餐等。

公司认为是连续的欧洲经济衰退、高利率、法郎升值等造成了这些问题,它认为自己懂得最多,并将之强加于员工。法国建设与工业部的一位官员说:"因为他们是迪斯尼,所以他们什么都懂。"欧洲迪士尼管理者感到他们不过是在充当总公司管理的副手而已。

迪斯尼在许多方面都表现得过于自信。管理者夸口他们能预测巴黎未来的生活模式,他们认为人们会转移到离欧洲迪斯尼很近的东部来;他们相信能够改变欧洲的人的习惯,例如欧洲人不像美国人那样认可孩子逃学,他们宁可在吃饭上少花时间也要更多的休闲时间。迪士尼认为它能改变这些习惯。迪斯尼的一位前任管理者说:"有一种倾向,即相信人们所接触的都是最完善的。"迪斯尼认为在佛罗里达能做到的,在法国一样能做到。过分骄傲、批评的压力、工人的士气低落等在一开始就使得游客远离。

迪斯尼公司在法国的欧洲迪斯尼项目上决策失误,最终公园依然开放,但观察家认为需要相当大努力才能使这个项目盈利。

欧洲迪斯尼的财务风险评估基于对利润的过于乐观的估计。评论家曾经指出财务结构已经远远偏离了正常轨道,迪斯尼应该注意老式的欧洲思维和美式的自由市场财务思维是不同的。

尽管如此,公园还是如计划中一样有许多游览者。然而,成本太高了,同时经济环境也发生了变化。为了抵消成本,公园当局设定的门票价格为42.25美元,这比美国的门票高。迪斯尼完全没有看到欧洲经济处于不景气当中。一名高层管理者说:"由于受到计划规定的开园日期的压力以及开园的诱惑,我们没能意识到一场大的经济衰退正在来临。"

迪斯尼主席米歇尔·艾思纳曾经鼓励过欧洲迪斯尼要在计划中大方一些。他执意保证迪斯尼的质量,忽视了预算和评论家的警告。

当事情完全出乎预料时,迪士尼威胁要关掉公园,但是在谈判的最后关头,赞同了新的财务计划,至少暂时来说危机似乎解决了。也有许多观察家认为欧洲迪斯尼没有关闭的危险,公司还有许多好牌,它的债权人和法国政府,一个提供低于市场利率的7500万美元的贷款,一个开始为公署提供公路和铁路网。

新管理层降低了门票价格并削减了成本。欧洲迪斯尼开始恢复并在财务上走向正轨。但是,迪斯尼又一次惹怒了欧洲人。动画电影《大力神》对原著的粗暴歪曲激怒了人们。一家欧洲的主要报纸评述论道:"卡通(指《大力神》)歪曲和滥用了欧洲文化的一个基本传说。"并进一步指出:"只顾赚钱,他们真的这样做了并嫌了上亿的钱。"还有人评论道:好莱坞为了自己的顾客比迪斯尼更加歪曲欧洲文化。

(资料来源:胡凌云.管理学原理.武汉大学出版社,2013.)

案例思考
1. 案例中你能找出多少次决策?对于这样一个巨大计划,哪些工作应该做而没有做?
2. 案例中,你认为迪斯尼高层有什么错误?
3. 为了长期利益迪斯尼可以做哪些工作?
4. 你对最后一段所描写的欧洲人的反应有什么看法?迪斯尼应该怎样做?

第五章
战 略 管 理

本章学习目的

理解战略的概念与特征；

理解和掌握战略管理的概念与内容；

掌握战略的三个层次，以及各个层次不同的战略类型；

掌握战略制定过程以及分析方法。

第五章 战略管理

案例——问题的提出

联想：三步战略实现国际化

处于经济全球化背景下的中国企业，国际化是无法绕开的一道坎。对于企业来说，真正的国际化应该是企业的产品、技术、组织体系在全球化平台上配置，并最终形成全球消费者认可的全球化品牌。从这个角度看，对于众多的中国企业来说，国际化的步伐仅仅是刚刚开始，并且更多的举动是象征意义大于实际意义。

在中国企业国际化的征程中，联想的国际化战略毫无疑问是一面旗帜，是中国企业国际化"苦旅"中的一道亮丽风景线。

通过并购IBM全球PC业务，国际化的新联想已经具备了更为强大的技术创新能力，一个集全球创新之力打造的国际化的研发体系，已经显示出它前所未有的创新优势。

2006年8月，在《福布斯》杂志公布的"中国顶尖企业榜"中，联想高居榜首。这项旨在为中国读者推荐最具价值企业的调查，充分肯定了联想在国际化进程中的表现，高度评价了联想"持续赢利的能力"。9月，美林证券将联想股票评级由"持股观望"上调至"买进"，显示了对联想全球增长的坚定信心。

获得国内国际一致好评的同时，联想也成为中国企业国际化的典型代表。英国《金融时报》评论说："联想因收购知名国际品牌而获得国际声誉，并成为中国企业'走出去'战略中的先锋。"而且，在中国企业国际化总体进展迟缓的背景下，"联想正作为中国企业驾驭收购的正面案例浮现出来"。

为了国际化，联想实施了全球化三步走的战略。

第一步是宣布联想全球换标。2003年，联想全球换标，由"legend"换为"lenovo"。杨元庆当时称：联想之所以换标，是为联想国际化做准备。"legend"在海外许多地区已经被注册。

当时，联想与IBM还在秘密接触中，联想收购IBM的PC业务最终能否成交还是未知数，但柳传志打造全球化联想的决心已定。

全球化战略的第二步是收购IBM的PC业务。柳传志认为："来自中国的联想收购IBM的业务本身就是一个让世界震惊的消息，就是对联想品牌的一次宣传。"宣布收购IBM的PC后，联想的任务是整合全球业务，达到协同效应，然后准备实施第三步战略。

联想全球化的第三步就是借力奥运进军全球。柳传志说：衡量联想收购是否成功，就得看联想品牌国际化战略是不是成功，前两步成功了，第三步不成功，那么联想收购IBM的PC就不能算成功，联想全球化战略也不算成功。因此，奥运战略对联想至关重要。

此前的都灵冬奥会已经初显端倪。联想为都灵冬奥会提供了4767台lenovo开天台式电脑、1600台Think Center台式电脑、630台笔记本、350台服务器、600台桌面打印机。从计时计分、到成绩处理再到资讯的传播，联想以优质的产品与周到的服务得到了国际奥委会全面的肯定和高度的赞誉。

以都灵为主会场，协同全球45个国家和地区，联想第一次大规模在海外市场推广Lenovo品牌的产品，这是联想在全球范围内打造lenovo国际品牌的里程碑。都灵冬奥会,联想不仅以"零故障"赢得美誉,还在全球范围选用11位冬奥会冠军、世界冠军作形象代言人,全方位地实施整合营销传播,提高了联想知名度和美誉度。

作为2008年奥运会的TOP赞助商,联想又成为奥运会火炬官方合作伙伴,联想创新设计中心主创的"祥云"火炬将走遍全球五大洲。

联想在国际化进程中,需要做大"lenovo"品牌,而奥运会正是一个好时机。如果能把握好这一点,2008年奥运会后,联想跃居全球PC的第一把交椅并不是梦想,毕竟目前的联想和戴尔、惠普的差距并不是可望而不可及的。

时至今日,联想的国际化备受关注——不仅仅因为联想是中国IT业的领跑企业,不仅仅因为联想是中国电子行业最为响亮的品牌,而是因为在这个全球化浪潮席卷而来的时代,联想已经成为中国经济全球化的一个坐标,成为中国企业冲向海外的象征,更寄托了国人对中国企业国际化的期冀。

(资料来源:中国电子信息产业网,http://o.cena.com.cn/Article/yaowen/baiqiangtekan/2007-06-07/20070607105659_2498.shtml)

第一节 战略及战略管理概述

"战略"一词来源于军事术语,原指将帅的智谋和军事力量的运用,它解决在一定时期内战略攻击的主要方向、兵力的总体部署和所要达到的基本愿景。随着社会经济的发展和人类实践范围的日益扩大,"战略"一词被逐渐扩展到政治、经济、科技、教育等诸多领域。美国管理学家切斯特·巴纳德在其代表作《经理的职能》(1938)中最早把战略思想引入到企业管理领域,但是直到1965年美国管理学家安索夫(Ansoff)《企业战略》一书问世后,"企业战略"一词才被广泛使用。

一、战略

企业战略至今为止还没有明确、统一的定义,学者们多角度地研究了战略的不同含义,安德鲁斯(Andrews)认为"战略是目标、意图或目的以及达到这些目的而制订的主要方针和计划的一种模式";安索夫认为"经营战略是企业为了适应外部环境,对目前从事的和将来要从事的经营活动所进行的战略决策";明茨伯格对战略概念进行了综合性的论述,提出了"战略的5P"含义,即"战略是一种计划(Plan)、计策(Ploy)、模式(Pattern)、定位(Position)和观念(Perspective)。"在这诸多不同的观点中,以英国著名学者杰森和舒勒1999年对战略的定义最有影响。我们按照他们的观点对战略定义为"战略是通过有效地组合组织内部资源,以在动态的环境中确定组织的发展方向和经营范围,从而获取竞争优势的规划活动"。此定义中,"发展方向"是指组织长期想去哪儿,体现了战略的长远眼光;"经营范围"是指组织要做哪些事,体现了战略的全局性;"竞争优势"是指组织在哪些方面比对手强,体现了战略的作用和目的;"规划活动"是指战略是一种主观的谋划,体现了战略的本质。

二、战略的特征

战略强调其整体性的观念,由此决定了战略具有全局性和长远性的特点,根据各个战略管理学派专家对于战略的界定和描述,我们归纳出企业战略的以下几个主要特征:

(一)全局性

企业战略是对企业未来经营发展和预期目标的规划与设计。作为一个组织的纲领性的管理决策,它涉及企业资源的分配和利用,涉及企业内部各个业务部门和职能部门的日常活动,但企业战略更注重企业整体利益的最大化和效率的提升。因此,它具有全面性和权威性,是企业发展的蓝图。

(二)长远性

企业战略关注的是企业的长期利益,并非短期内销售或者利润的增长。它所决策的是企业在今后相当长的一段时期内的发展路径和目标规划。因此,企业为了长远的可持续发展,有时候需要牺牲短期的眼前利益。

(三)稳定性

一旦战略确定,企业必须按照规划予以实施,以保持前后的一致性。一方面,如果企业的战略方针经常变化,会造成员工对企业的发展方向产生无所适从和迷惑感,难以加强顾客对于企业形象的认知,也就不能称为战略;另一方面,企业需要对变化的市场环境做出反应,其战略又要有柔性。因此,战略是一种相对的动态稳定,而不是机械的一成不变。

(四)可行性

企业制定战略的目标在于实际的执行。如果战略只是流于形式,制定出来以后而弃之不用或者难以进行具体操作,这样的战略规划对于企业的发展没有任何意义。因此,企业往往着手制定战略的时候就要结合自身的资源条件和外部环境因素进行切实可行的考虑,明确相关政策、重点发展对象以及操作层面的步骤,使企业战略具备实际的执行方案。

(五)风险性

企业战略是建立在对未来市场趋势预测的基础上对企业今后行动方案的制订,它明确了企业的发展道路,但由于外部环境是一个不断变化的动态变量,长期和稳定的战略就存在着潜在的风险性。当外界的环境变化时,企业有可能会执行以前的规划而偏离正确的方向。由于企业对于以前的反应模式和操作方法形成了惯性依赖,因此就很难或者不愿意做出积极和快速的调整。企业战略的制定者必须要考虑到风险,并采取合理的手段进行规避。

三、战略管理的定义

战略管理不同于战略,战略管理强调的是企业管理中的一个工作、一个过程。

安索夫认为,企业战略管理是将企业日常业务决策与长期计划决策相结合而形成的一系列经营管理业务。企业战略管理是对企业战略的设计、选择、控制和实施,直至达到预期总目标的全过程。

美国学者弗雷德·R.戴维(Fred R. David)认为,战略管理就是制定、实施和评价使组织能够达到其目标的、跨功能决策的艺术与科学。

美国学者汤普森(Thompson)则把战略管理界定为形成战略愿景、选择目标、草拟战略、执行战略,并随之在整个过程中纠正与调整愿景、目标、战略和执行的过程。

由此可见,虽然对战略管理的表述不同,但本质看法都是一致的,即战略管理是战略的制定、决策、实施和评价这一过程,是一个动态管理的过程,它是对企业的生产经营活动实行的总体性管理,是企业制定和实施战略的一系列管理决策与行为,其核心问题是使企业自身条件与环境相适应,求得企业的长期生存与发展。

四、战略管理的内容

企业战略管理的目标就是使企业适应环境的变化,实现企业的生存与发展。随时注意环境的变化并及时、果断地采取适应的策略与行动,确立高尚的企业使命,为客户创造价值,做优秀的国家公民等,成为现代企业战略管理的基本理念。

企业战略管理的基本内容,就是要求企业通过对外部市场环境与内部资源条件的研究和分析,在战略管理的思想和理论指导下,对企业的经营目标、经营方针、经营策略和实施步骤做出长远的、系统的、全局的谋划,并进行有效的实施和控制。战略管理的核心是对环境的持续分析、决策和行动的过程。深入探讨战略管理过程对战略管理研究来说很有必要。整个战略管理过程,主要涵盖三个环节:战略规划、战略分析与选择以及战略实施。战略规划是战略管理人员在了解组织战略地位的基础上对企业总体战略的设计;战略分析与选择涉及对行为可能过程的评估、模拟和决策;战略实施是指战略操作的具体步骤,并使其发挥相关的作用。这三个环节分别体现在战略管理过程的不同阶段上。

具体地说,战略管理包括如下一些内容:

(1)明确企业的经营方向,确定企业从事的业务范围以及指导思想。

(2)对企业的内部资源和能力进行评估,了解企业内部条件的强项和弱势,针对企业的长处或者短处进行改善或者学习。

(3)分析企业的外部环境,包括宏观经济情况和企业所处行业的直接环境。

(4)结合企业的外部条件和内部实力分析企业在某一领域潜在的发展机会,提出多种可能的可行性方案。

(5)根据企业的任务和目标,对个同的方案进行评价,选择最有利于企业发展的方案而淘汰次优的方案。

(6)根据长期的战略规划和经营方向,将目标分解,形成不同阶段企业从事的经营活动的方案。

(7)进行战略预算,协调企业有限资源的分配,在此基础上,对工作项目、技术、组织结构、人员安排以及薪酬体系等具体的职能进行确定,制订近期的工作计划并付诸实施。

(8)对战略执行的效果进行评估,与企业预期绩效对比偏差,关注新的变化态势,对决策做出矫正性调整。

综上所述,战略管理在实际中是一个动态的、流动的过程,不是一个事件或者一个程序化的决定。随着企业外部环境的变化和内部资源的转移,指导战略制定和实施的管理层必须不断研究、重新审视企业的经营理念和目标体系,从而修正企业的经营战略和实施的具体方式。随着周围的环境发生变化和新的改善企业的观点与思维的出现,企业需要对以前的战略决策进行相应的改进,以保持对变化的积极反应。同时,战略又有着许多相对固定而又各不相同的实施方式,在实际实施时要根据具体情况而定。因此,战略管理是一个循环性的过程,而不是一个一次性决策的事件,并非完成以后就可以完全搁置起来的。不管外界的变化是否需要企业的管理层做出反应,企业都需要随时关注企业战略的动态变化。

第二节 战略层次和类型

随着企业规模的日益扩大,企业越来越向分权化发展,这就要求不同的管理层级和职能制定相应的战略,因此,企业的战略也随着组织层次化而发生了细分。一般来说,企业战略分为三个层级:公司层战略、业务层战略和职能层战略。如图7-1所示:

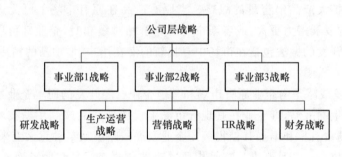

图 5-1 战略层次

一、公司层战略

公司层战略主要决定企业发展方向的战略。包括行业的选择,以及进入行业的手段和方式,实际上是解决企业如何成长或发展的问题,同时也包括在不利条件下如何收缩和巩固的问题。公司层战略是企业整体发展的战略纲领,是企业最高管理层指导和控制企业一切活动的指南。

公司层战略关注两个方面:一是从公司全局出发,根据外部环境的变化及企业的内部条件,选择企业所从事的经营范围和领域;二是在确定所从事的业务后,要在各项事业部之间进行资源分配,以实现公司整体的战略意图,这也是公司层战略实施的关键措施。公司层战略包括发展型战略、稳定型战略、收缩型战略和复合型战略。

(一) 发展型战略

发展型战略是一种使企业在现有的战略基础水平上向更高一级的目标发展的战略。该战略以发展为导向,引导企业不断地开发新的产品,开拓新的市场,采用新的生产方式和管理方式,以便扩大企业的产销规模,提高企业的竞争地位,增强企业的竞争实力。正确运用发展型战略,能够使一个企业由小到大、由弱到强,获得不断的成长和发展。采取发展型战略的目的是取得企业整体业绩的明显提高。发展型战略的实施需要较大的资源投入,会引起组织结构和管理系统的相对调整。发展型战略一般被那些面临环境明显变化、企业内部的业务优势能利用环境机会、希望改变自己的市场地位和形象或要求改变战略目标的企业所采用。

1. 密集型增长战略

密集增长战略是指企业在原有生产范围内充分利用在产品和市场方面的潜力,以快于过去的增长速度来求得成长与发展的战略。密集增长战略主要有市场渗透战略、市场开发战略和产品开发战略三种形式。

(1)市场渗透是由企业在现有产品和现有市场组合而成,将生产现有产品在现有市场进一步渗透,扩大销量的战略。企业战略研究人员应该系统地考虑市场、产品及营销组合的策略以促进市场渗透。市场渗透战略的做法包括增加销售人员、增加广告开支、采取广泛的促销手段或加强公关宣传努力。

(2)市场开发战略是由现有产品和相关市场组合而成,利用现有产品的新顾客群或新的地域市场从而扩大产品销售量的战略。当原有产品在原有市场上已无进一步渗透的余地,或者新市场的发展潜力更大,或者新市场的竞争相对缓和时,企业都可以考虑采用市场开发战略。市场开发的做法包括在市场中寻找新的潜在用户、增加新的销售渠道、增加新的产品用途等。

(3)产品开发战略是由企业原有市场和其他企业已经开发的而本企业准备投入生产的新产品组合而产生的战略,即企业在其现有市场上投放新产品或利用新技术增加产品的种类,以扩大其市场占有率和增加其销售额的企业发展战略。从某种意义上来说,这一战略是企业发展战略的核心。产品开发战略是指通过改进和改变产品和服务而增加销售,进行产品开发通常需要大量的研究和开发费用。

2. 一体化战略

一体化成长战略是指向企业外部发展,与别的企业联成一体,实行联合化的战略。它是把几个分散的企业联合起来,组成一个统一的经济组织,即公司、联合企业或工业中心。一体化战略的形式有前向一体化、后向一体化和横向一体化三种。

(1)前向一体化战略是指获得分销商或零售商的所有权或加强对他们的控制。实施前向一体化有两种形式:一是收购兼并下游企业,二是以特许经营权的方式控制下游企业。收购兼并下游企业的动机或是为了控制分销渠道,占据市场;或是因为下游企业砍价能力高,有大量的利润可以攫取。采取收购兼并的优点是可以迅速扩大市场,缺点是全部的风险由自己承担。可口可乐公司采取的是前向一体化战略,该公司不断地收购本国及国外的分装商,并提高这些分装商的生产和销售。特许经营权是另一种有效的前向一体化战略。最大优点是将成本和风险分散到下游企业,在食品和服务行业特许经营权大行其道。

(2)后向一体化战略是指获得供应方的所有权或增强对其控制。后向一体化的手段有收购、参股和技术协作。收购往往发生在供货方数量较少或货源有限的情况下,收购的目的是控制成本和形成原材料垄断优势。参股和技术协作是目前更为可行且成本和风险较低的后向一体化战略。收购是聚集上游企业,而参股和技术协作是分散下游企业。公司通过参股和技术协作有意培养多个供应商,从而提高自身的砍价能力,获得更优惠的价格,并且减少了投资风险。这种做法目前正在被制造业广泛采用。

(3)横向一体化战略是指获得竞争对手的所有权或加强对其的控制。横向一体化可以降低产业内的竞争压力,提高公司的砍价能力,改善整个产业结构,使产业长期盈利能力提高。直接竞争者之间的一体化更易于产生效益,因为它在避免设备重置方面具有更大的潜力,接收公司的管理者也更易于了解被接收公司。横向一体化的实施有两种形式:一是合并,二是结成战略联盟。

3. 多元化战略

多元化战略是指企业同时生产和提供两种以上基本用途不同的产品或劳务的一种经营战略。目前,多元化经镇战略已成为大中型企业适应新形势、开拓新市场的必然选择。根据现有事业领域和将要进入的事业领域之间的关联程度,可以把多元化战略分为横向多元化战略、多向多元化战略和混合多元化战略。

(1)横向多元化战略是指企业在生产经营过程中坚持一种业务为主,有限地发展其他产品和劳务,即以现有的产品—市场为中心,向水平方向扩展事业领域,放它包被称为水平多元化或专业多元化。横向多元化战略由于是在原有的市场、产品基础上的变革,因而产品内聚力强,开发、生产、销售技术关联度大,管理变化不大,比较适合于原有产品信誉高、市场广且发展潜力还很大的大型企业。

(2)多向多元化战略是指企业以运用某种有形或无形的资源(主要是技术或市场)为中心,发展与之相关的多种经营。多向多元化是合理组合企业投资的有效途径,它能使企业在保持核心业务的同时分散风险。另外,多向多元化还能使企业将竞争优势运用于多个有关的业务。当分散的业务与企业原有业务的结合能增强企业的优势或机会,并降低企业劣势及风险时,企业就会选择多向多元化战略。由此可见,多向多元化如采用兼并方式,兼并对象一定是那些在产品、市场、技术、销售渠道或资源上与兼并企业相近,能相互协作但又不完全相互依赖的企业。

(3)混合多元化战略是指重视利润,多元化结果往往与企业原业务有较大距离的多元化战略。有些企业,特别是一些大型的企业,有时会兼并另一个能代表良好投资机会的企业。这时,兼并的着眼点是兼并结果所反映的未来财务能力的协同作用,而很少考虑兼并活动与现有业务的协同性。也有些企业是因为原来的主要业务缺乏竞争力,或是因为原有业务的范围太窄,无法进行相关多元化发展,或是原来的业务缺乏进行相关多元化发展的机会,因而采取混合多元化战略的。有些企业把混合多元化作为退出衰退产业或改变企业对某一项业务过于依赖状况的途径。

(二)稳定型战略

稳定型战略是指限于经营环境和内部条件,企业在战略期所期望达到的经营状况基本保持在战略起点的范围和水平上的战略。所谓战略起点,是指企业制定新战略时关键战略变量的现实状况,其中最主要的是企业当时所遵循的经营方向及其正在从事经营的产品和所面向的市场领域,企业在其经营领域内所达到的产销规模和市场地位。所谓经营状况基

本保持在战略起点的范围和水平上,是指企业在战略期基本维持原有经营领域或略有调整,保持现有的市场地位和水平,或仅有少量的增减变化。

企业采用稳定型战略的原因:

(1) 企业目前的经营状况良好,管理人员无法确定现行战略的实际运行情况,因此,自然就采取一种"维持现状"的稳定战略。

(2) 采用稳定型战略,风险比较低,而开发新市场和新产品风险较大,管理者认为不一定值得去冒风险。特别是有的大企业安于现状,不求进取,进而不肯轻易改变战略。

(3) 采用稳定型战略,操作简便,也不费力,那些保守型的经理往往愿意采用此战略。

(4) 企业经过一段快速成长之后,为了克服成长过快产生的效率低下、管理不善等问题,巩固取得的已有成果,并获得喘息的机会,也愿意采用稳定型战略。

(5) 过高的市场占有率,会导致竞争对手的进入和攻击。为了不引起对手的注意,或避免政府的干预,一些企业也在一定期间主动采取稳定型战略。

由此可见,企业采用稳定型战略的原因既有积极方面的,也有消极方面的。大体上来说,前三点原因消极的成分较大、后两点积极的因素多一些。所以,企业应多从积极的角度去考虑是否采用稳定型战略,而不应该从消极的角度去决策。

(三) 收缩型战略

收缩型战略是指企业从目前的战略经营领域与基础水平收缩和撤退,且偏离战略起点较大的一种经营战略。与稳定型战略和成长型战略相比,收缩型战略是一种消极的发展战略。一般地,企业实行收缩型战略只是短期性的,根本目的是使企业挨过风暴后转向其他的战略选择。有时,只有采取收缩和撤退的措施,才能抵御对手的进攻、避开环境的威胁,迅速地实现自身资源的最优配置。可以说,收缩战略是一种以退为进的战略。

根据实施紧缩型战略的基本途径,将紧缩型战略划分为以下三类。

1. 选择型收缩战略

选择型收缩战略是指企业在其现有的经营领域里不能维持其原有的产销规模和市场面而不得不采取缩小产销规模和市场占有率的紧缩战略。其基本特点是:选择某些比较有利的、能发挥自己优势的市场面,抢先占据优势地位,获得较大收益;同时,逐步缩小并退出其他无利可图的市场面。收缩的目的是为了减少费用支出和投资,充分利用余下的资源,集中力量获得短期收益,改善现金流量,维持企业生存。这是以退为守的战略。

2. 放弃战略

放弃战略,是指将企业的一个主要部门转让、出卖或者停止经营。这个部门可以是一个经营单位、一条生产线或者一个事业部。放弃战略的目的是去掉经营赘瘤,收回资金,集中资源,加强其他部门的经营实力,或者利用腾出的资源发展新的事业领域,或者用来改善企业的经营状况,伺机抓住更大的发展机会。

3. 清算战略

清算战略是指卖掉其资产或停止整个企业的运行而终止一个企业的存在。显然,只有在其他战略都失败时才考虑使用清算战略。但在确实毫无希望的情况下,尽早地制定清算战略,企业可以有计划的逐步降低企业的市场价值,逃脱更大的债务,并尽可能多的收回企业资产,从而减少全体股东的损失。因此,清算战略在特定的情况下,也是一种明智的选择。

(四) 复合型战略

复合型战略是增长型战略、稳定型战略和收缩型战略的组合,事实上,许多有一定规模的企业实行的并不只是一种战略,从长期来看是多种战略的结合使用。

从采用的情况来看,一般是较大型的企业采用复合型战略较多,因为大型企业相对来说拥有较多的战略业务单位,这些业务单位很可能分布在完全不同的行业和产业群中,他们所面临的外界环境,所需要的资源条件完全不相同,因而若对所有的战略业务单位都采用统一的战略类型的话,就有可能导致由于战略与具体的战略业务单位不一致而导致企业的总体效益受到伤害。所以,可以说复合型战略是大型企业在特定的历史阶段的必然选择。

在某些时候,复合型战略也是战略态势选择中不得不采取的一种方案。例如,企业遇到了较为景气的行业前景和比较旺盛的消费需求,因而打算在这一领域采取增长型战略,但如果这时企业的财务资源并不是很充分的话,可能无法实施单纯的增长型战略。此时,就可以选择部分相对不令人满意的战略业务单位,对他们实施选择型收缩战略,以此来保证另一战略业务单位实施增长型战略所需的充分资源。由此,企业从单纯的增长型战略转变成了复合型战略态势。

按照战略组合的顺序不同,复合型战略可以分为如下两种:

1. 同时性战略组合

同时性战略组合是指不同类型的战略被同时在不同战略业务单位执行而组合在一起的复合型战略。

2. 顺序性战略组合

顺序性战略组合是指一个企业根据生存与发展的需要,先后采用不同的战略方案,从而形成自身的复合型战略方案,因而这是一种在时间上的战略组合。

对大多数企业的管理层而言,可采用的战略选择的数量和种类都相当广泛。而明确识别这些可用的战略方案则是挑选出对一个特定企业最为适合的方案的先决步骤。

二、业务层战略

业务层战略是企业的二级战略,又称事业层战略或竞争战略。业务层战略强调了各单位在各自产业领域中的生存、竞争与发展之道。如何整合资源、创造价值,以满足顾客,是业务层战略关心的重点。与公司层战略相比,业务层战略具有较小的风险、较小的代价和不太高的预期收益;与职能层战略相比,其风险、成本及预期收益都很高。

业务层战略包括成本领先战略、差别化战略和重点集中战略。

(一) 成本领先战略

成本领先战略的核心就是在追求产品规模经济效益的基础上,通过降低产品的全部成本,用低于竞争对手的成本优势战胜竞争对手的一种战略。按照波特的思想,成本领先并不意味着仅仅获得短期成本优势或仅仅是削减成本,它是一个可持续成本领先的概念,即企业通过其低成本的地位来获得持久的竞争优势,所以成本领先战略也称低成本战略。成本领先地位可以给企业带来许多战略益处,也是众多企业追逐的目标,但要取得这种地位并不容易,需要采取各种措施,如实行规模经济生产、充分利用生产能力、产品的再设计、降低输入成本、采用先进的工艺技术等。

(二) 差别化战略

差别化战略是指在产品或服务的形成要素上,或在提供产品或服务过程的诸多条件上,设计一系列有意义的差异,以便使本公司的产品或服务与竞争者的产品相区分,造成足以吸引消费者购买的特殊性,从而获得溢价收益,取得竞争优势的一种战略。

实现差别化的角度可以有许多种:设计或品牌形象(Mercedes Benz 在汽车业中声誉卓著)、多重特点(微软视窗、微软办公软件)、多种选择和一站式购买(家得宝)、一流的服务(联邦快递)、制造工艺和技术(宝马)、产品设计与众不同(劳力士)、生产的可靠性(强生婴儿用品)、技术的领先性(黏合剂和服装行业的 3M 公司)、一流的形象和声誉(拉尔夫·劳伦和星巴克)等。

(三) 重点集中战略

重点集中战略是指企业把经营战略的重点放在一个特定的目标市场上,并为这个特定的目标市场提供特定的产品或服务。重点集中战略要围绕一个特定的目标进行密集型的生产经营活动,要能够提供比竞争对手更为有效的产品或服务。

实施重点集中战略的关键是要选好战略目标,在选择战略目标时应考虑目标市场的容量、增长速度、获利能力以及竞争强度等因素的影响。企业一旦选定了目标市场,就可以通过产品差别化或成本领先的方法形成重点集中战略。因此,采用重点集中战略的企业实质上就是特殊的差别化企业或特殊的成本领先企业。重点集中战略中的重点可以是成本重点,也可以是产品重点。实行成本重点时,企业要在所处的目标市场中取得低成本的优势;实行产品重点时,企业则要在目标市场中形成独特的差别化。

三、职能层战略

职能层战略是指企业中的各职能部门制定的指导职能活动的战略。在经典的战略理论中一般不研究职能层战略。认为职能层战略主要是根据职能工作的技术特点去执行、完成公司层和业务层的战略,所以职能层战略回答这样的问题:我们怎么支撑公司层和业务层战略。职能战略一般可分为人力资源战略、生产运营战略、营销战略和财务战略等。职能战略是为企业战略和业务战略服务的,所以必须与企业战略和业务战略相配合。

(一) 人力资源战略

人力资源战略是指企业为实现其战略目标而制定的一系列有关人力与人才资源开发与管理的总体规划,是企业发展战略的重要组成部分,是抓住组织的战略目标和目的,并将他们转化为前后一致的、整体化的、完善的员工管理计划和政策,是从人力资源的"质"和"量"入手,评估目前人力资源的质量与企业目前及未来发展变化所需之间的差距,并能够满足这些要求的过程。人力资源战略包括：人才招聘选拔战略、人才培训战略和人才使用战略。

（二）生产运营战略

生产运营战略是指在企业总体战略框架下，按照所选定的目标市场和确定的竞争战略，对企业经营领域的生产系统购建立和运行制定全局性的规划。通过对内部、外部环境分析，构建和运行一个能使企业获得竞争优势、适应市场需求并不断发展的生产与运营系统，保证企业总体战略目标的实现。生产运营战略作为企业总体战略厂的职能战略，它着眼于通过生产运营系统的战略决策，改善产品生产的成本、质量、柔性、交货期和服务，以提高产品的销售量、市场份额和赢利水平。

（三）营销战略

市场营销战略是指企业在确定的总体战略指导下，根据市场等环境及自身条件的动态变化趋势，对企业市场营销工作做出的全局性谋划，其基本任务是：在适当的时候将适当数量的适当产品或服务投放于适当的市场，使企业获利，使顾客满意。营销战略包括：产品策略、价格策略、渠道策略、促销策略等。营销战略计划的制订是一个相互作用的过程，是一个创造和反复的过程。对营销战略的评价可以采用销售额增长率、市场占有率、产品线宽度、用户满意率等指标，还可以通过行业对比和对手对比进行评价。

（四）财务战略

企业财务战略，是指为谋求企业资金均衡有效的流动和实现企业整体战略，为增强企业财务竞争优势，在分析企业内外环境因素对资金流动影响的基础上，对企业资金流动进行全局性、长期性与创造性的谋划，并确保其执行的过程。企业财务战略关注的焦点是企业资金流动，这是财务战略不同于其他各种战略的质的规定性；企业财务战略应基于企业内外环境对资金流动的影响，这是财务战略环境分析的特征所在；企业财务战略的目标是确保企业资金均衡有效流动而最终实现企业总体战略；企业财务战略应具备战略的主要一般特征，即应注重全局性、长期性和创造性。

第三节　战略管理过程

战略管理，主要是指战略制定和战略实施的过程。一般来说，战略管理包含四个关键要素：战略分析、战略选择、战略实施和战略控制。本节重点分析战略分析和战略选择。具体来讲，可以把战略管理的过程分为六个步骤：组织当前的宗旨、目标和战略，外部环境分析，内部条件分析，战略形成，战略实施，战略控制。如图 5-2 所示。

一、确定组织当前的宗旨、目标和战略

每个组织都有一个宗旨，它规定了组织的目的和回答了下述问题：我们到底从事的是什

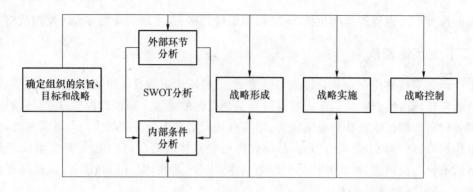

图 5-2 战略管理的过程

么事业？企业的宗旨可以促使管理当局仔细确定企业的产品和服务范围。

如果你认为多米诺比萨饼公司的宗旨是做比萨饼生意，你恐怕就错了。按照公司的创始人和首席执行官汤姆莫纳汉的观点，多米诺公司从事的是送货事业。公司的专长是能够在 30 分钟以内，向成千上万的家庭递送比萨饼。说来也巧，对于比萨饼的快捷送货居然有如此大的需求。虽然看起来规定多米诺公司的宗旨也许是件小事，而实则不然，它为管理提供了指导方针。比如说，如果多米诺公司打算扩展它的产品品种，有了这样的宗旨，管理当局恐怕更愿意考虑为卧床不起的病人提供快捷的药品上门服务，而不是提供更丰富的意大利食品。

决定组织从事的事业的性质，对于非营利性组织如同工商企业一样重要。医院、政府机构和学校也必须确立自己的宗旨。比如，大学究竟是训练学生从事某种职业；还是训练学生从事特定的职业；还是通过周密计划的丰富的文科教育培养学生的基本素质？再比如，大学究竟是招收分数最高的 5%的高中毕业生，还是招收那些学习成绩较差但才能测试分数很高的学生；还是从大量的处于中间状态的学生中招生？要回答这些问题必须清楚组织当前的目的。

二、外部环境分析

每个组织的管理当局都需要分析它所处的环境，需要了解市场竞争的焦点是什么，法律法规会对组织有什么影响以及组织所在地的劳动供给状况等。重要的是准确把握环境的变化和发展趋势及其对组织的重要影响。组织外部环境是组织从事各种活动所直接或间接涉及的各种社会关系的总和。组织外部环境可分为宏观环境和行业环境两类。

（一）宏观环境分析

1. 政治法律环境

政治法律环境泛指一个国家的社会制度，执政党的性质，政府的方针、政策，以及国家制定的有关法令、法规等。不同的国家有着不同的社会制度，不同的社会制度对组织活动有着不同的限制和要求。即使是社会制度没有发生变化的同一个国家，在不同的时期，由于执政党的不同，其政府的基本路线、方针、政策倾向及其对组织活动的影响也是不断变化的。对于这些变化，组织可以也必须进行分析研究。另外，随着社会法律体系的建立和完善，组织必须了解与其活动相关的法制系统及其运行状态。通过政治法律环境研究,组织可以明确其所在的国家和政府目前禁止组织干些什么,允许组织干什么以及鼓励组织干什么,以便使组织活动符合全社会利益并受到有关方面的保护和支持。

2. 社会文化环境

社会文化环境包括一个国家或地区的人口数量及其增长趋势,居民受教育的程度和文化水平,以及宗教信仰、风俗习惯、审美观念、价值观念等。人口多,一方面意味着劳动力资源丰富、总体市场规模大,这些为企业开展经营活动和促进经济发展提供了有利的条件;但另一方面也有可能因居民基本生活需要难以充分满足,从而构成经济发展的障碍。人口的素质及其文化观念,也对组织活动有着重要的影响。如居民受教育程度会影响劳动力的技能和需求层次,以及消费行为的基本特点;宗教信仰和风俗习惯会禁止或抵制某些活动的进行;审美观念会左右人们对组织活动方式及成果的态度与偏好;价值观念则不仅影响着社会成员对组织存在理由和目标的认识,并进而影响到该社会中各类机构的基本组织文化类型和变化趋向,以及商业行为的伦理、道德、习惯和作风等。

3. 经济环境

对于作为经济组织的企业来说,经济环境是影响其经营活动的尤为重要的因素。对经济环境,可以从宏观和微观两个方面加以分析。宏观经济环境主要是指国民收入、国民生产总值及其变化情况,以及通过这些指标能够反映的国民经济发展水平和发展速度。宏观经济的发展、繁荣显然会为企业等经济组织的生存发展提供有利机会,而萧条、衰退的形势则可能给所有经济组织带来生存的困难。微观经济环境主要是指企业所在地区或所需服务地区的消费者的收入水平、消费偏好、储蓄情况、就业程度等因素。这些因素直接决定着企业目前及未来的市场规模。假定其他条件不变,一个地区的就业越充分,收入水平越高,那么该地区的购买能力就越强,对某种活动及其产品的需求就越大。除了直接的产品生产经营活动外,一个地区经济收入水平对经济组织的其他活动也有重要影响。如在温饱没有解决之前,居民就很难自觉主动地去关心环保问题,组织的环保行为就相对受到忽略。

4. 技术环境

组织无论开展何种活动,都需要利用一定的物质手段。学校的教学辅助手段、医院的医疗设施、企业生产设备和经营管理设施,这些活动过程物质手段的技术先进程度无不受到整个社会总体科技水平的影响和制约。社会科技的进步会促进组织活动过程物质条件的改善和技术水平的先进化、现代化,从而使利用这些物质条件进行活动的组织取得更高的效率。

技术环境对组织活动成果的影响也不容忽视。企业生产经营过程可以说是由一定的劳动者借助一定的物质条件来生产和销售一定产品的过程。不同的产品代表着不同的技术水平,对劳动者和劳动条件有着不同的技术要求。技术进步了,企业现有产品就可能被采用了新技术的竞争产品所取代。产品更新换代后,企业现有的生产设施和工艺方法可能显得落后,生产作业人员的操作技能和知识结构可能不再符合要求。无论从劳动者技能、劳动手段还是劳动成果来看,企业都必须关注技术环境的变化,以及时采取应对措施。

研究技术环境,除了要考察与企业所处领域的活动直接相关的产品和过程技术的发展变化以外,还应及时了解国家对科技开发的投资和支持重点,该领域技术发展动态和研究开发费用总额,技术转移和技术商品化速度,以及专利及其保护情况等。

5. 自然环境

中国人做事向来重视"天时""地利""人和"。如果说"天时"更多地取决于国家政策,"地利"则主要与地理位置、气候条件以及资源状况等自然因素相关。

地理位置是制约组织活动特别是企业经营活动的一个重要因素。企业选址是否靠近原料产地或产品销售市场,也会影响到资源获取的难易和交通运输的成本等。从利用国家政策的角度讲,当国家在经济发展的某个时期对某些地区采取倾斜政策时,地理位置对企业活动的影响是相当明显的。

气候条件及其变化的影响也不容忽视。比如,气候趋暖或者趋寒会影响空调生产厂家的生产或者服装行业的销售,而四季如春、气候温和则会鼓励人们更多远足郊外,从而为与旅行或郊游有关的产品制造和劳务经营活动提供良好机会。

资源状况与地理位置也有一定的联系。资源特别是稀缺资源的蕴藏状况,不仅是一个国家或地区经济发展的基础,而且为所在地区经济组织开展活动也提供了机会。没有地下蕴藏丰富的石油资源,中东国家就难以在沙漠中运营出许多高效益的石油公司。我国农村地区不少乡镇企业,在初期也正是靠优越的地理位置及靠开采资源而逐渐积累资金求得发展的。资源分布影响着一个国家或地区工业的布局和结构,并决定着在不同地区从事不同产业活动的企业的经营命运和特点。

(二) 行业环境分析

行业环境是组织所面临的最关键的环境,对组织行业环境的分析主要是行业竞争结构的分析。最为经典的竞争环境分析方法是由迈克尔·波特(Michael Porter)提出的五种力量模型。它能够帮助管理人员把外部环境中可能存在的威胁力量分离开来,使管理者提前做好应对措施。波特确定了五种对公司盈利能力构成威胁的主要因素,如图 5-3 所示。这五种竞争力量决定了公司相对于其他竞争对手的行业竞争地位。

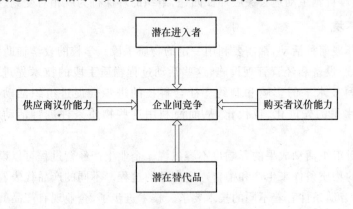

图 5-3 竞争的五种力量模型

1. 供应商的议价能力

供方主要通过其提高投入要素价格与降低单位价值质量的能力,来影响行业中现有企业的盈利能力与产品竞争力。供方力量的强弱主要取决于他们所提供给买主的是什么投入要素,当供方所提供的投入要素其价值构成了买主产品总成本的较大比例、对买主产品生产过程非常重要或者严重影响买主产品的质量时,供方对于买主的潜在讨价还价力量就大大增强,这样制造商的利润就被削减了。

2. 购买者的议价能力

购买者主要通过压价和要求提供较高的产品或服务等方式,来影响行业中现有企业的盈利能力。一般来说,满足如下条件的购买者可能具有较强的讨价还价力量:购买者的总数较少,而每个购买者的购买量较大,占了卖方销售量的很大比例;卖方行业由大量相对来说规模较小的企业所组成;购买者所购买的基本上是一种标准化产品,同时向多个卖主购买产品在经济上也完全可行。

3. 潜在进入者的威胁

潜在进入者在给行业带来新生产能力、新资源的同时,将希望在已被现有企业瓜分完毕的市场中赢得一席之地,这就有可能会与现有企业发生原材料与市场份额的竞争,最终导致行业中现有企业盈利水平降低,严重的话还有可能危及这些企业的生存。竞争性进入威胁的严重程度取决于两方面的因素,这就是进入新领域的障碍大小与预期现有企业对于进入者的反应情况。

4. 替代品的威胁

两个处于同行业或不同行业中的企业,可能会由于所生产的产品互为替代品,从而在它们之间产生相互竞争行为,这种源自替代品的竞争会以各种形式影响行业中现有企业的竞争战略。首先,现有企业产品售价以及获利潜力的提高,将由于存在着能被用户方便接受的替代品而受到限制;第二,由于替代品生产者的侵入,使得现有企业必须提高产品质量、或者通过降低成本来降低售价、或者使其产品具有特色,否则其销量与利润增长的目标就有可能受挫;第三,替代品生产者的竞争强度,受购买者转换成本高低的影响。总之,替代品价格越低,质量越好,用户转换成本越低,其所能产生的竞争压力就强;而这种来自替代品生产者的竞争压力的强度,可以具体通过考查替代品销售增长率、替代品厂家生产能力与盈利扩张情况来加以描述。

5. 同业竞争者的竞争程度

大部分行业中的企业,相互之间的利益都是紧密联系在一起的,作为企业整体战略一部分的各企业竞争战略,其目标都在于使得自己的企业获得相对于竞争对手的优势,所以,在实施中就必然会产生冲突与对抗现象,这些冲突与对抗就构成了现有企业之间的竞争。现有企业之间的竞争常常表现在价格、广告、产品介绍、售后服务等方面,其竞争强度与许多因素有关。

行业中的每一个企业或多或少都必须应付以上各种力量构成的威胁,根据上面对于五种竞争力量的讨论,企业可以采取尽可能地将自身的经营与竞争力量隔绝开来、努力从自身利益需要出发影响行业竞争规则、先占领有利的市场地位再发起进攻性竞争行动等手段来对付这五种竞争力量,以增强自己的市场地位与竞争实力。需要注意的是,行业分析不能仅仅对五个力量进行单独的分析,还必须在分析的过程中寻求到行业竞争态势的"合力"——这是行业对企业总体力量影响的力量。

三、内部条件分析

任何组织都是独特资源和能力的结合体,这一结合体形成了管理工作的基础。对于各个组织的资源和能力不尽相同,即使人同样的外部环境中进行生产经营并采取相同或相似的管理措施的组织,也不一定会取得相同的经营绩效。一般来说,组织的外部环境、内部条件和管理水平共同决定了一个组织的绩效水平。

(一) 企业资源

从企业现实的经营管理出发,企业资源是投入企业生产经营过程中的各种投入物。如固定资产、人力资源、专利、工艺知识、资金和管理知识等。如果对企业资源进行简单的分类,可以分为有形资源和无形资源。

1. 有形资源

有形资源是指那些看得见、摸得着或可定量的资源。有形资源便于识别,向时也容易估计它们的价值。主要包括:①实物资源。如厂房、设备、原材料等。要分析企业拥有多少设备和厂房,以便了解企业的生产能力。②财务资源。如现金、有价证券等。财务资源是要分析企业的资金拥有情况、构成情况、筹措渠道和利用情况,分析企业是否有足够的财力资源去组织新的经营业务,或对原有活动条件和手段进行改造等;③人力资源。如人员的数量、构成、技术水平、经历等。人力资源研究就是要分析不同类型的人员数量、素质和使用状况。

2. 无形资源

无形资源是指那些无形的、隐性的资源。无形资源几乎看不见,竞争对手一般难以模仿,所以它们是企业持续竞争优势的可靠来源;主要包括:①技术资源。如专利、商标、技术运用所需要的知识等;②创新资源。如技术创新组织、研究设施、创新制度等;③信誉。如对顾客的信誉、企业品牌、企业对外的相互支持和互惠互利的合作关系等;④文化资源。如企业价值观、行为规范、道德标准等。通过对无形资源的研究,可以明确企业竞争优势的所在之处。企业运用拥有的无形资源是其独特能力的基本来源。

企业内部条件分析的重要任务就是要找出企业资源的强势和弱势,对于资源强势应考虑如何更有效地发挥作用以提高竞争力,对于资源弱势应考虑如何去弥补,从资源的角度来看还需要采取什么措施,才能提高企业竞争力。企业资源强势往往有以下表现形式:企业具有某项技能或专门技术;企业有宝贵的有形资源;企业有宝贵的无形资源;企业有宝贵的人力资源;企业有良好的组织管理能力;企业具有某种特殊的竞争力;企业与合作者建立了能够提高竞争力的战略联盟。企业资源弱势往往有以下表现形式:企业缺乏有重要意义的技能或专门技术;企业缺乏有重要意义的有形资源、无形资源或人力资源或缺乏组织管理资源的能力;企业在关键领域中的竞争力正在削弱或丧失。

(二) 企业能力

企业能力归根结底是企业合理配置相关资源的知识与经验。正是由于拥有合理配置资源方面的独特知识和经验,企业才会比其竞争对于做得更好。企业的能力既不是有形的物质资源,如设备、建筑物、工具等,也不是无形的规则资源,如规章制度等,而是体现在这些资源背后的、针对长期的市场竞争态势而自觉形成的一系列技能和知识的有价值的结合。企业的生产经营过程也就是对其能力的综合利用和发挥过程,随着时间的推移,在人力开发、传播与交换信息和知识的基础上,通过有形资源和无形资源之间复杂的相互作用,就会产生把整个组织融合在一起的凝聚力。能为企业带来相对于竞争对手的持久优势的资源和能力,就是企业的核心能力,或称为核心竞争力。由此可知,资源是企业能力的基础,能力是企业获取竞争优势的主要源泉。

企业一旦建立起了自己的核心能力,不仅会使现有的业务经营产生超额利润,同时还能使相关的或新创业务取得该种能力延伸运用后的溢出效益。因此,管理者开展各项管理工作的根本任务就是最大限度地构建、培育、发展和运用企业的核心能力。有了特定的核心能力,就拥有了市场竞争的持续竞争优势,也就拥有了生存和发展的法宝。如果把企业比作一棵大树,企业的最终产品是果实,提供最终产品的战略业务单位是树枝,核心产品是树干,它支撑了战略业务单位和最终产品,而支撑核心产品的核心能力就是树根。有了坚实的树根,企业这棵树就能够枝繁叶茂,不断给企业创造财富。

企业应以以下四个特点为依据来评价企业的核心能力:

1. 占用性

占用性是指出企业内部某些战略资产产生的、不能归企业所有而被某些个人据为己有的利润的占有程度。对资产的占用性越低,企业持续获得利润的能力就越高。如果一种资产深深地扎根于企业之中,它就很难被其他人占用。存在于企业中的特殊能力更突出地表现为一个组织所拥有的资产,而不是企业某个人的私人资产。如果企业利润主要来自企业众多经理人员和员工组成的团队的优异表现,那么利润就很难被某些人据为己有,任何人才的流失都不可能对企业利润造成很大的影响。因此,对战略资产的占有程度越低,企业的利润就越高。

2. 耐久性

战略资产的耐久性主要是指其作为利润源的持久程度,而不是指其物理耐久性。耐久性的无形特征很重要。与以前相比,因为产品和技术生命周期的不断缩短,大部分资产的耐久性大大降低,但企业无形资产的卓越特征却并未因此而受到影响。著名品牌对企业来说,是耐久性很高的无形资产。很明显,核心能力的耐久性越强,利润的可持续性就越高。

3. 转移性

一些资源是很容易转移的,例如原材料、具有通用技能的雇员、机器,甚至工厂,从这个意义上来说,这些资产都不是企业的战略资产,因为他们很容易被买进或卖出。战略资产的基本特价之一是其低转移性,即扎根于企业组织之中,融于企业的文化和管理模式之中。资产转移程度越低,其保持利润的战略品质就越高。

4. 复制性

如果某个企业的核心能力或者资源虽然不能被轻易地转移,但竞争对手通过适当的投资或直接购置新的资产,就可以形成几乎相同的核心能力,那么,这个企业就不会拥有真正持久的竞争优势。新的进入者通过复制核心能力,生产相同的产品然后在竞争中削减价格,无情地将产品推向低利润状态。资源和能力越容易被复制,越不能保持竞争优势。

培育企业核心能力的途径主要有两条:一是内部培育,二是外部交易。核心能力的培育是一种有组织的集体行为,它是通过协调不同的生产技能和有机结合多种技术流派来实现的。我国很多企业之所以不能建立起核心能力,是由于各个生产经营单位是各自分离、独立运营的。这样各种能力无法相互关联,综合优势无法体现。只有识别单个经营单位的能力并通过有机协调,才能发挥企业整体的核心能力。利用外部交易型策略也是迅速增强和获取核心能力的有效途径,但是它必须通过内部资源整合,将其吸收并予以发展,才能成为企业真正的核心能力。外部交易型策略实际上是一种资产运营行为,我们可以通过技术交易,买进重要的技术商品;可以通过产权交易,买进拥有某项关键技术的企业;可以通过人才市场等其他要素市场来获取核心能力的组成要件;现在还可以通过加入各种战略联盟以低成本获取核心能力。

四、战略形成

通过对外部环境和内部条件的分析,确定了战略目标之后,接着就是把组织的优势和劣势与环境中的机会和威胁相匹配,使组织与环境相适应。通过对内部优势和劣势的认识,来利用环境中的机会,避免可能遇到的威胁。常用的方法就是"SWOT分析方法"。

SWOT分析方法根据企业自身的既定内在条件进行分析,找出企业的优势、劣势及核心竞争力之所在,从而将公司的战略与公司内部资源、外部环境有机结合。其中,S代表Strength(优势),W代表Weakness(劣势),O代表Opportunity(机会),T代表Threat(威胁),另外,S、W是内部因素,O、T是外部因素。按照企业竞争战略的概念,战略应是一个企业"能够做的"(即组织的强项和弱项)和"可能做的"(即环境的机会和威胁)之间的有机组合。SWOT分析模型如表5-1所示。

表5-1 SWOT分析模型

	有利因素	不利因素
内部资源	优势(Strength)	劣势(Weakness)
外部环境	机会(Opportunity)	威胁(Threat)

组织内部的优势和劣势是相对于竞争对手而言的,一般表现在组织的资金、技术设备、职工素质、产品、市场、管理技能等方面。判断组织内部的优势和劣势一般有两项标准:一是单项的优势和劣势,例如,组织资金雄厚则在资金上占优势,市场占有率低则在市场上占劣势。二是综合的优势和劣势。为了评估组织的综合优势和劣势,应选定一些重要因素加以评估打分,然后根据其重要程度加权确定。

组织外部的机会是指环境中对组织有利的因素,如政府支持、高新技术的应用、良好的购买者和供应者关系等。组织外部的威胁是指环境中对组织不利的因素,如新竞争对手的出现、市场增长率缓慢、购买者和供应者讨价还价能力增强、技术老化等。这些是影响组织当前竞争地位或影响组织未来竞争地位的主要障碍。

SWOT 分析的步骤如下：
(1) 列举企业的优势和劣势、可能的机会与威胁。
(2) 优势、劣势与机会、威胁相组合，形成 SO、WO、ST、WT 策略。
① SO 策略：依靠内部优势，利用外部机会。
② WO 策略：利用外部机会，弥补内部劣势。
③ ST 策略：利用内部优势，规避外部威胁。
④ WT 策略：减少内部劣势，规避外部威胁。
(3) 对 SO、WO、ST、WT 策略进行甄别和选择，制定不同层级的战略。

根据上述 SWOT 分析制定出各层次战略之后，战略制定过程并没有完结，还要经过战略备选方案评估与选择两个步骤。

评估备选方案通常使用两个标准：一是考虑选择的战略是否发挥了企业的优势，克服劣势，是否利用了机会，将威胁削弱到最低程度；二是考虑选择的战略能否被企业利益相关者所接受。需要指出的是，实际上并不存在最佳的选择标准，管理层与利益相关团体的价值观和期望在很大程度上影响着战略的选择。此外，对战略的评估最终还要落实到战略收益、风险和可行性分析的财务指标上。

选择战略即确定最终的战略决策，明确准备实施的战略。如果由于用多个指标对多个战略方案的评价产生不一致时，最终的战略选择可以考虑以下几种方法：
① 根据企业目标选择战略。企业目标是企业使命的具体体现，因而，选择对实现企业目标最有利的战略方案。
② 聘请外部机构。聘请外部咨询专家进行战略选择工作，利用专家们广博和丰富的经验，能够提供较客观的看法。
③ 提交上级管理部门审批。对于中下层机构的战略方案，提交上级管理部门能够使最终选择方案更加符合企业整体战略目标。
(4) 最后是战略政策和计划。制定有关研究与开发、资本需求和人力资源方面的政策和计划。

五、战略实施

(一) 战略实施的要求

1. 战略制定者应尽可能地参与战略实施活动
所有企业成员不可能都参与战略制定。战略制定的背景、过程和细则在实施过程中可能不能被正确地贯彻和领会。因此，战略制定者应尽可能地参与战略实施的活动，以避免偏差和加强战略实施的效率，从而确保制定的战略的成功。

2. 战略实施的核心是整体性
即通过战略来协调各种活动之间的关系，它追求整体最优而不是局部最优，追求相互协作、配合而不是各自为政。战略的实施是战略定位、战略意图的逻辑分解和逻辑延伸，是对经营管理各职能的有机整合。

3. 战略实施要求最少干预

战略的实施过程也是一个克服实施中的障碍和解决问题的过程。战略实施中需要解决复杂程度不等的问题,最复杂的问题包括企业的总体目标和战略是否得当,最简单的问题诸如基层组织的控制和激励是否有效等。针对战略实施中发生问题的复杂程度,企业可采取必要的(尽量少的)干预措施,即低层次的问题不要放到高层次去解决,因为这样做所付出的代价较小。

(二) 战略实施的内容

(1) 根据战略实施的需要,建立或调整企业的组织结构。如果一个组织的公司层战略有重大变化,它需要适当改变其总体结构设计。

(2) 根据战略实施的需要和企业的组织结构,进行人事安排和调整,确定实施战略的相关负责人和实施者。

(3) 根据企业总体战略,各职能系统分别制定其职能性战略,并由企业和战略经营单位协调。

(4) 在各职能性部门的计划或者预算中体现各项目标和战略,并按照计划和预算执行。

(5) 不断完善和建设企业文化,发挥企业文化的作用,用于指导和规范员工的行为。

(6) 完善激励制度和约束机制,形成良好的奖惩制度和有效的制约制度。

(7) 建立完善的战略控制和作业控制系统,确保战略的顺利实施和预定目标的实现,在实施过程中可以根据实际情况和环境的变化修改原定的目标和战略。

(8) 战略实施的关键在于加强组织领导和指导工作。

六、战略控制

由于市场环境的变化。带有全局性、长远性的企业战略在实施过程中必然会出现偏差,发生未曾预料的情况,因此战略控制对计划的执行起到保障作用。战略控制在企业经营管理中既重要,又难以准确,原因在于它是控制未来,战略控制必须根据未来发生的最新情况对战略计划进行重评和调整。

战略控制的基本环节分为以下三个步骤:

(1) 拟定标准。标准是衡量实际或预期工作成果的尺度。标准、资金标准、收入标准、计划标准、无形目标等。

(2) 衡量成效。衡量成效的最好方法是在市场预测基础上被发现并及时采取预防措施,阻止其发生,虽然这一步很难做到。

(3) 纠正偏差。纠正偏差是战略控制的关键环节。主管人员通过制订新计划或修改目标来纠正偏差。

本章学习要点

1. 战略是通过有效地组合组织内部资源,以在动态的环境中确定组织的发展方向和经营范围,从而获取竞争优势的规划活动。

2. 战略管理是战略的制定、决策、实施和评价这一过程,是一个动态管理的过程,它是对企业的生产经营活动实行的总体性管理,是企业制定和实施战略的一系列管理决策与行为,其核心问题是使企业自身条件与环境相适应,求得企业的长期生存与发展。

3. 战略按照公司管理层级分为公司层战略、业务层战略和职能层战略。公司层战略又可以分为发展型战略、稳定型战略、收缩型战略和复合型战略;业务层战略包括成本领先战略、差别化战略和重点集中战略;职能层战略主要包括人力资源战略、生产运营战略、营销战略和财务战略等。

4. 战略管理的过程分为 6 个步骤:组织当前的宗旨、目标和战略,外部环境分析,内部条件分析,战略形成,战略实施,战略控制。

复习思考题

1. 简述战略的定义及特征。
2. 简述战略管理的定义及内容。
3. 论述密集增长战略的三种主要形式。
4. 论述一体化战略的三种主要形式。
5. 论述多元化战略的三种主要形式。
6. 论述 SWOT 分析的内容及过程。
7. 简述企业战略的制定过程。

参考文献

[1] 张国良.战略管理.杭州:浙江大学出版社,2009.
[2] 陈继祥.战略管理.北京:旅游教育出版社,2008.
[3] 黎群,张文松,吕海军.战略管理.北京:清华大学出版社,2006.
[4] 王庆海.管理学概论.北京:清华大学出版社,2008.
[5] 贾旭东.现代企业战略管理:思想、方法与实务.兰州:兰州大学出版社,2006.
[6] 张燕.管理学.南京:东南大学出版社,2008.
[7] 部分资料来自 http://baike.baidu.com/.

案例分析

五粮液的多元化战略

2009 年 3 月 28 日,据《中国经营报》报道,五粮液盼望多年的造车牌照终于到手。其多元化之路也越走越远。

五粮液集团公关部部长唐伯超声称:"造车不是五粮液新战略的第一步,也不会是最后一步,这条路很清晰。实际上我们一直在做与汽车相关的行业,已经具备了相当基础。五粮液现在的目标是上市公司高度专业化,集团多元化。"

五粮液集团的造车梦始于2002年与重庆长安的一次合作,五粮液为长安代加工一种"长安星"的赠品酒。在这次合作中五粮液发现自己的酒模具制造或许可以跨入汽车模具领域。当年12月五粮液集团引进北京一家汽车模具公司,为旗下的普什集团提供全套产品制造方案。2003年年底,普什接到重庆长安及日本汽车生产商价值1000万元的汽车模具订单时,五粮液集团董事长王国春宣布"五粮液一只脚已经踏进了汽车行业。"

但限于汽车制造行业的门槛要求,五粮液须与现有的制造商联手。在政府有关部门的撮合下,2006年8月,华晨集团、五粮液集团、绵阳市政府达成一致协议,三方将在绵阳合作生产整车。为此,华晨将旗下发动机企业46.5%股份折合现金3.84亿元转与普什集团,从而五粮液以战略投资者的身份进入华晨在四川的汽车制造。而后五粮液走上了漫长的申请牌照之路。

艰难而又曲折的多元化

五粮液集团如此钟情于造车,要从其曲折而戏剧性的多元化之路谈起。

据了解,四川省政府要求五粮液集团在2020年,销售收入达到1000亿元,"目前,整个白酒市场的规模才1000亿元,五粮液不可能全部独吞"。五粮液集团走多元化道路,寻找增长点,颇有几分"逼上梁山"的意味。

五粮液董事长王国春多次表示,五粮液并不会盲目实施"多元化",只有在搞好白酒主业之后,才会考虑涉足其他的产业。而由于2002年五粮液销售收入达到100亿元人民币,实现利税30亿元,五粮液在白酒业已算是"搞好了"。王国春对于人们关于"为何选择汽车业"的询问,如此回答,"五粮液要为多余的资金寻找出路。选择进入汽车业,是因为汽车业产值高、规模大,是一个朝阳行业。"

五粮液"另辟蹊径"的另一个重要原因是因为整个白酒业的不景气,"白酒业的利润已越来越薄了,这可以从近两年白酒上市公司普遍的亏损状况略见一斑。五粮液能保持不错的盈利,已属凤毛麟角。现在每年还有许多企业进入白酒业,这些新品牌能够存活下来的很少"。

从2002年以来,五粮液受消费税改革的影响以及市场环境的变化,其业绩增长幅度不能跟上股本扩张速度,"今年的半年报显示,公司上半年每股收益0.287元,并未较一季度明显增长。五粮液这么着急地进入汽车业,与其在这方面的压力也有一定的关系"。

最近几年来,五粮液在多元化方面屡遭挫折:1997年建成的5万吨酒精生产线刚投产就告夭折;最初被称为"亚洲第一流"的制药集团也无疾而终;而"安培纳丝"亚洲威士忌项目上白白丢掉了几千万元,目前陷入停产。五粮液集团先期曾投资4亿元人民币设立环球塑胶有限公司,目前看来显得"太过鲁莽"。由于当地的电网根本无法满足企业生产需求,致使目前的生产时断时续。除了自建项目的失败,在对外投资上五粮液也未见起色。1998年9月,五粮液集团从宜宾市国资局受让了宜宾纸业2000万股国家股,成为第二大股东。但"临危受命"的五粮液集团一直没有对宜宾纸业进行实质性重组,最终把这部分股权托管给了宜宾天原集团。此外,五粮液入主华西证券一事,虽然与四川省国资局达成转让协议,但在股权过户前宣告终止。

漫漫征途,路在何方?

业内人士对于五粮液这一举动评价不一。五粮液旗下众多子品牌,对于五粮液进入汽车业不置可否。有一个在去年取得了相当大发展的子品牌老总告诉记者,"我不看好五粮液进入汽车业。"几个五粮液子品牌的负责人也大多表示,"不好说什么。"

也有企业对于五粮液此举表示乐观。白酒业新军、广东长寿村酒业董事长温良认为,企业发展到一定阶段,在积累了资金和管理能力的前提下,是应该进行横向发展,"这对于企业进一步发展壮大有帮助。现在汽车是一个朝阳行业,利润率也比较高,以五粮液现在的实力,完全有可能做好做强。"

广东省轻工协会酒类分会会长李绪清对于此事也出言谨慎,"五粮液进入汽车业,能否成功要看其对于市场的把握能力。市场运作得好,做什么行业都能成功。但汽车和酒的经营是两回事。我倒是觉得,白酒业还有很大空间,五粮液已经将白酒从7元到2.2万元的品种都涵盖了,又占有品牌优势,完全可以在这方面做得更好。"

案例思考

1. 你如何看待五粮液的多元化经营战略?是勇于开拓还是盲目冒进?
2. 鉴于先前的多次失败,你认为五粮液此次如何成功实现多样化?关键何在?

第六章
组织设计与运行

本章学习目的

掌握组织的含义；

理解组织的不同类型；

理解管理层次与管理幅度、集权与分权、授权的含义；

理解组织设计的基本原则、一般程序与影响因素；

掌握管理的基本组织形式，并熟悉这些组织形式的特点、优点和缺点；

熟悉管理幅度与管理层次的含义和关系；

了解组织结构的发展趋势。

第六章　组织设计与运行

案例——问题的提出

不拉马的士兵

在管理界,有这样一个流传很久的故事。一位上任伊始、年轻有为的炮兵军官到下属部队视察操练情况,他发现几个部队有这样一种相同的情况:在操练过程中,总有一名士兵自始至终站在大炮的炮号下面,纹丝不动。军官不解,询问原因,得到的答案是:操练条例就是这样要求的。军官回去就反复查阅有关军事文献,终于发现为什么会这样了。

原来早期的大炮是由马车运载到前线的,大炮的位置是由马控制的,站在炮管下士兵的任务是负责拉住马的缰绳,以便在大炮发射后调整由于后坐力产生的距离偏差,减少再次瞄准所需的时间。现在大炮不用马拉了,全是自动化,已经不再需要这样一个角色了,但操练条例没有及时调整,因此才出现了"不拉马的士兵"。

长期以来,炮兵的操练条例仍使用非机械化时代的规则,军官打报告请求修改操练条例。军官的发现使他获得了国防部的嘉奖。

(资料来源:陈立富,刘保海,夏保京.管理学:理论与方法.上海:第二军医大学出版社.2010:126)

案例思考

组织的任务发生了变化,人员配备是否需要随之而改变?

组织是管理的基本职能之一。企业组织结构是企业组织的"骨骼系统",健全的组织结构可以使组织的人、财、物和信息等要素之间实现有机结合,对于实现组织目标,协调组织内部关系,提高组织应变能力和竞争能力都具有重要意义。

第一节　组织概述

组织是人类社会最常见、最普遍的现象。人类要生存、发展,就始终离不开在组织中彼此间的相互协作。为了有效地协作,人们必须了解各自的任务、责任与权限,由此也就形成了一个个具有确定的关系、共同的目标与任务的组织结构。为了使组织具有效率,人们不断地总结经验,希望能以最小的费用,充分发挥组织的每一位成员的智慧与工作积极性,来完成组织的目标。因此,组织又是管理的一项基本职能。

一、组织的概念

组织一词在我国古汉语中,原始的意义是编织的意思,即将丝麻织成布帛。

英文中的组织(Organization),渊源于器官(organ),因为器官是自成系统的,具有特定功能的细胞结构。《牛津大学辞典》中的定义是:"为特定目的所作的,有系统安排。"

从管理学的角度分析,组织有两种含义:一方面,组织是人类最一般的、常见的现象,如政府行政机构、军队、警察、工厂企业、公司财团、学校、医院、宗教党派、工会农会、学术行业等组织,它代表某一实体本身。另一方面,组织是管理的一大职能,是人与人之间或人与物之间资源配置的活动过程。

(一) 作为实体的"组织"

实际中的组织比比皆是,人们对组织认识的角度各有差别。组织之所以存在,是因为它能够满足人们在日常生活和社会生活中的各种需要,这些需要日益复杂化、多样化,仅仅通过孤立的个体活动无法自我满足,于是出现了人们的群体活动。在群体活动中,为了协调不同人的行为,就会按照一定的关系建立特定的规则。这种活动正式化、稳定化的结果就导致组织的出现。因此,组织是两个以上的人在一起为实现某个共同目标而协同行动的集合体。这个界定虽然简明,但也包含了任何一个组织的存在都必须具备的三个条件:

第一,组织是人的集合体。组织是由人组成的,同时组织活动也需要一定的物质资源。因此组织既是物质结构,又是社会结构。组织活动的资源配置是通过人来完成的,正是人群形成组织,没有人群便没有组织。

第二,组织是适应目标的需要。任何组织都有其基本的使命和目标,企业是为了生产产品、提供服务满足顾客需要。教育机构是为了培养人才,医院的存在是为病人提供健康服务的等。组织的使命和目标说明了组织存在的理由。

第三,组织通过专业化分工和协调来实现目标。组织的存在是由于有自身的使命和目标,这些使命和目标是社会所必需的,但单个人又不能完成的。为了完成自己的目标,组织必须开展实际的业务活动(统称作业工作)。由于专业化和分工是提高工作效率的根本途径,在每一类内部的功能和活动又会分解,每个人或群体负责做一些专门的工作。这样就把组织的目标、任务分解到各层次、部门、职位的工作,委托一定的群体、个人按照相应的规则去完成,从而形成组织的分工体系。

(二) 作为活动过程的"组织"

组织工作作为一项管理职能是指在组织目标已经确定的情况下,将实现组织目标所必需进行的各项业务活动加以类组合,并根据管理宽度原理,划分出不同的管理层次和部门,将监督各活动所必需的职权授予各层次、各部门的主管人员,以及规定这些层次和部门间的相互配合关系。它的目的就是要通过建立一个适于组织成员相互合作、发挥各自才能的良好环境,从而消除由于工作或职责方面所引起的各种冲突,使组织成员都能在各自的岗位上为组织目标的实现作出应有的贡献。

组织工作这个职能是由人类在生产劳动中需要合作而产生的,正如巴纳德所强调的那样,人类由于受到生理的、心理的和社会的各种限制,为了达到某种目的就必须进行合作,而合作之所以能有更高的效率、能更有效地实现某种目标,在多数情况下就是由于有了组织结构的缘故。因此,从组织工作的含义看,设计、建立并保持一种组织结构,基本上就是主管人员的组织工作职能的内容。具体来说,组织工作职能的内容包括以下四个方面:

(1) 根据组织目标设计和建立一套组织机构与职位系统;

(2) 确定职权关系,从而把组织上下左右联系起来;

(3) 与管理的其他职能相结合,以保证所设计和建立的组织结构有效地运转;

(4) 根据组织内外部要素的变化,适时地调整组织结构。

二、组织的功能

组织活动的功能不是简单地把个体集合在一起,因为个体按照不同方式的集合所产生的效果是完全不一样的。正如石墨和金刚石,其构成是同样数量的碳原子,但由于两者原子之间的空间关系不同,结构方式不同而形成了物理性能差别极大的两种物质;石墨很软,而金刚石很硬。所以组织的功能就是为了使个体通过良好地分工协作,形成一个团队,以便更好地发挥每一个体的优势,而且需求对个体力量进行汇聚和放大的效应。

(一) 组织的力量凝聚功能

单个的人对于整个组织而言,力量是渺小的,只有把人们联合起来,互相协作,才能把每个人的力量汇集起来。组织的力量凝聚功能就是指一个组织首先应该把分散的个体汇聚成为集体,满足"1+1=2"这一最基本的要求。即同样数量的人,用不同的组织网络联结起来,形成不同的权责结构和协作关系,使这些个体不至于成为一盘散沙。

(二) 组织的力量放大功能

当个体汇集成集体之后,个体的能力和集体的能力就会发生变化。集体的能力有可能等于组成集体的个体能力的简单相加,也可能大于或小于个体的能力之和。用系统理论来解释,组织的力量放大功能就是通过使组织中的个体形成一个有机的整体,来有效的发挥整体功能大于个体功能之和的优势。即组织中个体的集合不仅要实现"1+1=2",还要实现"1+1>2",在一个结构和运转良好的组织中,甚至能够出现乘法效应,出现以一当十的现象。

(三) 组织中个体的互补增值功能

人作为个体,不可能十全十美,而是各有长短。组织中的工作是由群体来承担的,作为一个群体就能够实现通过个体间相互取长补短来形成整体优势,达到组织目标。这种互补,可以体现在知识的互补、性格的互补、年龄的互补、关系的互补等多个方面,这就是组织的个体互补增值功能。

(四) 组织中个体与组织的交换功能

个人之所以选择加入某一组织并对其投入一定的时间、知识与技能,其目的是是从组织中获得一定的利益、报酬和精神上的满足。而组织之所以愿意对个体投入以上的成本支出,是希望个体的努力能够对组织作出贡献,满足组织完成既定目标的要求。从个体的立场看,往往会要求得自于所服务组织的利益和报酬大于自身的投入,而从组织的立场看,它要求所取自于个人的贡献大于其为个人所投入的成本支出。双方目的能否同时实现必须借助于组织活动的合成效应的发挥,使个人集合成的整体在总体力量上大于个体力量的简单相加。从这意义上说,个体与组织之间的关系,可以说是建立在一种相辅相成、平等交换的基础上,形成双方都感到满意的关系。

三、组织的类型

(一)按组织的目标性质以及由其所决定的基本任务分类。

1. 经济组织

经济组织担负着满足人们衣食住行和文化娱乐等物质生活资料需要的任务,履行着社会的经济职能。它是人类社会最基本、最普遍的社会组织。在现代社会中,经济组织已经形成庞大而复杂的组织体系,如生产组织、商业组织、金融组织、交通运输组织和其他服务性组织等。

2. 政治组织

政治组织产生于人类社会出现阶级之后,包括政党组织和国家政权组织。在现代社会,政党组织代表本阶级的利益和意志,为本阶级指引方向、提出奋斗目标、制定方针政策。国家政权组织是国家进行社会管理的重要机器。

3. 文化组织

文化组织是以满足人们各种文化需要为目标、以文化活动为基本内容的社会团体,如学校、图书馆、科研单位、影剧院、艺术团体等。

4. 群众组织

群众组织是社会各阶层、各领域的人民群众为开展各种有益活动而形成的社会团体,如工会、共青团、妇女联合会、科学技术学会等。

5. 宗教组织

宗教组织是以某种宗教信仰为宗旨而形成的组织宗教界的合法利益,组织正常的宗教活动。

(二)按照组织形成的方式分类

1. 正式组织

正式组织是为了有效地实现组织目标而明确规定组织成员之间职责范围和相互关系的一种结构,其组织制度和规范对成员具有正式的约束力。任何正式组织都是由许多要素、部分、成员,按照一定的联结形式排列组合而成的。它有明确的目标、任务、结构和相应的机构、职能和成员的权责关系以及成员活动的规范。

2. 非正式组织

非正式组织是人们在共同工作或活动中,出于具有共同的兴趣和爱好,以共同的利益和需要为基础而自发形成的团体。非正式组织是"正式组织"的对称。最早由美国管理学家梅奥通过霍桑实验提出,是人们在共同的工作过程中自然形成的以感情、喜好等情绪为基础的松散的、没有正式规定的群体。

典型的非正式组织,如单位内的同乡、同学,棋友、牌友、球友等形成的小圈子。人们在正式组织所安排的共同工作和在相互接触中,必然会以感情、性格、爱好相投为基础形成若干人群,这些群体不受正式组织的行政部门和管理层次等限制,也没有明确规定的正式结构,但在其内部也会形成一些特定的关系结构,自然涌现出自己的"头头",形成一些不成文的行为准则和规范。非正式组织存在的根本原因,是人们追求一种在正式组织内无法达到的感情需求的满足。

正式组织与非正式组织的区别如表6-1所示。

表6-1 正式组织与非正式组织的区别

比较项目	正式组织	非正式组织
存在形态	正式(官方)	非正式(民间)
形成机制	自觉组建	自发形成
运作基础	制度与规范	共同兴趣与情感上的一致
领导权利来源	由管理当局授予	由群体授予
组织结构	相对稳定	不稳定
目标	利润或服务社会	成员满意
影响力的基础	职位	个性
控制机制	解雇或降级的威胁	物质或社会方面的制裁
沟通	正式渠道	小道消息

(1) 非正式组织的积极作用

成员的许多心理需要是在非正式组织中得到满足的。

人们在非正式组织中的频繁接触会使相互之间的关系更加和谐、融洽,从而易于产生和加强合作的精神。这种非正式的协作关系和精神如能带到正式组织中来,则无疑有利于促进正式组织的活动协调地进行。

非正式组织虽然主要是发展一种业余的、非工作性的关系,但是它们对其成员在正式组织中的工作情况也往往是非常重视的。对于那些工作中的困难者,技术不熟练者,非正式组织中的伙伴往往会自觉地给予指导和帮助。同伴的这种自觉、善意的帮助,可以促进他们技术水平的提高,从而可以帮助正式组织起到一定的培训作用。

非正式组织也是在某种社会环境中存在的。就像对环境的评价会影响个人的行为一样,社会的认可或拒绝也会左右非正式组织的行为。非正式组织为了群体的利益,为了在正式组织中树立良好的形象,往往会自觉或自发地帮助正式组织维护正常的活动秩序。虽然有时也会出现非正式组织的成员犯了错误互相掩饰的情况,但为了不使整个群体在公众中留下不受欢迎的印象,非正式组织对那些严重违反正式组织纪律的害群之马,通常会根据自己的规范、利用自己特殊的形式予以惩罚。

(2) 非正式组织可能造成的危害

非正式组织的目标如果与正式组织冲突,则可能对正式组织的工作产生极为不利的影响。比如,正式组织力图利用组织成员之间的竞赛以达到调动积极性、提高产量和效益的目标,而非正式组织则可能认为竞赛会导致竞争,造成非正式组织成员的不和,从而设法阻碍和破坏竞赛的展开,其结果必然是影响组织竞赛的气氛。

非正式组织要求成员一致性的压力,往往也会束缚成员的个人发展。有些人虽然有过

人的才华和能力,但非正式组织一致性的要求可能不允许他冒尖,从而使个人才智不能得到充分发挥,对组织的贡献不能增加,这样便会影响整个组织工作效率的提高。

非正式组织的压力还会影响正式组织的变革,发展组织的惰性。这并不是因为所有非正式组织的成员都不希望改革,而是因为其中大部分人害怕变革会改变非正式组织赖以生存的正式组织的结构,从而威胁非正式组织的存在。

(三)组织的形态分类

按组织的形态划分,可以把组织分为实体组织和虚拟组织。

1. 实体组织

实体组织即一般意义上的组织,即为了某种特定的目标,经由分工合作、不同层次的权利和责任制度而构成的人的集合。例如,企业、政府、学校、医院、军队等。实体组织的特点是:①功能化,即具有完成业务活动所需的全部功能;②内部化,即依靠自身的功能、资源来完成组织的活动;③集中化,即将各种功能和资源集中在一起,在地理和空间上具有连续性。

2. 虚拟组织

虚拟组织是社会发展到一定阶段才出现的产物。现代邮政、电信和互联网的兴起,是虚拟组织产生的必要条件。特别是数字网络出现后,虚拟组织得到了全方位的发展。它的特点是组织功能上的不完整性、组织结构上的非永久性和地域上的分散性,它通过信息集成和管理,发挥资源的总体效益,增强组织的竞争能力。

第二节 管理幅度与管理层次、集权与分权

组织结构是指组织的基本构架,是对完成组织目标的人员、工作、技术和信息所做的制度性安排。组织结构是组织得以持续运转,完成经营管理任务的体制基础。组织结构如果不合理,会制约组织内部人员、资金、物资、信息的流动,同时还会影响组织目标的实现,因此,设计一个合理有效的组织结构,并不断进行调整以适应内外环境的变化是十分必要的。

一、管理幅度与管理层次

管理幅度与管理层次是组织结构的基本范畴。管现幅度与管理层次是影响组织结构的两个决定性因素。幅度构成组织的横向结构,层次构成组织的纵向结构,水平与垂直相结合构成组织的整体结构。任何组织在进行组织结构设计时,都要考虑管理幅度大小与管理层次多少的问题。在组织条件不变的情况下,管理幅度与管理层次通常成反比例关系,即管理幅度宽,则管理层次少,反之亦然。

(一)管理幅度

1. 管理幅度的含义

所谓管理幅度,又称管理宽度,是指在一个组织结构中,管理人员所能直接管理或控制

的下属数目。如一个公司经理能领导几个营业部长,一个营业部长能管理多少人。经验表明,一般的管理者直接领导、指挥的下属在6~8人内比较合适。基层组织中由于管理任务简单一些,管理者的管理幅度就可以大一些,但一般也不宜超过20人。高层领导要腾出较多的时间思考组织的战略发展问题,不宜将时间过多地花在处理下属的关系上,直接领导、指挥的人数相应要少一些,常为3~5人。

2. 影响管理幅度宽窄的因素

对一个企业来说,确定管理幅度需考虑以下影响因素。

(1) 职务的性质

一般来说,高层职务管理幅度较小,基层职务管理幅度较大。因为高层多为决策性的工作,管理幅度要小一些;基层主要是日常的、重复的工作性质,所以管理幅度要大一些。如一个厂长领导几个车间主任或部长,而一个车间主任往往领导几十个甚至几百个工人。

(2) 工作能力强弱

工作能力包括管理者的工作能力和下级的工作能力。下级工作能力强,技术水平高,经验丰富,则管理者处理上下级关系所需的时间和次数就会减少,这样就可扩大管理面;反之,如果委派的任务下级不能胜任,则上级指导和监督下级的活动所花的时间无疑要增加,这时管理幅度必要缩小。另外,管理者个人的知识、经验丰富,理解能力、表达能力和组织能力强,就可迅速地把握问题的关键,则可以加宽管理幅度;反之,管理幅度就较窄。

(3) 工作本身的性质

性质复杂的工作,需要管理者与其下属之间保持经常的接触和联系,一起探讨完成工作共同遇到的问题,因此,应设置较窄的管理幅度;相反,完成简单的工作,允许有较宽的管理幅度。如硕士生导师所指导的研究生人数要比一位普通的大学教师负责本科生的人数少得多。

(4) 标准化和授权程度

如果领导者善于同下级共同制定出若干工作标准,放手让下级按标准行事,并把一些较次要的问题授权下级处理,自己只负责重大问题、例外事项的决策,其管理幅度自然可以加宽;相反,如果领导者对下属不放心,事必躬亲,又没有一套健全的工作标准,管理幅度太宽,必然精力不及,管理不周,以至贻误工作。

(5) 信息沟通的情况

信息充分及时是有效管理的前提,如果组织上下级之间的信息交流能够充分快捷,并且具有较高的横向沟通效果,组织就可以适当扩大管理幅度。

(二) 管理层次

管理层次也称管理层级,是指组织的纵向等级结构和层级数目。管理层次是以垂直分工和权利的等级属性为基础的。不同层次的管理所包含的内容、范围任务、目标,甚至方法也不尽相同。各个管理层次担负各自不同的管理职能。

显然,当组织规模一定时,管理层次和管理幅度之间存在着一种反比的关系。如图6-1所示:管理幅度越大,管理层次就越少;反之,管理幅度越小,则管理层次就越多。这两种情况相应地对应着两种类型的组织结构形态,前者称为扁平形结构,后者则称为锥形结构。一般来说,传统的企业结构倾向于锥形,偏重于控制和效率,比较僵硬。扁平形结构则被认为比较灵活,容易适应环境,组织成员的参与程度也相对比较高。

从未来发展看,企业组织结构将是一种由锥形向扁平形演化的趋势。对于企业来讲,管理幅度不宜过大,这是因为,管理幅度越大,人与人之间的关系就越复杂。虽然不是所有的关系都要主管去处理,但随着直接领导人数的增加,管理者的负担是成倍增长的。这就提示我们,一个管理者如果管理的下属太多,就会引起复杂的人际关系。因此,一方面要把幅度控制在适度的范围;另一方面要加强部门和人员之间的沟通。

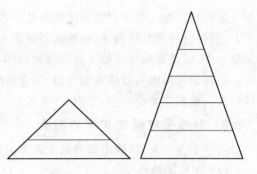

图 6-1　管理幅度与管理层次

当然,对于企业来讲,管理层次也不宜过多,这是因为,第一,层次多意味着费用也多。层次的增加势必要配备更多的管理者,管理者又需要一定的设施和设备的支持,而管理人员的增加又加大了协调和控制的工作量,所有这些都意味着费用的不断增加。第二,随着管理层次的增加,沟通的难度和复杂性也将加大一道命令在自上而下传达时,不可避免会产生曲解、遗漏和失真,由下往上的信息流动同样也困难,也存在扭曲和速度慢等问题。此外,众多的部门和层次也使得计划与控制活动更为复杂。一个在高层显得清晰完整的计划方案会因为逐层分解而变得模糊不清失去协调。随着层次和管理者人数的增多,控制活动会更加困难,但也更为重要。

总而言之,任何组织都需要解决主管人员直接指挥与监督的下属数量问题,但在同样获得成功的组织中,每位主管直接管辖的下属数量却往往是不同的。根据孔茨和奥康奈的介绍,美国五星上将艾森豪威尔在第二次世界大战中任盟军欧洲部队最高司令官时,有 3 名直属下级,而这 3 名下属没有 1 人有多于 4 名下属的;1975 年,通用汽车公司的总经理有两名执行副总经理和一个由 13 名副总经理组成的小组向他直接报告工作;同年一家管理较好的运输公司的最高主管直接领导 7 名主要下属。这些事实表明:努力去确定一种适用于任何组织的管理幅度是没有意义的,也是不可能有结果的。

二、集权和分权

集权和分权对组织来说,都是必要的,是缺一不可的,也是相对的。该由下级获得的权利而过分集中,那是上级擅权。反正该由上级掌握的权利,没有掌握则为失职。在一定时期、一定环境条件下,组织可以改变策略,制定最符合特定环境的集权和分权策略,循环采用集权和分权,能给企业带来诸多生机和活力。

(一)集权与分权的含义

集权是指决策权在组织系统中较高层次的一定程度的集中。分权指的是决策权在组织系统中较低管理层次的程度上的分散。

集权和分权是一个相对的概念。绝对的集权意味着组织中的全部权利集中在一个主管手中,组织活动的所有决策均由主管作出,主管直接面对所有的实施执行者,没有任何中间管理人员，没有任何中层管理机构。这在现代社会经济组织中显然是不可能的。而绝对的分权则意味着全部权利分散在各个管理部门，甚至分散在各个执行、操作者的手中，没有任何集中的权利，因此主管的职位显然是多余的，一个统一的组织也不复存在。所以，在现实社会中的组织，可能是集权的成分多一点，也可能是分权的成分多一点。我们需要研究的，不是应该集权还是分权，而是哪些权利宜于集中，哪些权利宜于分散，在什么样的情况下集权的成分应多一点，何时又需要较多的分权。

（二）组织中的集权倾向

集权与分权虽然同样必不可少，但组织中几乎普遍存在一种集权的倾向。

1. 集权倾向的产生原因

集权倾向主要与组织的历史和领导的个性有关，但有时也可能是为了追求行政上的效率。

（1）组织的历史

如果组织是在自身较小规模的基础上逐渐发展起来，发展过程中也无其他组织的加入，那么集权倾向可能更为明显。因为组织规模较小时，大部分决策都是由最高主管（层）直接制定和组织实施的。决策权的使用可能成为习惯，一旦失去这些权利，主管便可能产生失去了对"自己的组织"的控制的感觉。因此，即使事业不断发展，规模不断扩大，最高主管或最高管理层仍然愿意保留着不应集中的大部分权利。

（2）领导的个性

权利是赋予一定职位的管理人员的，它是地位的象征。权利的运用可以证实、保证并提高使用者在组织中的地位。组织中个性较强和自信的领导者往往喜欢所辖部门完全按照自己的意志来运行，而集中控制权利则是保证个人意志绝对被服从的先决条件。当然，集中地使用权利，统一地使用和协调本部门的各种力量，创造比较明显的工作成绩，也是提高自己在组织中的地位、增加升迁机会的重要途径。

（3）政策的统一与行政的效率

从积极方面来看，集权化倾向的普遍存在有时也是为了获得它的贡献。集权至少可以带来两个方向的好处：一是可以保证组织总体政策的统一性；二是可以保证决策执行的速度。集中的权利制定出组织各单位必须执行的政策，可以使整个组织统一认识、统一行动、统一处理对内对外的各种问题，而防止政出多门，互相矛盾；同时，在集权体制下，决策的制定可能是一个缓慢的过程，但任何问题一经决策，便可借助高度集中的行政指挥体系，使多个层次"闻风而动"，迅速组织实施。

2. 过分集权的弊端

一个组织，当它的规模还比较小的时候，高度集权可能是必需的，而且可以充分显示出其优越性。但随着组织规模的发展，如果将许多决策权过度地集中在较高的管理层次，则可能表现出各种弊端。

（1）降低决策的质量

大规模组织的主管远离基层，基层发生的问题经过层层请示汇报后再作决策，不仅影响决策的正确性，而且影响决策的及时性。高层主管了解的信息在传递过程中可能被扭曲，而根据被扭曲的信息制定的决策是很难保证其质量的;即使制定的决策正确,但由于信息多环节的传递需要耽误一定的时间,从而可能导致决策迟缓,等到正确方案实施时,问题可能已给组织造成了重大的危害或者形势已经发生了变化,问题的性质已经转变,需要新的解决方法。

(2) 降低组织的适应能力

作为社会细胞的组织,其整体和各个部分与社会环境有着多方联系。随着组织的发展,这种联系变得更频繁、更复杂。而与组织有联系的外界环境是在不断发展和变化的。处在动态环境中的组织必须根据环境中各种因素的变化不断进行调整。这种调整既可能是全局性的,也可能是且往往是局部性的。过度集权的组织,可能使各个部门失去自我适应和调整的能力,从而削弱组织整体的应变能力。

(三) 集权与分权的标志

分权的标志即衡量集权与分权程度的标准。集权与分权是同时存在的两种倾向,是一个相对的概念,走向极端的绝对集权与绝对分权就只剩下了个体,组织不复存在。不同组织之间,只有集权和分权程度的差别。一般认为,衡量组织分权程度的标准有以下几条。

如何评价张总

刘教授到一个国有大型企业去咨询,该企业张总在办公室热情接待了刘教授,并向刘教授介绍企业的总体情况。张总讲了不到15分钟,办公室的门就开了一条缝,有人在外面叫张总出去一下。于是张总就说:"对不起,我先出去一下。"10分钟后回来继续介绍情况。不到15分钟,办公室的门又开了,又有人叫张总出去一下,这回张总又去了10分钟。整个下午3小时,张总共出去了10次之多,使企业情况介绍时断时续,刘教授显得很不耐烦。这说明什么?请在下列答案中选择一个:(   )。

A. 张总不重视管理咨询　　　　B. 张总的公司可能这几天正好遇到了紧急情况
C. 张总可能过予集权　　　　　D. 张总重视民主管理

---

1. 决策的数量

一般来讲,如果组织中较低管理层次制定决策的数量越大,则分权程度越高;反之,上层决策数目越多,则集权程度越高。

2. 决策的范围

一般来讲,如果组织中较低层次上的管理者所做的决策范围越广,涉及的职能越多,则分权程度越高。

3. 决策的重要性

决策的重要性可以从两个方面来衡量:一是决策的影响程度;二是决策涉及的费用。一般而言,如果组织中较低层次的管理者所做的决策越重要,决策设计的费用越高,则意味着组织的分权程度越高。

4. 决策的审核

如果较低层次的管理者做决策时需要办理的审批手续越简单,也就是高层次对较低层次决策的控制程度越少,则意味着分权程度越高。

(四) 影响集权与分权的因素

1. 产品结构及生产技术特点

企业产品单一,生产过程连续性强,各环节协作紧密,企业高层应集权多些;
企业跨多行业经营,产品生产技术差别大,市场销售渠道不同,应加大分权程度。

2. 环境条件及经营战略

环境越复杂,经营风险越大,分权程度越大。环境较为简单稳定的企业可以提高集权程度。另外,稳定型战略有利于提高企业集权程度,收缩型战略也必须加强高层集权,而增长型战略则要求扩大分权。

3. 企业规模

由于管理者处理的事务相对较小,组织较适合集权;如果组织规模增大,由于管理事务的增加,就需要管理者适当分权,进一步增大组织的分权程度有利于提高组织的有效性。

4. 领导者个性

领导者个性表现为自信、好强、独裁时,更多地表现出集权管理。如果领导者认为分权更有效,则更多地表现出分权管理。

5. 员工的基本素质

如果组织中员工基本素质低,则组织倾向于集权程度高。如劳动密集型企业与高新技术企业相比,劳动密集型企业更适合于高度集权。

6. 组织的历史

如果组织是由小到大发展而来的,一般倾向于集权;如果组织是由合并或兼并而来,则一般倾向于分权。

三、授权

(一) 授权的含义

所谓授权,就是组织为了共享内部权利,增加员工的工作努力,把某些权利或职权授予下级。这些权利或职权委派给了下级之后,下级可以在其职权范围内自由决断,灵活处置问题。

授权应注意区别以下问题:

1. 授权不同于代理职务

代理职务是在某一时期内,依法或受命代替某人执行其任务,代理期间的权责是依据所代理的岗位职务或职责决定的,而不是上级授权给他;而授权中,授权者与被授权者是上下级关系。

2. 授权不同于助理或秘书职务

助理或秘书只帮助主管工作,而不承担责任;在授权中,无论是授权者还是被授权者都应当承担相应的责任。

3. 授权不同于分工

分工是一个集体内,由各个成员按其分与工各负其责,彼此之间无隶属关系;而授权则是授权者和被授权者有上下级之间的监督与报告关系。

4. 授权不同于分权

授权主要是权利的授予与责任的建立,仅指上下级之间的短期的权责授予关系;而分权则是授权的延伸,是在组织中有系统地授权,这种权利根据组织的规定可以较长期地留在中下级主管人员手中。

(二)授权的积极作用

1. 有利于调动下属的积极性

权利欲可以说人皆有之。在管理过程中,调动人们工作积极性的除了物质利益手段之外,另一重要的手段就是给人授予权利,使其发挥管理才干,下属会由此觉得自己得到了上级的信任,有感情满足;下属通过努力,取得成果,也会产生自我实现感。所以说,通过授权,调动下属的工作积极性,是一种重要的管理方法。

2. 有利于领导集中精力抓大事,做好战略决策

如果一个领导事无巨细,一概亲自过问,亲自处理,必然使自己陷入众多的日常事务的泥潭之中,耗费过多的时间和精力。精明的领导应是大权独揽,小权分散,超脱于一般的日常事务,能够集中时间和精力处理好组织的重大问题的人。

3. 有助于培养下级管理人员

管理水平的提高需要实践,而管理实践必须有权。通过授权,被授权的管理者有职有权,亲自实践,通过自身的努力就会逐步提高管理水平。授权是有意识培养下级管理人员常用的方法,对有才干、有发展前途的管理人员,通过有意识地委以重任,授予权责,使其在管理第一线,在复杂困难的环境中得到锻炼和提高,成为一个有效的管理者。

值得注意的是,授权本身也是一种管理权利运用的艺术。做好授权工作并不是一件轻而易举的事,我们在日常的管理实践中常常见到的情形是:要么只相信自己,怀疑下属的能力,不愿授权,或者名义上授权了,实际上时时干预,下属的权利有名无实;要么是授权不当,不应授予的权利下放之后导致失控,结果不得下采取相反的收权措施,反反复复,造成损失。

(三)授权原则

1. SMART 原则

授权要目标明确,是指授权的任务内容、期望成果、验收标准、完成期限和所需要的资源等,体现 SMART 原则,即必须是具体的、可衡量的、有挑战性的、与现实和工作有相关性的,以及有明确的截止期限。这样可以复杂的问题清晰化和简单化,让下属明确责任,认真履行。

2. 权责同授原则

权利与责任总是相伴随的。授权的同时也就是落实责任。授予的权利越大,相应的责任也就越大,权责对等对授权来说也是必须遵守的准则。因为,当权利大于责任时,必定会出现滥用职权的现象;但当权利小于责任时,一部分责任就会因缺乏权利而无法承担。在管理工作中授权时,必须向下属交待清楚与职权相对应的责任,保证下属获得的职权与责任相一致,即有多大的职权就应担负多大的风险责任,做到权责统一。

3. 职能授权原则

领导者要力求将职权和责任授予最合适的人来承担。授权之前,要对下属进行认真的考察,要选择有知识、有才能、守纪律的人授予职权。

4. 互相信任原则

信任是授权的前提。互相信任则是授权管理的重要润滑剂。领导者是在认为下属可以胜任之后才把职权授予下属的,所以,职权一旦授出,就要充分信任下属,放手让他们大胆独立地完成任务,而不是处处掣肘,事事苛求,时时责备。但是信任又不等于放任,授权后还必须对下属的工作实行必要的监督和控制,如发现问题,应及时纠正;对严重偏离目标、不胜任或滥用权利的下属,要及时调整或更换。

5. 监督控制原则

授权之后,下级必须有运用所授予的权利履行管理职能的自主权,上级应少干预。这并不意味着放弃控制,相反,授权之后,授权者应建立完善的监督检查和下级汇报制度,搞好授权后的控制工作。每次重大授权之前,各种检验方法都应当建立起来,并使接受权利的下级也清楚明白。

(四) 授权程序

授权是一个管理过程,一般包括以下程序。

1. 确定任务

确定任务,就是让受权者明白要做什么,从哪里着手做,为什么要这么做。具体体现在:清楚地告诉授权者任务的内容、结构、程序;告知受权者为什么要完成这项任务;让受权者明白该项任务在公司战略规划中的地位;事先明确预期成果;并要清晰授权的风险,明确授权要达到的目的,明确授受双方的权责关系,明确授权工作的资源分配方式等。

2. 制订计划

制订计划即授权的目标、标准与成果评估方法。首先要制订目标与成果,是对受权者工作的整体性规定。目标一旦确定之后,不但是对受权者的约束,还应是对受权者的激励。其次要预先确立成果评价途径与原则。再次要制订工作计划,以便授受双方能达成一致。最后还要预先制订监督控制的程序。

3. 选贤任能

选贤任能是为了选择合适的人才。选贤任能,给予适合的授权,从其目标而言,不外乎两点:一是寻找合适的人选去完成特定的工作,二是通过授权工作,培养企业后备人才。通过选贤任能,把每个人安排到合适的岗位上去,最大限度地激发每个人的工作热情和创造力,让每个人的力量全部贡献出来,这也是管理的根本内涵。选贤任能关键在于建立选拔人才的标准,标准既能反映出个人的综合素质,又要能体现工作岗位的特殊要求,还要遵循一定的程序,并将之模式化和程序化,才能保证标准被执行,体现对人才的尊重。标准要合理并能全面反映个人能力,要能反映个人的行为习惯和工作作风,通过标准考察被选人才的思维方式等。

4. 落实分工

落实分工,是将工作任务和相应的资源、权利分配给被授权者。相关的工作细节为:陈述背景(说明任务的背景、重要性及选择它的原因)→详述任务(详细告知工作范围、预期进度、要求水平、拥有的权利范围、征询意见、取得的承诺,类似人力资源里的岗位描述)→商定进度(商讨工作方法、制定工作进度、时限要求以及汇报和检讨的形式)→支持指导(对没有经验或者缺乏信心的下属加以培训、指导,提供必要的训练机会)→通知各方(通知与工作相关的人士,使下属名正言顺,运用其权限去推进工作)→报告进度(按时如实报告授权的执行情况和最终的结果,以及所遇困境和难题等)。

5. 跟进完成

这是授权程序中的一项重要工作,领导可以视下属的成熟程度和授权程度,与下属保持一定的联络,检查进度,商讨应变措施。有效的跟进建立在坦诚沟通的基础之上,不能暗中搞地下工作。要积极客观地处理问题,而不只是追究责任。下放权利后不要轻易干预,需要时才从旁协助,决不越俎代庖,打击士气。所谓疑人不用,用人不疑。应该充分信任下属,但适度的监督必不可少,必要的时候要提供协助。下属任务完成得好,要真诚地表扬其成绩,及时激励,给予下属一定的奖励。如果任务没有很好地完成,也应该根据实际情况使其承担一部分责任。

此外,在授权过程中,还需要一定的监督、支持和帮助,以保证其顺利完成任务。

第三节　组织结构设计

一、组织结构的含义

合理的组织结构是实现组织计划的关键。所谓组织结构,就是组织内的全体成员为实现组织目标,在管理工作中进行分工协作,通过职务、职责、职权及相互关系构成的结构体系。简单地讲,就是人们的职、责、权关系,因此,组织结构又可称为权责关系,其本质上则是组织成员间的分工协作关系。

二、组织结构设计的原则

不同的组织有不同的目标和特点,其结构也就有所不同。但是在设计组织结构时,不管其目标、特点或结构有何不同,都要遵循一些基本原则。

（一）因事设职、因职用人的原则

组织结构设计的根本目的是为了保证组织目标的实现，是使组织目标的每项内容都落实到具体的岗位和部门，实现"事事有人做""事事有人管"。但组织中的各种职位有着不同的工作特点与要求，而组织中的人由于受教育程度和个人经历的不同也是各有特点，存在个性和能力上的差异，并非任何人都能够胜任任何职位。因此，在设计组织结构时，就需要从"事"出发，以"事"为中心，即做到"因事设职"；并且要在各个职位上配备适宜的人员，使其能在该职位上充分发挥个人的才能和特长，从而很好地完成工作任务，即做到"因职用人"。

（二）统一指挥、分工协作的原则

统一指挥原则就是要求每位下属应该有一个并且仅有一个上级，要求在上下级之间形成一条清晰的指挥链。如果一个组织中的成员同时接到两个上级领导的命令，这不仅会使得这位成员不知道该执行哪个领导的命令而烦恼，同时还有可能使得其中一个领导的命令难以执行。由此可见，为使组织能更好、更有效地运行，必须保证组织中的任何一个成员只接受或服从一个上级领导的命令和指挥，这样才能保证命令和指挥的统一，即遵循"统一指挥"的原则；此外，随着现代企业专业化分工的不断深入和加强，企业管理工作的效率得以提高，但是企业组织的横向幅度也不断增加，因此，在设置组织结构时，既要合理分工又要加强部门之间的协作，即注重"分工协作"，才能使组织结构既精干又能高效运转，从而保证组织目标的顺利实现。

（三）有职有权、权责对等的原则

在管理组织中，每个部门和职务都必须完成规定的工作，而为了从事一定的活动，都需要利用一定的人、财、物等资源。因此，为使组织能正常运转，在设计组织结构时不仅要明确规定各个部门要完成的任务与承担的责任，还要对不同职位拥有的调配人、财、物、信息资源以及指挥、命令、奖惩的权利做出明确界定，即做到"有职有权"；另外，从理论上来讲，职位与权利是完成工作任务的必要条件，权责对等意味着每个职位拥有的权利，应与其承担的责任大致相当。有职无权或者权限过小，该职位工作人员的积极性就会受到束缚，能力也会受到限制，从而难以完成任务、无法履行职责，最终使组织不能有运转。另一方面，赋予某个部门或职位的权利也不能超过其所承担任务的要求，只有职权而无责任或权利大于责任，必然给滥用权利留下隐患，甚至会导致官僚主义"瞎指挥"乃至"以权谋私"，造成组织内部的混乱无序。因此，设计组织结构时必须做到"权责对等"。

三、组织结构设计的一般程序

当企业需要对现有的结构进行调整和改善或者要新建一个企业时，都需要进行组织结构的设计。针对这两种不同的情况，组织结构设计的程序是基本一致的，主要包括以下几个步骤。

（一）职务设计

职务设计是组织设计最基础的工作。职务设计就是将实现组织目标所必须进行的活动

逐步分解,划分成若干较小的任务单元,以便于每个人专门从事某一部分的活动,而不是全部活动,这就是劳动分工。劳动分工的重要意义在于把复杂的工作分解成一项项简单的工作,每个人不断重复相同的工作,利用同一种设备,从而大大提高劳动生产率。

1. 职务设计的原则

(1) 因事设职

职务设计要因事设职而不能因人设职,因事设职是指所设计的职务都来自为完成目标任务所不可缺少的业务活动,如不设此职务,无人从事此项活动,就将影响组织目标的实现。相反,因人设职是指根据现有人员的情况来设置职务,有人就得有职,而不问此职是不是完成目标任务所不可缺少的。

(2) 分工科学

分工要趋于灵活,即分工不宜过细,必要时还要扩大或丰富工作内容。

(3) 职权明确

组织中的每个职位和职务的工作目的、工作任务、工作流程要明确。职务设计的结果表现为职务说明书,它是一种书面文件,简要说明该职务的工作内容、职责与职权、与组织的其他部门或职务之间的关系、担任此职务者须具备的条件等。

2. 职务设计的步骤

(1) 工作分析

工作分析是职务设计的前提和依据。工作分析就是对完成组织目标的所有作业活动进行分析、描述和记载。它不仅应对所有工作及其相互关系予以完整、准确地说明,而且应对每一项工作所包含的全部内容予以完整、准确地说明。它要准确地确定每一项工作的性质、任务、责任,工作的前后连贯性、工作量,以及工作的难易程度、责任大小、所需任职资格高低等事项,为设定职务服务。

(2) 设定职务

对完成组织目标的各种工作,按管理的需要,将其归并组合成一个个的职务,以便寻找适当人员担任。在归并组合中应注意将性质相同的作业活动尽量组合为一个职务,以便配合专业分工的发展和寻找专业人才任职。将难易程度、责任大小、任职条件等相当的工作尽可能组合为一个职务,使人力资源得到充分利用。应使职位保持适当的工作量,根据工作量确定职位的数量,以免产生人员闲置的现象。

(3) 规范职务内容和运行模式

职务规范也就是职务说明书,建立职务说明书以规范和确定职务内容与运行模式,包括职务名称、职责、职权、工资报酬、所需任职资格条件、职务的纵向领导和横向协作关系等内容。这样,既确定了职务的职责、职权,又确定了工作在职务之间的流程。

3. 职务设计方法

(1) 职务专业化

在20世纪50年代以前,受亚当·斯密和泰勒等人理论的影响,职务设计基本上是按职务专业化的模式进行的,即把职务简化为细小的、专业化的任务。职务专业化的基本工具就是时间——动作研究,即通过分析工人的手、臂和身体其他部位的动作,工具、身体和原材料之间的物理机械关系,寻找工人的身体活动、工具和任务之间的最佳组合,实现工作的简单化和标准化,以使所有工人都能够达到预定的生产水平。

按职务专业化思路设计出来的职务简单、可靠、安全,但由于它很少考虑工人的社会需要和个人成长需要,产生了很大的副作用,包括工作的单调乏味,工人对工作产生厌倦和不满情绪,管理者和工人之间产生隔阂,离职率和缺勤率增高,怠工和工作质量下降等。

(2) 职务轮换

职务轮换也称岗位轮换,即通过让员工工作多样化,从而避免产生工作厌倦。职务轮换有两种类型:纵向的和横向的。纵向轮换指的是升职或降职。但我们一般谈及职务轮换,都指的是横向轮换。横向轮换往往被视为培训的手段,并有计划地进行。职务轮换的优点是明显的。第一,它拓宽了员工的工作领域,给予他们更多的工作体会,减少工作厌倦和单调感。第二,更广泛的工作体会,可以使员工对企业中的多种活动有更多的了解,为其承担更大责任的职务奠定更好的准备。

职务轮换的不足是,将一名员工从先前的职位上转入一个新的职位,需要增加培训成本,还会导致生产效率的下降。此外,职务轮换可能使那些偏爱在所选定的专业领域中寻求更大发展的员工的积极性受到打击。国外一些企业的经验还表明,非自愿的职务轮换可能导致旷工和事故的增加。

(3) 职务扩大化

职务扩大化是指横向扩大组织成员的工作范围,将组织成员的工作范围向前后工序扩展,以便组织成员从事较为多样化的工作。职务扩大化所增加的任务往往与员工以前承担的任务内容具有类似性,因此它只是工作内容水平方向的扩展。

职务扩大化的结果并不尽如人意。因为职务扩大化只是工作内容水平方向的扩展,不需要员工具备新的技能,因此它并不能改变员工工作的枯燥感觉。正如一位经历过职务扩大化设计的员工所说,"以前,我只有一份烦人的工作;现在,我有了三份烦人的工作!"职务扩大化试图避免职务专业化造成的缺乏多样性,但它并没有给员工的活动提供多少挑战性和兴趣。

(4) 职务丰富化

职务丰富化是从纵向扩大工作范围,增加工作的深度,赋予员工更多的责任、自主权和控制权。根据赫兹伯格的保健激励理论,公司政策和薪酬等属于保健因素,如果这方面的因素达到了可以接受的水平,只能使员工没有不满,但产生不了激励作用。能够产生激励作用的因素是员工的责任感、成就感和个人成长;因此,给工作中增添激励因子,使工作更有趣、更有自主性和挑战性,就成为职务丰富化的基本思想。例如,在一般情况下,商店的营业员的职责主要是导购,如果还让他们负责处理退货和订货,就是将他们的职务丰富化了。

职务丰富化的途径有:①实行任务合并,即让员工从头到尾完成一项完整的工作,而不是只让他承担其中的某一部分。②建立客户关系,即让员工有和客户接触的机会,出现问题也由其负责处理。③让员工规划和控制其工作,而不是由别人控制,员工可以自己安排时间进度,可以自己处理遇到的问题,并且自己决定上下班时间;④建立畅通的反馈渠道,使任职者能够迅速地评价和改进自己的工作绩效。

职务丰富化作为现今职务设计的主流思想而备受推崇,但职务丰富化也是有缺陷的:①如果绩效低下不是由于激励不足导致的,而是由于员工技能不够、工作环境恶劣等问题所致,职务丰富化就没有多大意义了。②职务丰富化必须在经济上、技术上是可行的。③员工

必须愿意接受具有挑战性的工作。

(5) 工作团队

工作团队设计方法是围绕小组来设计职务,而不是围绕个人设计职务,这样的工作团队被授权可以获得完成整个任务所需的资源,包括各种技能的组织成员。团队成员可以自主进行计划、解决问题、决定优先次序、支配资金、监督成果、协调与其他部门或团队的活动。这种设计方法充分体现了"以人为本"的管理思想,极大地激发了组织成员的工作积极性和创造性。

工作团队可以有管理者,也可以没有管理者。有管理者的团队,被称为综合性工作团队;没有管理者的团队,被称为自我管理式工作团队,在这类团队中,成员间的关系是协助式的,成员可以自主决定工作时间和合作伙伴,并让成员相互评价工作绩效。

(二) 部门划分

部门划分是组织的横向分工,其目的在于确定组织中各项任务的分配与责任的归属,做到分工合理、职责分明,从而有效地达到组织的目标。

1. 部门划分的方法

实现部门划分可以按组织人数、时间、职能、产品、区域、顾客、生产和服务过程来进行。

(1) 按组织人数划分部门

单纯地按人数多少来划分部门可以说是一种最原始、最简单的划分方法。这一方法曾经广泛应用于部落、氏族和军队的管理,即使是在现在,军队中的班、排、连等编制仍然是依据这一方法来成立的。但是,这种方法的特点是仅仅考虑人数,因此在现代高度专业化的社会会有逐渐被淘汰的趋势。当然并不排除在现代社会的某些场合,尤其是在劳动密集型企业的最基层仍然在使用。

(2) 按时间划分

这是指将人员按时间进行分组,即倒班作业。在一些需要不间断工作的组织中,或由于经济和技术的需要,组织要提高机器、设备的利用率,常按时间来划分部门,采用轮班作业的方法,其特点是可以保证工作的连续性。这种方法适用于生产经营一线的基层组织。

(3) 按职能划分部门

按职能划分部门是一种传统而基本的组织形式。就是按照生产、财务管理、营销、人事、研发等基本活动相似或技能相似的要求,分类设立专门的管理部门。这种方法较多地应用于管理或服务部门的划分。

按职能划分部门的优点是:有利于强化各项职能;可以带来专业化分工的各种好处;有利于工作人员的培训与技能提高。按职能划分部门的弊端是:长期在一个专业部门工作,容易形成思维定式,产生偏见;可能导致整个组织对于外界环境变化的反应变慢。

(4) 按产品划分部门

在品种单一、规模较小的企业,按职能进行组织分工是理想的部门划分形式。然而,随着企业的进一步成长与发展,企业面临着增加产品线和生产规模以获取规模经济和范围经济的经营能力,管理组织的工作也将变得日益复杂。这时,就要必要按业务活动的结果为标准来重新划分企业的活动。按照产品或服务的要求对企业活动进行分组,即产品或服务部门化。这种方法适用于制造、销售和服务等业务部门。

按产品划分部门的优点是：能使企业将多角化经营和专业化经营结合起来；有利于企业加强对外部环境的适应性，以市场为主导，及时调整生产方向；有利于促进企业内部的竞争。缺点是需要较多具备全面管理能力的人员；由于职能部门重叠设置而导致管理费用的增加；各产品部门的负责人可能过分强调本部门的利益，从而影响企业的统一指挥。

（5）按区域划分部门

按区域划分部门是将一个特定地区的经营活动集中在一起，委托给一个管理者或部门去完成。随着经济活动范围的日益广阔，企业特别是大型企业愈来愈需要跨越区域的限制去开拓外部的市场。而不同的文化环境，造就出不同的劳动价值观，企业根据区域的不同设置管理部门，为的是更好地针对各地的特殊环境条件组织业务活动的开展。这种方法主要是用于空间分布很广的组织部门。

按区域划分部门的优点是：可以根据本地区的市场需求情况自主组织生产和经营活动，更好地适应市场；在当地组织生产可以减少运费和运送时间，降低成本；分权给各地区管理者，可以调动其参与决策的积极性，有利于改善地区内各种活动的协调。缺点是需要更多的具有全面管理能力的人员，增加了最高主管部门控制的困难，而且地区之间往往不易协调，集中的经济服务工作也不容易进行。

（6）按顾客划分部门

按顾客划分部门即根据目标顾客的不同利益需求来划分组织的业务活动。在激烈的市场竞争中，顾客的需求导向越来越明显，企业应当在满足市场顾客需求的同时，努力创造顾客的未来需求，顾客部门化顺应了需求发展的这种趋势。这种方法主要用于服务对象差异较大，对产品与服务有特殊要求的企业。

这种方法的优点是可以给顾客提供针对性强、质量高的服务，持续有效地发挥自己的核心专长。缺点是成本增加，而且协调难度增加。

（7）按生产过程划分部门

按生产过程划分部门是在生产过程中，根据技术作业将工作化分成部门。因为它是建立在特殊技能和训练的基础上，所以在部门内的协调比较简单。但由于生产过程需要将自然的工作流程打断，将工作流程的不同部分交给不同的部门去完成，故要求每个部门管理者必须将自己的任务与其他部门管理者的任务协调起来。

2. 部门划分的原则

（1）没有放之四海而皆准的划分方法

不管是哪一种部门划分方法都有其优点和缺点，因此不能拘泥于其中的任何一种形式。每个组织都必须根据自己的具体情况来确定何种方法最适合于本组织的长远发展。

（2）部门的设置要保证能完成组织的所有工作任务

完成组织目标的各项工作任务是由各个具体的部门来承担的，因此必须根据组织业务和环境的变化，不断调换组织的部门设置，以便确保组织的每一项工作都有相应的部门来完成。

（3）避免毫无目的地增加部门

只有当某个部门的缺失会导致组织目标无法顺利完成的时候，才可以考虑增加相应的部门，否则任何多余的部门设置都会导致资源的浪费、成本的增加和劳动效率的低下。

（4）部门的设置必须有利于沟通协调

部门之间缺乏有效的沟通协调要么会造成某一项工作的多头领导，要么会造成有事无人做的现象。因此必须实现部门划分时的职权明确,界限分明,确保政令畅通。

(5) 赋予各部门完成本职工作所必需的权限和所承担的义务

各部门的权限和义务应该对等,如果权限过小,员工就会缺少积极性,难以完成任务;如果权限过大,会不利于组织的行效监督,最终影响整体利益。

(6) 不必局限于只有一种方法来划分部门

由于具体情况和外部环境变化的需要,组织完全可以采用两种甚至多种划分方法来设计组织结构。比如可以采用既按职能来划分部门,同时又按地区来划分部门的做法。

3. 部门间的横向联系

一般来说,即使部门划分得再合理,由于各部门追求的目标、职权、利益及思维习惯和行为特征不同,部门之间的横向联系也必然会存在一定的矛盾。为了使横向联系真正达到加强协作、提高组织管理整体功能的目的,必须从组织整体目标出发,客观地看待横向联系存在的矛盾,加强部门间的横向协作与沟通。

(三) 建立层次

部门划分是对组织活动进行横向的分工,在此基础上还需要进行纵向划分,即建立上下级的层次关系,构成多层次结构的组织系统。建立层次需要解决好管理跨度与管理层次的关系问题。

(四) 责权分配

通过建立层次形成的组织结构,还应将组织中的责权分配到各个层次、各个部门和各个岗位,并最终形成组织中从最高领导层一直贯穿到最低操作层的权利线,即通常所说的指挥链。

1. 职权的含义

职权是管理职位所固有的发布命令和使命令得到执行的一种权利。职权只与一定的职位有关,而与担任该职位的管理者的个人特征无关。职权与任职者没有直接的联系。

同职权对应共存的是职责,职责是担当组织某项职位而必须履行的完成某项任务的责任。职权与职责只有对等的重要性,职权是履行职责的必要条件和手段;职责则是行使职权所要达到的目的。

在组织内,最基本的信息沟通就是通过职权来实现的。通过职权关系上传下达,使下级按指令行事,上级得到及时反馈的信息,做出合理决策,进行有效控制。

2. 职权的种类

一个正式组织的职权有直线职权、参谋职权和职能职权三种。

(1) 直线职权(lineauthority)

是指直接领导下属工作的直线管理人员所拥有的职权,包括决策权、发布命令权和执行权三个部分,也就是通常所说的决策指挥权。直线职权是组织中一种最基本、最重要的职权。缺少直线职权的有效行使,整个组织的运转就会出现混乱,乃至陷入瘫痪。直线职权是循着组织等级链发生的职权关系。

直线职权的持点是:直线职权是对下属的直接领导权、指挥权、监督权和控制处理权,对所行使的权力负有最直接的、最后的责任。因此,直线职权是组织中最基本、最重要的权利;直线职权贯守于组织的各个管理层次,在指挥链的每一个层次上,除组织的最高管理者外,每个层级都些接收来自上一级的指示与命令并切实加以贯彻执行,同时每一级又都要接收下一级的工作汇报并负责向下一级发布命令和指示,所不同的是各管理层次的职权大小、范围、功能有所差异。

(2) 参谋职权(staffauthority)

参谋职权是某些职位或某部门所拥有的提出咨询与建议或提供服务与便利,协助直线机构和直线人员进行工作的权利,它是一种辅助性职权。其产生是由于组织规模不断扩大,高层管理者面临的管理问题日益复杂。此时仅凭直线管理人员个人的知识和经验已显得很不够,于是需要借助参谋专家的作用来帮助他们行使直接指挥的权利。参谋职权有两种形式:一是个人参谋的形式,如院长助理;二是专业化参谋的形式,如智囊团、顾问委员会等。

参谋职权的持点是:参谋职权不具有指挥权,只起咨询、建议、指导、协助、服务和顾问的作用;参谋职权从属于直线职权,参谋机构从属于直线机构;参谋职权直接对其上一级(而不是下一级)领导负责,但他对顶头上司下属的第一级组织机构产生某种程度的影响和作用;参谋人员只能在其职责范围内行使参谋职权,不能超越职责范围之外,同级的参谋职权是平行的、并列的。

(3) 职能职权(functionalauthority)

是指由直线主管人员授予参谋人员或职能部门的主管人员在一定范围行使的决策与指挥权。职能职权的设立主要是为了能充分发挥专家的核心作用,减轻直线主管的工作负荷,提高管理工作效率。

职能职权的特点是:①既可以被授予参谋机构或参谋人员,也可以被授予下一级直线主管人员来行使;②只能根据业务分工和授权范围以及一定的程序和规定来行使,否则将损害直线指挥系统的统一性和完整性;③介于直线职权和参谋职权之间,作为一种特殊的职权必须审慎地把握和界定。

在实际运用的过程中,若要发挥好每一类职权的作用,必须要认真对待并处理好以上三种职权的关系。一是要注意发挥参谋人员的作用,理顺直线和参谋的关系。在工作中,虽然参谋人员与直线主管的目标是一致的,但由于在知识、经验、认知、职权、年龄上的不同,还是会发生冲突的。冲突既不利于团结,也不利于目标的实现。要解决好这个问题,必须要分清职责,建立责任制度。充分发挥参谋人员的作用,尊重参谋人员,参谋人员也不要过多地干涉直线主管的决策,双方相互协调,形成共识。二是要适当限制职能职权的使用,主要是限制使用的范围和级别。职能职权最好是运用于解决"怎么做"、"什么时间做"的问题上,而不要涉及"谁来做"、"做什么"、"在哪儿做"的问题,否则直线人员的工作就毫无意义了。职能职权使用的级别最好不要越过直接下属,越级使用会使信息链条中断,带来矛盾和冲突。总之,要恰当地使用好每一类职权.处理好每一处关系,发挥最好的职权。

3. 职权分配

是指为有效履行职责,实现工作目标,而将组织的权利在各管理部门、管理层次、管理职位中进行配置。职权分配的类型主要有两种:一是职权横向分配,即依目标需要将职权在同一管理层次的各管理部门和人员之间进行合理配置;二是职权纵向分配,即依目标需要而将职权在不同管理层次的部门或人员之间进行配置,是解决好集权与分权的关键。

（五）协调活动

对工作分工与协调关系的处理，是组织设计中的一个重要问题。传统组织设计强调工作的专业化分工，专业化分工成为传统组织设计的一条基本原则。但分工并不是越细致越好，而应该有一个合适的"度"。有分工，就需要协作，分工和协作是组织管理中的两大要素。在把实现组织目标所需完成的任务分配到不同的职位和部门，并进行责权安排，还必须在此基础上进行整合，以使组织中的个人或部门协同运作，实现组织的整体目标。根据系统论的观点，组织设计的目的就是发挥整体大于部分之和的优势，使有限的资源形成最佳的综合效果。因此，协调是组织设计的重要步骤，也是组织目标得以顺利实现的根本保障。

四、影响组织结构的因素

企业组织结构及其运行，总是发生在一定的环境中，受制于一定的技术条件，并在组织总体战略的指导下进行的。组织设计必须考虑这些因素的影响。此外，组织的规模及其所处阶段不同，也会对组织的结构形式提出相应的要求。

（一）企业战略

在组织结构与战略的相互关系上，一方面，战略的制订必须考虑企业组织结构的现实；另一方面，一旦战略形成，组织结构应作出相应的调整，以适应战略实施的要求。适应战略要求的组织结构，为战略的实施及组织目标的实现提供了必要的前提。

为实现同一目标，组织可在多种战略中进行挑选。战略选择不同，会在两个层次上影响组织结构：一是不同的战略要求，会有不同的业务活动，从而影响管理职务的设计；二是战略重点的改变，会引起组织的工作重点、各部门与职务在组织中重要程度的改变。因此，要求对各管理职务以及部门之间的关系作相应的调整。

许多经营成功的公司，如保持在单一行业内发展，则偏好采用集权的职能结构，而那些实施多元化经营的公司，一般采用分权的事业部结构。为了不断适应公司新的发展战略的要求，公司也要适时地变革组织结构，以保持组织的自适应性。

（二）外部环境

组织作为整个社会经济大系统的一个组成部分，它与外部的其他社会经济子系统之间存在着各种各样的联系，所以，外部环境的发展变化必然会对企业组织结构的设计产生重要的影响。

对组织来说，外部环境包括一般环境和特定环境两部分。一般环境包括对组织管理目标产生间接影响的诸如经济、政治、社会文化及技术等环境条件，这些条件最终会影响到组织现行的管理实践。特定环境包括对组织管理目标产生直接影响的诸如政府、顾客、竞争对手、供应商等具体环境条件，这些条件对每个组织而言都是不同的，并且会随一般环境条件的变化而变化，两者具有互动性。

任何组织作为社会的一个单位，都存在于一定的环境中，组织外部的环境必然会对内部的结构形式产生一定程度的影响。这种影响主要表现在三个不同的层次上：①对职务和部门设计的影响；②对部门关系的影响；③对组织结构的影响。

（三）科技条件

概括而言，科技是指在生产过程中（包括生产商品或提供服务）所使用的机械工具、技术知识及操作程序。组织的活动需要利用一定的技术和反映一定技术水平的物质手段来进行。技术以及技术设备的水平不仅影响组织活动的效果和效率，而且会作用于组织活动的内容划分、职务的设置和工作人员素质要求；信息处理的计算机化已改变了组织中的会计、文书、档案等部门的工作形式和性质。信息和网络技术的发展将会对组织的结构及运行产生革命性影响。

（四）组织规模及组织所处的发展阶段

规模是影响组织结构的一个不可忽视的因素。适用于某个区域市场上生产和销售产品的企业组织结构形态，也适用于在国际经济环境中从事经营活动的跨国公司。

组织的规模往往与组织的发展阶段相联系。伴随着组织的发展，组织活动的内容会日趋复杂，人数会逐渐增多，活动的规模会越来越大，组织的结构也需要随之调整。

（五）企业文化

企业文化是指组织内各成员所共同分享及认同的价值观、规范与信念，用以维系及凝聚众人。企业文化需要组织结构相配合，方可发挥其效用。例如，强调企业对外应变的"适应文化"，企业便需要一个宽松而且具有弹性的结构，减低形式化、标准化及集权程度。相反，若企业采用一个重视内部稳定的"贯彻文化"，则组织结构倾向紧密，以较高的形式化、标准化及中央集权去加强内部控制，保持内部稳定状态。

第四节　组织结构的主要类型

设置组织结构需要选择适当的组织结构形式，因为不同的组织有不同的特点，不可能用统一的模式，但各组织在进行组织结构设计时，可以把已有的组织结构模式作为参考。常见的一些组织结构的基本类型有直线制、职能制、直线职能制、事业部制等，下面详细予以解释。

一、组织结构的基本类型

（一）直线制结构

作为最早使用也是最为简单的一种组织结构形式，直线制结构又称简单结构（Simple Structure），它是一种集权式的组织结构形式。直线制结构的特点在于，组织中的各种职务

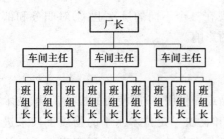

图 6-2　直线制结构

按照垂直系统直线排列,各级主管人员对所属下级拥有一切职权,并且按照统一指挥的原则对所属下级行使管理职权,组织结构中不设专门的职能机构,如图 6-2 所示。

直线制结构的优点在于:结构比较简单,权利相对集中,权责分明,信息沟通便捷,便于统一指挥和集中管理。直线制结构的缺点在于:横向协调比较差,没有职能机构分担管理任务,管理者负担较重,特别是在组织规模扩大的情形下,管理工作会显得更加繁重且复杂,管理会变得越来越缺乏效率。直线制结构一般适用于那些人数少、规模小、无须按照职能实行专业化管理的小型组织。

(二)职能制结构

职能制结构又称"U 形组织结构",又称"一元组织结构"。职能制结构的特点在于,权利集中于组织高层,实行等级化的集权式控制,组织活动按照职能的不同被划分至若干垂直管理部门,每个部门实行职能分工,并直接由最高主管协调控制,如图 6-3 所示。

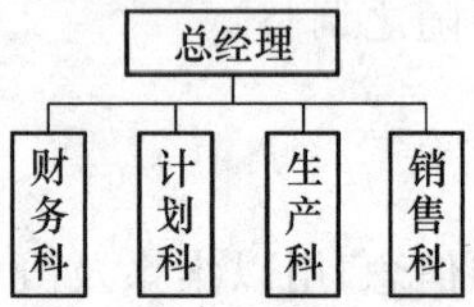

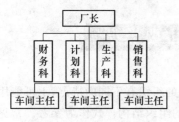

图 6-3　职能制结构

职能制结构的优点在于:分工严密,职责明确,实行职能专业化分工;能够集中利用有限的资源,具有较高的组织效率。职能制结构的缺点在于:过度集权;组织适应性比较差。职能制结构适用于小规模、产品单一、市场销售较稳定的企业。

(三)直线职能制结构

直线职能制是对职能制的一种改进,它是以直线制为基础,在保持直线制组织统一指挥的原则下,增加了为各级行政领导出谋划策但不进行指挥命令的参谋部门,所以称为直线职能制。这种组织结构形式的特点是,只有各级行政负责人才具有对下级进行指挥和下达命令的权利,而各级职能机构只是作为行政负责人的参谋发挥作用,对下级只起业务指导作用,但在直线人员授权下可行使职能权。如图 6-4 所示。

图 6-4　直线职能制结构

直线职能制结构综合了直线制和职能制各自的优点,抛弃了它们各自的缺点,实现了集中统一指挥和职能专业化管理的结合,提高了组织管理的效率,正因如此,直线职能制结构是组织管理史上的一个重大进步。

直线职能制结构的缺点在于:由于权利集中于最高管理层,下级缺乏必要的自主权;各职能部门的横向联系较差,直线主管与职能主管之间会因目标的不一致而产生矛盾;信息链较长,信息沟通速度较慢;组织刚性大,适应环境的能力较差。直线职能制结构是典型的集权式管理。

(四) 事业部制结构

事业部制结构又称"分部结构"或"M形结构"。所谓事业部制结构,就是在一个企业内对具有独立的产品责任、市场责任和利益责任的部门实行分权管理的一种组织形态。也就是说,事业部制结构必须具备三个要素:具有独立的产品和市场,是产品责任或市场责任单位;具有独立的利益,实行独立核算,是一个利益责任单位;是一个分权单位,具有足够的权利,能够自主经营。

这种结构最早起源于美国的通用汽车公司。20世纪20年代初,通用汽车公司合并收购了许多小公司,企业规模急剧扩大,产品种类和经营项目增多,而内部管理却很难理顺。当时担任通用汽车公司副总裁的斯隆,以事业部制的形式对原有组织进行改革,使通用汽车公司获得了很大发展,成为实行事业部制的典型,因而事业部制又称"斯隆模型"。

集中决策与分散经营是事业部制结构的突出特点。各事业部在公司的统一领导下实行独立经营、独立核算与自负盈亏;各事业部都是一个利润中心,都是实现总公司利益目标的责任单位;各事业部都是多种职能或多个部门的一种组合,这些职能或部门共同运作;建立事业部的目的在于在组织内部创建一个更小更好管理的单位。如图6-5所示。

事业部制结构有产品结构、地区结构和市场结构三种形式。当按照产品或服务类型组织事业部时,采取的就是一种产品结构;当按照经营所在的不同地区(国家或地区)组织事业部时,采

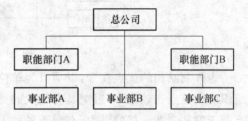

图 6-5 事业部制结构

取的就是一种地区结构;当按照特定的市场类型组织事业部时,采取的就是一种市场结构。

事业部制结构的优点在于:既有较高的组织稳定性,又有较高的组织适应性;既能充分发挥各事业部对经营管理的积极性、主动性,又有利于公司总部摆脱日常具体事务而集中于公司的总体战略部署;有利于培养出全面的管理人才;因每一个事业部都是一个利润中心,便于构建考核部门绩效的评价体系。事业部制结构的缺点在于:机构臃肿,容易滋生本位主义,导致资产滥用与浪费等。

斯隆是美国的高级经理人员,曾长期担任美国通用汽车公司的总经理和董事长。他是事业部管理体制的首创人之一。他在1921—1922年就提出了一种叫"集中政策控制下的分散经营"组织机构模式,这是事业部制的雏形。他把通用汽车公司按产品划分为21个事业部,分属4个副总经理领导。有关全公司的大政方针,如财务控制、重要领导人员的任免、长期计划、重要研究项目的决定等,由公司总部掌握,其他具体的业务则完全由各事业部自责。斯隆认为,这种管理体制贯彻了"政策决定与行政管理分开"这一基本原则,因而能使集权与分权得到较好的平衡。通用汽车公司经过斯隆的改革和整顿以后,迅速发展成为世界上最大的汽车公司。斯隆因此被称为第二个"20世纪最杰出的企业家"。斯隆在1963年出版的《我在通用汽车公司的年代》一书中介绍了他在该公司的工作经验。

(五)矩阵制结构

矩阵制结构(Matrix Structure)又称"规划—目标结构",是由纵横两套管理系统叠加在一起组成一个矩阵,其中纵向系统是按照职能划分的指挥系统,横向系统一般是按产品、工程项目或服务组成的任务系统。其特点是组织中的每一个成员既隶属于纵向的职能部门,又同时隶属于一个或几个横向的产品单位或项目单位。也就是说,矩阵中的成员要接受双重领导,一方面接受项目主管的领导,另一方面接受原属职能部门主管的领导。职能部门是固定的组织,而项目小组是临时性组织,项目任务完成后,各成员仍回原属职能部门,直到再参加下一个项目小组。如图6-6所示。

图6-6 矩阵制结构

矩阵制结构的优点在于:以项目为单位进行组织,为各部门之间的沟通提供了渠道,使组织的决策点比较集中,组织具有较大的灵活性和适应性;实行了集权与分权兼有的结构;有利于发挥专业人员的潜力,有利于各种人才的培养。

矩阵制结构的缺点在于:项目主管的权利和责任不平衡,责任大于权利;因双重指挥的存在,会产生组织摩擦,需要更多的组织协调,如果协调得好,可以提高组织效率,但如果协调得不好,则会增加组织管理的成本。

(六)委员会

委员会由一群人组成,其中各个委员的权利平等,并依据少数服从多数的原则处理问题。委员会按时间长短可以划分为常设委员会和临时委员会,前者旨在促进协调、沟通和合作,并行使制定和执行重大决策的职能,例如董事会,后者则大多是为了某一特定目标而设,一旦特定目标实现,则委员会就解散,例如某些奖励委员会。委员会按职权可以划分为直线式和参谋式两种委员会,直线式委员会的决策下级必须执行,参谋式委员会主要旨在为直线人员提供咨询和建议。委员会还可以具有正式委员会和非正式委员会之分,但凡属于组织结构的一个组成部分并被授予特定权责结构的委员会都是正式委员会,反之,则为非正式委员会。

委员会的优点在于:可以充分发挥集体智慧,避免个别领导人的决策失误;遵从少数服从多数的原则,可以防止个人滥用权利;各个委员地位平等,有助于彼此之间的沟通和协调。委员会的缺点在于:决策往往需要较长的时间;集体负责往往导致个人责任不清;具有委曲求全与折中调和的危险;有可能被某种特殊势力把持,也有可能因完全无人负责而形同虚设。

二、组织结构发展的新类型

（一）团队组织

团队组织是目前组织工作活动中最流行一种组织类型。当管理者运用团队来协调组织活动时,其组织结构即为团队组织。团队组织的特点在于,打破了部门界限,下放决策权给团队成员,团队成员具有多种技能,既是全才又是专才。无论是在小型公司还是在大型公司,都可以采用团队组织的形式,并发挥团队组织的功能。在小型公司中,可以把团队作为整个组织形式,籍此,团队对日常的大多数作业和服务负全部责任。在大型公司中,团队组织则是作为机械性组织的补充,公司既可以运用标准化规范与程序进行组织管理,同时又可以基于团队组织的采用而提高公司的运行效率,并提高了公司局部的组织灵活性与组织适应性。

（二）网络组织

网络组织是指组织为了生产和销售某种产品而与供应商、制造商及分销商结成的一系列战略联盟,通常将组织中一些部门的工作任务承包给其他公司完成。网络组织是一个组织从长远利益出发把资源整合起来而寻找竞争优势的新途径,其特点在于柔性化和虚拟化。

网络组织的优点在于:具有很强的灵活性;对市场变化能够迅速作出反应。

网络组织的缺点在于:管理者对工作活动缺乏控制力;创新性成果容易流失或被窃取。网络组织并不适用于所有组织。

（三）无边界组织

无边界组织旨在消除指挥链所带来的限制,无限扩大控制幅度,并用授权团队代替职能部门。无边界组织结构的特点在于:纵向结构无界限,层级结构扁平化;打破组织与组织环境之间的界限,全球化、战略联盟和组织与顾客之间的联系渠道都可以突破组织与外部环境之间的界限。无边界组织的产生基于网络化与计算机系统在组织管理中的应用。网络化与计算机系统能够使人们打破组织内与组织间的界限,进行直接的通信联系,并实现资源与信息共享。

（四）学习型组织

学习型组织强调通过员工的持续学习和创新实现组织的持续改进,学习型组织是一种协助员工终身学习和个人发展,同时持续对变化的需求作出适应性反应的组织。学习型组织常见的目标在于组织品质的提高与持续改善以及组织绩效的提高,其中的观点在于,最符合逻辑和一致性的实现持续改进的战略在于持续提升组织员工的能力、技能和知识。例如,如果组织中的每个员工每天学习新的知识,并且能够将新的知识转化为与组织工作相关的活动,则组织的持续改进将会成为顺理成章的结果。学习型组织相信,只有组织成员持续学习,组织才能得到持续改进。

(五) 集群组织

集群组织是指同一产业内部在业务上密切关联的一群公司和相关机构集聚在一个较小的地理范围内。例如,美国的硅谷集聚了微电子、生物技术、风险资本等,好莱坞则集聚了美国的影视娱乐业等。在企业集群内,通常是既有主导产业企业,又有为主导产业提供配套服务的其他产业企业和机构。其特点在于:从纵向关系看,包括提供专业化投入的上游企业和下游的分销渠道与顾客;从横向关系看,包括提供互补产品的制造商,还包括政府和其他提供专业化培训、教育、研发的机构。这些机构相互协作又激烈竞争,从而获得竞争优势。集群组织是一种典型的网络组织,其促进了学习、创新与竞争,带来了组织外部的规模经济效益,代表了知识经济时代的发展趋势。

三、组织结构发展的趋势

(一) 扁平化

组织结构扁平化是指组织形态随着管理层次的削减、管理幅度的增大,由金字塔形向圆锥形转变。随着计算机技术与网络技术的不断进步,组织人力资本存量的提升,组织团队关系与理念的不断创新与扩散以及信息容量的不断扩充与增长,组织的生存与竞争环境相较以前已经发生了巨大的改变,传统的层级结构已经无法再满足组织有效运作的需要,严密的等级层次更是阻碍了信息的加速流通和反馈。正因如此,减少管理层次成为组织发展的一大趋势,所谓组织结构的扁平化。

(二) 柔性化

组织结构柔性化是指以一些临时的基于任务导向的团队式组织取代那些固定的或正式的组织机构,以增强组织的灵活性与组织对环境的适应能力。组织结构柔性化的主要特征在于两点:一是组织结构柔性化是集权与分权的内在统一,对此,柔性化的组织结构往往能够很好地通过对非正式组织的利用而实现基于分权的必要集中;二是组织结构柔性化是稳定与变革的内在统一,对此,柔性化的组织结构往往通过实现正式组织与非正式组织、职能部门与项目小组的并存而实现稳定性与灵活性的统一。

(三) 分立化

组织结构分立化是指组织将其内部的一些功能性组织实现外化的过程。例如,从企业中分离出一些能够独立运营、自负盈亏的小企业。事实上,随着组织规模的不断扩大,组织内部的管理成本也会不断增加,一旦这种增加量突破一定的极限,组织就会表现出一种分立的趋势。组织的分立不同于组织的内部分工,分立出来的组织具有独立的法人资格。

(四) 信息化

组织结构信息化是指组织结构设计越来越注重对相关信息的重视。传统组织结构设计通常重视业务流程的设置、职能部门作用的发挥、劳动分工的细化程度等方面,而对信息的利用还没有涉及到组织结构设计的层面。如今,随着信息技术水平的不断提高与信息资源对组织成长与发展的功能日益凸显,更多的组织开始越来越注重组织的数据库和信息库建设,有的组织甚至将组织的信息系统建设放在了首要的位置。组织结构信息化是一种全新的组织结构模式,其基于寻找并利用组织信息资源提升组织竞争优势。

本章学习要点

1. 组织无处不在,组织结构是组织中正式确定的使工作任务得以分解、组合和协调的框架体系。

2. 正式组织是指经过精心设计的,为了到达一定目标而按一定程序建立的、具有明确的职责关系和协作关系的群体。非正式组织是指人们在共同工作或活动中,由于具有共同的兴趣和爱好,以共同利益和需要为基础而自发形成的群体。维系正式组织的主要原则是理性的原则。而非正式组织则主要以感情和融洽的关系为标准。

3. 组织设计各个维度之间是相互关联的,组织结构的设计就是把为实现组织目标而需完成的工作,不断划分为若干性质不同的业务工作,然后再把这些工作"组合"成若干部门,并确定各部门的职责和职权的过程。

4. 组织结构形式就是表明组织各部分排列顺序、空间位置、聚散状态、联系方式,以及各要素之间相互关系的一种模式。常见的一些组织结构的基本类型有直线制、职能制、直线职能制、事业部制等,团队组织、网络组织、无边界组织、学习型组织以及集群组织是组织结构发展的新类型,组织结构具有扁平化、柔性化、分立化与信息化的发展趋势。

5. 影响组织设计的权变因素包括企业战略、外部环境、科技条件、组织规模及组织所处的发展阶段、企业文化以及其他相关因素。

复习思考题

1. 如何理解组织结构的真正内涵?
2. 扁平化组织和锥形组织,哪种组织的效率更高,为什么?
3. 阐述直线职权、参谋职权和职能职权的关系。
4. 如果你是管理者,你愿意向你的下级授权吗?为什么?
5. 公司有哪些常见的组织形式?它们的优缺点是什么?
6. 如何理解集权与分权的相对性?
7. 你认为现在有些组织的管理层次过多是由什么原因造成的?应如何改变?

参 考 文 献

[1] 陈立富,刘保海,夏保京. 管理学:理论与方法. 上海:第二军医大学出版社,2010.

[2] 邓培林,马洪波.管理学.成都:电子科技大学出版社,2009.
[3] 冯国珍.管理学(第2版).上海:复旦大学出版社,2011.
[4] 耿俊丽.管理学基础.兰州:兰州大学出版社,2010.
[5] 王慧娟,彭傲天.管理学.北京:北京大学出版社,2012.
[6] 王雪峰,段学红.管理学基础.北京:中国经济出版社,2009.
[7] 李丽娟.管理学原理.北京:北京理工大学出版社,2010.
[8] 孙晓红,闫涛.管理学(第2版).大连:东北财经大学出版社,2009.
[9] 谭力文,刘林青.管理学.北京:科学出版社,2009.
[10] 王林雪.管理学:原理、方法与技能.西安:西安电子科技大学出版社,2007.
[11] 里基·W·格里芬.管理学(第9版).刘伟,译.北京:中国市场出版社,2008.
[12] 部分资料来自:http://baike.baidu.com/.

案例分析

组织结构的发展

某市生产传统工艺品的 A 企业,伴随着我国对外开放政策逐渐发展壮大起来,销售额和出口额近十多年来平均增长 30%以上,员工也由原来的十几人增加到了 1000 多人。可企业还是采用过去的类似直线形的组织结构,企业张董事长不仅兼总经理,而且直接分管生产和销售,虽说张董事长是一个多面手、全能型的管理者,但最近企业发生的一系列事情,让他应接不暇。其一,生产基本是按订单生产,基本由董事长传达生产指令,碰到交货时间紧,往往是董事长亲自带头和员工一起挑灯夜战,虽然能按时交货,但质量不过关,产品总是被退回,并被要求索赔。其二,以前企业招聘人员人数少,所以董事长一人就可以决定了,现在每年要招收大中专学生近 50 人,还牵涉人员的培训等,以前的做法不行了。其三,过去总是董事长临时派人去做后勤等工作,现在这方面工作太多,临时派人去做已经做不了,更做不好了。以前高效、有效的管理方法好像已经失去作用了。

(资料来源:刘志坚.管理学:原理与案例(第3版).广州:华南理工大学出版社,2012:115-116)

案例思考

请从组织结构设计的角度说明企业存在的问题以及建议措施。

王教授的建议

H 市"宇宙"冰箱厂近几年来有了很大的发展。该厂厂长周冰是个思维敏捷、有战略眼光的人,早在前几年"冰箱热"的风朗中,他已预见到今后几年中冰箱热会渐渐降温,变"畅销"为"滞销",于是命该厂新产品开发部着手研制新产品,以保证企业能够长盛不衰。果然,近来冰箱市场急转直下,各大商场冰箱都存在着不同程度的积压。好在宇宙冰箱厂早已有所准备,立即将研制生产的小型冰柜投入市场,这种冰柜物美价廉并且很实用,一问世便立即受到广大消费者的欢迎,宇宙冰箱厂不仅保证了原有的市场,而且又开拓了一些新市场。

但是,近几个月来,该厂产品销售出现了一些问题,用户接二连三地退货,要求赔偿,影响了该厂产品的声誉。究其原因,原来问题主要出在生产上,主管生产的副厂长李迎是半年前从 H 市二轻局调来的。她今年 42 岁,是个工作勤恳、兢兢业业的女同志,工作认真负责,口才好,有一定的社交能力,但对冰箱生产技术不太了解,组织生产能力欠缺,该厂生产常因所需零部件供应不上而停产,加之质量检验没有严格把关,尤其是外协件的质量常常不能保证,故产品接连出现问题,影响了厂里的销售收入,原来较好的产品形象也有一定程度的破坏。这种状况如不及时改变,该厂几年来的努力也许会付诸东流。周厂长为此很伤脑筋,有心要把李迎撤换下去,但又为难,因为李迎是市二轻局派来的干部,和上面联系密切,并且她也没有犯什么错误,如硬要撤,处理不好,也许会弄僵上下级之间关系(因为该厂隶属于市二轻局主管)。不撤换吧,厂里的生产又抓不上去,长此以往,企业很可能会出现亏损局面。周厂长想来想去不知如何是好,于是就去找该厂的咨询顾问某大学王教授商量,王教授听罢周厂长的诉说,思考了一阵,对周厂长说:"你何不如此如此呢……"周厂长听后,喜上眉梢,连声说:"好办法! 好办法!"于是便按王教授的意图回去组织实施。果然,不出两个月,该冰箱厂又恢复了生机。王教授到底如何给周厂长出谋策划的呢?原来他建议该厂再设一个生产指挥部,把李迎升为副指挥长,另任命一名懂生产、有能力的赵宇为生产指挥长主管生产,而让李迎负责抓零部件、外协件的生产和供应,这样既没有得罪二轻局,又使企业的生产指挥的强化得到了保证,同时又充分利用了李、赵两位同志的特长,调动了两人的积极性,解决了一个两难的问题。

小刘是该厂新分来的大学生,他看到厂里近来一系列的变化,很是不理解,于是就去问厂长:"厂长,咱们厂已经有了生产科和技术科,为什么还要设置一个生产指挥部呢? 这不是机构重复设置吗? 我在学校里学过有关组织设置方面的知识,从理论上讲组织设置原则应该'因事设人',咱们厂怎么是'因人设事',这是违背组织设置原则的呀?"周厂长听完小刘一连串的提问,拍拍他的肩膀说:"小伙子,这你就不懂了,理论是理论,实践中并不见得都有效。"小刘听了,仍不明白,难道是书上讲错了吗?

(资料来源:刘志坚.管理学:原理与案例(第 3 版).广州:华南理工大学出版社,2012:117-118)

案例提示

该冰箱厂组织结构调整很小,涉及的战略很少,但是却解决了冰箱质量这个大问题,虽然有"因人设事"的嫌疑,但是,由于管理者也是人,也具有独特性,因而有时候根据组织成员的特征设置机构也是必要的。

案例思考

1. 在企业中如何设置组织机构? 到底应该"因事设人"还是应该"因人设事"?
2. 你认为王教授的建议是否合适?
3. 你认为应该如何看待小刘的提问?
4. 如果你是厂长,你将如何处理这个难题?

第七章
组织变革与创新

本章学习目的

组织变革的含义；

组织变革的目标、动力、过程与内容；

组织变革抗拒及相应对策；

组织创新的含义；

组织创新的动力、内容、模式。

第七章 组织变革与创新

案例——问题的提出

出版商的变革

Reed Elsevier 出版公司总部设在英国。Crispin Davis 于 1999 年 9 月加入公司并出任 CEO,从而结束了公司长达一年没有 CEO 的状况。当时这家由英国 Reed 国际公司和荷兰 Elsevier 公司于 1993 年合并产生的公司正深陷困境中。伦敦和阿姆斯特丹董事会之间的长期不和使管理高层无心处理业务部门的问题;而三次利润滑坡警告使 Reed 国际公司在伦敦证交所的股价跌到 348 便士(相当于 4.96 美元)。

到 12 月份,Davis 已经准备实施他的变革计划。他首先更换了 12 个高级执行官中的 11 个。新的高层管理团队开始着手解决 Reed Elsevier 公司业务部门的问题。其中,Reed 的法律部和美国贸易出版业务部门 Cahners 的变革尤其迅速。同时,科学部门 Elsevier 被搬上了互联网。这样,Elsevier 期刊价格逐年上涨的趋势被扼制住了,从而降低了图书馆的退订水平。

Davis 确定了有价值的核心业务并投入大量资金。他在新产品开发上一年投入 1.5 亿~2 亿英镑(相当于 2.14 亿~2.85 亿美元),其中大部分都投向了互联网。同时,他撤销了那些与他的战略不一致的部门。而最重要的是,他确定了 1.7 亿英镑(相当于 2.423 亿美元)的成本节约机会,其中包括裁员 1 500 人。

在 Davis 公布变革计划仅 20 个月之后,Reed 国际公司的股价几乎翻了一倍,达到 634 便士(相当于 9.04 美元)。

那么,成功变革的法则是什么呢?首先,变革的倡导人必须是真正的领袖,就像 Reed Elsevier 的 CEO 一样。他们必须卷起袖子,明确任务,大干一场。想要让整个公司都朝着 CEO 的设想奋斗,CEO 就必须站到最前线去。必须让大家觉得 CEO 是一个实干的人。CEO 需要引入一套行动和道德标准,并简洁有力地传达给所有员工。

其次,无论 CEO 多么优秀,他(她)都不能单枪匹马地改变一个公司,他需要一个强有力的团体。不幸的是,现存的管理高层往往不是领导公司进行变革的最佳人选,即使是有能力的经理,也可能因为和老公司的密切联系而被员工视为无能或不可信任。我们的研究表明,更替管理高层和成功的变革紧密相关。

Reed Elsevier 公司的 Crispin Davis 都更换了绝大部分高级管理人员。从 Davis 让 Reed Elsevier 从一个饱受争斗折磨的公司迅速变成股市英雄就可以看出:"一个这样的公司过去居然经营得那么糟糕,那显然是管理层出了问题。"

最后,陷入困境的公司的成功领袖们不能被变革的过程所蒙蔽,而必须关注最终结果。要使变革成功,变革者们首先要清楚地认识公司的价值所在以及如何来实现价值。一旦明确于此,他们就会树立坚定的目标,既包括财务目标,也包括非财务目标。然后,他们会回过头来,带领经理们按照他们认为合适的方式实现目标。

(资料来源:王柏林.管理学.西安:西北大学出版社,2006.7)

思考题

本案例中的 Reed Elsevier 出版公司的组织变革主要采用的是什么方式?

第一节 组织变革

组织变革是指各类组织对于管理理念、工作方式、组织结构、人员配备、组织文化等多方面进行不断调整、改进和革新的过程。为了适应环境的变化,更有效地利用资源,最大限度地实现组织目标,组织必须不断地进行变革。组织变革伴随着组织发展的各个阶段,是组织发展过程中的一项经常性活动,并与组织演变相互交替。管理工作有效性的重要标志之一就是能否顺利地推进组织变革。

一、组织变革动因

(一) 外部因素

外部因素主要包括社会、经济、政治、文化等几个方面。通常,组织难以控制这部分的因素,所以只有主动适应外部环境。换句话说,整个组织要随着外部环境的变化而进行相应的变化。只有变才能应变,也只有变才有出路。外部因素具体包含以下几个方面:

1. 政治因素

一个国家政局稳定与否,直接影响着组织的日常经营,对于跨国公司而言,贸易往来的国家政局也对企业当前的组织经营有着重要的影响,如两国的军事、外交、贸易等都会影响组织变革。

2. 经济因素

随着全球经济一体化的发展,不仅国内的利率、通货膨胀率、证券市场指数、经济周期等因素会影响组织的发展,国际经济形势的变化也会对组织的运营产生重大影响。例如,当今全球经济不景气的压力迫使许多组织变得更加注重成本的节约,而即便在强势的经济环境下,诸如利率、政府预算赤字和汇率等方面的不确定性也都有可能促进组织变革。

3. 竞争环境

竞争不可避免地会影响到组织的价格结构和产品类别。例如,当竞争者开始降价开展竞争时,竞争的伙伴就可能将别无选择,只能跟随降价。同样,主要顾客群体的偏好将迫使企业改变竞争策略去迎合顾客。

4. 科技因素

科学技术是第一生产力。科技的迅猛发展,新工艺、新材料、新技术、新设备的出现,都对组织固有的运行机制带来了强有力的挑战。在这样的新形势下,组织只有做出相应的变革才能进一步生存和发展。例如,昂贵诊断仪器的技术改进为医院和医疗中心创造了显著的规模经济;在许多组织中,机器人已经取代了人类的劳动;而在贺卡行业中,电子邮件和互联网使人们发送贺卡的方式发生了重大的改变。

5. 法律法规

法律法规也是组织变革的另一常见动因。例如,对上市公司管理的相应法律、法规的出台与修订,不仅有效地对上市公司的信息披露提出了更高的要求,而且改变着上市公司经营与管理的水平。《劳动用工法》的实施也对企业合理使用劳动力,改变粗放的管理模式产生了冲击。

6. 劳动力市场

劳动力市场的波动也会迫使管理者进行组织变革。如果组织需要某种技能的员工,则组织应当改进其人力资源管理,以吸引和留住那些组织急需的高技能员工。例如,那些面临护士严重短缺的医疗保健机构必须改变其工作时间表。

7. 社会文化

社会文化方面的影响包括价值观决定了什么样的产品或服务可以为市场所接受,进而影响到组织的变革。如战略管理专家迈克尔·波特就认为一个国家居民挑剔的程度越高,越会对企业产生压力,从而提高一国的竞争优势。

8. 其他因素

复杂的组织间联系或利益关系等因素也会促进组织发生变革。例如战略联盟、虚拟组织等结构与权责体系的变化势必促进组织变革,否则,组织将因适应性滞后而面临竞争力衰减的风险。

(二) 内部因素

内部因素主要来自于组织的内部活动和决策,主要是人的变化、组织运行和成长中的矛盾所引起的。具体的组织内部因素包括以下几个方面。

1. 组织目标选择

组织目标的选择决定着组织变革的方向,同时在一定程度上规定了组织变革的范围。组织目标的选择通常具有三种基本状态,这三种基本状态的改变会相应地要求组织进行调整和变革:其一,既有组织目标已经实现,新的组织目标要求组织进行变革;其二,对组织目标进行修正,也会引起组织变革;其三,既有组织目标无法实现,转向新的组织目标,从而引起组织变革。

2. 组织结构调整

组织结构调整主要是指对组织结构中的权责体系、部门体系等的调整,组织结构调整必然要求组织进行相应的变革。组织结构的改变要求调整管理幅度和管理层次、重新划分核心部门与协调部门的权责体系等。如果组织结构设计不合理或原有组织结构已经不适应新的发展与变化,那么也需要进行组织结构的调整与变革。

3. 组织职能发展

随着社会的不断发展,组织的职能也发生了较大的变化,社会开始日益强调组织的社会服务职能,而不再将利润作为唯一目标,社会要求现代组织必须兼顾公众和社会的利益,并对公众和社会负责。这种组织职能的转变迫使组织必须做出相应的调整和变革,以求得组织更好的生存和发展。

4. 技术变革

技术变革对组织具有深远的影响,尤其在动态的组织环境中,技术变革可能会对组织产生至关重要的影响。例如某种新技术的采用会导致生产组织的深刻变化、劳动生产率的大幅度提高,并影响到组织结构和员工的心理状态。

5. 管理创新

在某种程度上而言,管理创新比技术创新对组织变革的推动力更大。管理部门的工作是维持组织运转和进行组织变革的必要基础与条件,因此,在组织变革中,管理部门必须根据客观情形,审时度势,做出高效率的决策,推动和指挥整个组织变革的进程。

6. 其他因素

引起组织变革的动力非常复杂,组织中的其他因素,诸如领导者的领导作风、组织价值观、组织制度、组织战略等的变化都会对组织变革产生一定的影响。

二、组织变革的目标及内容

(一) 组织变革目标

内外部因素的影响,使得组织不得不进行组织变革。具体来讲,组织变革的基本目标主要表现在三个方面:

1. 使组织更具环境适应性

组织要想在瞬息万变的环境中生存发展,就必须顺势变革自己的组织目标、管理制度、组织结构等。只有这样,组织才能有效地把握机会,更具环境适应性。

2. 使管理者更具环境适应性

管理者在组织变革中起着至关重要的作用。因此,一方面管理者需要调整自己过去的领导风格和决策程序,使组织更具灵活性和柔性;另一方面,管理者要根据环境的变化来重构层级之间、工作团队之间的各种关系,使组织变革的实施更具针对性和可操作性。

3. 使员工更具环境适应性

组织变革的最直接感受者就是组织的员工。固有的观念、态度和行为是一件非常困难的事,组织要使员工更具环境适应性,不断地进行再教育和再培训,决策中要更多地重视员工的参与和授权,只有这样,更好地适应环境,改造和更新整个组织文化。

对于组织变革,我们不能仅仅局限于技术、人员和结构上的改变,更应该关注新思想和新模式。一个向上、有活力的组织必须时刻评估自己的组织效能,掌握组织自身的发展规律,积极地调查外部环境的变化,不断自我完善、扬长避短,有计划地主动寻求各种变革,以跟上时代发展的步伐。

(二) 组织变革内容

对于一个具有系统性的组织来说,影响其运行的因素很多。但是,就每一次的组织变革而言,由于具体情况不同,其侧重点和内容有所不同。综合起来,组织变革主要包括结构、技术、人员与文化四项内容。

1. 结构变革

组织结构变革就是通过改变现有的组织结构,以进一步明确工作内容与组织目标,使组织分工更合理,职责更明晰,协调更舒畅,信息传递更便捷,管理成本更低,组织成员更具凝聚力。一般而言,当组织结构影响到组织运行时,就要考虑选择组织结构变革。例如,管理者可以将几个部门的职责组合在一起,或者精简某些层次,拓宽管理跨度,以使组织更加扁平化和具有更少的官僚机构;为了提高组织的正规化程度,管理者可以制定出更多的规则和程序;通过提高分权化程度,加快决策制定的过程;或者,在兼并某公司后,对该公司的结构进行部分调整,撤销一部分产品部门,合并或扩张另外一些产品部门;再或者,实行从职能型结构向产品事业部型结构转变,等等。当然,这些结构变革决策并非一旦做出就一成不变了,而须基于变化的条件或战略要求做出相应的修正或改变。只有这样,作为组织变革的推动者,管理者才能真正对结构进行修改。

2. 技术变革

技术变革强调改变管理系统的技术水平,它包括技术装备、工艺、工作流程、设计程序、信息处理、系统优化等方面的变革,技术变革可以间接地促进组织任务的改变,或直接促进组织技术条件与制造方法的改进,从而影响到组织人员与组织结构。产业内竞争的力量或新的发明创造常常要求管理者引入新的设备、工具或操作方法,例如煤矿企业通过更新掘煤方法和安装高效的采煤设备带来了生产率的显著改善。作为以机械取代人力的一种技术变革,自动化开始于工业革命时代,现在仍是管理者可供选择的一种组织变革方案。自动化在美国邮政服务领域的邮件自动分拣以及汽车产业中使用程控机器人取代蓝领工人的自动装配线上得到了推广,当然它也没少遭到产业工人的抵制。当然,近年来最明显的技术变革莫过于来自管理阶层努力扩大计算机的应用范围,如今许多组织都安装有复杂的管理信息系统,没有计算机的办公室已经很少见了。

3. 人员变革

人员是指组织成员的态度、动机、行为、技能、文化、修养、道德、人际关系网络、价值观等。人员变革就是要改变组织成员的态度、动机、行为、技能、文化、修养、道德、人际关系网络、价值观等,从而改变他们的组织行为。人员变革是组织变革中最复杂、最深刻的部分,也是最难把握的组织变革部分之一,它对组织变革的成败起着重要的甚至决定性的作用。毫无疑问,人员变革相当困难。人员变革既涉及个体变革,也涉及群体变革。

4. 文化变革

组织文化相对稳定与持久,这往往会导致组织文化变革存在相当大的阻力。一种组织文化需要在很长一段时间之内才能形成,而组织文化一旦形成,常常牢固不破,不易更改。像目前已经临近破产的美国通用汽车公司就是这样具有强文化的组织,之所以存在特别大的变革阻力,成因就在于其员工早已融合到其组织文化之中了。随着时间的推移,如果某种特定的组织文化已经变得对组织来说不适宜了,那么这种组织文化就成了管理当局的绊脚石。但即便如此,管理当局也很难改变它,尤其在短期内更是如此。即使在最有利的条件之下,组织文化变革也常常需要历经多年的时间,而不是仅仅在几周或几个月之内就能够完成。

三、组织变革过程

全面认识组织变革的一般过程，可以帮助我们按照科学的程序实施组织变革。组织变革的过程可以分为解冻、变革、重新冻结三个阶段。

（一）解冻阶段

解冻阶段就是变革前的心理准备阶段，其任务就是使组织的全体成员都认识到组织存在的问题和进行组织变革的必要性，以提高他们改变自己行为方式的意愿。变革通常就是要打破原有的平衡，这必然触及组织成员的利益。也就是说，组织变革首先要解决一个观念转变的问题，因为任何一项组织变革或多或少会面临来自组织自身及其成员的一定程度的抵制，所以说组织变革需要有一个解冻阶段作为实施变革的前奏。为此，在这个阶段，变革的领导者必须激励员工，营造气氛，并在采取措施克服变革阻力的同时具体绘制组织变革的蓝图，明确组织变革的目标和方向，以形成有待实施的比较完善的组织变革的方案。

（二）变革阶段

变革阶段是变革过程中的行为转换阶段，也是组织变革的第二个阶段，是至关重要的阶段。它指组织成员表现出新的行为并学会工作中将会用到的新技能的过程。这一阶段，就是按照所拟定变革方案的要求开展具体的组织变革的行为，以便组织从现有结构模式向目标模式转变。可以看到，此阶段是变革的实质性阶段，一般分为实验与推广两个步骤。这是因为组织变革的涉及面较为广泛，并有着相当复杂的联系，甚至"牵一发而动全身"。这种状况就使组织变革方案在全面付诸实施之前不得不先进行一定范围内的典型实验，从而可以总结经验，纠正偏差。在试验取得初步成效后再进入大规模的全面推广阶段。这样做的优势就是可以使一部分对变革尚有疑虑的人能在实验阶段便及早看到或感觉到组织变革的潜在效益，从而有利于争取更多组织成员在思想和行动上支持所进行的组织变革，并踊跃参与变革，由此实现从观望者、反对者的角色向变革的积极支持者和参加者的角色转变。

（三）重新冻结阶段

再冻结阶段是变革后的行为强化阶段，其目的是通过对变革驱动力和约束力的平衡，使新的组织状态保持相对稳定。当组织成员养成了新的态度或价值观并受到组织的充分认可后、就进入此阶段。换句话说，再冻结是一个相对稳定、巩固变革成果的阶段。由此可以看到，组织变革过程不是在实施了变革行为后就宣告结束了。由于组织变革涉及人的行为和态度，若这些因素不能定形，那就有可能出现组织变革行动发生之后，组织及其成员又退回到原有习惯的行为倾向。为了避免出现这种情况，变革的管理者就必须采取相应措施保证新的行为方式和组织状态能够不断地得到强化与巩固。其方式有两个：一是个人主动将新的态度与行为融入自己的个性、情感和品德之中，固定下来；二是组织使用强化手段固定新的态度和行为模式。缺乏这一再冻结阶段，变革的成果就有可能退化消失，而且对组织及其成员也将只有短暂的影响。

四、组织变革的阻力及应对策略

(一) 组织变革的阻力

组织变革必然会涉及企业的各个层面,引起企业内部个人和部门利益的重新分配。因此,必然会遭到来自企业各个方面的阻力。所谓阻力,是人们反对变革、阻挠变革甚至对抗变革的制约力,变革的阻力可能来源于个体、群体,也可能来源于组织本身甚至外部环境。

1. 组织因素

在组织变革中,组织惰性是形成变革阻力主要的因素。这是指组织在面临变革形势时表现得比较刻板、缺乏灵活性,难以适应环境的要求或者内部的变革需求。造成组织惰性的因素较多,如组织内部体制不顺、决策程序不良、职能焦点狭窄、陈旧文化等,都会使组织产生惰性。此外,组织文化和奖励制度等组织因素,以及变革的时机也会影响组织变革的进程。

2. 群体因素

组织变革的阻力还会来自群体方面。研究表明,对组织变革形成阻力的群体因素主要有群体规范和群体内聚力等。群体规范具有层次性,边缘规范比较容易改变,而核心规范由于包含着群体的认同,难以变化。同样,内聚力很高的群体也往往不容易接受组织变革。卢因的研究表明,当推动群体变革的力和抑制群体变革的力之间的平衡被打破时,也就形成了组织变革。不平衡状况"解冻"了原有模式,群体在新的、与以前不同的平衡水平上重新"冻结"。

3. 个体因素

人们往往会由于担心组织变革的后果而抵制变革。一是职业认同与安全感。在组织变革中,人们需要从熟悉、稳定和具有安全感的工作任务,转向不确定性较高的变革过程,其"职业认同"受到影响,产生对组织变革的抵制。二是地位与经济上的考虑。人们会感到变革影响他们在企业组织中的地位,或者担心变革会影响自己的收入。或者,由于个性特征、职业保障、信任关系、职业习惯等方面的原因,产生对于组织变革的抵制。

(二) 应对策略

1. 参与变革

让员工参与组织变革是克服组织变革抗拒最有效的方法。参与组织变革规划与实施的员工可以更好地理解组织变革。因此,不确定性与风险得以减少,个人利益和社会关系的威胁也相应地得以减少。而且,由于参与其中,员工有机会发表自己的意见和了解他人的想法,员工更有可能自觉地接受组织变革。例如,弗吉尼亚的一家工厂进行了一项改变生产方法的经典研究,用于测试员工参与组织变革的效果,在该项研究中,一共有4个试验小组,其中,两个允许员工充分参与组织变革规划与实施的试验小组显著地提高了其劳动生产率和员工满意度。

2. 教育与沟通

告诉员工组织变革的必要性和预期结果可以减少他们对组织变革的抗拒。如果一开始就建立了公开沟通且在组织变革过程中一直保持这样，则可以将不确定性降到最低。某公司多次在裁员过程中运用这一方法来减少员工的抗拒，首先，公司向工会代表解释组织变革的必要性和规划中的组织变革的价值，然后由管理层向全体员工解释公司出了什么问题，下一步将如何变革，这样变革将对每个人产生怎样的影响，等等。

3. 引入变革代言人

变革代言人即通常所谓的咨询顾问。在变革的过程中，一些员工认为变革的动机带有主观性质，他们认为变革是当局者为了能更好地谋取私利。还有一些员工认为变革发动者的能力有限，不能有效地实施变革。引入变革代言人就能很好的解决上述问题。一方面，咨询顾问通常都是由一些外部专家所组成的，其知识利能力不容置疑。另一方面，由于变革代言人来自第三方，通常能较为客观的认识企业所面临的问题，较为正确地找到解决的办法。

第二节 组织创新

组织创新是指为了实现组织管理目标，将组织资源进行重组与重置，采用新的管理方式与方法、新的组织结构与比例关系、新的组织规则与组织行为等，从而使组织发挥更大效益的创新活动。组织创新通过调整与优化组织管理的要素如人、财、物、时间、信息等资源的配置结构，从而提高现有管理要素的效能来实现。组织创新是当今管理者面临的一大现实难题，在全球复杂的竞争环境中，组织要成功地开展竞争，就必须进行组织创新。

一、组织创新内容

创新这一概念，源于美籍奥地利经济学家约瑟夫·熊彼特的《经济发展理论》。熊彼特把创新界定为"执行新的组合"，对于企业来说，便是建立一种新的生产关系，即将组织要素进行一种新的调配和整合，以此为基础创造一种新的组织运行模式。组织创新本身是一项系统工程，包括多个方面，这些方面相互联系，相互作用，共同构成一个具有整体性的组织创新工程。组织创新包括理念文化、管理体制、运行机制、职能结构、机构设置等方面。

（一）理念文化

企业理念、企业文化既包括企业哲学、企业精神、企业价值观念、企业伦理、企业行为准则等精神现象，又包括为社会服务、为人类利益服务的企业社会目标；既包括精神内容，又包括这些精神内容赖以存在和发展的物质载体与基础。

（二）管理体制

管理体制是以集权和分权为中心、全面处理组织纵向各层次特别是组织与二级单位之间权、责、利关系的体系，也称为组织体制。管理体制变革与创新需要注意以下问题：第一，

第七章 组织变革与创新

在组织的不同层次,正确设置不同的经济责任中心,包括投资责任中心、利润责任中心、成本责任中心等,消除因经济责任中心设置不当而造成的管理过死或管理失控的问题;第二,突出生产经营部门(俗称一线)的地位和作用,管理职能部门(二线)要面向一线,对一线既管理又服务,从根本上改变管理部门高高在上、对下指挥与监督多而服务少的传统结构;第三,作业层(基层)实行管理中心下移。作业层承担着作业管理的任务,这一层次可以调整基层的责权结构,将管理重心下移到工段或班组,推行作业长制,使生产现场发生的问题,由最了解现场的人员在现场迅速解决,从组织上保证管理质量和效率的提升。

(三) 运行机制

建立组织内部的"价值链",上下工序之间、服务与被服务的环节之间,用一定的价值链形式联结起来并相互制约,力求降低成本和节约费用,最终提高组织整体效益。与此同时,改革自上而下进行的考核制度,按照"价值链"的联系,实行上道工序由下道工序考核、辅助部门由主体部门评价的新体系。

(四) 职能结构

职能结构创新要解决的主要问题包括:第一,分离由辅助作业、生产与生活服务、附属机构等构成的组织非生产主体,发展专业化社会协作体系,精干组织运营体系,集中资源强化组织核心业务与核心能力;第二,加强生产过程之前的市场研究、技术开发、产品开发和生产过程之后的市场营销、用户服务等环节,同时加强对信息、人力资源、资金与资本等重要生产要素的管理。

(五) 机构设置创新

机构设置创新需要考虑在横向上每个层次应设置哪些部门,在部门内部又应设置哪些职务和岗位,并需要考虑怎样处理好它们之间的关系,以保证彼此间的配合协作。机构设置创新的方向可以是推行机构综合化,在管理方式上实现每个部门对其管理的业务流能够做到从头到尾、连续一贯的管理,达到管理畅通、管理过程连续。具体做法就是把相关性强的职能部门归并到一起,做到一个基本职能设置一个部门,一个完整流程设置一个部门;机构设置创新的方向也可以是推行领导单职制,即做到组织高层领导尽量少设副职,中层和基层领导则基本上不设副职。

二、组织创新动力

组织自身生存与发展的动力是组织创新的根本动力,也是组织创新动力系统的核心要素,组织创新的外部直接动力和内部直接动力则是引发组织创新的直接动力,组织创新的直接动力可能由根本动力引发,也可能由外部间接动力与根本动力共同引发,组织创新可能是独立引发于某一个组织创新的直接动力因素,也可能是由若干直接动力因素的共同作用而引发所致,但无论怎样,组织创新的直接动力归根到底都源于组织创新的根本动力。

(一) 组织创新的根本动力

维持自身生存和实现自身成长与发展是组织的本能,来自组织生存、成长与发展的动力是组织创新的根本动力。在组织成长与发展的过程中,随着组织资质的提高和组织规模的扩大,组织必然突破原有的组织形态,并在组织结构、组织文化、组织规则和组织流程等方面有所创新,从而为组织下一步的成长与发展奠定良好的基础。组织创新的根本动力主要包括组织追求利润的内驱力、组织降低交易成本的内驱力、组织规模扩张的膨胀力、管理者与员工实现自我价值的原动力,其中,管理者与员工实现自我价值的原动力不仅是组织创新最根本、最原始的动力,也是组织存续与演化的最根本、最原始的动力。

(二)组织创新的内部直接动力

组织的生存、成长与发展是组织创新的根本动力,但这种动力常常需要通过组织内部要素变化形成的直接动力来体现。具体而言,组织创新的直接动力包括组织战略变化的拉动力、组织知识创新、技术创新与管理创新的推动力、组织创新资源(例如人力资源、财力资源、物力资源、信息资源和知识资源等)与创新能力的保障力、组织文化的鼓舞力与辐射力、组织激励机制的催化力。

(三)组织创新的外部直接动力

组织创新的外部直接动力则主要包括:为了满足市场需求,组织不仅必须进行必要的技术创新,还需要通过组织创新保持自身对市场需求的有效反应,从而为组织的其他创新活动提供必要的保障;来自竞争对手的多方面的挑战不仅会迫使组织开发和改进产品或服务,还要求组织调整自身的结构、流程、文化和规则以适应竞争的需要;政府行为及政策常常会对组织创新活动产生重要的约束作用和诱导作用,特别是在组织自身的创新动力或创新能力不足的情形下,政府行为及政策一方面通过制约组织的不合理行为来促进组织调整现有的组织要素,另一方面也能够帮助组织判断形势和明确方向,并为组织的创新活动提出指导性的意见和建议;组织创新活动必须具备相应的人力、物力、财力、信息、技术和知识资源,只有在获得充分资源输入的情形下,组织才有可能实现自身的成长与发展,资源供应者的支持力是组织资源和能力得以保障的不可或缺因素;作为代表一部分人特殊利益的群众组织,利益集团可以通过各种方式影响组织的行为,并对组织提出各个方面的要求,利益集团的影响常常是组织创新活动的重要原因。

(四)组织创新的外部间接动力

当政治法律环境、经济环境、社会文化环境和技术环境等一般环境因素对组织有利时,组织成长与发展的速度往往就会加快,一方面,它们对组织结构、组织文化、组织流程和组织规则提出了更高的要求,另一方面,它们也为组织创新提供了更好的条件。当这些一般环境因素对组织的成长与发展不利时,组织必须通过创新来应对环境的变化。在多数情形下,一般环境因素是组织创新的间接推动力,它们需要通过转化为组织的具体环境因素和组织内部因素等产生的直接动力来发挥作用。其中,来自经济环境因素的动力主要转化为具体环境因素中的市场需求拉动力、资源供应者的支持力、组织创新资源与创新能力的保障力;来自政治法律因素的动力主要转化为政府行为及政策的约束力和引导力、利益集团的推动力;来自社会文化因素的动力主要转化为组织文化的鼓舞力与辐射力、管理者和员工实现自我价值的原动力、利益集团的推动力;来自技术环境的动力主要转化为竞争对手的压力、组织知识创新、技术创新和管理创新的推动力、组织降低交易成本的内驱力。需要说明的是,组织战略是沟通组织内部要素与组织外部环境的主要桥梁,外在动力只有与组织战略相联系,才能形成组织创新的直接作用力。因此,几乎所有组织创新的外部动力因素都要全部或部分地转化为组织战略变化的拉动力来对组织创新活动产生影响。

三、组织创新模式

组织创新一般可以划分为三种主要模式,即战略导向型组织创新模式、技术诱致型创新模式与市场驱动型组织创新模式。

(一)战略导向型组织创新模式

战略导向型组织创新的动力主要来自组织战略导向的变化。在组织高层管理者对组织内外环境变化的预见或快速反应的驱动下,组织首先将管理者的智力和时间资源以及相应的物质与组织资源集中投入到组织战略的变革上,分析组织的外部环境和内部条件,确立组织视野,明确组织目标,调整产品与服务结构,实现组织战略创新。在此基础上,一方面转变组织观念,形成组织新规范,调整组织人际关系网络,进行组织文化创新;另一方面,则着眼于重新配置组织责权体系与结构,使组织结构创新适应组织战略创新和组织文化创新的需要。战略导向型组织创新的本质在于,由组织战略创新启动,组织文化创新与组织结构创新同步进行,从而实现组织战略创新、组织文化创新和组织结构创新的动态匹配。正是这三类组织创新的协同匹配,使得战略导向型组织创新表现出带有内源性组织创新的特点。战略导向型组织创新模式的实现除了要求组织管理者具有战略眼光和超强的决策能力之外,还要求组织必须在快速变化与发展的组织环境中具有充分的成长与发展空间,并能够有效地利用各种信息资源,尤其是善于创造性地学习与借鉴外部组织创新的经验,以尽量减少组织创新的成本。

(二)技术诱致型组织创新模式

技术诱致型组织创新的动力主要来自组织新技术的发展,尤其是来自组织根本性产品创新所导致的产品结构变化。由于产品结构的变化,组织的部门设置、资源配置及责权结构都要做出相应的调整,从而引发组织结构创新。在组织结构创新的基础上,组织价值观念和组织行为规范都会发生潜移默化的转变,进而完成渐进式的组织文化创新。组织结构和组织文化的逐渐变化又会进一步诱致组织战略创新。因而,技术诱致型组织创新总是表现为由组织结构创新到组织文化创新,再到组织战略创新的逻辑顺序。技术诱致型组织创新的最大特点在于它是源自组织内部产品结构的变化,而由此引起的组织结构和组织文化的调整也是逐渐进行的,一般不至于导致组织在短期内发生整体上的变化,因而,技术诱致型组织创新属于组织内源性的渐进式组织创新。技术诱致型组织创新是常见的组织创新类型,尤其是对于那些正在由单一品种生产向多元经营转化的组织而言,如果需要适应新产品生产经营的需要,那么就需要进行相应的组织创新。但须注意的是,技术诱致型组织创新应该首先从开发、生产和销售的技术条件和管理条件的角度考察新产品与组织原有产品之间的关系,以避免机构重叠和资源浪费,其次,组织结构创新和组织文化创新应该保持连贯性与循序渐进性，以避免打破组织原有的平衡，最后，一旦组织结构创新和组织文化创新得以实现，则组织应适时进行战略调整，以使组织战略真正转换到多品种生产经营上来。

（三）市场驱动型组织创新模式

市场驱动型组织创新的动力主要来自市场竞争压力。市场竞争压力迫使组织求生存、谋发展，努力通过组织战略创新、组织文化创新与组织结构创新来保持和提高组织核心能力，靠持续的组织技术创新赢得组织竞争优势。对大多数组织而言，市场驱动型组织创新更多地表现为由组织文化创新启动，进而诱发大规模的组织战略创新，最终以反复的组织结构创新来实现组织整体创新的逻辑顺序。市场驱动型组织创新属于外源性创新，它既可能是渐进式创新，也可能是根本性或激进式创新，这要视组织具体的内部条件和外部环境而定。一般而言，市场驱动型组织创新要求组织首先要有转变观念的内在需要，最高管理层和基层员工都要意识到市场竞争的压力；其次，组织要有进行战略创新的勇气，并努力适应市场竞争的需要而重新配置组织资源；最后，组织要熟悉市场变化，明确竞争来源，及时准确地把握各种内外部创新资源的变化，学习外部组织成功创新的经验，以尽量降低组织创新的成本。

本章学习要点

1. 组织变革是指在组织内外环境变化的影响下及时对组织中的要素进行结构性的变革，以适应组织未来发展的需要。组织变革可能涉及组织的每个方面，诸如工作进程、部门化原则、管理幅度、生产设备、组织设计、人员本身以及组织文化等。组织变革是组织管理的重要组成部分之一。

2. 组织变革的目标在于使管理者更具环境适应性、使员工更具环境适应性与使组织更具环境适应性。

3. 组织目标选择、组织结构调整、组织职能发展、技术变革、管理创新及其他相关因素是组织变革的内部力量之源；经济景气、竞争环境、技术进步、法律法规、劳动力市场、社会文化以及其他相关因素是组织变革的外部力量之源；一个组织变革方案的成功实施必须基于组织内外变革种子力量的有机结合。

4. 风平浪静观与急流险滩观是两种不同的组织变革观。组织变革一般依次遵循如下步骤：识别组织变革需求、设计组织变革计划、确定组织变革变量、选择组织变革技术、规划组织变革流程、实施组织变革、评估与修正组织变革。

5. 组织变革的内容涉及结构、技术、人员与文化四个层面。

6. 组织变革抗拒发生的诱因包括不确定性与风险、自身利益受到威胁、立场不同以及失落感与威胁。克服组织变革抗拒的方法包括让员工参与其中、教育与沟通、引导以及力场分析。

7. 组织自身生存与发展的动力是组织创新的根本动力，也是组织创新动力系统的核心要素，组织创新的外部直接动力和内部直接动力则是引发组织创新的直接动力，组织创新的直接动力可能由根本动力引发，也可能由外部间接动力与根本动力共同引发，组织创新可能是独立引发于某一个组织创新的直接动力因素，也可能是由若干直接动力因素的共同作用而引发所致,但无论怎样,组织创新的直接动力归根结底都源于组织创新的根本动力。

8. 组织创新的内容主要在于五个方面:组织的理念文化、管理体制、运行机制、职能结构以及机构设置;组织创新一般可以划分为三种主要模式:战略导向型组织创新模式、技术诱致型组织创新模式与市场驱动型组织创新模式;

复习思考题

1. 组织变革的力量来自哪些因素?请举例说明。
2. 如何做一名在急流险滩中前行的公司舵手?请举例说明。
3. 为什么会发生组织变革抗拒?如何克服组织变革抗拒?请举例说明。
4. 试运用力场分析法分析组织变革实例。
5. 描述组织创新的动力系统。
6. 组织创新具有哪些内容?
7. 组织创新具有哪些模式?请结合实例进行描述。
8. 组织创新为什么会失败?请结合实例进行分析。

参 考 文 献

[1] 彼得·德鲁克.21世纪的管理挑战.朱雁斌,译.北京:机械工业出版社,2006.
[2] 斯蒂芬·P.罗宾斯,玛丽·库尔特.管理学(第9版).孙建敏,等,译.北京:中国人民大学出版社,2008.
[3] 里基·W.格里芬.管理学(第9版).刘伟,译.北京:中国市场出版社,2008.

案例分析

微软公司的组织变革

用外人的眼光来看,微软公司似乎是在以闪电般的速度发展着。然而,从内部来看,对发展太缓慢的指责与日俱增。微软公司有3 000名员工,生产180多种不同的产品,至少有5个管理层。公司的员工开始抱怨文案主义和决策迟缓的问题。日益明显的官僚化倾向甚至使公司失去了几个重要的人才。此外,微软公司还面临着一些新的挑战,如美国司法部对这个软件巨人的裁决,以及美国在线公司和时代华纳合并所形成的互联网竞争强敌。

在这种情况下,高层管理人员开始重建微软公司。为使公司能对软件行业中的快速变化做出更好地反应,他们建立了八个新事业部。其中,商用和企业事业部侧重向企业用户提供诸如Windows 2000这样的软件;家用和零售事业部处理游戏软件、家庭应用软件、儿童软件及相关业务;商界生产率事业部以知识型工人为其目标市场,为他们开发诸如文字处理方面的应用软件;销售和客户支持事业部则主要集中于会计律师事务所、互联网服务提供商和小企业这样的顾客群。其他的事业部还包括开发者事业部(研制供企业编程人员使用的工具);消费者和商务事业部(使商家与企业的 MSN 网络门户相联);消费者视窗事业部,其目标是使个人电脑更易于消费者使用。最后一个是微软研究事业部,开展各方面的基础研究,包括语音识别和先进的网络技术。

真正使这一新结构对微软公司具有革命性意义的是,这八个事业部的领导被授予了充分的自由和职权,只要能够实现销售收入和利润目标,他们就可以按照自己认为适当的方式经营其业务并支配各自的预算。而在以前,盖茨和鲍梅尔都卷入到每个大大小小的决策中,包括 Windows 2000 的主要性能,以及评价用户支持热线得来的反馈记录等。现在,事业部经理被授予了以前所没有的职权和责任。一个事业部经理这样说,他感觉"就像在经营自己的小企业"。

"互联网使一切都发生了改变",盖茨这样认为。正因为如此,他认识到了微软公司也必须改革。他希望新的结构式这一正确方向上的一个起点。

(资料来源:孙元欣,许学国,林英晖.管理学——原理·方法·案例.科学出版社,2006,235)

案例思考
1. 微软公司现在面临的是怎样的环境?
2. 微软公司进行组织机构变革的具体原因是什么?
3. 微软公司变革成功的主要因素有哪些?

第八章
人力资源管理

本章学习目的

理解和掌握招聘的含义及渠道；

掌握员工甄选的方法；

掌握招聘工作的流程；

理解和掌握培训的含义、作用及分类；

掌握培训的方法和培训流程；

理解和掌握绩效与绩效考核的含义；

掌握绩效考核的方法和流程；

理解和掌握薪酬的含义、作用及构成；

掌握三种薪酬体系；

掌握薪酬设计的基本程序。

案例——问题的提出

联想的人力资源管理经理

联想集团人力资源部常务副总经理蒋北麒先生说:"过去的人才管理把人视作蜡烛,让他们不停地燃烧,直到他们告别社会舞台。而现在,把人才看作是资源,人好比蓄电池,可以不断地充电和放电。现在的管理强调人和岗位适配,强调人才的二次开发。对人才的管理不仅是让他们为企业创造财富,同时也要让他寻找到最适合的岗位,最大程度地发挥自身潜能,体现个人价值,有利于自我成长。"

中关村历来是人才争夺的"重地",贝尔实验室、微软研究院、IBM研究中心等外资研发机构都纷纷在此安营扎寨。在人才抢夺战中,联想具有自己的一套理论,所谓项链理论。意思是人才竞争并不在于把最大最好的珠子买回来,而在于先要理好自己的一条线,靠这条线把一颗颗珍珠串起来形成一条精美的项链,而如果没有这条线,珠子再大再多到最后还是会成为一盘散沙,而这条线就是完善的管理机制。

"你不会提拔人,你将不被提拔",这是联想对管理者的一句口号,借此,联想一直为那些努力向上的年轻人提供成长与机会,而"在赛马中识别好马"则是联想在启用年轻人时所采取的策略。即所谓一是要有"赛场",即为人才提供合适的岗位;二是要有"跑道",即不能挤成一团,必须引导他们开展有序竞争;三是还要有"比赛规则",即建立一套科学的绩效考核和评估系统。

此外,联想注重向世界知名的大公司请教,就人力资源管理而言,IBM、HP等都是联想的老师。与此同时,联想也注重与国际上一些知名的管理咨询公司开展合作,并从中引入先进的管理方法与理念。例如联想和CRG咨询公司合作,并参照该公司的"国际职位评估体系"在联想集团内部开展了岗位评估,推行"适才适岗,适岗适酬"的管理方针。

当问到什么人在联想成长最快时,蒋北麒认为,首先要明白的问题是联想需要什么样的人才,他说:"对于一个刚兴起的小公司而言,需要关羽、张飞的勇猛善斗,而对于一个已具规模的公司而言,则需要刘备的知人善用。"

(资料来源:谭力文,刘林青.管理学.北京:科学出版社.2009)

第一节 招聘与甄选

一、招聘的含义与意义

(一) 招聘的含义

招聘是组织人力资源管理的重要工作内容,是用人单位寻找合格员工的可能来源,吸引他们到本组织应征并加以录用的过程。招聘可以分为"招募"和"甄选"两个阶段。所谓招募,是通过各种途径从社会上以及本组织中寻找可供选用的人力资源人选,这是招聘的前期阶段;所谓甄选,是对已经获得的可供任用的人选做出进一步的甄别、比较,从而确定本单位最后录用的人员,它是招聘的后一阶段,也是招聘工作任务的最终完成阶段。

(二)招聘的意义

招聘工作的有效实施不仅对人力资源管理本身,而且对整个企业也具有非常重要的意义。

首先,招聘工作决定了企业能否引进到优秀的人才。招聘工作是人力资源输入的起点,没有对优秀人力资源的吸引,企业就不可能吸纳优秀人才,不可能引进新思想、新观点。其次,招聘工作影响着人员的流动。招聘过程中传递信息的真实与否,会影响应聘者进入企业以后的流动。再次,招聘工作影响着人力资源管理的费用。招聘成本构成了人力资源管理成本的重要组成部分,招聘活动的有效进行能够大大降低其成本。同时,引进优秀人才后还可以减少一定的培训与能力开发费用。最后,招聘工作还是企业进行对外宣传的一条有效途径。招聘工作本身就是企业向外部宣传自身的一个过程,招聘过程的质量高低明显影响应聘者对企业的看法。因此招聘人员的素质和招聘工作的质量在一定程度上影响企业良好形象的树立。

二、招聘的渠道

(一)内部招聘

内部招聘是在组织中搜寻合格人才,通过晋升或调职来满足空缺岗位人力资源需求的活动,可以细分为内部提拔、工作调动、岗位轮换、重新聘用、公开招聘五个来源。其中,公开招聘是面向企业全体人员,内部提拔、工作调动、岗位轮换则局限在部分人员,重新聘用则是吸引那些因某些原因而暂时未在岗的人员。

1. 内部招聘的优点

其一,获取人员的准确性高。已经在组织中工作若干时间的候选人,组织对其了解程度必然要高于外聘者。候选人在组织中工作的经历越长,组织越有可能对其工作能力、业绩以及基本素质作全面深入地考察、跟踪和评估,从而保障选聘工作的正确性。

其二,对员工具有激励作用。对于通过组织的内部获取而得到晋升的那部分员工来说,他们因自身能力和表现被组织肯定而士气大增,绩效和忠诚度都会有一定的提高。对于未能晋升的多数员工来说,由于组织为内部成员提供了一定的晋升机会,使人感到升迁有望,工作也会积极努力,从而有利于对组织的忠诚和稳定员工队伍。

其三,节约培训费用。由于晋升或调职者在组织内已工作一段时间,对组织目标和组织结构有所了解,对内部情况与工作环境熟悉,因此在新工作的接受过程中较节约时间,而且不需要一般性的职前培训。

其四,有利于被聘者迅速展开工作。被聘者能力的有效发挥要取决于他们对组织文化的融合程度以及对组织本身及其运行特点的了解。在内部成长提升上来的被聘者,由于熟悉组织中错综复杂的机构、组织政策和人事关系,了解组织运行的特点,所以可以迅速地适应新的工作,工作起来要比外聘者显得更加得心应手,从而能迅速打开局面。

2. 内部招聘的缺点

其一,可能会导致组织内部"近亲繁殖"现象的发生。从内部提升的人员往往喜欢模仿上级的管理方法。这虽然可使过去的经验和优良作风得到继承,但也有可能使不良作风得以发展,这极不利于组织的管理创新和管理水平的提高。

其二,可能会引起员工之间的竞争。在若干个候选人中提升其中一名员工时,虽然可能提高员工的士气,但也可能使其他落选者产生不满情绪。这种情绪可能出于嫉妒;也可能出于"欠公平感",无论哪一种情况都不利于被提拔者展开工作,都不利于组织中人员的团结与合作。

(二) 外部招聘

外部招聘的途径很多,主要包括就业市场、招聘广告、校园招聘、社会选拔、猎头公司、他人推荐和求职者自行上门求职等。

1. 外部招聘的优点

其一,具备难得的"外部竞争优势"。所谓"外部竞争优势"是指被聘者没有太多顾虑,可以放手工作,具有"外来和尚会念经"的外来优势。组织内部成员往往只知外聘员工目前的工作能力和实绩,而对其历史,特别是职业生涯中的负面信息知之甚少。因此,如果他确实有工作能力,那么就可能迅速地打开局面。相反,如果从内部提升,部下可能对新上司在成长过程中的失败教训有着非常深刻的印象,这反而会影响其权威性和指挥力。

其二,有利于平息并缓和内部竞争者之间的紧张关系。组织中某些管理职位的空缺可能会引发若干内部竞争者的较量。事实上,组织中的每个人都希望获取晋升的机会。如果员工发现处在同一层级上、能力相差无几的同事得到提升而自己未得到提升时,就可能产生不满情绪,这种情绪可能会带到工作上,从而影响组织任务的完成,这反而会给组织造成负面的影响。而从外部选聘则可能会使这些竞争者得到某种心理上的平衡,有利于缓和他们之间的紧张关系。

其三,能够为组织输送新鲜血液。来外部的候选人可以为组织带来新的管理方法与经验。他们没有太多的框框程序束缚,工作起来可以放开手脚,从而给组织带来更多的创新机会。此外,由于他们新近加入组织,与上级或下属没有历史上的个人恩怨关系,从而在工作中可以很少顾忌复杂的人情网络。

2. 外部招聘的缺点

其一,外聘者对组织缺乏深入了解。外聘者一般不熟悉组织内部复杂的情况,同时也缺乏一定的人事基础,更难一下子进入工作角色。因此,外聘者需要相当一段时期的磨合才能与组织现有的文化相适应,真正开展有效的工作。

其二,组织对外聘者缺乏深入了解。在选聘时虽然可以借鉴一定的测试和评估方法,但一个人的能力是很难通过几次短暂的会晤或测试就得到确认的。被聘者的实际工作能力与选聘时的评估能力可能存在很大差距。因此,组织可能会聘用到一些不符合要求的员工。这种错误的选聘可能会给组织造成一定的危害。

三、员工甄选

(一) 甄选的原则

员工甄选又称选拔录用,是企业招聘过程中最为关键的环节,是指从应聘者中选择满足企业岗位要求的合适的人的过程。为了把甄选工作做好,真正选用组织所需的人员,必须按人力资源开发与管理的客观规律办事,遵循反映这些客观规律的科学原则去从事工作。具体来说,甄选的原则有:

1. 因事择人原则

所谓因事择人,就是以组织的工作需要和岗位空缺为出发点,根据岗位对员工的(任职)资格要求来选用人员。坚持因事择人的原则,从实际的"事"(工作)的需要出发去选用合适的人员,才能达到"事得其人、人适其事"和组织得其才的状态。相反,如果先盲目地录用人,然后再找岗位进行安排,就很难做到事得其人、人适其事,不是大材小用,就是小材大用,甚至出现用非所学现象。如果因人设事,为了安排人而增设不必要的岗位,则会造成岗位虚设、机构臃肿、人浮于事、工作绩效下降、用人成本增加的后果。可见,严守因事择人原则是合理进行甄选的首要前提。

2. 人职匹配原则

每个职业岗位都有特定的工作内容、岗位规范和对从业者的素质要求,每个求职者也都有自身的文化、技能条件和生理心理特征,也都有个人的意愿。组织在招聘人力资源时应当尽量达到二者之间的匹配,这对其后的人力资源开发与管理的有效性也是至关重要的。

3. 用人所长原则

人力资源管理重视"用人所长",其内涵有多方面:其一,注重员工现有能力的有效利用,因事择人,适才适所,不埋没人才;其二,注意发掘人的潜在能力,在人才选用中,要通过人员素质测评与能力性向的测验,来判断应聘者的能力优势与发展的潜能,据此把他(她)安置在相应的岗位上;其三,在员工的日常管理中注重发现人之所长,及时进行岗位调整,为人才的潜能发挥提供舞台。

4. 德才兼备原则

"德才兼备"历来是一个重要的用人标准。发达国家在招聘人员时,除进行能力考核、选拔其中的优异者,而且还要进行背景调查,在应征者品行端正、声誉良好时,才能录用。这是因为,德和才虽然是两个不同的概念,但二者又是一个不可分割的统一体。才的核心是能力问题,德的核心是能否努力服务的问题。德决定着才的发挥方向和目的,才是德的运用,使德得到体现和具有了实际意义。

(二) 甄选的方法

员工甄选是整个招聘活动技术性最强、难点最大的工作。常用的员工甄选方法有:笔试、面试、心理测试和情景模拟。

1. 笔试

笔试是人才测评实践中最古老的技术之一，即使在日益发展的现代人才测评技术中，笔试的方法和技术仍然受到世界各国的重视，发挥着重要的作用。笔试主要用于测评人的智力、知识、能力和发展倾向，形式上表现为"纸笔作答"，特别适合大面积、大规模的测评，可以进行公平竞争，择优劣汰。

笔试是我国选拔人才最常用的传统考核方法，有两种分类。

(1) 根据试题的性质，笔试可分为论文式笔试和直答式笔试

论文式笔试通常是应试人按照论文题目，写出一定字数的文章，发表自己的观点、看法和主张。论文的题目有三种选择方法：自由选择、区间选择和指定选择。自由选择就是应试人选题完全不受任何限制，由其任意选取一题目；区间选择就是应试人从指定的若干题目中选取一个；指定选择就是主考人指定题目，应试人没有选择余地。一般来说，为了了解应试者的创造能力、决策能力、推理判断能力和综合分析能力，以及了解应试者对某一问题的独特见解和态度，可以用论文式笔试进行综合考核。这种方法主要适用招聘高级管理人员。直答式笔试是通过填空、判断、计算和问答等形式来测试应试者的知识水平的方法。它主要考察应试者的学历以及理解和记忆能力。这种方法适用于招聘一般人员。

(2) 根据考试的科目不同，笔试可分为基础文化测试和专业知识测试

基础文化测试主要是针对应聘者应具有的基本文化素质而进行的测试。常考的科目有语文、英语等，这适用于各种工种和岗位的招聘。专业知识测试主要是针对应聘者应具有的专业知识和对公司的了解程度而进行的测试。招聘的工种和岗位不同，专业测试的科目也就不同。例如，会计岗位一般应考核的内容为会计、审计、财务管理等科目。这种测试适用于各种岗位工种的招聘。

2. 面试

面试是双向选择的一个重要手段。面试是供需双方正式交谈，从而使组织能够客观了解应聘者的业务知识水平、外貌风度、工作经验、求职动机等信息；应聘者能够了解到更全面的组织信息。与传统人事管理只注重知识掌握不同的是，现代人力资源管理更注重员工的实际能力与工作潜力。进一步的面试还可帮助组织（特别是用人部门）了解应聘者的语言表达能力、反应能力、个人修养、逻辑思维能力等；而应聘者则可了解到自己在组织的发展前途，能将个人期望与现实情况进行比较，组织提供的职位是否与个人兴趣相符等。面试是员工招聘过程中非常重要的一步。

(1) 从面试所达到的效果来分类，面试可分为初步面试和诊断面试

初步面试用来增进用人单位与应聘者的相互了解的过程，在这个过程中应聘者对其书面材料进行补充（如对技能、经历等进行说明），组织对其求职动机进行了解，并向应聘者介绍组织情况，解释职位招募的原因及要求。初步面试类似于面谈，它比较简单、随意。通常，初步面试是人力资源部门中负责招聘的人员主持的，不合适的人员或对组织不感兴趣的应聘者将被筛选掉。诊断面试则是对经初步面试筛选合格的应聘者进行实际能力与潜力的测试，它的目的在于招聘单位与应聘者双方补充深层次的信息，如应聘者的表达能力、交际能力、应变能力、思维能力、个人工作兴趣与期望等，组织的发展前景、个人的发展机遇、培训机遇。这种面试由用人部门负责，人力资源部门参与，它更像正规的考试。如果是对于高级管

理人员的招聘,则组织的高层领导也将参加。这种面试对组织的录用决策与应聘者是否加入组织决策至关重要。

(2) 从参与面试过程的人员来看,面试可分为个别面试、小组面试和成组面试

个别面试是一个面试人员与一个应聘者面对面地交谈,这种方式的面试有利于双方建立亲密的关系,双方能深入地相互了解,但这种面试的结果易受面试人员的主观因素干扰。小组面试是由两三个人组成面试小组对各个应聘者分别进行面试。面试小组内用人部门与人力资源部门的人员共同组成,从多种角度对应聘者进行考察,提高面试结果的准确性,克服个人偏见。成组面试也称集体面试,是由面试小组对若干应聘者同时进行面试。在集体面试过程中,通常是由面试主考官提出一个或几个问题,引导应聘者进行讨论,从中发现、比较应聘者表达能力、思维能力、组织领导能力、解决问题的能力和交际能力等,集体面试的效率比较高,但对面试主考官的要求较高,主考官在面试前要对每个应聘者都有大致的了解,在面试时要善于观察,善于控制局面。

(3) 从面试的组织形式来看,面试可分为结构型面试、非结构型面试和压力面试

结构型面试是在面试之前,已有一个固定的框架(或问题清单),主考官根据框架控制整个面试的进行,严格按照这个框架对每个应聘者分别作相间的提问。这种面试的优点在于,对所有应聘者均按同一标准进行,可以提供结构与形式相同的信息,便于分析、比较,同时减少了主观性,且对考官的要求较少。研究表明,结构型面试的信度与效度较好。但缺点是过于僵化,难以随机应变,所收集信息的范围受到限制。非结构型面试无固定的模式,事先无须作太多的准备,主考官只要掌握组织、职位的基本情况即可。在面试中往往提一些开放式的问题,如"你有何兴趣与爱好"等。这种面试的主要目的在于给应聘者充分发挥自己能力与潜力的机会,由于这种面试有很大的随意性,主考官所提问题的真实目的往往带有很大的隐蔽性,要求应聘者有很好的理解能力与应变能力。非结构型面试由于灵活自由,问题可因人而异,深入浅出,可得到较深入的信息。但是这种方法缺乏统一的标准,易带来偏差,且对主考官要求较高,主考官需要有丰富的经验。压力面试是指给应聘者提出一个意想不到的问题的面试。压力面试往往是在面试的开始时就给应试者以意想不到的一击,通常是敌意的或具有攻击性的,主考官以此观察应试者的反应。一些应聘者在压力面试前显得从容不迫,而另一些则不知所措。用这种方法可以了解应聘者承受压力、情绪调整的能力,可以测试应聘者的应变能力和解决紧急问题的能力。压力面试一般用于招聘销售人员、公关人员、高级管理人员。

3. 心理测试

心理测试是指通过一系列的心理学方法来测量被试者的智力水平和个性方面差异的一种科学方法。通过心理测试可以了解一个人所具有的潜在能力,了解一个人是否符合该企业某一岗位的需要。心理测试主要包括职业能力倾向性测试、个性测试、价值观测试和职业兴趣测试。

(1) 职业能力倾向性测试

职业能力倾向性测试是用于测定从事某项特殊工作所具备的某种潜在能力的一种心理测试。由于这种测试可以有效地测量人的某种潜能,从而预测他在某职业领域中成功和适应的可能性,判断哪项工作适合他。这种预测的作用体现在:什么样的职业适合某人;为胜任某职位,什么样的人最合适。因此它对人员选拔配置都有重要意义。在人员选拔过程中

运用这种测试时,只需将测试结果——应聘人员潜能与空缺职位所期望能力相比较,就可判别他是否能胜任该职位,或找出最适合他的职位。能力倾向测试的内容一般可分为以下三种:

1）普通能力倾向测试

其主要内容有思维能力、想象能力、记忆能力、推理能力、分析能力、数学能力、空间关系判断能力和语言能力等。

2）特殊职业能力测试

特殊职业能力测试也称技能测试,主要针对特殊的职业或职业群而设定的测试。测试职业能力的目的在于:测量已具备工作经验或受过有关培训的人员在某些职业领域中现有的数量水平；选拔那些具有从事某项职业的特殊潜能,并且能在很少或不经过特殊培训就能从事某种职业的人才。比如,对秘书进行文书能力测验；对机修工进行机械能力测验；对会计进行珠算、记账、核算能力测验等。

3）心理运动机能测试

它主要包括两大类：一是心理运动能力,如选择反应时间、肢体运动速度、四肢协调、手指灵巧、手臂稳定、速度控制等；二是身体能力,包括动态强度、爆发力、广度灵活性、动态灵活性、身体协调性与平衡性等。在人员选拔中,对这部分能力的测试一方面可通过体检进行,另一方面可借助于各种测试仪器或工具进行。

由于不同的职业对能力的要求不同,人们设计了针对不同的职业领域的能力倾向测试,用于人员的选拔、配置与职业设计。以我国公务员考试所采用的行政职业能力测试为例,它是专门用来测量与行政职业有关的一系列心理潜能的考试,包括知觉速度与准确性、判断推理能力、言语理解能力、数量关系与资料分析能力等方面,可以预测考生在行政职业领域多种职位上成功的可能性。

（2）个性测试

人与人的差别,不仅表现在能力的高低上,还表现在个性的不同上。正如自然界没有两片完全相同的树叶一样,社会上也没有两个一模一样的人,它不仅体现在体格、外貌等生理差异上,还体现在能力与个性差异上,而且个性差异通常较能力差异来得更为显著。

个性测试也称人格测验,可以帮助组织更好地了解应聘者的个性特点,如性格、气质等,从而进行人员选拔。好的个性测试应准确反映出一个人的个性特征。英国学者的调查研究表明,在20世纪80年代中期,65%的组织从未用过个性测试,而20世纪90年代初,该数字下降到36%,有27%的组织在超过半数的招聘活动中均使用了个性测试。在一项深入调查中发现,在雇员超过2 000人的组织个有59%使用了个性测试,74%的组织使用了能力测试,而对规模较小的组织,这两个数字分别为41%和62%。

在企业中用得较多的个性测试主要有两类：

1）自陈式测试

自陈式测试是施测者根据包括各种问题或陈述的个性测量问卷,设计出一系列陈述句或问题,要求受试者作出是否符合自己情况的报告,然后由主试者加以评鉴的方法,它属于一种纸笔测试。如卡特尔16种个性因素问卷等多维度综合个性测试工具以及某些单维的、密切结合某类职业特点的个性测试工具等。

2）投射测试

投射测试最初是按照弗洛伊德的深层心理学原理发展和编制的,所依据的原理就是,人的一些基本性的个性特征与倾向性,是深藏于自己意识的底层,处于潜意识状态下的,他自己并未明确认识到它们。当把某一个意义含混,可作多种解释的物件,如一件实物,更多是一张图或照片,突然出示给被测者看,并不容他细加思索推敲,而让他很快地说出对该物体的认识和解释时,由于被测者弊不及防,又无暇深思,就会把自己内心深处的心理倾向"投射"到对那物体的解释上去,难以作出掩饰,因而较为可信。如罗夏赫墨迹测试、主题统觉测试等。

(3) 价值观测试

价值观是指个人对客观事物(包括人、物、事)及对自己的行为结果的意义、作用、效果和重要性的总体评价和总体的看法是推动并指引一个人采取决定和行动的原则、标准。它使人的行为带有稳定的倾向性。

价值观的作用大致体现在两个方面:首先,价值观对动机有导向的作用,人们行为的动机受价值观的支配和制约。价值观对动机模式有重要影响,在同样的客观条件下,具有不同价值观的人,其动机模式不同,产生的行为也不相同。动机的目的方向受价值观的支配,只要那些经过价值判断被认为是可取的需要,才能转化为行为的动机,并以此为目标引导人们的行为。其次,价值观反映人们的认知和需求状况,价值观是人们对客观世界及行为结果的评价和看法,因而,它从某个方面反映了人们的人生观和价值观,反映了人的主观认知世界。

评价工作价值观对人员选拔也有十分重要的意义。有些职业或空缺岗位与求职者的工作价值观并不相符,对此用人单位必须慎重考虑是否接收。一些求职者由于某些特殊的原因去应聘与其工作价值观完全不符的职业或职位,他们所求的职业或职位可能并不满意,这不仅降低其工作的热情与积极性,而且还会直接影响其工作绩效,甚至影响到组织的效率。测试内容也可包括道德方面,如诚实、质量和服务意识等价值观。通过价值观测试,可以深入了解应聘者的价值取向,作为选拔录用的一种补充性依据。

(4) 职业兴趣测试

职业兴趣揭示了人们想做什么和他们喜欢做什么。如果当前所从事的工作或欲从事的工作与其兴趣不相符合,那么就无法保证他会尽职尽责、全力以赴地完成本职工作。在这种情况下,不是工作本身,而更可能是高薪或社会地位促使他们从事自己并不热衷的职业。然而,一个有强烈兴趣并积极投身本职工作的人与一个对其职业毫无兴趣的人相比,两者的工作态度与工作绩效是截然不同的。如果能根据应聘者的职业兴趣进行人职合理匹配,则可最大限度地发挥人的潜力,保证工作的圆满完成。例如,把一个喜欢计算机操作与维护的人员安排到营销部门显然就不合适。进行有效的职业兴趣测试可以保证组织招聘到"志同道合"的人员,并为他们的岗位安排提供重要的参考依据。

兴趣测验的目的就在于通过对被测试人兴趣特点的了解,使用那些对工作内容和活动本身感兴趣的人员,或者具有与该项工作中获得成功者类似或一致的兴趣和爱好的人员。职业兴趣测验有助于人适当地选择职业,职业恰当地选择人,有利于发挥人的才能,创造健康的社会心理气氛和稳定的工作情绪,保证工作绩效和员工的满足感。

霍兰德于 1966 年提出了职业关联兴趣分类并得到广泛的认可。霍兰德设计出一个兴趣调查表,在该表中要求被试人对于诸如嗜好、娱乐、业余活动等自己感兴趣、喜欢和擅长、胜任的活动或工作作出选择。霍兰德的职业兴趣测验把人的兴趣分为六种类型:实际型、研究型、社交型、传统型、企业型和艺术型,如表 8-1 所示。

表 8-1 霍兰德的六种兴趣类型与相应的职业

兴趣类型	职业
实际型(R):有攻击性、身体活动有技术性、力量、协调性	林业、农业、建筑业
研究型(I):善思考、组织、理解等智力活动,情感与直觉较少	生物学、数学、新闻报道
社交型(S):好交际,不好心智或体力活动	服务业、社会工作、临床心理学
传统型(C):喜从事有规章制度的活动,有奉献精神,尊奉权威	会计、财务、企业管理
企业型(E):善辞令,易影响他人,攫取权利、地位	法律、公共关系、中小城市企业管理
艺术型(A):爱自我表达、艺术性创造或情感活动	绘画、音乐、写作

4. 情景模拟

情景模拟是近年来新兴的选拔高级管理人才和专业人才的评价中心技术,是通过观察应聘者在特定情景下的行为,做出评价的一种甄选方法。情景模拟测试主要包括:公文筐处理、无领导小组讨论、角色扮演和管理游戏等。

1) 公文框处理

又称文件框作业,在这种测评方式中,被评价者将扮演企业中某一重要角色(一般是需要选拔的岗位)。然后把这一角色日常工作中常常遇到的各种类型的公文经过编辑加工,设计成若干种公文(文件框)等待被评价者处理。这些待处理的公文包括各部门送来的各种报告,上级下发的各种文件,与企业相关的部门或业务单位发来的信函,等等,其内容涉及企业经营管理的方面,如生产原材料的短缺、资金周转不灵、部门之间产生矛盾、职工福利、环境污染、生产安全问题、产品质量问题、市场开发问题等,既有重大决策问题,也有日常琐碎小事。要求被评价者对每一份文件都要作出处理,如写出处理或解决问题的意见、批示,或直接与部门的人员联系发布指示等等。被评价者应在规定的时间内把公文处理完。评价者待测评对象处理完后,应对其所处理的公文逐一进行检查,并根据事先拟定的标准进行评价。如看被评价者是否分轻重缓急、有条不紊地处理这些公文,是否恰当地授权下属,还是拘泥于细节、杂乱无章地处理。被评价者处理完后,评价人员还要对被评价者进行采访,要求被评价者说明是如何处理这些公文的,以及这样处理的理由等。

2) 无领导小组讨论

无领导小组讨论(Leaderless Group Discussion, LGD)就是指数名被评价者集中在一起就某一问题进行讨论。事前并不指定讨论会的主持人,评价者则在一旁观察评价对象的行为表现并被评价者做出评价的一种方法。讨论的题目内容往往是大众化的热门话题,即被评价者者熟悉的话题。避免偏僻或专业化,以使每个被评价者都有开口的机会,讨论主题呈中性,即没有绝对的对或错,这样就容易形成辩论的形势,以便被评价者者有机会更充分地显示自己的才华。讨论的内容也可以与拟聘岗位工作有关的内容,将它具体和专门化,如某企业经营管理中出现的问题作为案例提出来由他们讨论。不管在哪种情况下,讨论的问题最好能给被评价者比较广阔的空间,让被评价者有自由发挥的余地,对于评价者来说,重要的是善于观察。观察可以从以下几个方面进行,如每个测评对象提出了哪些观点,与自己观点不同时怎么处理,测评对象是否坚持自己认为正确的提议,他们提出的观点是否有新意,怎样说服别人接受自己的观点以及谁引导讨论的进行并进行阶段性的总结等。在这个过程中还可以看到每个人的领导能力如何,独立见解如何,能否倾听别人的意见,是否尊重别人,是否侵犯别人的发言权等。

3) 角色扮演

角色扮演(Roleplay),也称模拟面谈(Interview Simulation),是指要求应聘者扮演一个特定的管理角色来处理日常的管理事务,以此来观察应聘者的各种表现,了解其心理素质和潜在能力的一种测试方法。主试人员则通过应聘者在不同角色的情景中表现出来的行为进行观察和记录,评价其是否具备符合其身份的素质特征,以及个人在模拟的情景中的行为表现与组织预期的行为模式,特担任职务的角色规范之间的吻合程度,即代表了个人的个性特征与工作情景间的和谐统一程度。这种个性特征越是与某项工作情景相吻合,就越能发挥其潜在能力,并使其获得心理满足,从而在模拟的情景中更充分地表现自己。在这种活动中,评价者设置了一系列尖锐的人际冲突矛盾,要求被评价者扮演某一角色并进入角色情景,去处理各种问题和矛盾。评价者通过对被评价者在不同人员角色的情景中表现出来的行为进行观察和记录,测评其素质潜能。

4) 管理游戏

管理游戏(Game)中最常用的有两种,即小溪练习和建筑练习。在小溪练习中,给被评价人员一个滑轮及铁棒、木板、绳索等工具,要求他们把一根粗大的圆木和一块较大的岩石运到小溪另一边。这样的任务单靠个人的力量是无法完成的,而必须通过所有人员的协作努力才能完成。通过这项练习,评价人员可以在客观的情景下,有效地观察评价对象的领导特征、组织协调能力、合作精神、有效的智慧特征和社会关系特征等。建筑练习,这是一项个人练习,包括一名被评价人员和两个测评中心的辅助人员。这项练习要求被评价人员使用木材建造一个很大的木头结构的建筑。在练习中,有两个"农场工人"A 和 B,帮助被评价人员一起来建造。这两个工人是测评中心的人员,就像许多社会心理学实验中的假被试一样,他们按照预定的目的和安排行事。A 表现出被动和懒惰的特征,如果没有明确的指定命令,他就什么事也不干。B 则表现好斗和鲁莽的特征,采用不现实的和不正确的建造方法。A 和 B 以各种方式干扰、批评被评价人员的想法与建造方案。该练习的目的是考察个人的领导能力,更重要的是研究被评价人员的情绪稳定状况。来自实践的一些研究报告表明,几乎没有一个被评价人员能圆满地完成建筑任务,其中许多人变得易痛苦和心烦意乱,有些人宁愿自己单独工作而不愿使用或理睬助手,有些人则放弃了这个练习,还有一些人在这种环境下则想尽量努力工作,把任务完成得更好。

四、招聘工作的流程

人员招聘工作是一个复杂的、系统的而又连续的程序化操作过程。从广义上将,人员招聘包括招聘准备、招聘实施和招聘评估三个阶段;狭义的招聘仅指招聘的实施阶段,主要包括招募、选择和录用。

(一) 准备阶段

1. 招聘需求分析

根据人力资源需求预测和现有人力资源配置状况分析,明确"是否一定需要进行招聘活动?"等问题,有利于制订合理可行的招聘计划和招聘策略。

2. 明确招聘工作特征和要求

根据工作分析及其信息资料,弄清待招聘的工作岗位具有什么特征和要求,明确这些岗位对应聘者的知识、技能等方面的具体要求和所能给予的待遇条件。只有这样,招聘计划的制订和实施才能做到有的放矢。

3. 制订招聘计划和招聘策略

制订具体的、可行性高的招聘计划和招聘策略。选定进行招聘工作的组织者和执行者,并明确各自的分工。

(二) 实施阶段

招聘工作的实施是整个招聘活动的核心,也是最关键的一环,先后经历招募、选择、录用三个步骤。

1. 招募

根据招聘计划确定的策略,以及根据单位需求所确定的用人条件和标准进行决策,采用适宜的招聘渠道和相应的招聘方法,吸引合格的应聘者,以达到适当的效果。

2. 选择

善于使用恰当的方法,从众多符合标准的应聘者中挑选出最合适的人员。尽量以工作业务为依据,以科学、具体、定量的客观指标为准绳,把人的情感因素降到最低点,排除凭经验、印象进行大概、差不多的确定,更不能凭领导者的个人意志和权利来圈定。常用的人员选拔的方法有:初步筛选、笔试、面试、情景模拟、心理测验等。这些方法经常相互交织在一起,并相互结合使用。

3. 录用

在这个环节,招聘者和求职者都要做出自己的决策,以便达成个人和工作的最终匹配。

(三) 评估阶段

对招聘活动的评估主要包括两个方面:一是结合招聘计划对实际招聘录用的结果(数量和质量两方面)进行评价总结;二是对招聘工作的效率进行评估,主要是对时间效率和经济效率(招聘费用)进行评估,以便及时发现问题、分析原因、寻找解决对策,及时调整有关计划并为下次招聘总结经验教训。

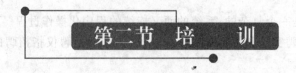

第二节　培　　训

一、培训的含义

培训是指以企业为主体,有计划地组织员工从事学习和训练,提高员工知识水平、业务技能和工作能力,改善员工的价值观、工作态度和行为,增进员工绩效和企业整体绩效,使企业发展目标和员工个人发展目标能够共同实现所进行的人力资本投资的活动过程。对培训含义的准确理解,需要把握以下几个要点:

第一,培训的主体是企业,也就是说培训开发应当由企业来组织实施,有些活动虽然客观上也实现了培训的目的,但是实施主体并不是企业,因此还不属于培训的范畴,例如员工进行自学,虽然同样会改善工作业绩,但不能称之为培训;如果这种自学是由企业来组织实施的,那么就属于培训。

第二,培训的对象是企业的全体员工,而不只是某部分员工,当然这并不意味着每次培训的对象都必须是全体员工,而是说应当将全体员工都纳入培训体系中来,不能将有些员工排斥在体系之外。

第三,培训的内容应当与员工的工作有关,与工作无关的内容不应当包括在培训开发的范围之内;此外,培训的内容还应当全面,与工作有关的各种内容都要包括进来,如知识、技能、态度、企业的战略规划以及企业的规章制度等。这里所指的工作既包括员工现在从事职位的工作,也包括将来可能从事职位的工作。

第四,培训的目的是要改善员工的工作业绩并提升企业的整体绩效,应当说这是企业进行培训的初衷和根本原因,也是衡量培训工作成败的主要标准,如果不能实现这一目的,那么培训工作就是不成功的。

二、培训的作用

1. 培训可以增强企业的竞争力

市场的竞争在不断升级,从产品的竞争、销售竞争到资本竞争,都离不开人力资源的竞争。企业间的竞争,归根结底是人才的竞争。通道对员工的培训。可以以提高其分析、创造、沟通、自我管理和应变等能力,使员工的整体素质得到提高,使其能够适应环境变化的需要,从而增强企业的适应力和竞争力。

2. 培训可以提高员工的士气

在当今知识经济的社会中,员上自身发展的需要成为一种主导需要,而企业对员工的培训正满足了员工的这种需要,这种需要一旦满足,就会转换成深刻而持久的工作驱动力,使其士气高昂,干劲倍增。

3. 培训可以降低员工的流动率

组织所处的环境在剧烈地变化,信息技术带来各种挑战,这些都给组织中的员工提出了很多新的要求。原来合格的员工,如果不经常接受培训,将会成为不合格的员工,这样不但对员工的心理形成压力,解雇或辞职的事情难免要经常发生。成功的培训不仅能提高员工的知识技能,转变员工的态度,有效减少员工的心理压力;同时也可以调动员工的主动性和积极性,从而降低员工的流动率和管理成本。

4. 培训可以提高作业的经济效益

培训是提高企业经济效益的一个重要途径。经济学家早就观察到人的知识与技能的提高对于经济开发的重大价值。20世纪60年代美国经济学家舒尔茨创立的人力资源理论,促使这方面的研究产生了一个飞跃,并在实践中得到了应用。例如,一家汽车公司经过一年的员工培训,虽然花去培训费20万美元,但当年就节省成本支出200万美元,第二年,又节省成本300万美元。现代人力资源开发与管照的理论与实践反复向人们指出:培训是一项回报率极高的投资。因此可以说,任何设备的功能都是有限的,而人的潜力是无限的。在同样的条件下,通过培训来改善人力资源,实现企业效益的成倍增长是现实可行的,培训不仅可以提高企业的短期效益,也可以提高企业的长期效益。

三、培训的分类

(一) 按培训的对象分类

按培训的对象不同,培训可以分为新员工培训和在职员工培训。新员工培训是对刚刚进入企业的员工在公司的基本情况、规章制度等方面进行的培训;在职员工培训是对已经在企业中工作的员工进行培训。

(二) 按培训的形式分类

按培训的形式不同,培训可以分为在职培训和脱产培训。在职培训是员工不离开工作岗位,在实际工作中接受培训;脱产培训是员工离开工作岗位,专门接受培训。

(三) 按培训的内容分类

按培训的内容不同,培训可以分为知识性培训、技能性培训、态度性培训。知识性培训以业务知识为主要内容;技术性培训以工作技术和能力为主要内容;态度性培训以工作态度为主要内容。

(四) 按员工所处的层次分类

按员工所处的层次不同,培训可以分为基层员工培训、中层员工培训和高层员工培训。由于这三类员工在企业中所处的位置不同,承担的责任不同,发挥的作用也不同,因此对他们的培训开发要区别对待,侧重不通的内容,采取不同的方法。

四、培训方法及选择

(一) 培训方法

1. 课堂讲授法

课堂讲授法也称课堂演讲法,是将大量知识通过语言表达,使抽象的知识变得具体形象、浅显易懂,一次性传播给众多听课者的教学方法。它包括讲述、讲解、讲演等具体形式。

2. 学徒培训法

简单地说,这是一种"师傅带徒弟"的培训方法,由经验丰富的员工和新员工结成比较固定的"师徒关系",并由师傅对徒弟的工作进行指导和帮助,这种培训方法大多用于那些需要一定技能的行业,如电工、美发师以及木匠等。

3．专题讲座法

形式上和课堂教学法基本相同,但在内容上有所差异。课堂教学一般是系统知识的传授,每节课涉及一个专题,接连多次授课;专题讲座是针对某一个专题知识,一般只安排一次培训。一般适用于管理人员或技术人员,可以帮助其了解专业技术发展方向或当前热点问题等方面的知识。

4．讨论法

这种方法就是措由培训者和受训者共同讨论并解决问题的一种培训方法。在实践中,首先由培训者综合介绍一些基本的概念和原理,然后围绕某一主题进行讨论,这也是应用比较广泛的一种方法。

5．案例分析法

这种方法是指给受训者提供一个来自现实中的案例,首先让他们自己独立地去分析这个案例,然后再和其他受训者一起讨论,从而提出自己对问题的解决办法。

6．头脑风暴法

头脑风暴法的特点是培训对象在培训活动中相互启迪思想、激发创造性思维,它能最大限度地发挥每个参加者的创造能力,提供解决问题的更多更佳的方案。这种方法的运用要点是只规定一个主题,即明确要解决的问题,保证讨论内容不宽泛。把参加者组织在一起,无拘无束地提出解决问题的建议或方案,组织者和参加者都不能评议他人的建议和方案。事后再搜集参加者的意见,交给全体参加者。然后排除重复的、明显不合理的方案,重新表达内容含糊的方案。组织全体参加者对各个可行方案逐一评价,选出最优方案。

7．网上培训

网上培训是将现代网络技术应用于人力资源开发领域而创造出来的培训方法,它以无可比拟的优越性受到越来越多的企业的青睐。网上培训又称基于网络的培训,是指通过企业的内部网、局域网或因特网对学员进行培训。在网上培训,培训教师将培训课程储存在培训网站上,分布在世界各地的学员利用网络浏览器进入该网站接受培训。

8．工作轮换法

这种方法就是通过调动员工工作职位的方式来进行培训的方法,通过职位的变化可以丰富员工的工作经验,扩展他们的知识和技能,使他们了解其他职位的工作内容,从而能够胜任多方面的工作。

(二) 培训方法的选择

根据培训的不同内容,采用不同的培训方法。

1．知识类培训

以直接传授方式为主,即培训者直接通过一定途径向培训对象发送培训中的信息。其主要特征是信息交流的单向性和培训对象的被动性。知识类培训的选择的方法主要有课堂讲授法、专题讲座法和网上培训。

2. 技能类培训

技能类培训,采用实践的培训方法,将培训内容和实际工作直接结合,通过在实际工作岗位或真实的工作环境中,亲身操作、体验、掌握工作所需的知识、技能。技能类培训常用的方法有学徒培训法、工作轮换法等。

3. 综合能力类培训

综合能力类培训主要采用主动参与的方式进行培训。通过调动受训者的积极性,使其参与到互动的学习和交流中。综合能力类培训一般有讨论法、案例分析法和头脑风暴法等。

五、培训流程

一般而言,组织员工培训的流程包括以下几个步骤,即组织战略制定、培训需求分析、培训目标确定、培训方案设计、培训方案实施、培训效果评估以及培训效果的政策含义揭示与运用,具体如图 8-1 所示。

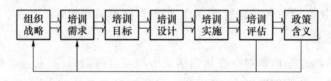

图 8-1　培训流程

1. 组织战略制定

组织员工培训旨在实现组织员工的知识、素质和技能与组织战略目标相适应,从而实现组织员工培训为组织战略目标的实现提供有效的支持。因此,在组织开展员工培训之初,组织应当首先明确并制定自己的战略发展目标。

2. 培训需求分析

培训需求分析旨在解决是否需要培训以及进行何种内容的培训问题。培训需求通常产生于组织、工作和个人三个层面,因此,培训需求分析通常包括组织分析、工作分析和个人分析三个方面。其中,组织分析着重确定组织范围内的培训需求,包括对组织战略目标、资源和环境的适应问题、对人力资源的重要或关键方面例如同事关系问题以及对社会流行培训风尚进行分析,根据组织内外的对比分析以及从组织运行的一些问题以及寻求其解决办法出发,确定组织的人才需求结构,进而确定培训的目标与计划大纲;工作分析主要是对员工的工作能力、工作态度和工作业绩等进行比较分析,以确定员工在各自的工作岗位上的实际绩效与期望绩效的差距,进而确定组织员工培训的需求结构;个人分析则主要包括三个方面的内容,一是对员工的绩效做出评价,找出其中存在的问题并分析其原因,以确定解决其当前问题的培训需求;二是根据员工的岗位变动计划,确定员工发展问题的培训需求;三是针对员工工作态度的问题进行员工培训需求分析。

3. 培训目标确定

确定培训目标旨在为培训计划提供明确的方向和可供依循的框架。员工培训目标主要包括技能培养、知识更新和价值观塑造三类。其中,技能培训指在帮助员工个人和组织迅速提高解决相关问题的能力;知识更新培训旨在帮助员工和组织实现新知识的导入,挖掘员工和组织知识更新的潜力,并以此增强组织未来发展的可持续竞争力;价值观塑造培训则旨在为提高组织的凝聚力以及提高员工对组织的忠诚度提供某种程度的保障。

4. 培训方案设计

培训方案设计必须从组织战略出发,满足组织及员工两方面的要求。为此,培训方案设计必须考虑到组织的资源条件与员工素质基础,考虑到人才培养的超前性及培训效果的不确定性,并确定员工培训活动的负责人、培训时间、培训地点、培训费用预算、培训员工名单、培训内容、培训方法、培训师以及培训应该达到的目标等。

5. 培训方案实施

培训实施是培训目标和计划达成,以及根据目标和计划对培训过程中出现的问题及时作出调整与控制的关键阶段。

6. 培训效果评估

培训效果是指培训过程中受训者所获得的知识、技能及其他特性应用于工作的程度及其有效性。一般而言,培训效果评估时必须追踪调查的问题包括以下几个方面:在培训以后,员工的相关行为有无发生变化;这些变化是否由培训所引起;这些变化是否有助于组织目标的实现以及下一批或今后的受训者在完成了同样内容的培训之后,是否还能发生类似的变化,等等。

7. 培训结果的政策含义

培训结果对于组织在工作设计、工作改进、流程改造、技术革新、组织文化塑造和强化、组织学习能力的提高以及员工晋升等方面提供了强有力的支持,为此,组织应充分利用培训带来的组织效益,将培训结果与提高员工满意度、员工职业发展、员工激励等目标紧密联系在一起。此外,还应及时将培训结果与组织战略目标的要求进行比较,并根据组织战略的变动对培训工作的相关内容进行及时修正,从而使组织培训与组织战略相适应。

第三节 绩效考核

一、绩效的含义

对于绩效的含义,通常有不同的理解,最主要的观点有两种:一是从工作结果的角度进行理解;二是从工作行为的角度进行理解。应当说,这两种理解都是有一定道理的,但是又都不很全面,因此我们主张从综合的角度出发来理解绩效的含义。所谓绩效,就是指员工在工作过程中所表现出来的与组织目标相关的并且能够被评价的工作业绩、工作能力和工作态度,其中工作业绩就是指工作的结果,工作能力和工作态度则是指工作的行为。

理解这个含义,应当把握以下几点:

第一,绩效是基于工作而产生的,与员工的工作过程直接联系在一起,工作之外的行为

和结果不属于绩效的范围。

第二,绩效要与组织的目标有关,对组织的目标应当有直接的影响作用,例如员工的心情就不属于绩效,因为它与组织的目标没有直接关系。由于组织的目标最终都会体现在各个职位上,因此与组织目标有关就直接表现为与职位的职责和目标有关。

第三,绩效应当是能够被评价的工作行为和工作结果,那些不能被评价的行为和结果也不属于绩效。例如,学生上课时的专心程度就不能直接作为绩效来使用,因为它很难被评价。

第四,绩效还应当是表现出来的工作行为和工作结果,没有表现出来的就不是绩效。这一点和选拔评价是有区别的,选拔评价的重点是可能性,也就是说要评价员工是否能够做出绩效,而绩效考核的重点则是现实性的,就是说要评价员工是否做出了绩效。

二、绩效考核及作用

绩效考核是对员工在工作过程中表现出来的工作业绩、工作能力、工作态度、个人品德等进行评价。其目的是确认员工的工作成就,改进其工作方式,提高员工的工作效率和企业的经济效益。

绩效考核是对员工的实际贡献进行评价的活动,其作用主要体现在:

第一,绩效考核为最佳决策提供了更要的参考依据。绩效考核可以使管理者及其下属在制订初始计划过程中及时纠偏,减少工作失误,为最佳决策提供重要的行动支持。

第二,绩效考核为组织发展提供了重要的支持。绩效考核可以提供相关的信息资料作为奖励或处罚人员、提升或降级、职务调动以及进一步培训的依据。这是绩效考核最主要的作用。

第三,绩效考核为员工提供了一面有益的"镜子"。绩效考核可以位员工有机会了解自己的优缺点以及其他人对自己工作情况的评价。通过比较客观的绩效评估,员工可以在上级的帮助下有效地发挥自己的潜能,顺利执行自己的职业生涯计划。

第四,绩效考核为确定员工的工作报酬提供依据。为了鼓励员工出成绩。组织必须设计和执行一个公正合理的绩效考核系统,使实际工作报酬与员工的实际能力和贡献相结合,对那些最富有成效的员工和小组给予明确的加薪奖励。

第五,绩效考核为员工潜能的评价以及相关人事调整提供了依据。组织通过绩效考核考察员工在实际工作中的表现,评估他们的现实能力和发展潜力。据此对组织的人事安排进行必要的调整。

三、绩效考核的基本原则

(一)明确化和公开化

企业的绩效考核标准、绩效考核程序和绩效考核责任都应当有明确的规定,而且在绩效考核中应当严格遵守这些规定;同时,绩效考核标准、程序和对考核责任者的规定在企业内都应当向全体人员公开,这样才能使员工对绩效考核工作产生信任感,对绩效考核结果抱理解、接受的态度。

（二）客观考核

绩效考核应当根据明确规定的考核标准,针对客观考核资料进行评价,尽量避免掺入主观性和感情色彩,也就是说,首先要做到用事实说话,考核一定要建立在客观事实基础上;其次要做到把被考核者与既定目标做比较,而不是在人与人之间做比较。

（三）单头考核

对人员的绩效考核都必须由被考核者的直接上级进行,直接上级一般最了解被考核者的实际工作表现（成绩、能力、适应性）,也最有可能反映真实情况。间接上级对直接上级做出的考核评语不应当擅自更改。但并不排除间接上级对考核结果的调整修正作用。单头考核明确了考核责任,并且使考核系统与组织指挥系统取得一致,更有利于加强经营组织的指挥机能。

（四）及时反馈

绩效考核的结果一定要反馈给被考核者本人,否则就起不到绩效考核的教育作用;在反馈考核结果的同时,应当向被考核者就考核结果进行说明,肯定成绩和进步,说明不足之处,提供今后努力的参考意见等。

（五）形成差别

考核的等级之间应当有鲜明的差别界限,针对不同的考核评语在工资、晋升、使用等方面应体现明显差别:使考核带有刺激性,鼓励员工的上进心。

四、绩效考核的方法

绩效考核的方法很多,按照考核行为还是考核结果,将考核方法分为行为导向型考核方法和结果导向型考核方法两种。其中,行为导向型考核方法又有主观考核方法和客观考核方法之分。

（一）行为导向型的主观考核方法

1. 简单排列法

简单排列法是根据员工工作的整体表现,按优劣顺序依次排列。这种方法的优点是简单易行,花费时间短;缺点是主观,不易于与其他部门比较。

2. 成对比较法

成对比较法是将所有参加考核的人员依次进行两两比较,经过汇总整理,得出最终被考核人员的排序结果。这种方法的缺点是如果员工数量较多,则比较耗时且影响考核质量。

3. 强制分布法

强制分布法是将员工的绩效考核结果强制认定为正态分布,再按照一定的比例,将员工的绩效考核结果强制性分配到正态分布曲线中,据此确定员工工作绩效的好、中、差。这种方法的优点是克服平均主义,缺点是考核结果呈偏态分布时,不适用该法。

(二)行为导向型的客观考核方法

1. 关键事件法

关键事件法是通过记录和观察员工在工作过程中的"关键事件",以此作为考核的指标和衡量的尺度。所谓关键事件,是指那些导致成功的有效行为或导致失败的无效行为。关键事件法的优点是以事实为依据,对事不对人,考核整体表现;缺点是只能做定性分析。

2. 行为锚定等级评价法

行为锚定等级评价法是将关键事件与等级评价相结合,对同一维度中的不同行为给予不同的等级,这样使绩效按等级量化,有助于公平。这种方法的优点是比较准确,精度高;缺点是费时费力,设计与实施费用高。

(三)结果导向型的考核方法

1. 目标管理法

目标管理法是通过按照目标管理的思想,由员工与主管共同协商,制定员工个人目标,以此作为员工考核的依据。目标管理法的优点是组织与个人的目标一致,易于观测和反馈;缺点是难以横向比较。

2. 成绩记录法

成绩记录法是通过及时记录工作取得的、可监测或核算的各种数量与质量情况,作为对员工工作表现进行考核的主要依据。这种考核方法的优点是简单易行、节省管理成本;缺点是需要健全各种记录。

五、绩效考核的流程

一般的,绩效考核流程大致分为四个阶段,即绩效考核计划、绩效实施与管理、绩效评估和绩效反馈面谈。

(一)绩效考核计划

绩效考核计划是每个绩效管理周期中的第一步,在一个新的绩效周期开始前,根据企业确立的发展战略目标,通过目标分解、逐层落实的方法,将企业的中长期目标分解成若干个短期目标,明确到每一个部门及员工个人,同时根据岗位职责,制定相应的绩效评估指标和标准。这是绩效考核时为避免主观随意性不可缺少的前提条件。因此,在绩效计划阶段,管理者和下属需要通过沟通对员工在绩效考核周期的绩效结果达成共识。

(二)绩效实施与管理

制订了绩效计划后,员工要按照计划开展工作。管理者以设定的各类绩效评估指标作为依据,对员工日常工作进行监督考核管理,并据此进行人力资源的配置、调配、考核、培训等日常管理工作。

（三）绩效评估

在每一个绩效管理周期结束的时候，依据绩效计划，由管理者和员工共同对员工的绩效目标完成情况进行考评。绩效评估的依据是绩效计划中的关键绩效指标，还包括在绩效实施与管理过程中，收集记录下的员工日常工作表现和记录等。

（四）绩效反馈面谈

在每个绩效管理周期内，最后阶段就是绩效反馈面谈。绩效反馈面谈，重在让员工明白工作就要按标准执行，要把任务具体化，并在工作中做好记录，做到科学规范，有源可溯。由此，使员工知道管理者对自己的期望，了解自己的绩效，认识到自身有待改进的方面；与此同时，员工也可就自己在完成绩效目标过程中遇到困难的问题，与管理者沟通，在其指导下及时解决，确保在下个绩效考核周期内员工和企业的绩效都能得到有效提升。只有这样，才能让管理者和员工都亲自参与到考核中来，让管理者和员工从内心接受考核本身，并身体力行去执行它，达到预期效果。

第四节 薪　酬

一、薪酬的概念

薪酬是指员工从事某企业所需要的劳动而得到的货币形式和非货币形式的补偿，是企业支付给员工的劳动报酬。其实质是一种公平的交易或交换关系，是员工在向单位让渡其劳动或劳务使用权后获得的报偿。薪酬不能简单地理解为传统意义上的工资。应该说，薪酬和工资有许多相似之处，而且在很多地方两者还可以通用，但是两者又有一定的区别。因为相对于工资，薪酬多出了非货币形式报酬的这部分。对于员工来说，薪酬不仅是一定数目的金钱，它也代表了身份、地位以及在全公司中的业绩，甚至表明了个人的能力、品行及个人的发展前景等信号的作用。

通常来说，对薪酬的理解有狭义与广义之分。狭义的薪酬是指个人获得的以工资、奖金等以金钱或实物形式支付给员工的劳动报酬。广义的薪酬包括经济性的报酬和非经济性的报酬。经济性的报酬又称货币薪酬，是指工资、奖金、津贴、补贴、股权、红利、福利待遇等。非经济性的报酬也称非货币薪酬，是指个人在心理上对工作本身、工作环境以及对企业的一种感受，如工作的挑战性、工作的成就感等。本节所说的薪酬指的是狭义的薪酬。

二、薪酬的作用

（一）保障作用

薪酬的保障作用是通过基本工资来体现的。员工所获薪酬数额至少能够保证员工及其

家庭生活与发展需要,否则会影响员工的基本生活,影响社会劳动力的生产和再生产。薪酬的保障作用有助于员工获得工作的安全感,发挥工作积极性。

(二) 激励作用

薪酬的激励作用主要通过绩效工资和成就工资来体现。薪酬代表着一定的物质利益,因此它对员工有重要的激励作用。首先,合理的有一定吸引力的薪酬能够调动员工的工作积极性,激发他们的潜力,促进他们的工作效率。其次,较高的薪酬可以吸引组织所需要的各方面人才来为企业工作,扩大组织的人力资本存量。最后,有效的薪酬系统可以通过各类薪酬的合理构成来增强组织的凝聚力和吸引力,增强员工对组织的归属感,从而保留人才,用好人才。

(三) 调节作用

薪酬的调节作用主要以福利的形式来表现。福利是组织关心员工、展现社会责任感的重要方面。通过提供各种福利与保险待遇,可使员工对组织有一种信任感和依恋感,形成良好的组织气氛。

三、薪酬的构成

薪酬主要由基本工资、奖金、津贴、福利、保险五部分构成。这里所讲的薪酬的构成是指经济性报酬的构成。

(一) 基本工资

基本工资是定期发放给员工的固定性报酬,表现出较强的刚性。一般情况下基本工资按月按时向员工发放,并且要求员工的基本工资一般能升不能降。

(二) 奖金

奖金是薪酬中反映员工绩效的可进行浮动的部分。奖金可以与员工的个人业绩挂钩,也可以与团队业绩相联系,还可以与组织的整体业绩相关联。

(三) 津贴与补贴

津贴通常是对一些特殊岗位工作中的不利因素进行的一种补偿,如夜班工作津贴、出差补助等。津贴不是薪酬构成的核心部分,它在薪酬中所占的比例往往较小。

(四) 福利

福利是人人都能享受的利益,在现代企业的薪酬设计中越来越占据重要的位置。带薪休假、健康计划、补充保险、住房补贴等都是企业福利项目的重要形式。

四、薪酬体系

薪酬体系是企业人力资源管理的重要组成部分。薪酬体系主要是确定企业的基本薪酬以什么为基础。目前,国际较通行的薪酬体系包括职位薪酬体系、技能薪酬体系、能力薪酬体系。

(一) 职位薪酬体系

这种薪酬体系是按照一定程序,严格划分职位,根据员工所处职位的价值来确定员工的薪酬水平。即员工所承担的职位职责的大小、工作内容的多少和复杂程度以及工作难度等决定了员工薪酬的多少。岗位工资制就属于这种薪酬体系。

(二) 技能薪酬体系

这种薪酬体系的特点是员工的薪酬主要是根据员工所具备的技能来确定。职能工资和技术等级工资等都属于这种薪酬体系。

(三) 能力薪酬体系

这种薪酬体系的特点是员工的薪酬主要是根据员工所具备的能力来确定。这些能力有的是显性的,可以直接观察到,有的是隐性的、潜在的,不易被观察到。能力资格工资和能力薪酬等都属于这种薪酬体系。

随着实践的不断深入,越来越多的企业认为同时采用两种或两种以上的薪酬体系,比只采用单一的薪酬体系能较为全面地反映按岗位、按技术、按劳分配薪酬的原则,于是将上述三种基本的薪酬体系加以组合,形成组合薪酬体系。目前还有一些企业将股票期权、股票增值权等也纳入到组合薪酬体系中。

五、薪酬设计

(一) 影响因素

在市场经济条件下,影响薪酬的因素有很多,一般来说,主要有三类:组织外部因素、组织内部因素和员工个人因素。

1. 组织外部因素

包括国家及地方的法律法规、物价水平、劳动力市场状况、其他企业的薪酬状况等。

2. 组织内部因素

包括组织的经营战略、组织的发展阶段、组织的财务状况等。

3. 员工个人因素

员工的职位、工作绩效、工作年限等在一定程度上体现了员工个人价值的多少,这些因素直接影响其个人薪酬的高低状况。

(二) 设计原则

1. 竞争力

组织薪酬水平与同行业、本地区劳动力市场价格相比较是否具有强劲的吸引力。

2. 公平性

薪酬要体现岗位之间的差距,不同的岗位、不同的员工绩效,薪酬也应各不相同。

3. 激励性

工作优秀者所获薪酬要明显多于平庸者,这样薪酬才有激励员工努力工作的效果,才能引导人们积极向上,奖勤罚懒,充分体现"干好与干坏不一样"。

4. 经济性

组织支付的薪酬应当在自身可以承受的范围内,不符合企业财务状况支付薪酬,会给企业造成沉重的负担。

5. 合法性

组织的薪酬制度不能违反国家及政府部门的法律法规政策。

(三) 薪酬设计的基本程序

1. 职位分析

进行薪酬设计的第一步是确定每个工作职位的具体内容。首先要结合公司经营目标做好岗位设置,然后公司管理层要在业务分析和人员分析的基础上,明确部门职能和职位关系,人力资源部和各部门主管合作编写职位说明书。只有进行职位分析,管理者才能在市场上与其他公司进行比较。一方面,明确该职位在市场的职能定位;另一方面,确定市场对该职位助定价。

2. 职位评价

职位评价(职位评估)重在解决薪酬的对内公平性问题。它有两个目的:一是比较企业内部各个职位的相对重要性,得出职位等级序列;二是为进行薪酬调查建立统一的职位评估标准,消除不同公司间由于职位名称不同或即使职位名称相同但实际工作要求和工作内容不同所导致的职位难度差异,使不同职位之间具有可比性,为确保工资的公平性奠定基础。它是职位分析的自然结果,同时又以职位说明书为依据。

3. 薪酬市场调查

设计合理的薪酬体系首先需要进行市场薪酬调查。调查的目的是了解其他企业对同样职务支付薪酬情况,搜集有关工薪水平的详细资料。对给组织的薪酬水平决策产生影响的主要因素,如同行业或地区中竞争对手的薪酬水平;组织的支付能力和薪酬策略;社会生活成本指数;以及在集体谈判情况下的工会政策等进行全面的调查。组织可以从许多不同的渠道获取调查信息。

4. 薪酬定位

在分析本地区和本行业的薪酬数据后,要参照同行业同地区其他企业的薪酬水平,及时制定和调整本企业对应工作的薪酬水平及企业的薪酬结构。

5. 薪酬结构设计

薪酬结构设计往往要综合考虑三个个方面的因素,一是职位等级;二是个人的技能和资历;三是个人的绩效。在工资结构上与其相对应的分别是职位工资、技能工资、绩效工资,也有的将前两者合并考虑,作为确定员工基本工资的基础。综合起来讲,确定职位工资,需要对职位进行评估;确定技能工资,需要对人员资历进行评估;确定绩效工资,需要对工作表现进行评估;确定企业的整体薪酬水平,需要对企业盈利能力、支付能力进行评估。

6. 薪酬体系的实施和修正

在制定和实施薪酬体系过程中,及时的沟通、必要的宣传或培训是保证薪酬改革成功的因素之一。从本质意义上讲,劳动报酬是对人力资源成本与员工需求之间进行权衡的结果。为保证薪酬制度的适用性,规范的公司都对薪酬的定期调整做了规定。世界上不存在绝对公平的薪酬方式,只存在员工是否满意的薪酬制度。人力资源部可以利用各种形式,充分介绍公司的薪酬制定依据、优点,赢得广大员工的理解和支持。

六、福利

在现代社会中,企业福利越来越成为企业财务实力与员工凝聚力的重要体现。员工福利分为国家法定福利和企业自主福利。国家法定福利是国家法律和法规规定的福利,具有强制性。企业自主福利是企业自愿向员工提供的福利,不具有强制性,也无标准而言,是企业根据自身情况自主决定的。

国家法定福利包括法定的社会保险(基本养老保险、基本医疗保险、失业保险、工伤保险和生育保险)、法定节假日、公休假日、带薪休假。企业自主福利包括住房福利、交通福利、饮食福利、旅游、岗位津贴、补充保险等。

本章学习要点

1. 招聘是组织人力资源管理的重要工作内容,是用人单位寻找合格员工的可能来源,吸引他们到本组织应征并加以录用的过程。员工招聘分为内部招聘和外部招聘。员工甄选的方法包括笔试、面试、心理测试和情景模拟。

2. 培训是指以企业为主体,有计划地组织员工从事学习和训练,提高员工知识水平、业务技能和工作能力,改善员工的价值观、工作态度和行为,增进员工绩效和企业整体绩效,使企业发展目标和员工个人发展目标能够共同实现所进行的人力资本投资的活动过程。培训方法包括课堂讲授法、学徒培训法、专题讲座法、讨论法、案例分析法、头脑风暴法、网上培训和工作轮换法。

3. 绩效考核是对员工在工作过程中表现出来的工作业绩、工作能力、工作态度、个人品德等进行评价。其目的是确认员工的工作成就,改进其工作方式,提高员工的工作效率和企业的经济效益。绩效考核流程大致分为四个阶段,即绩效考核计划、绩效实施与管理、绩效评估和绩效反馈面谈。

4. 薪酬主要由基本工资、奖金、津贴、福利、保险五部分构成。薪酬体系包括职位薪酬体系、技能薪酬体系、能力薪酬体系。

复习思考题

1. 什么是招聘？招聘的渠道有哪些？
2. 员工甄选的方法有哪些？
3. 论述招聘工作的流程。
4. 论述培训的方法和培训流程。
5. 什么是绩效？什么是绩效考核？
6. 论述绩效考核的方法和流程。
7. 什么是薪酬？薪酬体系有哪三种？

参考文献

[1] 张燕.管理学.南京：东南大学出版社,2008.
[2] 杨洁,孙玉娟.管理学.北京：中国社会科学出版社,2010.
[3] 赵曙明.人力资源管理.北京：北京师范大学出版社,2007.
[4] 马军,卢生康,王旺.管理学基础.北京：北京理工大学出版社,2012.
[5] 刘汴生.管理学.北京：科学出版社,2006.
[6] 部分资料来自：http://baike.baidu.com/.

案例分析

泰康人寿的人才"造血"计划

天山钢铁有限公司是一家集炼铁、炼钢、轧钢为一体的大型钢铁企业，拥有烧结、高炉、转炉、钢板、型钢五大生产厂以及辅助生产厂。可以冶炼300个钢号、轧制650多个品种规格的钢材，已形成120万吨铁、210万吨钢的年生产规模。

2005年，公司进行了体制改革，建立了新的公司领导班子，给公司带来了全新的现代化生产经营理念，为公司二次创业提供了强大的动力。为满足国内不断增长的不锈钢需求。天山公司规划投资建设一个不锈钢精品生产基地，计划总投资80亿元的新厂房正在建设之中。预计两年后新产品生产线可建成投产。由于新生产线采用了当今先进的生产设备和技术，相比公司已有的几条生产线，新生产线的技术含量和自动化程度都有很大的提高。为了保证新生产线上马后能够良好运转，目前相关人员的培训准备工作正在有条不紊地进行着。

但是由于天山公司是老厂，员工学历都比较低，60%的生产人员只有初中学历。有高中学历的占30%，有大专和大学学历的只占10%。一些员工正在完成其高中学业，一些已获得和正在考取公司的相关技术职称。公司的管理人员刚刚进行了相关计算机知识和操作的培训。目前为参加新生产线脱产培训的员工开设的课程有相关高中知识、新生产线操作的相关英语知识、新线的生产流水线技术、设备操作等。

第八章 人力资源管理

公司遇到的问题是：一些老生产线上的职工惧怕被抽调去培训，原因是怕新生产线上岗通不过，原先的工作又被别人取代而遭遇下岗。人力资源部门的担心是对抽调的员工经过培训后是否能够满足未来新生产线的要求。

案例思考

请设计一个合理的培训方案来解决公司面临的问题，实现公司新生产线的顺利投产。

第九章
领 导

本章学习目的

认知领导的含义并了解领导与管理的联系和区别；
掌握领导的作用和领导的影响力构成因素；
理解传统特质理论与现代特质理论的区别；
理解领导行为理论中的领导风格理论、支持关系理论、领导的连续统一体理论、领导四分图理论及管理方格理论；
理解领导权变理论中领导的菲德勒模型、领导生命周期理论和途径—目标理论；
知晓管理中的主要领导艺术。

案例——问题的提出

苏·雷诺兹的职业生涯起点

苏·雷诺兹今年22岁,即将获得哈佛大学人力资源管理的本科学位。在过去的两年里,她每年暑假都在ABC互助保险公司打工,填补去度假员工的工作空缺,因此她在这里做过许多不同类型的工作,目前,她已接受该公司的邀请,毕业后将加入该互助保险公司,成为保险单更换部的主管。

ABC互助保险公司是一家大型保险公司,仅苏所在的总部就有5 000多人。公司奉行员工的个人开发,这已成为公司的经营哲学,公司自上而下都对员工十分信任。

苏将要承担的工作是直接负责管理25名职工。他们的工作不需要什么培训而且具有高度的程序化,但员工的责任感十分重要,因为更换通知要先送到原保险单所在处,要列表显示保险费用与标准表格中的任何变化;如果某份保险单因无更换通知的答复而将取消,还需要通知销售部。

苏工作的团体成员全部是女性,年龄从19岁到62岁,平均年龄为25岁。其中大部分人是高中学历,以前没有过工作经验,她们的薪金水平为每月1 420美元到2 070美元。苏将接替梅贝尔·芬彻的职位。梅贝尔为互助保险公司工作了37年,并在保险单更换部做了17年的主管工作,现在她退休了。苏去年夏天曾在梅贝尔的团体中工作过几周,因此比较熟悉她的工作风格,并认识大多数团队成员。她预计除了丽莲·兰兹之外,其他将成为她下属的成员都不会有什么问题。丽莲今年50多岁,在保险单更换部工作了10多年。而且,作为一位"老太太",她在团体中很有分量。苏断定,如果她的工作得不到丽莲的支持,将会十分困难。

苏决心以正确的步调开始她的职业生涯。因此,她一直在认真思考:一名有效的领导者应具备什么样的素质?

(资料来源:李先江. 管理学. 北京:北京大学出版社,2012)

不论我们讨论一个什么样的组织,军队、学校、企业、国家、社团等,领导似乎都是决定组织有效性的关键因素。因此,领导也就成为专业研究和讨论以及杂志、报纸评论的焦点话题。如果说管理是为了实现组织目标而进行的有目的的组织协调、控制活动,那么领导就是这种活动的基本组织者。组织工作为管理奠定了制度基础,组织的实际运作则通过领导展开。有了领导,组织才能作为能动的主体去完成自己的目标。那么,究竟管理职能中的领导在组织中起到什么样的作用,领导要做些什么样的工作,如何才能成为一个好领导,他们是如何开展领导工作的?假若领导工作确实有其规律性和特点,那么,它们又是什么呢?本章将就领导这一职能展开论述。

第一节 领导概述

领导是管理活动的重要方面,管理过程学派认为:领导职能是管理职能的基本组成部

分,它侧重于对组织中人的行为施加影响,发挥领导者对下属的指挥、协调、激励和沟通作用,以便更加有效地完成组织的目标与任务。领导工作具有人与人互动的性质,领导者正是通过他与被领导者的双向互动过程,促使组织成员更有效地实现组织的目标。

一、领导的含义

领导在汉语中有两个基本的含义。一种是指担任领导职务的人,称为领导;另一种是指工作,如领导组织成员做好工作。在管理理论中也有两种含义,即组织中的领导人员(Leader,Leadership)与组织中的领导工作(Leading)。作为管理的一种职能活动,领导的含义是指一种职能活动,但是对于领导的含义,至少有以下几种解释:

领导是一种能够影响一个群体实现愿景或目标的能力。

领导是影响他人的过程,是促使下属以一种有效的方式去努力工作,以实现组织共享目标的过程。

领导是一种领导和下属之间的影响关系,他们想得到能反映他们共享目标的真正改变。

领导是让其他人理解和同意必须去做什么和如何有效地去做的过程,以及促进个人和集体努力去实现共同目标的过程。

尽管领导的定义多种多样,但仍然可以发现各个定义以及领导现象中所共有的元素,这些元素包括以下四个方面。

(一)领导是一个过程

这表示领导并不是存在于领导者身上的一种特质或特征,而是发生在领导者和其追随者之间的一种交互活动过程,也意味着一个领导者不仅影响追随者而且也受到追随者的影响。它也强调领导不是一种线性的、单向的活动,而是一种相互作用的活动。当领导以这种方式定义时,它对我们每一个人来说都是可以获得的,并不仅仅局限于一个正式组织所委派的领导者。

(二)领导是一种影响

领导并不一定要有头衔,领导也不一定是权威,但领导者一定要有影响力。领导过程就是对他人和组织施加影响并通过这种影响改变他人或组织,进而达成领导的目的。从这个意义上讲,任何人只要能够通过自己的努力去影响他人或组织的进程并产生一定的影响效果,就可以说是运用了"领导"。

(三)领导存在于群体或组织的环境中

领导行为发生在群体或组织中,群体或组织是领导行为得以产生的环境。

(四)领导是目标导向的

领导活动产生的目的在于实现共同目标,否则就没有领导的需要。只有当所有个体都朝着一个共同目标努力的背景下才会产生领导,产生领导影响力。

基于上述理解,我们可把领导定义为领导者在组织内影响组织成员共同实现组织目标的过程。

二、领导与管理

尽管在一般管理的概念中,领导是管理的职能之一,但是现在理论的趋势是将领导和管理加以区别,而领导者和管理者似乎也成为两种完全不同的类型。

(一) 领导与管理的区别

根据领导的定义可以看出,领导和管理有所区别(如图9-1所示)。一般而论,领导是管理的四大主要活动之一,但是,如果一个管理者仅仅精于计划、组织与控制,他可能是一个无效的领导者。从本质上来说,管理是管理者依据法定职权规定下属的工作方向和方式,对其工作过程进行计划、组织、协调和控制的活动,而领导则是领导者运用权利和影响力引导下属为实现目标而努力的过程,两者的差异主要在于其作用基础不同。因此,在企业组织中,当一个人仅仅利用职权的合法性采用强制手段命令下属工作时,充其量只是管理者,而不是领导者;只有当他在行使法定职权的同时,更多地依靠自身的权利和影响力指挥并引导下属时,才可能既是管理者,又是领导者。显然,卓越的领导能力是成为有效的管理者的重要条件之一。

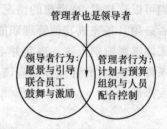

图9-1 领导者与管理者行为

领导与管理在类似活动上的侧重点各不相同(见表9-1)。例如,管理意味着操纵事情、维持秩序、控制偏差,领导意味着前进、指挥、带领跟随者探索新领域。管理者通过计划与预算处理复杂问题,他们设置目标,确定完成目标的方法,分配资源以实现目标。相反,领导者首先规划组织的愿景以引导下属的行为,然后开发创新战略去实现愿景。

表9-1 领导与管理的区别

活动	管理	领导
制订工作日程计划	计划与预算:建立实现预期结果的详细步骤与时间表,分配必要资源,保证预期结果发生	建立愿景:开发未来愿景以及实现愿景的战略
为完成工作日程计划开发人员网络	组织与人员配置:建立完成计划的结构,配备与结构相应的人员,制定政策与程序,指导员工开展工作	联合人员:运用各种方式与各工作团队的成员沟通,使他们理解与认同愿景和战略
执行计划	控制与问题解决:仔细监控工作结果,识别偏差,纠正偏差	激励与鼓舞:供给员工客服各种障碍的能量,满足他们的各种需要
结果	产生各种可预测的结果,例如,按时提供顾客所需产品	产生各种巨大变化,如顾客所需新产品、员工所求的劳资新关系

此外,有效的领导者通过组织与人员配备完成目标,他们创造组织结构、设计工作职位、

配备合格员工、沟通相关信息以保证目标实现。他们招聘、留住认同组织愿景的员工,让员工成工作团队,自主决定如何达成组织愿景。有效的领导者需要激励和鼓舞员工团队,帮助他们克服各种困难,支持他们出色地完成各项任务。管理者通过控制员工行为来保证员工完成目标。他们运用各种形式的报告和会议监控员工的工作绩效,时刻注意工作偏差。

(二) 领导还是管理

不同的学者对于领导和管理有着不同的偏爱,很多学者都想将两者区分开来,但也有反对的声音,明茨伯格教授就认为区分领导和管理是有问题的,科特也认为企业组织要发展,两者缺一不可。只有有力的管理和有力的领导联合起来,才能带来颇为满意的效果。因此,我们可以这样说,在理想的情况下,所有的管理者都应该是领导者。但是,并不是所有的领导者必须具备完成其他管理职能的潜能,因此不应该所有的领导者都处于管理岗位上。一个人能够影响别人这一事实并不表明他同样能够计划、组织、控制和创新。但是既然在理想的条件下,所有的管理者都应该是领导者,我们也就需要了解管理者应该如何像领导者那样去发挥影响力。

三、领导的作用

领导是组织的领导者通过各种激励措施指挥或带领组织成员实现组织目标的过程。因此,在实现组织目标的过程中,领导具有不可或缺的重要作用,其作用突出表现在以下三个方面。

(一) 指挥引导作用

"只有糟糕的将军,没有糟糕的士兵",一支训练有素的部队,如果没有一位优秀的指挥官,也不可能在战争中取得胜利。领导者就是一名指挥官,指挥所有员工向着既定目标前进,因此,领导的首要作用是指挥。

在组织活动中,需要有头脑清晰、高瞻远瞩的领导者来帮助人们认清所处的环境,明确活动的目标和实现目标的途径。因此,领导者有责任指导组织各项活动的开展。不仅如此,必要时领导者还应该亲力亲为,用自己的行动带领和鼓舞人们为实现组织目标而努力。领导者就像是乐队指挥,掌握总体的演奏节奏和演奏氛围,协调演奏者之间的差异,通过共同努力演奏出和谐的音调和正确的节奏。

(二) 沟通协调作用

领导效能受到领导者、被领导者以及二者所处的具体环境的影响,要想实现最佳的效果,领导者必须根据组织所处的环境对被领导者施加影响,最终实现组织目标。然而在环境一定的情况下,组织成员由于个人能力、工作态度、进取精神、岗位背景、性格、作风等方面的禀赋差异而成为最复杂、最活跃的因素。正是由于成员间存在异质性,可能导致成员内部出现矛盾,成员思想出现波动,进而导致成员的行为出现偏差,使得组织行为偏离了原有轨道;而组织作为整体也会有自己的风格和行为模式,难免会与其他组织之间产生摩擦。因此,领导者必须协调组织中人与人之间、部门与部门之间的各种矛盾和冲突,从而促使所有活动以实现组织战略目标为导向,同时还要代表组织,与组织的利益相关者协调好各种关系。

(三)激励鼓舞作用

激励是领导工作的重要方面。正如在军事战争中,将军们不仅需要有指挥战斗的本领,还需要有激发士兵士气和斗志的本领一样,在任何组织活动中,领导者只有使参与组织活动的人都保持高昂的士气和旺盛的工作热情,才能使组织目标得以有效而快速地实现。这就需要领导者以高超的领导艺术诱发下属的事业心、忠诚感和献身精神,加强他们积极进取的动力。

综上所述,领导不仅应指导组织成员朝着同一目标而努力工作,而且应激发组织成员保持高昂的士气与旺盛的工作热情,同时应在工作过程中协调组织成员,使他们步调一致地去实现组织目标。

四、领导的影响力

所谓影响力是指一个人在与他人的交往中,影响和改变他人的心理和行为的能力。领导者对个人和组织的影响力来自两方面:一是职位权利(又称为制度权利)影响力;二是非职位权利(又称为个人权利)影响力,如图 9-2 所示。职位权利和非职位权利是领导者能够实施领导的基础,是影响和指导别人的前提。领导权利作为一种影响他人的能力是潜在的,尽管领导者可能根本未行使权利,但他仍能影响或约束下属,因为其下属意识到他拥有领导权利。

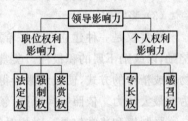

图 9-2　领导影响力的构成

(一)职位权利影响力

职位权利是指由于领导者在组织结构中所处的位置,上级或组织制度所赋予的权利具有很强的职位特性。这种权利与领导者的职位相对应,退位后相应的权利便会消失,如法定权、惩罚权、奖赏权都属于职位权利。这种影响力一般仅仅属于社会各层结构中居于管理者角色地位的人,只有在某些特殊情况下,非掌权者才能具有这种影响力。这种权利与特定的个人没有必然的联系,它只与职务相联系。权利是管理者实施领导行为的基本条件,没有这种权利,管理者就难以有效地影响下属,实施真正的领导。

1. 职位权利影响力的构成

职位权利影响力包括法定权、强制权和奖赏权,它由组织正式授予领导者,并受组织规章的保护。

(1)法定权

法定权是由组织机构正式授予领导者在组织中的职位所引起的、指挥他人并促使他人服从的权利。组织正式授予领导者一定的职位,从而使领导者占据权势地位和支配地位,使其有权利对下属发号施令。法定权利是领导者职权大小的标志,是领导者的地位或在权利阶层中的角色所赋予的,是运用其他各种权利的基础。

法定权具有 4 个突出的特点:

① 层次性,职权的大小是由职位的高低决定的,职位高的权利大,职位低的权利小;

② 固定性,法定权是由法律或有关政策规章相对固定下来的,有职就有权,失职就失权;

③ 自主性,当领导者的某一法定权被确定下来后,领导者也就相应地取得了在职权范围内相对独立用权的条件;

④ 单向性,法定权具有极强的线性约束力,只能指派职权范围内的下属。

(2) 强制权

强制权又称惩罚权。是领导者在具有法定权的基础上,强行要求下级执行的一种现实的用权行为,是和惩罚相联系的迫使他人服从的力量。服从是强制权的前提;法律、纪律、规章是强制仪的保障;处分、惩罚是强制权的手段。如果领导者不善于运用这种权利,就会使被领导者的服从意向减弱,从而降低领导效能。在某些情况下,领导是依赖于强制的权利与权威施加影响的,对于一些心怀不满的下属来说,他们不会心悦诚服地服从领导者的指示,这时领导者就要运用惩罚权迫使其服从。这种权利的基础是下属的惧怕。这种权利对那些认识到不服从命令就会受到惩罚或承担其他不良后果的下属的影响力是最大的。

(3) 奖赏权

奖赏权是一种建立在良好希冀心理之上的权利,在下属完成一定的任务时给予相应的奖励,以鼓励下属的积极性。奖赏属于正刺激,是领导者为了肯定和鼓励某一行为,而借助物质或精神的方式,使被刺激者得到心理、精神及物质等方面的满足,从而激发出前进性行为的最大动力。依照交换原则,领导者通过提供心理或经济上的奖酬来换取下属的遵从。

强制权和奖赏权是一对相对的概念,如果我们能够剥夺和侵害他人的实际利益,那么我们就具有强制性的权利;如果我们能够给别人带来积极的利益和免受消极因素的影响,那么我们就具有奖赏性权利。与强制性权利不一样,奖赏性权利不一定要成为领导者才具有,有时作为一个普通的员工,也可以表扬另外一个员工,也可以在会上强调别人所作出的贡献,这本身也是一种权利和影响力。所以权利并不一定在领导和下属之间才会出现,有时候平级之间,甚至下属对于上司都可能存在。

2. 权利影响力的影响因素

(1) 传统观念

几千年的社会生活,使人们对领导者形成了这样一种心理观念,即认为领导者不同于普通人,他们或者有权,或者有才干,强于普通人,由此产生了对领导者的服从感。由于这种传统观念从小就影响着人们的思想,从而增强了领导者言行的影响力。

(2) 职位因素

领导者凭借组织所授予的指挥他人开展具体活动的权利,可以左右被领导者的行为、处境,甚至前途、命运,从而使被领导者对领导者产生敬畏感。领导者的职位越高,权利越大,下属对他的敬畏感越强,领导者的影响力也越大。

(3) 资历因素

一个人的资历与经历是历史性的东西,它反映了一个人过去的情况。一般而言,人们对资历较深的领导者,心中比较尊敬,因此其言行也容易在人们的心灵中占据一定的位置。

权利影响力是通过正式的渠道发挥作用的。当领导者担任管理职务时,由传统心理、职位、资历构成的权利的影响力会随之产生,当领导者失去管理职位时,这种影响力将大大削弱甚至消失。这种权利之所以被大家所接受,是因为大家了解这种权利是实现组织共同目标所必需的。

(二)非职位权利影响力

非职位权利影响力是指由于领导者的个人经历、地位、人格、特殊品质和才能而产生的影响力,它可以使下属心甘情愿地、自觉地跟随领导者。这种权利对下属的影响比职位权利更具有持久性。非权利影响力不是外界附加的,它产生于个人的自身因素,与职位没有关系。

1. 非职位权利影响力的构成

非职位权利影响力包括专长权和感召权。

(1)专长权

专长权是指领导者具有各种专门的知识和特殊的技能或学识渊博而获得同事及下属的尊重和佩服,从而在学术上或专长上显示出一言九鼎的影响力。领导者如果涉猎广泛,通今博古,学识渊博,特别是拥有组织活动所必备的专业技能,必然使被领导者对其产生一种信服力、信任力和钦佩力,从而构成领导者的专长权。这种影响力的影响基础通常是狭窄的,仅仅被限定在专长范围之内。

今天的企业发展越来越依赖技术因素,因此,专门的知识技能也成为权利的主要来源之一。随着工作的细分,专业化越来越强,企业的目标越来越依靠不同部门和岗位的专家。正如人们所知,医生在他的行业和领域中有权威性,为什么呢?因为他有很强的专家性权利,医生所说的话不能不听。所以大多数的人都愿意遵从于医嘱。还有一些职业,例如计算机方面的专家、税务的会计师、培训师等,他们都是因为在某一领域中的特殊影响力,而获得了专家性权利。

(2)感召权

感召权是指出于领导者优良的领导作风、思想水平、品德修养,而在组织成员中树立的德高望重的影响力。这种影响力是建立在下属对领导者承认的基础之上的,由领导者本身的素质,如品格、知识、才能、毅力和气质所决定的,它通常与具有超凡魅力或名声卓著的领导者相联系。这种影响力对人们的作用是通过潜移默化而变成被领导者内驱力来实现的,赢得了被领导者发自内心的信任、支持和尊重,对被领导者的影响和激励作用不仅很大,而且持续的时间也较长。

2. 构成非职位权利影响力的主要因素

(1)品格

主要包括领导者的道德、品行、人格等。优良的品格会给领导者带来巨大的影响力。因为品格是个人的本质表现,好的品格能使人产生敬爱感,能吸引人,让人模仿,使下属常常希望自己能像领导者一样,并以此为榜样。

(2)才干

领导者的才干是决定其影响力大小的主要因素之一。才能通过实践来体现,主要反映在工作成果上。一个有才能的领导者,会给事业带来成功,从而使人们对他产生敬佩感,吸引人们自觉地接受其影响。

(3) 知识

一个人的才能是与知识紧密联系在一起的。知识水平的高低主要表现为对自身和客观世界认识的程度。知识本身就是一种力量。知识丰富的领导者,容易取得人们的信任,并由此产生信赖感和依赖感。

(4) 感情

感情是人的一种心理现象,它是人们对客观事物好恶倾向的内在反映。人与人之间建立了良好的感情关系,便能产生亲切感,相互的吸引力越大,彼此的影响力也越大。因此,如果一个领导者平时待人和蔼可亲,关心体贴下属,与群众的关系融洽,那么,他的影响力往往就比较大。

由品格、才能、知识、感情因素构成的非职位权利影响力,是由领导者自身的素质与行为造就的。在领导者从事管理工作时,它能增强领导者的影响力;在不担任管理职务时,这些因素仍对人们产生较大的影响。由于这种影响力来源于下属服从的意愿,有时会比职位权利显得更有力量。

(三) 领导权利运用效果的影响因素

领导者在权利运用过程中,必须认真研究权利运用效果,重点考虑以下几个主要因素。

1. 领导者职权与个人素质的结合程度

一般情况下,如果领导者个人素质、个人专长与所处职位能有机结合,则权利运用效果最佳;如果领导者个人专长及个人素质与所处职权不能相得益彰,则权利运用效果很不理想。在现实生活中,领导者可以通过个人素质和个人专长来强化职权运用,获得更好的效果。

2. 组织系统结构优化的程度

组织系统结构优化程度如何,会影响领导者权利运用的效果。因此,一个精明的成功的领导者总是十分注意选配下属,不断优化组织系统结构,以确保权利运用的效果。

3. 社会心理

社会心理对领导者权利运用的效果有重要的影响,特别是在社会改革和发展中,由于社会地位及其他因素的改变,很容易在社会上形成一定的逆反心理,在某种程度上削弱和损害领导者权利的运用。因此,领导者必须正视社会心理,善于利用社会心理,提高权利运用的效果。

4. 授权、分工和权限

是否有明确的授权、分工与权限,是影响权利运用效果的非常关键的因素。授权得当,分工明确,权限合理,则权利运用效果好。

第二节 领导理论

国内外很多学者针对领导行为进行了大量的研究,提出了各种各样的领导理论。尽管这些领导理论千差万别,但目的都是探究如何造就一个有效的领导者。从研究的角度来看,到20世纪80年代以前,这些领导理论大体上可以归纳为三种类型:第一种是研究领导者应当具有哪些人格特征,称为领导特质理论;第二种则试图根据个体的行为倾向解释领导,称为领导行为理论;第三种观点运用权变模型弥补了先前理论的不足,并将各种领导理论的研究成果综合在一起,称为领导权变理论。这种领导理论认为,针对不同的情境,需要选择不同的领导方式,所以它又称为领导情境理论。这三种领导理论的相互关系如表9-2所示。

表9-2 不同领导理论的比较

领导理论	基本观点	研究基本出发点	研究结果
领导特质理论	领导的有效性取决于领导者的个人特性	好的领导者应具备怎样的素质	各种优秀领导者的图像
领导行为理论	领导的有效性取决于领导行为和风格	怎样的领导行为和风格是最好的	各种最佳的领导行为和风格
领导权变理论	领导的有效性取决于领导者、被领导者和环境的影响	在怎样的情况下,哪一种领导方式是最好的	各种领导行为权变模型

一、领导特质理论

领导特质理论着重于研究领导者的个人特性对领导有效性的影响。这种理论最初是由心理学家开始研究的。他们的出发点是,根据领导效果的好坏,找出好的领导者与差的领导者在个人品质或特性方面有哪些差异,由此确定优秀的领导者应具备的特点。

(一) 传统领导特质理论

传统的领导特质理论开始于20世纪初,被称为"天才论"、"伟人论"。这一时期的领导特质理论认为,不管在什么样的情境下,领导者都具有相同的特质,而且这些特质在很大程度上是先天的、与生俱来的,不具备先天领导特质的人是不能当领导者的。这种观点的渊源可追溯到古希腊,例如亚里士多德便认为,所有的人从出生之日起就已注定了其治人或治于人的命运。为此,这一时期的研究者们进行了大量的研究,以求发现领导者在个性、生理、智力等因素方面有别于非领导者的特点。在长达半个多世纪的研究中,产生了各种各样的领导特质理论。

例如,1949年亨利(W. Henry)在调查研究的基础上指出,成功的领导者应具备12种品质:①成就需要强烈,把工作成就看成是最大的乐趣;②干劲大,工作积极努力,希望承担富有挑战性的工作;③用积极的态度对待上级,尊重上级,与上级关系较好;④组织能力强,有较强的预测能力;⑤决断力强;⑥自信心强;⑦思维敏捷,富于进取心;⑧竭力避免失败,不断地接受新的任务,树立新的奋斗目标,驱使自己前进;⑨讲求实际,重视现在;⑩眼睛向上,对上级亲近而对下级较疏远;⑪对父母没有情感上的牵扯;⑫效力于组织,忠于职守。

心理学家吉普(J. R. Gibb)于1954年指出,天才的领导者具有7种个性特点:①外表英俊潇洒,有魅力;②善于言辞;③智力过人;④具有自信心,心理健康;⑤善于控制和支配他人;⑥性格外向;⑦灵活敏感。

美国的爱德温·E.吉赛利(Edwin E. Ghislli)的研究稍微深入了一步,他研究了有效领导的8种性格特征和5种激励特征。8种性格特征包括:才智、主动性、督察能力、自信、与下属关系密切、决断能力、性别、成熟程度。5种激励特征包括:对工作稳定性的要求,对金钱奖励的要求、权力欲、自我实现的欲望、责任感与成就感,并指出上述性格特征对决定管理效能的重要程度不同。吉赛利认为,成功的领导者最重要的性格特征是督察能力、成就感、才智、自我实现的欲望、自信、决断能力,最不重要的特征是性别,其余的则是次要的因素。

然而,随着研究的深入和实践的反馈,传统的领导特质理论受到了各方面的异议,归纳起来,主要反映在三个方面:①据有关统计,自1940—1947年的124项研究中,所得出的天才领导者的个人特质众说纷纭。但各特质之间的相关性不大,有的甚至产生矛盾;②进一步的研究发现,领导者与被领导者、卓有成效的领导者与平庸的领导者有量的差别,但并不存在质的差异;③许多被认为具有天才领导者特质的人并没有成为领导者。

(二) 现代领导特质理论

20世纪70年代以来,人们逐步认识到领导者的特质并非天生,而是在实践中形成的。以这种思想转变为基础,现代领导特质理论一反传统领导特质理论夸大遗传、天赋的片面观点,强调领导者的个性特征和品质是在后天的实践中形成的,并且可以通过培养和训练加以造就。

现代领导特质理论的研究者们提出了不少富有见地的观点。

1. 鲍莫尔的领导特质论

美国普林斯顿大学教授鲍莫尔(W. J. Banmal)针对美国企业界的实际情况,提出了企业领导者应具备的10项条件:

(1) 合作精神

能赢得人们的合作,愿意与其他人一起工作,对人不是压服,而是感动和说服。

(2) 决策才能

依据事实而非想象来进行决策,有高瞻远瞩的能力。

(3) 组织能力

善于组织人力、物力和财力。

(4) 精于授权

能抓住大事,把小事分给部属去完成。

(5) 善于应变

权变通达、机动进取而不抱残守缺、墨守成规。

(6) 勇于负责

对上下级以及整个社会抱有高度责任心。

(7) 勇于求新

对新事物、新环境、新观念有敏锐的接受能力。

(8) 敢担风险

要敢于承担改变企业现状内遇到的风险,并有创造新局面的雄心和信心。

(9) 尊重他人

重视和采纳别人的合理化意见。

(10) 品德超人

在品德上为社会和企业员工所敬仰。

2. 鲍尔的领导特质论

麦肯锡公司创始人之一的马文·鲍尔(Marvin Bower)在他 1997 年出版的著作《领导的意志》中指出,领导者必须养成以下 14 种品质:

(1) 值得信赖

值得依赖就是行动上的正直。他特别指出：一个想当领导者的人应当永远说真话,这是赢得信任的良好途径,是通向领导的入场券。

(2) 公正

公正和可信任是联系在一起的。办事不公正对领导者来说是特别严重的问题,因为他为其他人开了先例。

(3) 谦逊的举止

傲慢、目中无人和自高自大对领导来说是有害的,而随便和不拘礼节对领导层的文化来说则是有益的。但真正的领导者决不会虚伪地谦逊,他们只是在举止中做到谦逊。

(4) 倾听意见

领导在讨论时过早地发表自己的意见,会关闭学习的机会。倾听意见时不仅要注意听,也包括作简短的、非引导式的提问。这种表示感兴趣和理解的态度,并不一定意味着同意。只有善于倾听,领导者才能在他人之前获悉人们尚未察觉的问题和机会。

(5) 心胸宽阔

有些领导者心胸不宽阔的原因在很大程度上要归咎于命令加控制的体制。过于骄傲的 CEO 容易变成自我信徒和指挥他人的长官,这很容易令人陶醉和自我满足。自信是一个优点,但过分自信会导致自我吹嘘,甚至骄傲自大,这势必使心胸紧闭。如果一家公司的 CEO 和各级领导者都能心胸宽阔,对下属出的主意,凡是认为有用的,都准备予以采纳和考虑并付诸实施,那么公司就能获得巨大的竞争优势。

(6) 对人要敏锐

领导者应养成能够推测下属内心想法的能力。如果了解下属内心的想法,领导者就能够更好地说服他们。对人敏锐也意味着领导者对人们的感情是敏锐的,领导者对人要谦和、体贴、理解、谨慎,说的话不会令人沮丧,除非是有意的批评。

(7) 对形势要敏锐

这里所说的形势不是指经济形势、政治形势等宏观形势,而是指工作中发生的各种各样的情境。领导者要善于对事实进行仔细的分析并做出客观的评价,同时要敏锐地觉察有关人员的情感和态度。

(8) 进取

进取心是任何领导者应具备的最重要的品质之一。

(9) 卓越的判断力

领导者要能把确定的信息、可疑的信息和直观的推测结合起来,从中得出结论,而日后事情的发展证明这种结论是正确的。行动中的判断力包括:有效地解决问题的能力、制定战略的能力、确定重点以及直观和理性的判断,而最重要的一点是,判断力也包括对合作者和对手的潜力进行评估的能力。

(10) 宽宏大量

即领导者要能容忍各种观点,肯宽恕微小的离经叛道行为,还要能不为小事所干扰,肯原谅小的过错,平易近人。

(11) 灵活性和适应性

这是与心胸宽阔、肯倾听意见相联系的。领导者要思想开放,清醒地看到企业各部门需要不断加以改进,这样他们才能更快地发现需要变革的地方,实施并适应变革。

(12) 稳妥而及时的决策能力

这就是说,领导者要能把握好决策的速度和质量。

(13) 激励人的能力

领导者要能通过榜样、公正的待遇、尊重、持股、分红等形式让员工获得满足感,从而激励员工采取行动,增强他们的信心。

(14) 紧迫感

领导者有了紧迫感,就能为员工树立榜样。当紧迫感传遍整个组织时,在效果和效率上就会有很大不同,必要时也更容易加快速度。这在竞争激烈的环境里是很重要的。

3. 前苏联学者有关领导者素质的观点

前苏联有些学者认为,领导者应具备下列素质:有高度的政治水平和业务水平;要严于律己,宽以待人;善于维护劳动纪律;充分发挥每个下属人员的才能;善于调动下级的积极性;发扬民主,遇事与下级商量;说话要算数等。

4. 日本企业界有关领导者品质的观点

日本企业界公认的领导者应具备的 10 项品德:使命感、责任感、依赖感、积极性、忠诚老实、进取心、忍耐性、公平、热情、勇气。10 项能力:思维决定能力、规划能力、判断能力、创造能力、洞察能力、劝说能力、解决问题能力、培养下级能力、调动积极性能力。

领导特质理论侧重于比较领导者与被领导、高层领导者与基层领导者、成功的领导者与不成功的领导者之间的个体差异,试图确定成功的领导者具有什么样的人格特质,也就是确定具有什么样的人适合做领导者,进而在此基础上确定进行什么样的训练能够培养出胜任领导工作的人。但是,大量研究使我们得出这样的结论:具备某些特质确实能提高领导者成功的可能性,但没有一种特质是成功的保证。为什么领导特质理论在解释领导行为方面不成功呢?原因有三个:它忽视了下属的需要;它没有对因和果进行区分(例如,到底是领导者的自信导致了成功,还是领导者的成果建立了自信);它忽视了情境因素。这些方面的欠缺使得研究者的注意力转向其他方向,实际上,从 20 世纪 40 年代开始,领导特质理论就已不在占主导地位了,有关领导理论的研究开始着重于对领导者偏爱的行为风格的考察,这种情况一直持续到 20 世纪 60 年代中期之前。

二、领导行为理论

如果说早期有关领导有效性的研究着重于领导者的个人特质方面,那么从 20 世纪 40—60 年代,随着行为科学的兴起,领导研究的重点开始从领导者应具备哪些特质转向领导者应当如何行为方面,形成了领导行为理论(Behavior Theory)。领导行为理论认为,领导是群体中的一种现象,所谓领导就是领导者推动和影响群体成员或下属,引导他们的行为按领导者预期的方向发展,为共同的目标而努力。因此,它必然涉及领导者与其下属成员之间的相互关系,这就要求人们不要仅仅考察领导者的个人特性,而必须着重考察领导者的行为对其下属成员的影响,找出领导行为中的哪些因素在影响着下属成员的行为和群体的工作成效。也就是说,领导的作用是通过领导者的特定行为表现出来的,因而应把研究的重点转到领导行为上来。

由此可见,与领导特质理论不同,领导行为理论试图用领导者做什么来解释领导现象和领导效能,并主张评判领导者好坏的标准应是其外在的领导行为,而不是其内在的素质条件。由于领导有效性取决于领导者所实际表现出的领导行为,那么人们就可以通过培训和学习而成为有效的领导者。

不同的人在领导行为的表现上会有很大的不同,所谓领导方式、风格或作风就是对不同类型领导行为形态的概括。领导风格的差异,不仅因为领导者的特质存在着不同,更由于他们对权利运用的方式及对任务和人员之间的关系有不同的理解、态度和实践。不同的领导人,以及同一个领导人在不同的时期和场合,都可能表现出不同的领导风格。

那么究竟具有哪些领导方式,哪一种的效果更好?从 20 世纪下半叶开始的领导行为研究,就着眼于对领导者领导被领导者的具体方式或风格进行分类和评判。但不同的研究者对领导行为有不同的分类角度,而且对哪一种领导方式更好也持有不同的主张,主要分为两大类:一是基于权利运用的领导方式分类,主要包括勒温的"领导风格理论"和利克特的"支持关系理论";二是基于态度和行为倾向的领导方式分类,主要包括"领导四分图理论"和"管理方格理论"。

(一) 领导风格理论

勒温(Lewin Kurt,1890—1947 年)提出领导风格大体上有专权型领导、民主型领导和放任型领导三种类型。

1. 专权型领导

专权型(Autocratic)领导是指领导者个人决定一切,布置下属执行。这种领导者要求下属绝对服从,并认为决策是自己一个人的事情。专权型领导行为的主要特点是:个人独断专行,从不考虑别人的意见,组织的各种决策完全由领导者独自作出;领导者预先安排一切工作内容、程序和方法,下属只能服从;除了工作命令外,领导者从不把更多的信息告诉下属,下属没有任何参与决策的机会,只能奉命行事;领导者主要靠行政命令、纪律约束、训斥惩罚来维护自己的权威,很少或只有偶尔的奖励;领导者与下属保持着相当的心理距离。

2. 民主型领导

民主型(Democratic)领导是指领导者发动下属讨论,共同商量,集思广益,然后决策,要求上下融洽、合作一致地工作。民主式领导行为的主要特征是:领导者在作出决策之后通常都要同下属磋商,得不到下属的一致同意不会擅自采取行动;分配工作时,领导者尽量照顾到每个成员的能力、兴趣和爱好;领导者对下属工作的安排并不具体,个人有相当大的工作自由,有较多的选择性和灵活性;领导者主要运用个人权利和威信,而不是靠职位权利和命令使人服从;领导者积极参加团体活动,与下属无任何心理上的距离。

3. 放任型领导

放任型(Laissez-Faire,Free-Rein)领导是指领导者撒手不管,下属愿意怎样做就怎样做,完全自由,他的职责仅仅是为下属提供信息并与组织外部进行联系,以利于下属的工作。

领导方式的这三种基本类型各具特色,也各适用于不同的环境。领导者要根据所处的管理层次、担负的工作性质以及下属的特点,在不同时空处理不同问题时,针对不同下属选择合适的领导方式。1939年,勒温和他的同事们以11~12岁的男学生为对象进行了实验研究。他们将学生分为3组,让这些学生从事面具的制作活动,轮流采用3种不同的领导风格对他们进行管理。根据实验得出的结论是:放任式的领导方式工作效率最低,只能达到组织成员的社交目标,不能完成工作目标;专制式的领导方式虽然通过严格管理能够达到既定的任务目标,但组织成员没有责任感,情绪消极,士气低落;民主式领导方式工作效率最高,不但能够完成工作目标,而且组织成员之间关系融洽,工作积极主动、富有创造性。

勒温能够注意到领导者的风格对组织氛围和工作绩效的影响,区分出领导者的不同风格和特性并以实验的方式加以验证,这对实际管理工作和有关研究非常有意义。许多后续的理论都是从勒温的理论发展而来的。但是勒温的理论也存在一定的局限。这一理论仅仅注重了领导者本身的风格,没有充分考虑到领导者实际所处的情境因素,因为领导者的行为是否有效不仅取决于其自身的领导风格,还受到被领导者和周边的环境因素影响。

(二) 支持关系理论

以伦西斯·利克特(Rensis Likert)为首的美国密执安大学社会调查研究中心,从1947年开始,对大量企业进行调查访问和长期试验研究。根据他们的研究成果,归纳出以下四种类型的领导方式:

1. 专制—权威型

这种领导方式的特征是:权利集中于最上层,下属人员没有任何发言权。

2. 开明—权威型

这种领导方式的特点是:领导者仍然是专制的,但采取了家长制的恩赐式领导方式。权利控制在最上层,但也授予中下层部分权利。

3. 协商型

这种领导方式的特征是:上层领导者对下属人员有相当程度的信任,但重要问题的决定权仍掌握在自己手中。

4. 参与型

这种领导方式的特点是:在一切问题上,上级对下属人员都能完全信任,上下之间对工作问题可以自由地交换意见,上级都尽力听取和采纳下属人员的意见。

根据利克特的研究,生产率高的企业大都采取参与型的领导方式,生产率低的企业则大都采取专制—权威型的领导方式。因此,利克特主张,采取专制—权威型领导方式的企业应向参与型的领导方式转变。

利克特认为,在参与型领导中应体现三个基本概念:运用支持关系原则、集体决策和树立高标准的工作目标。他指出,领导者的职责在于建立整个组织的有效协作,因此必须重视组织成员之间的相互作用,要使每个成员都能在组织的人际关系中真实地感受到尊重和支持,上下级之间形成相互信任、相互支持的关系,真心实意地让员工参与决策,鼓励员工树立高标准的工作目标,并使组织目标与员工个人的需要、利益有机地结合起来,以充分调动他们的积极性,发挥他们的智慧和潜力,保证决策得到迅速的贯彻实施,共同努力实现组织的目标。因此,以利克特为首的"密执安研究"又称"支持关系理论"。

(三) 领导的连续统一体理论

这种理论是组织行为学家坦南鲍姆(Robert Tannenbaum)与施密特(Warren H. Schmidt)于1958年提出来的,他们指出,领导包含多种多样的作风,从以领导者为中心到以下属为中心的各种作风中,民主与独裁仅是两个极端的情况,如图9-3所示。

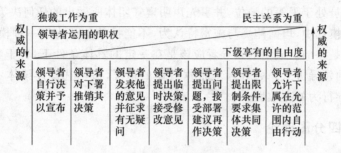

图 9-3 领导行为连续统一体

图9-3的两端分别是民主和独裁两种极端的领导行为。从左至右,领导者运用职权逐渐减少,下属的自由度逐渐增大,从以工作为重逐渐变为以关系为重。随着领导者授权程度以及决策方式的不同,就形成了一系列的领导方式。

1. 领导自行作出决策并宣布实施

在这种模式中,领导者确定问题,并考虑各种可供选择的方案,从中选择一种,然后向下属宣布执行,不给下属直接参与决策的机会。

2. 领导者对下属推销其决策

领导者对下属推销其决策,说服下属执行决策。在这种模式中,与前一种模式一样,领导者承担确认问题和做出决策的责任。但他不是简单地宣布实施这个决策,而是认识到下属中可能会存在反对意见,于是试图通过阐明这个决策可能给下属带来的利益来说服下属接受这个决策,消除下属的反对。

3. 领导者提出建议并征求下属的意见

在这种模式中,领导者提出了一个决策,并希望下属接受这个决策。他向下属提出一个有关自己的计划的详细说明,并允许下属提出问题。这样,下属就能更好地理解领导者的计划和意图,领导者和下属能够共同讨论决策的意义和作用。

4. 领导者提出问题接受下属的修改意见

在这种模式中,下属可以对决策发挥某些影响作用,但确认和分析问题的主动权仍在领导者的手中。领导者先对问题进行思考,提出一个暂时的可修改的计划,并把这个暂定的计划交给有关人员征求意见。

5. 领导者提出问题,征求意见再作决策

在这种模式中,领导者在征求下属意见之前就提出自己的建议。领导者的主动作用体现在确定问题,下属的作用在于提出各种解决的方案,最后,领导者从他们自己和下属所提出的解决方案中选择一种他认为最好的解决方案。

6. 领导者界定问题范围,要求下属集体做出决策

在这种模式中,领导者自己将决策权交给了下属的群体。领导者的工作是弄清所要解决的问题,并为下属提出做决策的条件和要求,下属按照领导者界定的问题范围进行决策。

7. 领导者允许下属在上司规定的范围内自由行动

这种模式表示了极度的团体自由。如果领导者参加了决策的过程,他应力图使自己与团队中的其他成员处于平等的地位,并事先声明遵守团体所做出的任何决策。

在上述各种模式中,坦南鲍姆与施密特认为,不能抽象地认为哪一种模式一定是好的,哪一种模式一定是差的。成功的领导者应该是在一定的具体条件下,善于考虑各种因素的影响,选择适当的领导方式。领导者应根据具体的情况,适当选择连续体中的某种领导风格,才能达到领导行为的有效性。

(四) 领导四分图理论

最全面且得到广泛传播的领导行为理论来自20世纪40年代末期美国俄亥俄州立大学开展的研究。研究者希望确定领导行为的独立维度,他们收集了大量的下属对领导行为的描述,将上千种领导行为因素进行了归纳,试图找出领导的有效性与哪些行为因素有关,最后归纳出两大类,称之为结构维度和关怀维度,如图 9-4 所示。

图 9-4 结构维度与关怀维度

结构维度(Initiating Structure)指的是领导者更愿意界定和建构自己与下属的角色,以达成组织目标。它包括设立工作、工作关系和目标的行为。高结构特点的领导者向小组成员分派具体工作,要求员工保持一定的绩效标准,并强调工作的最后期限。

关怀维度(Consideration Structure)指的是领导者尊重和关心下属的看法与情感,更愿意建立相互信任的工作关系。高关怀特点的领导者帮助下属解决个人问题,他友善且平易近人,公平对待每一个下属,并对下属的生活、健康、地位和满意度等问题十分关心。

以这些概念为基础进行的大量研究发现,在结构和关怀方面均高的领导者("高—高"(图 9-4 中 1))常常比其他 3 种类型的领导者低结构(图 9-4 中 3),低关怀(图 9-4 中 4),或二者均低(图 9-4 中 2))更能使下属取得高工作绩效和高满意度。但是,"高—高"风格并不总能产生积极效果。比如,当工人从事常规任务时,高结构特点的领导行为会导致高抱怨率、高缺勤率和高离职率,员工的工作满意水平也很低。还有研究发现,领导者的直接上级主管对其进行的绩效评估等级与高关怀性成负相关。总之,俄亥俄州立大学的研究表明,一般来说,"高—高"风格能够产生积极效果,但同时也有足够的特例表明这一理论还需加入情境因素。

（五）管理方格理论

在俄亥俄州立大学提出领导行为四分图的基础上，美国管理学家布莱克（Robert R. Blake）和穆顿（Jane S. Mouton）提出了管理方格理论。他们认为，企业中的领导方式，存在着"对人的关心"和"对生产的关心"这两种因素不同的结合，他们从用二维图表描绘领导风格的角度出发，设计了一个巧妙的管理方格图，用以表示领导者对生产的关心程度和对人的关心程度。如图9-5所示，横坐标表示领导对生产的关心程度；纵坐标表示领导对人的关心程度。对生产的关心表现为领导者对各种事物所持的态度，例如政策决定的质量、程序与过程；研究的创造性；职能人员的服务质量；工作效率及产品质量、产量等。对人的关心含义也很广泛，例如个人对实现目标所承担的责任；保持职工的自尊；建立在信任而非顺从基础上的职责；保持良好的工作环境以及具有满意感的人际关系等。

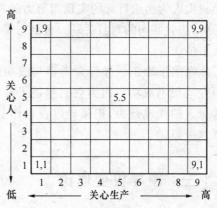

图9-5　管理方格图

管理方格图以坐标的方式表现了上述两种因素的各种组合方式，两种因素各划分为9个刻度，因此可以有81种组合，形成81个方格，每个风格就表示"关心生产"和"关心人"这两个基本因素以不同程度结合的一种领导方式。这就是"管理方格"，其中有5种典型的组合，表示了5种典型的领导方式。

1,1型方式——表示对人和生产（工作）都极不关心，这种方式的领导者只尽最小的努力最一些维持自己职务的工作，也即抱着"只要不出差错，多一事不如少一事"的态度来最低限度地完成组织工作和维系组织成员，因而被称为"贫乏型管理"。当下属素质很高，全部为自我实现型的高成熟度的成员时，此种领导方式也是可行的，即所谓的"无为而治"。

9,1型方式——表示对工作极为关心，但忽略对人的关心，也就是不关心职工的需求和动机，并尽可能地设计一种工作环境，使人员不致干扰工作的进行。这种领导者拥有很大的权利，强调有效地控制下属，努力完成各项工作，因而被称为"独裁的、重任务型的管理"或"权威型管理"。

1,9型方式——表示领导者对人极为关心，也就是关心员工的需求是否获得满足，重视搞好关系和强调同事与下级与自己的感情，力图建立一种舒适、友好的组织氛围。但却忽视工作的进行和效果，因为被称为"乡村俱乐部型管理"。

5,5型方式——表示既对工作关心，也对人关心，两者兼而顾之，适度适中，主张适可而止。这种方式的领导者既对工作的质量和数量有一定要求，又强调通过引导和激励去使下属完成任务，通过将员工的士气维持在满意水平而使其在工作中找到平衡。但是这类领导往往缺乏进取心，乐意维持现状，因而被称为"中庸型的管理"。

9,9型方式——表示对工作和人都极为关心。这种方式的领导者能使组织的目标与个人的需求最有效地结合起来，既高度重视组织的各项工作，又能通过激励、沟通等手段，使群体公相互信任、相互尊重的基础上合作，下属人员共同参与管理，使工作成为组织成员自觉自愿的行动,从而获得高的工作效率,因而被称为"战斗集体型的管理"或"团队型管理"。这种管理方式充分显示在管理过程之中,领导者的作用表现为使组织更有效、更协调地实现既定的目标。也就是说,能够充分调动组织成员的积极性,把个人目标与组织目标结合起来,形成人人为组织目标的实现而努力的和谐局面。其实施的关键在于如何协调个人与组织的目标,建立共同的利益关系。根据布莱克和穆顿的发现,9,9型方式的领导者所取得的管理效果最佳。

在关于确定领导行为类型与成功绩效之间的一致性关系上,从行为角度对领导进行研究均很不成功。因为它们忽视了被领导者的特性和环境等情境因素,孤立地研究领导者个人的作风行为,把领导过程看作是领导者个人的活动。因此,我们在运用时,必须注意这一点。

三、领导权变理论

随着领导理论的不断发展,结合实际,人们越来越清楚地认识到,要想找到的一种适合于任何组织、任何管理对象的固定的领导行为方式,那是不现实的。没有普遍适用的"最好的"领导理论和方式,领导行为效果的好坏,不仅取决于领导者本人的素质和能力,还取决于诸多客观因素,如被领导者的特点、领导环境的优劣等,它们是诸多因素相互作用、相互影响的过程。这个观点可用公式表示如下:

$$S = f(L, F, E)$$

其中:S——领导的有效性;L——领导者特征;F——被领导者特征;E——环境;f——函数关系。

因此,没有一种"最好"的领导行为,一切要以时间、地点、条件为转移,这便是权变理论的实质。领导权变理论是在20世纪60年代后期提出来的。权变理论研究者的基本主张是没有万能的领导方式,有效的领导方式是因工作环境的不同而变化的,不同的工作环境需要采取不同的领导方式。

领导权变理论有以下特点:

第一,领导权变理论统合了领导现象的复杂性。领导是一个极为复杂的社会现象。一种领导现象的出现,不仅是领导者本人的行为结果,还有赖于周围的领导环境。领导权变理论研究把领导者个人特质、领导者行为及领导环境相互联系起来,从而创造了一套比较完备的领导理论体系。

第二,领导权变理论为人们提供了一套有效的领导方法。领导权变理论以领导者个人特质、领导者行为及领导环境交互影响来解释领导现象,否认有任何固定不变、普遍适用的领导方式的存在,认为任何领导方式在与环境作适当搭配下,均可能成为最有效能的领导方式。因此它没有提出有关最佳领导方式的主张,取而代之以领导方式与情境搭配的模式。

第三,领导权变理论更切合实际领导工作的需要。领导权变理论以统合的方式和权变的观点解释了领导现象的复杂性,吸引了前人的有益研究成果,从而为人们提供了研究领导现象的新途径和提高领导效能的新方法。这就在很大程度上拉近了领导理论与领导实际的距离,满足了实际领导工作者对领导理论的需要。

(一) 菲德勒的权变模型

为了确定如何具体地进行领导方式的权变调整,美国学者菲德勒(Fred E. Fiedler)从1951年起,经过15年的调查研究,于1967年提出了自己的权变理论。该理论的主要内容是:领导的有效性取决于领导行为与环境的协调;任何领导都可能有效,关键要与特定的环境相适应。这一理论主要包括以下内容:

弗雷德·菲德勒简介

弗雷德·菲德勒(Fred E. Fiedler),美国西雅图华盛顿大学心理学与管理学教授,兼任荷兰阿姆斯特丹大学和比利时卢万大学客座教授。菲德勒早年就读于芝加哥大学,获博士学位;毕业后留校任教。1951年移居伊利诺伊州,担任伊利诺伊大学心理学教授和群体效能研究实验室主任,直至1969年前往华盛顿。

弗雷德·菲德勒是美国当代著名心理学家和管理专家,他所提出的"权变领导理论"开创了西方领导学理论的一个新阶段,使以往盛行的领导形态学理论研究转向了领导动态学研究的新轨道。他本人被西方管理学界称为"权变管理的创始人"。

从1951年起,他从管理心理学和实证环境分析两方面研究领导学,提出了"权变领导理论",对之后领导学和管理学的发展产生了重要影响。

---

1. 领导者类型

菲德勒将领导者的类型分为两种:关系型领导和任务型领导。为了测定领导者的类型,菲德勒专门设计了题为"最不喜欢的同事"的问卷(Least Preferred-cowoker Questionnaire, LPC),这种问卷的使用方法是让领导者对"最不喜欢的同事"作"正反两面"的评价。这种评价分数用来测定一个人对其他人的态度。一个领导者如果对自己最不喜欢的同事给予很高或较高的评价,那他会被认为是关心人或宽容性的领导者,又称关系型领导;而那些对其最不喜欢的同事给予很低或较低评价的人,则被认为是以工作为中心的领导者,又称任务型领导。

2. 环境因素

环境因素中哪些因素对领导的有效性起作用呢?菲德勒认为,主要有三个环境变量影响着领导的效能。

(1) 领导者与组织成员的关系(Leader-member relation)

指领导者受到被领导者拥护和支持的程度,即领导者是否受下属的喜爱、尊敬和信任,是否能吸引并使下属追随他的程度。当领导者与组织成员关系融洽并能得到组织成员的信任、尊敬、忠诚与支持的情况下,领导者所处的环境最有利,因为领导者的影响控制度较高。

(2) 员工的工作任务结构(Task structure)

指下属所从事的工作或任务的明确程度,即下属是否明确了解其工作任务、完成目标及如何完成的程度。当一项工作任务结构严谨、组织纪律严明、成员有章可循时,则工作质量比较容易控制,领导环境最有利,因为这时领导者能比较容易地控制组织成员的行为。

(3) 领导者的职权(Position power)

即领导者在甄选、训练、提拔、调薪、解聘等人事方面影响力或权利的大小。职权是否明确、充分,在上级和整个组织中所得到的支持是否有力,直接影响到领导的有效性。一个领导者对下属雇佣、工作分配、报酬、提升等的直接决定权越大,其对组织成员的控制也就越强,所处领导环境越有利。

将以上三个变量都用好坏、高低或强弱两个水平来表示,那么三个环境变量的不同程度可以组成八种不同的环境状况,如表9-3所示,其中,前面三种属于较好的环境,后面两种属于不利环境,其余属于中等环境。

表9-3 菲德勒模式

情景类型	Ⅰ	Ⅱ	Ⅲ	Ⅳ	Ⅴ	Ⅵ	Ⅶ	Ⅷ
领导者与组织成员关系	好	好	好	好	差	差	差	差
任务结构	高	高	低	低	高	高	低	低
职位权利	强	弱	强	弱	强	弱	强	弱
环境	有利			中等			不利	
有效领导方式	任务导向	任务导向	任务导向	关系导向	关系导向	关系导向	任务导向	任务导向

3. 有效领导模式

由表9-3可知,一般来说,在环境很好或环境很差的条件下,工作取向的领导方式是最有效的。而在环境中等条件下,关系取向型领导是最可取的。这个结论可以这样来解释:首先,在最差的环境条件下,很明显地需要指导性强的领导者。同时这种类型的领导者在很好的环境下也很容易处于主动地位,从而提高领导效能。其次,在中等环境条件中,关系取向型领导者注重改善与组织成员的关系,调动大家的积极性,因而领导效能较高。

4. 环境与领导人的选择

菲德勒花费了很多时间,对1200个团体进行调查分析,最后概括出两种领导方式或领导风格,即"以任务为导向"的指令型领导方式和"以关系为导向"的宽容型领导方式。这两种方式从表面上看是相反的,一个使用的是权利的大棒,另一个使用的是胡萝卜,但其实质是一样的,都是为了激励组织成员去努力工作,为实现组织的预定目标而奋斗。这两种方式各有优劣,不能说哪一种就一定比另一种好。它们对领导者来说都是有用的,问题是应当在不同的场合或情境下使用不同的领导方式。

可以有两种方法来达到领导方式与情境相一致:

第一种方法是先对要实施领导的工作环境进行考察,看究竟哪种方式更适合领导开展工作,然后选择具有这类领导方式的人或是培养出这种领导方式的人来担任领导。比如,如果群体所处的情境被评估为十分不利,而目前又是一个关系取向的管理者进行领导,那么替换一个任务取向的管理者则能提高群体绩效。例如体育比赛中,为了保持拥有优秀的球员,俱乐部会根据球员已有的风格选择教练。

第二种方法是先选出或培养出具有某种领导方式的人，然后改变工作环境或领导情境，通过改造环境来与领导方式相一致。如通过重新构建任务，增加或减少领导者的权利或任务，提高或降低领导者的控制权。菲德勒认为领导风格是与生俱来的，我们不可能改变自己的风格去适应变化的情境，所以对领导者而言，第二种方法会很管用，也常常被利用。菲德勒提出了一些改善领导者——成员关系、职位权利和任务结构的建议。例如领导者与下属之间的关系可以通过改组下属组成加以改善，使下属的经历、技术专长和文化水平更为合适；任务结构可以通过详细布置工作内容而使其更加定型化，也可以工作只做一般性指示而使其非程序化；领导的职位权利可以通过变更职位充分授权，或明确宣布职权而增加其权威性。

5. 对菲德勒模型的评价

将复杂的环境因素集中概括为领导者与被领导者的关系、员工的任务结构和领导者的职位权利三项，从而为领导者指明了改善环境条件的方向；具体分析了这三个因素组合的多种环境条件，为领导者指明了不同情况下应采取的领导方式；为选拔领导者提供了有益的参考。权变领导模式要求一个组织应按照其所处的领导环境选择适合的领导者，不仅要考虑它以前的工作绩效，还要考察它的领导方式与组织现在的领导环境是否适合。

（二）领导生命周期理论

领导生命周期理论是由美国学者保罗·赫塞（Paul Hersey）和肯尼斯·布兰查德（Kenneth Blanchard）联合提出的。这是一个重视下属的权变理论。赫塞和布兰查德认为，根据下属的成熟水平选择正确的领导风格才会使领导取得成功。这个模型的关键就是根据下属的成熟程度来安排领导的风格。应把工作任务、关心人和下属成熟度三者结合起来考虑，领导方式随下属成熟度的逐步提高而相应改变，如图9-6所示。西方不少企业在培训其管理者的领导艺术时常使用这一理论，如《财富》杂志500家企业中的美国银行、IBM公司、美孚石油公司、施乐公司等都采用此理论模型，甚至美国军队中的一些部门也采用这一模型培训其军官。

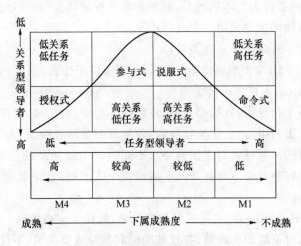

图 9-6　领导生命周期理论

1. 下属的成熟度

所谓成熟度是个体对自己的直接行为负责任的能力和意愿,包括工作成熟度和心理成熟度。工作成熟度是相对于个人的知识和技能而言,如果一个人具有无须他们的指导就能完成工作的知识、能力和经验,那么他的工作成熟度就是高的,反之则低。心理成熟度则与做事的意愿和动机有关,如果一个人能自觉去做,而无须外部的激励,就认为他的心理成熟度较高,反之较低。

保罗·赫塞和肯尼斯·布兰查德把成熟度分为四个等级,即不成熟、稍成熟、较成熟和成熟,分别用 M1、M2、M3 和 M4 来表示。

M1:下属对执行某任务既无能力又不情愿,既不胜任工作又不能被信任。

M2:下属缺乏能力,但愿意从事必要的工作任务;有积极性,但缺乏足够的技能。

M3:下属有能力,但不愿意做领导希望他去做的事。

M4:下属既有能力,又愿意做领导让他们做的事。

这四个连续的阶段实际上是反映了一个雇员从不成熟到成熟的成长过程。当一个人刚刚接手一项陌生的工作时,出现第一种情况是很普遍的:他往往感觉自己处于一种无所适从的状态,处于一种消极被动的尴尬地位。当他对工作的性质和基本内容获得比较全面的了解之后,他接着就会产生一种很快适应和胜任工作的愿望,但在这个阶段,他虽然还缺乏必要的能力,但会积极主动地去提高自己。在第三个阶段,一个人在长期的工作中获得了能力与经验,他因此也拥有了一定的资本。这时,他可能会提出一些有利于自己职业发展的要求,寻求广泛的参与机会,试图在参与中体现自己的价值并得到组织或上级的肯定。如果这些愿望得不到满足,他会深深陷入一种挫折感之中。当然,如果这些愿望得到满足,他会更加努力和主动地工作。不过,这时他可能产生更高的要求(按马斯洛的需求层次理论,这属于一种自我实现的需求),试图控制局面,试图获得独立决策和行动的机会。

2. 领导风格的类型

与菲德勒的分析方法基本相同,在分析领导风格时赫塞和布兰查德也从两个维度来进行考察:任务行为和关系行为。不同的是,赫塞和布兰查德认为,每一维度可以有高低之分,并可以组合成四种具体的领导风格。

(1) 命令型(Telling,高任务—低关系)

领导者制定所有决策,为下属确定角色,告诉下属应该干什么、怎么干以及何时何地去干。

(2) 说服型(Selling,高任务—高关系)

领导者既作为一个指导者(权威型风格,或以任务为中心)出现,又作为一个支持者出现(支持型风格,或以员工为中心)。作为指导者,领导者制定所有决策,为下属确定角色,指导下属的行为;作为支持者,领导者对下属的要求不超过其力所能及的范围,愿意向下属解释自己的决策,公平、友好地对待下属并帮助下属解决个人问题,在下属很好地完成任务时给予赞赏和表扬。

(3) 参与型(Participating,民主式或参与式风格,低任务—高关系)

领导者允许下属讨论组织的政策,并且鼓励他们参与重要决策;不仅允许他们讨论现在的工作,而且允许他们讨论将来的工作;鼓励下属参与群体活动。在上述活动中,领导者的主要角色是提供便利条件和沟通。一般认为,有效的员工参与可以减少人际之间的敌意、挫折、攻击和悲哀,创造良好的群体感觉,提高工作满意度和士气。

(4) 授权(Delegating,低任务—低关系)

领导者为下属设立挑战性的目标,并显示对他们的信任,允许他们在一定范围内独立地进行决策甚至确定自己的工作内容;领导者提供极少的指导或支持。

3. 具体情境下领导风格的确定

情景领导理论认为,随着下属成熟水平的不断提高,领导者不仅可以减少对下属活动的控制,而且还可以减少关系行为。在员工成长的第一个阶段,下属需要得到明确而具体的指导。在第二个阶段,领导者需要采取高任务—高关系行为;高任务行为能够弥补下属能力的欠缺,高关系行为能够使下属在心理上"领会"领导者的意图,或者说能够给下属提高技能和能力的愿望以更大的激励。在第三个阶段,领导者运用支持性、非指导性的参与风格能够有效地满足下属的参与欲望,消除其现实的挫折感,从而向下属提供更强的内在激励。在第四个阶段,领导者无须做太多的事情,因为下属既愿意又有能力完成工作任务。

(三) 途径—目标理论

原加拿大多伦多大学教授罗伯特·豪斯(Robert J. House)把激发动机的期望理论和领导行为理论结合起来,提出了途径—目标理论(Path-goaltheory)。

所谓"途径—目标",意味着有效的领导者应帮助下属明确可实现目标的途径,减少障碍和危险,促使目标的实现。该理论认为,最有效的领导方式不一定是领导行为四分图中高工作取向和高关系取向的组合,而必须考虑到环境因素。当工作目标和方法模糊不清,员工无所适从时,他们希望高工作取向的领导,作出明确的工作规划和安排,明确工作方法,指明达到目标的道路,为完成任务扫清障碍;当工作目标和方法都已很明确,或工作是例行性工作时,员工希望高关系取向的领导,关心他们的需要,奖励达到目标的成绩,使员工得到更多的满足,激励员工尽快达成目标(见图9-7)。

图 9-7　途径—目标模型

1. 领导行为类型

这一理论认为,领导者必须采用不同类型的领导行为,以适应环境的客观需要。有四种领导方式可供同一领导者在不同的环境下选择使用。

(1) 指令型领导

即领导者下达指示,明确组织成员的工作目标和方法。决策完全由领导做出,没有下级参与。

(2) 支持型领导

领导者亲切友善,关心下属的要求,从各方面给予支持。

(3) 参与型领导

领导者在做出决策时注意征求下属的意见和建议,并能认真对待,考虑接受和采纳。

(4)成就导向型领导

领导者向组织成员提出具有挑战性的目标,鼓励他们树立信心,发挥潜能,并相信他们能够达成目标。

更重要的一点是,该理论假定领导者具有变通性,能根据不同情况表现出不同的领导行为。

2. 领导方式的选择依据

领导者究竟选择哪种领导方式,主要考虑两方面的因素:下级的个人特点和组织环境特点。

(1) 下级的个人特点

下级的个人特点决定了是否接受领导行为以及对领导行为的满意程度。影响领导行为效果的个人特点主要有以下几点:

第一,下属的能力与经验。当组织成员感到自己的能力很低,经验缺乏时,通常喜欢指令型领导。反之,当组织成员感到自己能力很强,或经验丰富时,指令型领导反而会对员工的积极性和满足感产生负面影响。

第二,内外控型。当组织成员把所发生的事看作是在自己的直接控制之下时,则该员工是内控型的;反之,当他把所发生的事看作是由外界决定的,超出自己所控制的范围,则该员工是外控型的。不难理解,内控型的人喜欢参与型领导,外控型的人更愿意接受指令型领导。

第三,需求与动机。组织成员的需求与动机,会直接影响他们对不同类型领导行为的接受与否以及满足程度。例如,对于具有合作需求的员工来说,往往喜欢支持型和参与型的领导;而对于具有强烈成就动机的员工,成就型领导可能更有效。

(2) 组织的环境特点

组织的环境特点决定了哪种领导行为最有效。影响组织环境的三个重要因素是:

第一,工作性质。当组织成员对工作的目标与方法不够明确时,需要指令型的领导对工作做出明确具体的安排和规定,有助于为员工扫清障碍。相反,如果工作任务不是很明确,或是例行性、常规性工作,而领导者仍不厌其烦地发布指示和规定,反而会降低组织绩效;领导者这时应采取支持型领导方式。

第二,权利系统。当组织内部职权分工明确,权利系统控制严密有力时,领导者就不宜直接干预过多。

第三,工作群体。当工作群体自组织程度较高,工作井然有序地进行时,领导者也可以暂时不直接干预。

3. 领导风格的确定

途径—目标理论的逻辑得到了许多理论研究的支持。该理论认为,领导者的行为能否成为激励因素,在很大程度上取决于它对下属及其应付环境不确定性的帮助。当领导者弥补员工或工作环境方面的不足,就会对员工的绩效和满意度起到积极的影响。因为他增加了下属认为他们的努力可导致理想奖励的期望。但是,当任务十分明确或员工能力和经验处理它们而无须干预时,如果领导还花费时间解释这些任务,下属则会把这种指导型行为视为多余甚至无用。

四、领导理论的新发展

(一) 魅力型领导理论

魅力型领导强调通过一个人的号召力来形象下属的行为。早在20世纪20年代,韦伯区分了三种作为支配形式的领导、统治和权威的理想类型:魅力型权威、封建/传统型权威和官僚/法理型权威。他将这种魅力(Charisma)定义为"存在于个体身上的一种品质,超出了普通人的品质标准,因而会被认为是超自然所赐,超凡的力量,或者至少是一种与众不同的力量与品质"。1977年,豪斯重新将魅力概念引入到领导研究当中。

麦吉尔大学的康格(J. A. Conger)与卡纳果(R. N. Kanungo)对魅力型领导者进行了系统的研究,发现了魅力型领导者和缺乏魅力的领导者的性格差异,如表9-4所示。具有超凡魅力的领导者能够清晰地描述宏伟前景,创造一种革新的氛围,从而有能力让下属明白他们的愿景,并愿意去效仿领导者的行为。此外,具有超凡魅力的领导者愿意冒巨大的个人风险来获得大众的信任。最后,魅力型领导的影响力来自于个人力量而非职位权利。人们喜欢领导者,是因为希望成为像他这样的人。

表9-4 魅力型领导者与缺乏魅力的领导者的差异

	缺乏魅力的领导者	魅力型领导者
亲切度	分享观点从而使得领导变得比较亲切	分享观点和理想愿景,使得领导变得亲切并成为一个值得尊敬的英雄
可信赖程度	对说服的艺术不感兴趣	花费大量的成本和冒着极大的风险来进行说服
与现状的关系	试图保持现状	创造变革的氛围
未来目标	把目标限制在与现状差异不大的范围	与现状有很大差别的理想
清晰度	对领导的目标和动机不是很清晰	对领导的前景和动机有很清晰的认识并且具有灵感
竞争	在已经存在的结构中,采用可获得的方法实现目标	采用超出现存秩序的非传统的方法
行为	传统的,与公认标准一致的	非传统的,与公认标准相反
影响力	基本来自于职位和奖励	超越职位,来自于专家权利,以及对领导的尊敬和赞赏

研究发现,魅力型领导既可以产生积极的作用,也可能会产生消极的作用。积极的作用表现领导者强大的感召力,这种感召力将促进员工的心理成长和组织的发展,尤其是在遇到危机和困境的时候,能够集聚人心,战胜困难。缺点是魅力型领导将会降低下属的能动性,而缺乏道德的魅力型领导者将给组织带来更大的破坏,比如第二次世界大战中德国纳粹的领导希特勒。

多数学者认为有魅力的领导行为是可以通过训练而获得的。因此,针对魅力制定了培训计划,通过扮演魅力型领导者的角色来获得对魅力领导的认识和体会,从而影响自己的管理决策和管理方式。但这种模拟训练更多地是在形式上进行训练,领导者魅力的实质在于思维深刻、具有远见卓识,这是人们很难在短时期内学到的。

(二)变革型领导理论

变革型领导(Transformational Leadership)是继领导特质论、领导行为论、领导权变论之后,由美国政治社会学家詹姆斯·麦格雷戈·伯恩斯(James Macgregor Burns)在他的经典著作《领袖论》(Leadership,1978年)中提出的一种领导类型。变革型领导理论是研究如何把领导者和下属的角色相互联系起来,并提高双方动力和品德水平。拥有变革型领导力的领导者通过自身的行为表率,对下属需求的关心来优化组织内的成员互动。同时通过对组织愿景的共同创造和宣扬,在组织内营造变革的氛围,在富有效率地完成组织目标的过程中推动组织的适应性变革。这个理论具有很大的包容性,它对领导力的作用过程进行了广泛的描述,是一门很有理论和实践意义的领导学理论,其提出使整个领导学界产生了一次大的革命,成为学界和企业界共同关注的焦点。

伯恩斯认为传统的领导可以成为一种契约式领导,即在一定的体制和制度框架内,领导者和被领导者总是进行着不断地交换,在交换的过程中领导者的资源奖励(包括有形资源奖励和无形资源奖励)和被领导者对领导者的服从作为交换的条件,双方在一种"默契契约"的约束下完成获得满足的过程。整个过程类似于一场交易,所以传统领导也被称为交易型领导。交易型领导鼓励追随者诉诸他们的自我利益,但是交换的过程以追随者对领导者的顺从为前提,并没有在追随者内心产生一股积极的热情,其工作的内在动力也是有限的,因此,交易型领导不能使组织获得更大程度上的进步。而变革型领导是一种领导向员工灌输思想和价值观,并以此激励员工的过程。在这一过程中,领导者通过让员工意识到所承担任务的重要意义和责任,激发下属的高层次需要或扩展下属的需要和愿望,使下属超越个人利益而为团队、组织和更大的政治利益来服务。

伯纳德·巴思(Bernard M. Bass)等人将变革型领导行为的方式概括为四个方面因素,具备这些因素的领导者通常具有强烈的价值观和理想,他们能成功地激励员工超越个人利益,为了团队的伟大目标而相互合作、共同奋斗。这四个方面因素是:

1. 理想化影响力(Idealized Influence)

理想化影响力是指能使他人产生信任、崇拜和跟随的一些行为。它包括领导者成为下属行为的典范,得到下属的认同、尊重和信任。这些领导者一般具有公认较高的伦理道德标准和很强的个人魅力,深受下属的爱戴和信任。大家认同和支持他所倡导的愿景规划,并对其成就一番事业寄予厚望。

2. 鼓舞性激励(Inspirational Motivation)

激励性鼓舞是指领导者向下属表达对他们的高期望值,激励他们加入团队,并成为团队中共享梦想的一分子。在实践中,领导者往往运用团队精神和情感诉求来凝聚下属的力量以实现团队目标。从而使所获得的工作绩效远高于员工为自我利益奋斗时所产生的绩效。

3. 智力激发(Intelectual Stimulation)

智力激发是指鼓励下属创新，挑战自我，包括向下属灌输新观念，启发下属发表新见解和鼓励下属用新手段、新方法解决工作中遇到的问题。通过智力激发领导者可以使下属在意识、信念以及价值观的形成上产生激发作用并使之发生变化。

4. 个性化关怀(Individualized Consideration)

个性化关怀是指关心每一个下属，重视个人需要、能力和愿望，耐心细致地倾听，以及根据每一个下属的不同情况和需要区别性地培养与指导每一个下属。这时变革型领导者就像教练和顾问，帮助员工在应付挑战的过程中成长。

研究表明，变革型领导行为的每一个因素，包括领导魅力、鼓舞干劲、智力激发和个人化考虑，都与工作绩效有紧密的联系，并能预测员工的工作绩效。事实上，变革型领导行为不仅鼓励下属完成较为困难的目标，从全新和多种不同的角度去解决问题，而且促进了员工的自我发展。作为领导影响力的一个结果，员工出于对领导的承诺，从发自内心的工作动机出发，根据自身的发展水平以及目标实现和任务完成的潜在意义，会加倍努力工作，最终导致其超额完成预期的绩效。也就是说，变革型领导行为通过引导下属超越自我利益，向下属灌输共同的组织价值观，可以帮助下属达到最大的绩效水平。

第三节 领导艺术

领导艺术是领导者个人素质的综合反映，是因人而异的。黑格尔说过："世界上没有完全相同的两片叶子。"同样也没有完全相同的两个人，没有完全相同的领导者和领导模式。有多少个领导者就有多少种领导模式。

领导艺术是指在领导的方式方法上表现出的创造性和有效性。一方面是创造性，是真善美在领导活动中的自由创造性。"真"是把握规律，在规律中创造升华，升华到艺术境界；"善"就是要符合政治理念；"美"是指领导使人愉悦、舒畅。另一方面是有效性，领导实践活动是检验领导艺术的唯一标准。戈尔巴乔夫领导苏联解体不能说是成功的领导，霸王别姬也不能说是成功的领导艺术。

领导艺术具有随机、非模式化的特征。领导模式就是领导方法，哪位领导者在错综复杂的矛盾中抓住了主要矛盾，他就能把领导艺术演绎得出神入化。例如，"牵牛要牵牛鼻子""十指弹钢琴"，统筹兼顾、全面安排，这些就是所谓的模式化。主要的领导艺术有以下几种：

一、用人的艺术

领导工作首先是做人的工作。在组织的所有资源中，第一位是人力资源，管理是以人为本的管理。领导面对的是人，是通过一系列的措施了解、掌握人的需要，从而有目的地引导、指挥和协调人的行为，千方百计地通过提高员工的满足感来调动人的积极性。可见领导与激励有着非常密切的关系。领导在处理与人的关系中，一项非常重要的工作是识人和用人，即发现人的长处，用好人的长处。世间没有完人，每个人均有长处，也有短处，识人、用人的关键在于发现人的长处，敢于、善于用人的长处。所以领导人的艺术的关键在于培养对人的洞察力。

科学用人的艺术，主要表现在以下几个方面：

（一）知人善任的艺术

这要求用人用其德才，不受学历、资历、年龄和关系亲疏的局限。对于企业的领导者来说，就是能容忍和使用反对过自己的人，有勇气选择名望和才华与自己相同甚至超过自己的人。同时要用人所长，避人所短。只有这样，才能打破企业内部领导与员工的界限，不论资排辈，不求全责备，把有真才实学的员工及时地提拔到适当的岗位上，以发挥他们的潜在才能。

（二）量才适用的艺术

这就要求组织的领导者要帮助员工找到最适合自己的工作岗位。如果把不精通产品技术的人安排去搞新产品开发，让未掌握营销技巧、不善于从事公关活动的员工去做推销人员，这种岗位角色的错位，不仅会对工作造成危害，同时也会造成人才的浪费。

（三）用人不疑的艺术

中国有句古语："疑人不用，用人不疑。"对委以重任的员工，应当放手使用，合理授权，使他们能够全面担负起责任。当他们遇到困难和挫折的时候，甚至遇到流言蜚语的时候，领导者要做到不偏听、不偏信，明辨真伪，给他们以必要的支持和帮助。

（四）适度治人的艺术

治人的艺术，从某种意义上说，它不仅包括科学用人和有效激励人，还包括批评人、指责人，帮助人克服错误行为，做好人的发动工作。表扬和奖励员工是管理人的艺术，而批评或指责人，也需要有良好的技巧。具体包括：

1. 要弄清需要批评的原因

即掌握事情的真实情况，确保批评的准确性。

2. 要选择合适的批评时机

即批评应当及时，以免不良行为继续发展。有时可先给予必要的提示，然后再视其改正情况正式进行批评，可能效果更佳。

3. 要注意批评的场合

尽量避免当众批评，特别注意不要在被批评者的下级面前进行批评，以免影响他的威信以及对下属的管理。

4. 要讲求批评的态度

即批评者对人要真诚、公正、平等、理解，要帮助被批评者认识发生过失的主、客观原因，并指出改正的方向。

5. 要正确运用批评的方式

例如，把点名批评与不点名批评相结合，把批评与奖励相结合等，都是十分重要的。

二、决策的艺术

决策是领导的基本职能,是领导活动的灵魂,它是领导者众多活动中最频繁、最主要,同时也是影响最大的一种活动。著名经济学家赫伯特·西蒙指出:"决策是管理的心脏;管理是由一系列决策组成的;管理就是决策。"如何才能做到正确和科学的决策,应遵循以下几点。

(一) 获取、加工和利用信息的艺术

决策的艺术性和各种方案的可行性,在很大程度上取决于信息是否及时、准确和完善。因此,要善于获取、加工和利用信息,而这需要有高超的艺术。

(二) 对不同的决策问题采取不同的决策方法的艺术

正如管理学家杜拉克所说的:"决策的一条基本原则是在有不同意见的情况下做出决策。"如果人人赞成,领导者就根本不用讲清楚做出的决策是什么,也许完全没必要决策了。所以要听取不同意见。

(三) 程序化决策艺术

决策是按照事物发展的客观要求分阶段进行的,有科学的程序。决策的程序一般是按"提出问题——确定决策目标——设计决策方案——优选决策方案——方案的实施与反馈"的步骤进行的。

三、授权的艺术

授权是指给下属指派职责,授予下属相应职权,激发下级尽职尽责的义务感。授权是一种领导艺术,不同的领导者其授权效果各不一样。要做到科学授权,必须遵循以下原则。

(一) 因事择人原则

这是领导授权最基本的一条原则,即一切以被授权者的才能大小和工作水平的高低为依据。

(二) 明确权责原则

授权必须明确交代所授权利的性质、目的、范围、限度、责任以及完成任务的时间和质量,不可含糊其辞,模棱两可。

(三) 适度授权原则

领导者在授权时要掌握好"度",做到凡是下级职责范围内的权利,都需要下放给下级;对于自己工作范围内的,但下级也能办好的事情要授权给下级;凡是涉及有关全局的,如组织发展的方向、目标,干部任命和变动等问题就不可轻易放权,应由领导集体讨论决定。

(四)有效控制原则

对于授权者来说,既不可过多地干涉,也不可放任自由,要健全控制制度,指定工作标准和考核办法。加强监督、检查,发现问题及时指导、及时纠正。

四、运筹时间的艺术

所谓时间的运筹,是指领导者为提高时间的利用率和有效性,对其所参与的领导活动或所进行的工作严格做出的一系列筹划、控制,避免时间浪费,既合理又经济地完成预期领导目标的过程。"一寸光阴一寸金",高明的领导者,总是从掌握和有效驾驭自己的时间开始。

所谓有效地运筹时间的艺术,包括两个方面:

(一)科学分配时间的艺术

对于领导者来说,科学分配时间的艺术,就是要根据组织经营的总任务,按制度时间的规定,科学合理地给各个单位分配定额,并要求他们在执行中严格按计划进行,做到按期、按质、按量完成。企业的综合经营计划、生产作业计划,从某种意义上说,就是在既定的经营任务情况下,如何科学分配时间的问题。科学分配时间的艺术主要有以下几种:

1. ABC 时间分类法

ABC 时间管理就是把自己有效的时间科学地支配在自己所领导的那个系统的关键工作上,以求获得最大的效果。其做法是:把所要办的事情分成三类,A 类最重要,当天必须办;B 类次之;C 类则可以放一放。首先集中精力把 A 类事情做完,再处理 B 类事情,C 类事情可以交给下级去做。这样就能把时间用在重大问题的处理上,突出了关键性的工作,往往能取得事半功倍的效果。

2. 细化时间,合理分配

首先,集中使用时间,按轻重缓急的时间计划,把一天中精力最集中、最充沛的时间段用来处理最重要的问题,当天的事情当天处理完,同时留下机动时间处理紧急的、意外的一些事情。其次,善排干扰,对于常有的干扰,要有排除的措施。最后,尽可能按自己的精神状态排列工作时间。在一天中,可以把不同的事安排在不同精神状态的时间段去处理。一般来说,重要的事和难事应安排在效率最高的时间段去完成。

3. 善挤时间,专心致志

按科学的统筹法通盘安排工作、学习和生活,就会挤出大量的时间。时间就像海绵里的水,一挤它就有,因此,要善挤时间,善于集中时间。时间的集中,有量的集中,也有质的集中,而质的集中比量的集中更为重要。所谓质的集中,就是要提高自己的注意力,善于使思维"聚焦",即把思维有意识地集中到一点,深入下去,产生突破,从浩瀚的材料、信息中发掘出有价值的东西。

(二)合理节约时间的艺术

合理节约时间的艺术,指的是如何节约时间及如何把节约的时间更好地利用起来。很多管理者在这方面都有自己的经验和方法。其主要有以下几种：

1. 采取时间记录分析法

有不少组织领导成天忙忙碌碌，事必躬亲，而其他管理人员则出现工作负荷不均衡，甚至无所事事的现象，严重影响管理效率。从管理艺术来看，一个领导者为了获得时间使用管理效用的反馈，就要详细记录自己每周、每月或每季一个区段时间的使用情况，再加以分析综合，作出判断，从而了解哪些时间内的工作是必要的、有用的，哪些是不必要的、无用的、浪费的，并加以改进，就可以提高时间的管理和使用效率。例如，把自己每一个时间区段做了什么事，完成了什么任务，做几次重复不断的记录统计后，再结合相关问题进行分析评估。其相关问题是：①哪些工作是自己根本不必要做的，结果浪费了多少时间；②哪些工作应当由其他领导者或管理人员去做，或者由他们去做更合适，而由于自己未能授权浪费了多少时间；③哪些工作由于安排不合适，而浪费了其他领导者和管理者多少时间；④哪些工作在过去的记录中就有浪费时间的现象，而这次又出现，浪费了多少时间。

2. 采取科学召开会议法

在现代组织管理中，会议已成为人们互通信息、安排工作、综合协调、进行决策的重要方式。可是在我们不少组织中，没完没了的会议和学习，各种形式的评比、检查，浪费了大量的时间。因此，必须科学地召开会议，计算会议成本，提高会议效率。为此，可从以下方面入手：

（1）不开无准备之会

开会前必须充分准备，确定开会的议题和出席的对象，议题不宜多，参加会议的人也不宜太多。一个会议能解决一两个重大问题，形成决议就算是成功了。

（2）开短会，不开长会

会议时间不宜太长，否则会引起与会者的反感。发言者发言的时间应有限制，禁止夸夸其谈，做无准备的"随便讲几句"之类发言。

（3）准时开会，不拖拉

不少人开会经常迟到，而会议主持者不批评，还等待他们，久而久之，准时到会者也不准时，会风渐差。

（4）注意合理安排议题的先后次序

根据人的心理、生理、精力等特点，会议的前半部分，宜讨论需要与会者开动脑筋、集中精力的议题，便于提高会议决议的质量。

五、交往的艺术

领导者人际交往的内容是十分丰富的。就工作环境而言，有与上级领导者的交往，有与本组织内部、本部门的其他领导者的交往，有与下级各类人员的交往。处理好各种人际交往，对提高领导绩效有重要作用。能处理好人际的各种交往，也是领导者的高超艺术。

（一）与上级的交往

与上级的交往要注意两点：第一，维护上级领导权威，对上级领导的指示要付诸实施，要切实听取上级领导的告诫,但不可在上级领导面前唯唯诺诺;第二,要有工作之余的礼貌,即使与上级关系良好,也要保持应有的分寸。

(二) 与同事的交往

这里所说的同事,是指与领导者在同一组织中担任大致相等级别职务的其他领导者。同事之间有良好的人际关系,对工作的顺利开展是有极大作用的。与同事交往主要应注意以下几点:第一,尊重集体,听取不同意见,不能我行我素;不能在群众中搬弄是非,引起同事间的猜疑和不必要的风波;不能将麻烦的工作推给别人,只会批评别人,而自己却什么也不做。第二,可以在背地里称赞同事,背地里称赞比当面称赞更有效果;工作中取得的成绩,是集体领导的功绩,不能视为自己一人的功劳。第三,要善于听取并乐于接受别人的意见。

(三) 与下级相处

与下级相处要讲求艺术。第一,要尊重下级的人格。第二,工作中所下达的命令、指示要简明易懂,如果下属工作没有做好,自己作为上级也应承担责任。第三,工作以外,不要公私相混;有时间要尽量与下属交谈,关心下属的生活、工作情况,争取能与下属成为知心的朋友。

总之,领导者要善于人际交往,这样,就能得到众人的友谊与合作,得到各方面的支持,使领导工作更有绩效。

本章学习要点

1. 领导是影响组织成员实现目标的过程。领导和管理有一些区别,但事实上这两者应该是一致的。作为一个管理者,应该成为一个优秀的领导者。

2. 管理者的领导影响力有五个基本来源:强制性权利、奖赏性权利、合法权利、专家权利、参照权利。

3. 领导方式及行为理论,按其发展阶段来看形成了四种理论:领导特质理论、领导行为理论、领导权变理论和新型的领导理论。

4. 领导特质理论分为传统特质理论和现代特质理论。传统特质理论强调领导是天生的,而现代特质理论认为领导是后天实践中形成的,因而领导可以通过学习来提高。

5. 领导行为理论是领导者在特质、技巧和行为上的结合。领导者的基本领导风格包括独裁型、民主型和放任型等。

6. 领导行为理论影响最大的有美国俄亥俄州立大学领导行为研究、布莱克和莫顿的管理方格理论等。

7. 领导权变理论包括菲德勒的权变理论、赫塞和布兰查德的领导生命周期理论、途径—目标理论等。

8. 魅力型领导和变革型领导是新型的领导理论,强调领导通过个人魅力和愿景来领导。

复习思考题

1. 一个网络聊天室的主持人是领导者还是管理者？或者都不是？或者都是？请说明理由。
2. 想想你过去认识的最成功和最失败的上司（或老师），从领导理论来看，说明他们之所以成功或失败的原因何在。
3. 你如何看待领导的特质理论？你认为有效的领导者是天生的还是后天造就的？为什么？
4. 什么是领导行为理论？领导者的行为如何影响领导的有效性？试举例说明。
5. 什么是领导权变理论？其核心思想是什么？
6. 你认为领导者能够根据不同的情景改变自己的领导方式吗？为什么？

参考文献

[1] 陈立富,刘保海,夏保京.管理学：理论与方法.上海：第二军医大学出版社,2010.
[2] 丁家云,谭艳华.管理学：理论、方法与实践.合肥：中国科技大学出版社,2010.
[3] 冯国珍.管理学(第2版).上海：复旦大学出版社,2011.
[4] 王慧娟,彭傲天.管理学.北京：北京大学出版社,2012.
[5] 李先江.管理学.北京：北京大学出版社,2012.
[6] 马海牡.管理学理论与方法.北京：北京大学出版社,2010.
[7] 宋一凡.管理学.哈尔滨：哈尔滨工业大学出版社,2009.
[8] 王雪峰,段学红.管理学基础.北京：中国经济出版社,2009.
[9] 刘雪梅,胡建宏.管理学原理与实务.北京：清华大学出版社,2011.
[10] 谭力文,刘林青.管理学.北京：科学出版社,2009.
[11] 王辉.组织中的领导行为.北京：北京大学出版社,2008.
[12] 斯蒂芬·罗宾斯,等.组织行为学(第12版).李原,等,译.北京：中国人民大学出版社,2008.
[13] 理查德·达夫特.领导学原理与实践(第2版).杨斌,译.北京：机械工业出版社,2006.
[14] 加里·尤克尔.组织领导学(第5版).陶文昭,译.北京：中国人民大学出版社,2004.
[15] 部分资料来自：http://baike.baidu.com/.

案例分析

某公司是一家中等规模的汽车配件生产集团。最近,对该公司的三个重要部门经理进行了一次有关领导类型的调查。

1. 姜勇涛

姜勇涛对他本部门的产出感到自豪。他总是强调对生产过程、出产量控制的必要性,坚持下属人员必须很好地理解生产指令以得到迅速、完整、准确的反馈。姜勇涛遇到小问题时,会放手交给下级去处理;当问题很严重的,他则委派几个有能力的下属人员去解决问题。通常情况下,他只是大致规定下属人员的工作方针、完成怎样的报告及完成期限。姜勇涛认为只有这样才能有更好的合作,避免重复工作。

姜勇涛认为对下属人员采取敬而远之的态度对一个经理来说是最好的行为方式,所谓的"亲密无间"会松懈纪律。

据姜勇涛说,管理中的最大问题是下级不愿意接受责任。他认为,他的下属人员可以有机会做许多事情,但他们并不是很努力地去做。他表示不能理解以前他的下属人员如何与一个毫无能力的前任经理相处,他说,他的上司对他们现在的工作运转情况非常满意。

2. 李锋

李锋认为每个员工都有人权,他偏重于管理者有义务和责任去满足员工需要的学说。他常为他的员工做一些小事,如给员工两张下个月在美术馆举行的艺术展览的入场券。他认为,虽然每张门票只有20元,但对员工和他的妻子来说却远远超过20元。这种方式也是对员工过去几个月工作的肯定。

李锋说,他每天都要去一趟工厂,与至少25%的员工交谈。李锋不愿意为难别人,他认为姜经理的管理方式过于死板,姜经理的员工也许并不那么满意,但除了忍耐别无他法。

李锋说,他已经意识到在管理中有不利因素,但大都是由生产压力造成的。他的想法是用一个友好、粗线条的管理方式对待员工。他承认尽管在生产率上不如其他单位,但他相信他的雇员有高度的忠诚与士气,并坚信他们会因他的开明领导而努力工作。

3. 刘庆国

刘庆国说他面临的基本问题是与其他部门的职责分工不清。不论任务是否属于他们都被安排在他的部门,上级似乎并不清楚这些工作应该由谁做。

刘庆国承认他没有提出异议,他说这样做会使其他部门的经理产生反感。他们把刘庆国看成了朋友,而刘庆国却不这样认为。

刘庆国说过去在不平等的分工会议上,他感到很窘迫,但现在适应了,其他部门的领导也不以为然了。

刘庆国认为纪律就是使每个员工不停地工作,预测各种问题的发生。他认为一个好的管理者,没有时间像李锋那样握紧每一个员工的手,告诉他们正在从事一项伟大的工作。他相信如果一个经理声称为了将来的提薪与晋职而对员工的工作进行考核,那么,员工则会更多地考虑他们自己,由此而产生很多问题。

他主张,一旦给一个员工分配了工作,就让他以自己的方式去做,取消工作检查。他相信大多数员工知道自己怎样把工作做好。

如果说存在问题,那就是他的工作范围和职责在生产过程中发生混淆。刘庆国的确希望公司领导把他叫到办公室,听听他对某些工作的意见。然而,他并不能保证这样做不会引起风波并使情况有所改变。他说他正在考虑这些问题。

(资料来源:刘志坚.管理学:原理与案例(第三版).广州:华南理工大学出版社,2012:157-158)

案例思考

(1) 你认为这三个部门经理各采取的是什么领导方式?这些方式各将产什么结果?

(2) 是否每一种领导方式在特定的环境下都有效?为什么?

第十章
激 励

本章学习目的

理解并掌握需要、动机和激励的概念；

理解激励理论中关于人性的假设；

论述需求层次理论、ERG需要理论、三种需要理论和双因素理论的主要内容，并分析其共同点；

论述期望理论和公平理论的主要内容，并分析其异同；

描述强化理论的主要内容及应用原则；

理解并掌握激励的方法。

案例——问题的提出

老门卫制服上的金别针

圣诞节快要到了。北欧航空公司总经理杨·卡尔松悄悄地叫来秘书,吩咐他去订做一批纯金西服别针,做工一定要精良,并要求将做好的西服别针在圣诞节前夕分别寄到公司员工的配偶手中。

我们代表团在北欧航空公司总部考察访问得知了这些事情,这一天我们在总部大楼的门口,看到一位50多岁的老门卫的制服上别着这样一枚别针。我就问他:你拿到这枚别针时是什么感觉?老门卫说:那是圣诞节的前几天,我像往常一样下班回到家,一开门,没想到我的老伴从房间里冲了过来,搂着我就是狂吻,并大声说:汤姆,你真棒!她的眼睛里闪动着泪花。我不明白发生了什么事,老伴激动地说:汤姆,你看看桌子上是什么?我看到桌子上放着一个精致的小盒子,盒子里摆放着一枚金光闪闪的别针,盒里面还有一张小纸条,上面写道:

尊敬的托玛逊太太:

感谢你一年来对托玛逊先生工作的全力支持,使得北欧航空公司的工作取得了很大成就。我谨代表我个人向你表示衷心的谢意。

杨·卡尔松

这天晚上,我和老伴一边喝着酒,一边聊着。我们说了很多,最主要的话题就是,明年我该怎样做才能不辜负总裁的期望。我们决定:只要公司一天不辞退我,我就尽最大的努力做好自己的工作。

代表团所有人都静静地听着,在思考其中的道理和秘密。

(资料来源:熊永清.管理学.长沙:湖南人民出版社.2006)

第一节 激励的原理

一、需要、动机、行为与激励

激励一切来源于心理学。要了解激励,就要了解激励的主要因素:需要、动机。每一个人都是有需要的,如食物、居所、成就等,当一个人对某一需要产生渴望时,内心就会产生驱动力,在这种动力的驱使下,就会采取一系列行动来实现自己的需求。如果这些行为适当,就会得到回报,即满要得到满足。如果行为不适当,需要不能得到满足,就会调整自己的行为,再次努力,得到自己所需。需要、动机和行为三者的关系是,需要产生动机,动机是引起行为的直接原因。

(一) 需要的含义

所谓需要,是指人们出于缺乏某种东西而产生的生理或心理上的不平衡状态。它是人脑对生理和社会要求的反应,如对空气、食物、水、阳光等自然条件的依赖,对交往、劳动、学习、创造、运动等社会条件的要求。形成需要有两点:一是感到缺乏某种东西;二是期望得到这种东西。这两个条件缺一不可。人的需要又是在活动中不断产生与发展的。当人通过活动满足了原有的需要时,人和周围现实的关系就发生了变化,又会产生新的需要。例如对住房的需求,当人参加工作时,收入水平有限,租到一间宿舍就满足了;当人工作若干年后,有了一定的积蓄,就希望能够在自己有限能力下买一套属于自己的房子。

(二) 动机的含义与行为的关系

人的活动总是受某种需要所驱使,需要一旦被意识到并驱使人去行动时,就以活动动机的形式表现出来。需要激发人去行动,并使人朝着一定的方向去追求,以求得到自身的满足。所谓动机,是指驱动和诱导人们去从事某种活动的动因。行为科学认为,动机是驱使人产生某种行为的内在力量,它是由人的内在需要所引起的。因此,动机过程就是需要获得满足的过程。

内在需要是动机产生的基础,但需要转换成动机还需要两个条件。首先,需要必须有一定的强度。就是说,某种需要必须成为个体的强烈愿望,迫切要求得到满足。如果需要不迫切,则不足以促使人去行动以满足这个需要。其次,外界要有适当的客观条件,即诱因的刺激,它既包括物质的刺激也包括社会性的刺激。有了客观的诱因才能促使人去追求它,得到它,以满足某种需要;相反,就无法转化为动机。比如,一个人在旷野中行走,突然下起大雨,此时他有避雨的需求,但如果放眼望去四周没有可以遮雨的地方,他就不可能有寻找避雨的动机。只有眼前出现一处可以避雨的棚子时,才会产生向棚子跑去的动机。由此可以看出,动机的形成是内在需求与外部条件相互作用的结果。

动机是在需要的基础上产生的,它对人的行为活动具有如下三种功能。第一,激活的功能。动机能激发一个人产生某种行为,对行为起着始动作用。例如,一个学生想要掌握电脑的操作技术,他就会在这个动机驱动下,产生相应的行为。第二,指向的功能。动机不仅能唤起行为,而且能使行为具有稳固和完整的内容,使人趋向一定的志向。动机是引导行为的指示器,使个体行为具有明显的选择性。例如,一个学生确立了为从事未来的实践活动的学习动机,在其头脑中所具有的这种表象可以使之力求注意他所学的东西,为完成他所确立的志向而不懈努力。在动机的作用下,人的行为将指向某一目标。第三,强化的功能。动机能使个体的行为维持一定的时间,对行为起着续动作用。当活动指向于个体所追求的目标时,相应的动机便获得强化,因而某种活动就会持续下去;相反,当活动背离个体所追求的目标时,就会降低活动的积极性或使活动完全停止下来。需强调的是,将活动的结果与个体原定的目标进行对照,是实现动机的维持和调整功能的重要条件。

需求、动机与行为之间存在着直接的因果式的关系。需求是动机产生的基础、动机是行为的驱动力。动机的目标又是为了满足需求。这三者间的关系体现了激励产生的基本原理。

(三)激励的含义

激励是个通用名词,概括地说,就是激发人的动机,诱发人的行为。激励是一种力量,激励是一个过程。激励给人以行动的动力,使人的行为指向特定的目标。在管理工作中,管理人员对下属的激励就是管理人员通过外在的刺激,在一定程度上影响人们的动机,从而使其产生组织所希望的行为。可以从以下四个方面来理解激励这一概念:

1. 激励的目的性

任何激励行为都具有其目的性,这个目的可能是一个结果,也可能是一个过程,但必须是一个现实的、明确的目的。

2. 激励过程受内外因素的制约

激励通过人们的需要或动机来强化、引导或改变人们的行为。人们的行为来自动机,而动机源于需要,激励活动正是对人的需要或动机施加影响,从而强化、引导或改变人们的行动。

3. 激励是一个持续反复的过程

人的很多的行为都是在某种动机的推动下完成的。对人的行为的激励,实质上就是通过采用能满足人需要的诱因条件,引起行为动机,从而推动人采取相应的行为,以实现目标,然后再根据人们新的需要设置诱因,如此循环往复。

4. 激励具有时效性

每一种激励手段的作用都有一定的时间限度,超过时限就会失效。因此,激励不能一劳永逸,需要持续进行。

二、激励理论中关于人性的假设

为了进行有效的激励,必须首先对人的本性有一个正确的认识。人性问题是一个极其重要而又复杂难解的理论问题。卢梭曾感叹"人类的各种知识中最有用而又最不完备的,就是关于'人'的知识。"

人性是什么?人性一般包括两个层面:第一,抽象地看,人性是区别于一切动物的特性和方面,主要包括人的自然属性、社会属性和精神属性;第二,在具体分析和说明人性时,人性是具体的、历史的、发展变化的,在现实中不存在绝对同一、抽象不变的人性。

人性假设是指对人的本质特征和共有行为模式的设定。中国古代的先哲曾提出"人性善"和"人性恶"等观点。马克思主义认为,人性是人的自然属性和社会属性的统一。在西方,许多思想家对人性的本质进行了解读。现代管理理论都是以人性假设为前提,最主要的有"经济人"假设、"社会人"假设、"自我实现人"假设和"复杂人"假设四种。人性假设不仅决定着管理理论的形成和发展,同时还制约着人类的管理实践活动,管理主体对人性的不同判断和认识,决定了对管理客体采取不同的态度和方法。同样,一个管理者的人性如何,将会影响着激励和领导方法。孔茨也曾指出:"管理者是否自觉地知道这些,在他们的心目中,总有一个个体的模式和基于人的假定的组织行为模式。这些假定和它们的有关理论影响着管理者的行为。"

因此，人性假设是指管理者在管理过程中对人的本质属性的基本看法，是一切管理思想和管理行为的认识基础。

同时，人性假设是选择领导风格和领导方式的主要依据，它在管理理论中起着重要的作用。人性假设研究从分析人的表面行为和潜在需要入手，概括了在一定时期适合大多数人情况的一般性模式，以此作为管理理论研究的出发点和管理实践的指导思想。

（一）"经济人"假设

18世纪，英国古典经济学家亚当·斯密在他的经济学中提出了"经济人"假设。

"经济人"（Rational economic man）又称"理性经济人"，也称实利人。这种人性假设的出发点是享乐主义的哲学观点。经过19世纪理想主义的影响而形成。这种假设认为，人的一切行为都是为了最大限度地满足自己的利益；工作的动机是为了获得经济报酬。

其主要的内容为：①大多数人十分懒惰，他们总是想方设法地逃避工作；②大多数人没有雄心壮志，不愿承担任何责任，而宁愿受别人领导；③大多数人的个人目标与组织目标都是相矛盾的，必须用强制、惩罚的办法才能迫使他们为实现组织的目标而工作；④大多数人做工作都是为了满足基本的需要，因此会选择最大经济收益的工作；⑤大多数人都是不能够鼓励自己，不能克制感情。

美国管理学家麦格雷戈（D. M. McGregor）在其所著的《企业中人的方面》一书中提出了X理论就是对"经济人"假设的概括。泰罗认为企业家的目的是获取最大限度的利润，工人的目的是获得最大限度的工资收入，而劳资双方的利益是一致的，提高了劳动生产率，企业家就可以获得更多的利润，而工人也可以获得更多的工资。因此，泰罗制定了工作标准和任务管理制来规范工人的工作动作与时间，以此来提高生产的效率，制定了计件工资制来刺激工人为了获得更多的工资而努力工作。泰罗的科学管理方法与以前的非科学的管理方法相比较确实进步很多，并且取得了明显的效果，大大提高了当时的劳动生产率。因此，在当时泰罗的科学管理理论备受理论界和企业家们的推崇。但是，随着时间的推移，以"经济人"假设为理论基础的科学管理理论渐渐露出了它所固有的弊端。

（二）"社会人"假设

20世纪20年代末，美国哈佛大学心理学家梅奥根据霍桑实验提出了"社会人"假设。

"社会人"（Socialman）又称"社交人"，该假设认为人的社会性需求的满足往往比物质上的报酬更具有激励作用。其基本观点是人们工作的主要动机与工作的社会关系，只有满足人们的社会和归属的需要，才能有效地调动工作的积极性。

社会人假设的基本内容是：①认为人的行为动机不仅仅是追求经济利益，而是满足人的全部社会需求；②由于技术的发展与工作合理化的结果，使工作本身失去了乐趣和意义，因此，人们从工作中的社会关系去寻求乐趣和意义；③工人对同事之间的社会影响力，要比管理部门所给予的奖励更大；④工人的工作效率随着管理人员满足他们社会需求的程度而改变。

日裔美籍学者大内在20世纪80年代初提出的"Z理论"是以"社会人"假设作为自己的人性论基础的。大内认为无论何种组织中，员工都是"社会人"，大内反复强调"信任"、"微妙性"和"亲密性"，都涉及人际关系协调的社会伦理领域，这就表明了他对组织中人际关系协调的高度重视。在以"社会人"假设为基础建立的行为科学阶段,人们对人性的认识显然是有所升华。

(三)"自我实现人"假设

20世纪40年代,美国人本主义心理学家马斯洛在他的层次需要理论当中提出了"自我实现人"假设。

"自我实现人"(Selactualizingman)也称"自动人"。在马斯洛的层次需要理论中,人的最高层次需要是自我实现,这种人性假设认为,人们除了社会需求以外,还有一种想充分表现自己的能力,发挥自己潜力的欲望,并希望、向往、追求、使自己成为一个比较完美、自我实现的人。

其基本内容是:①一般人都是勤奋的,劳动是其一种自然需要,人不但乐于承担责任,而且是有进取心的,希望在工作中取得成绩;②控制和惩罚不是实现组织目标的唯一手段,人们在工作中能够自我管理和自我控制;③在正常情况下,一般人不仅会接受某种责任,而且还会主动寻求责任。逃避责任、缺乏抱负以及强调安全感,通常是经验的结果,而不是人的本性;④大多数人在解决组织的困难时,都能发挥出高度的想象力、聪慧力和创造力;⑤有自我满足自我实现需求的人往往以达到组织目标作为自我目标实现的最大报酬;⑥在现代社会条件下,一般人的智能潜力只能得到部分的发挥。

"自我实现人"的人性观认为:人都需要发挥自己的潜力,表现自己的才能;只有人的潜力充分发挥出来,人的才能充分表现出来,才会感到最大满足;利润最大化不是管理的全部内容和唯一目标,人的情感需要、发展需要本身就是管理目标的一个重要内容。基于这种人性假设的理论就是麦格雷戈的Y理论。Y理论与X理论相对立。X理论完全依赖于对人的行为的外部控制;而Y理论则很重视依靠人的自我控制和自我指挥。麦格雷戈把Y理论称作"个人目标和组织目标的结合",认为它能使组织成员在努力实现组织目标的同时,最好地实现自己的个人目标。

(四)"复杂人"假设

随着人类社会的发展,人的特性也在不断发生着整体性变化。对于许多现象,过去关于人性的假设已难以解释,管理理论与实践迫切需求对人的问题做出新的解释和研究。20世纪60年代末至70年代初提出了"复杂人"(Complexman)假设,该假设认为,人的需要和动机是十分复杂的,不仅因人而异,而且一个人在不同的年龄、地点、时期也会有不同的表现。

这种人性假设的基本观点是:①人的需要是多种多样的,而且这些需要随着人的发展和生活条件的变化而发生改变;每个人的需要都各不相同,需要的层次也因人而。②人在同一时间内有各种需要和动机;这些需要和动机会发生相互作用并结合为统一的整体,形成错综复杂的动机模式。③人在组织中的工作和生活条件是不断变化的,因而会不断产生新的需要和动机。人的动机的形成是内部需要和外部环境相互作用的结果。④一个人在不同的单位或在同一单位的不同部门工作,会产生不同的需求。在正式组织中与别人不能合群的人,很可能在非正式组织中能满足其社会需要和自我实现的需要。⑤由于人的需要不同、能力各异,对不同的管理方式有不同的反应,因此没有适合于任何组织、任何时间、任何个人的统一的管理方式。

"复杂人"假设提出的因人、因时、因事而异的管理,基于这种假设提出了超Y理论。超Y理论也称权变理论,是美国管理学者莫尔斯(J. Morse)和洛希(J. W. Lorsch)在实验的基础上于1970年提出了一种"复杂人"假设相应的、新的管理理论,是一种主张结合X理论和Y理论而权宜应变的管理理论。

莫尔斯和洛希选择了四个组织作为试验的对象。其中,在一个工厂和一个研究所中,按X理论来管理,结果工厂的效率高而研究所的效率低。在另一个工厂和另一个研究所中,按Y理论来管理,结果工厂的效率低而研究所的效率高。由此他们得出结论:Y理论并不一定比X理论优越。这是因为职工素质各不相同,有的人富于主动性、责任感和创造才能,有的人则没有这些品质;工作内容也各不相同,有的是单调重复性劳动,有的是丰富新奇的、富有创造性的劳动。因此,应该根据不同的情况,决定采用X理论还是Y理论来管理。超Y理论提出后受到了西方管理学界的普遍推崇,评价很高。它含有辩证法的因素,但是却只强调特殊性而忽视了普遍性。所以有学者比喻基于"复杂人"假设的权变理论犹如一只装满管理理论的"大口袋",这只"大口袋"使管理理论趋于"泛化"而捉摸不透。

四种人性假设理论的主要观点如表10-1所示。

表10-1 四种人性假设理论的主要观点

人性假设	对人的认识	领导方式
"经济人"假设	人的一切行为都是为了最大限度地满足自己的经济利益	采取重视物质刺激,实行严格监督控制的方式
"社会人"假设	人有强烈的社会心理需要,职工的"士气"是提高生产率最重要的因素	采取重视人际关系,鼓励职工参与的方式
"自我实现人"假设	人特别重视自身社会价值,以自我实现为最高价值	采取鼓励贡献、自我控制的方式
"复杂人"假设	人的需要是多种多样的,其行为会因时、因地、因条件而异	采取权变管理方式

随着管理学科的发展,人们对人性的认识渐趋丰富,我们很难说哪种观点是绝对正确或者普遍适用的。按照马克思的说法,人的本质,在其现实性上,是一切社会关系的总和。人是千差万别的,不能绝对依赖某一种假设和管理理论。

第二节 激励理论

一、内容型激励理论

内容型激励理论包括需求层次理论、ERG需要理论、三种需要理论和双因素理论。

(一) 需求层次理论

心理学家认为,人的行为是由动机产生的,而动机又来源于人的各种需要,而人的需要各种各样,一定程度上可以说人的需要是无限的。美国心理学家马斯洛提出著名的需求层次理论。他认为,人有五个层次的需求:生理需求、安全需求、归属需求、尊重需求、自我实现需求,如图10-1所示。其中,生理需求与安全需求称为低层次的需求,而归属需求、尊重需求与自我实现需求称为高层次的需要。

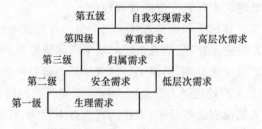

图 10-1　马斯洛的需要层次理论

1. 生理需求(Physiological needs)

生理需求是保证人生存的最基本的需要,包括食物、水、住所、睡眠、性以及其他方面的生理需要。如果不满足这些需要,人便无法生存。"对于一个处于极端饥饿的人来说,除了食物没有别的兴趣。"在组织环境中包括向职工提供合适的工资、有良好的工作环境(诸如提供休息室、适当的灯光、舒适的室温和良好的通风条件等)。

2. 安全需求(Safety needs)

安全需求是一种免于身体危害的需要。生理需要得到满足后,安全需要即成为主要需要。对大多数人来讲,指工作要有保障(不会失业)、有一个申述制度(遇到专横的上司能使自己得到保护)、有一个合适的养老保险措施和医疗保险制度、作业过程中的安全保障措施、职业病的预防等。

3. 归属需求(Society needs)

归属需求包括友谊、爱情归属及接纳方面的需要,是人要求与他人建立情感联系,如结交朋友、追求爱情的需要。这是人的社会性需求。这和个人性格、经历、生活区域、民族、生活习惯、宗教信仰等密切相关。一般是指和他人保持良好的关系,得到友情,接受他人以及被他人所接受,或能向他人述说自己的情感,或成为某个群体、小团体的一分子。

4. 尊重需求(Esteem needs)

尊重需求是在人的归属感一旦得到满足,他们就要求自觉和受到别人的尊重。包括自尊、自信、成就感以及受他人认可和尊敬等。管理人员可以通过给予若干外在的成就象征,如职称、晋级、加薪等,也可用提供工作的挑战性、责任和机会等在较为内在的层面上来满足职工这方面的需要。

5. 自我实现需求(Self-actualization needs)

自我实现需求指个人的成长与发展、发挥自身潜能、实现理想的需要。这是一种最高境界的需要,能最大限度地发挥自己的潜能,最能体现人的存在的价值。正如马斯洛所说:"人希望越变越完美的欲望,人要实现他所能实现一切的欲望。"这种需要就是希望在工作上有所成就,在事业上有所建树,实现自己的理想和抱负。

马斯洛认为,首先,上述五种需求由低到高依次排列成一个阶梯,生理需求和安全需求属低级需求,尊重需求和自我实现需求属于高级需求,归属需求为中间层次的需求,基本上也属于高级需求。其次,主导需求对人的激励有决定性的作用,当低层次的需求获得相对的满足后,下一个需求就占据了主导地位,称为驱动行为的主要动力;满足了的需求不再是激励因素。再次,人的需求是交叉的,可能同时存在多种需求。

马斯洛的需求层次论有四个基本观点:

第一,人的需求是分层次等级的,一般按照由低层次到高层次的循序发展。生理需求是人最基本、最优先的需求,自我实现是最高层次的需求。一般来说,人们首先追求满足较低层次的需求,只有在低层次的需求满足以后,才会进一步追求较高层次的需求,而且低层次需求满足的程度越高,对高层次需求的追求就越强烈。

第二,人在不同的时期、发展阶段,其需求结构不同,但总有一种需求发挥主导作用。因此,管理者必须注意当前对员工起主要作用的需求,以便有效地加以激励。

第三,五种需求的等级循序并不是固定不变的,而是存在着等级倒置现象。一种情况是,有些人的愿望可能永远保持着僵化或低下的状态,也就是说,有些人可能只谋求低层次的需求而不再追求高层次的需求;另一种情况是,有些人可能牺牲低层次的需求而谋求实现高层次的需求,那些具有崇高理想的人,即使低层次的需求尚未得到满足,仍会追求高层次需求。一般来说,人的各种需求的出现往往取决于本人的职业、年龄、性格、受教育程度、经历、社会背景等。

第四,各种需求相对满足的程度不同。实际上,绝大多数人的需求只有部分得到满足,同时也有部分得不到满足,而且随着需求层次的升高,满足的难度相对增大,满足的程度逐渐减小。

(二) ERG 需要理论

在马斯洛提出需要层次理论后,耶鲁大学的著名学者奥尔德弗修正了马斯洛的论点,提出了需要的 ERG 需要理论模型。ERG 需要理论是生存—相互关系—成长需要理论的简称,字母 E、R 和 G 分别代表生存(Existence)、关系(Related-ness)和成长(Growth)三个词。

奥尔德弗把人的需要归为以下三类:

1. 生存需要

生存需要指的是全部的生理需要和物质需要。如吃、住、睡等。组织中的报酬,对工作环境和条件的基本要求等,也可以包括在生存需要中。这一类需要大体上和马斯洛的需要层次中生理和安全需求相对应。

2. 相互关系需要

相互关系需要指人与人之间的相互关系、联系(或称之为社会关系)的需要。这一类需要可与马斯洛需要层次中的归属需求相对应。

3. 成长需要

成长需要指一种要求得到提高和发展的内在欲望,它指人不仅要求充分发挥个人潜能、有所作为和成就,而且还有开发新能力的需要。这一类需要可与马斯洛需要层次中的尊重需求和自我实现需求相对应。

除了用三种需要替代了五种需求以外,与马斯洛的需要层次理论不同的是,奥尔德弗的"ERG"理论还认为:人在同一时间可能有不止一种需要起作用,如果较高层次需要的满足受到抑制的话,那么人们对较低层次的需要的渴望会变得更加强烈。因此,马斯洛的需要层次是一种刚性的阶梯式上升结构,即认为较低层次的需要必须在较高层次的需要满足之前得到充分的满足,二者具有不可逆性。而相反的是,"ERG"理论并不认为各类需要层次是刚性结构,比如说,即使一个人的生存和相互关系需要尚未得到完全满足,他仍然可以为成长发展的需要工作,而且这三种需要可以同时起作用。另外,ERG理论明确提出了"气馁型回归"的思想。当一个人在某一更高等级的需要层次受挫时,那么作为替代,他的某一较低层次的需要可能会有所增加。例如,如果一个人社会交往需要得不到满足,可能会增强他对得到更多金钱或更好的工作条件的愿望。

(三) 三种需要理论

美国心理学家大卫·麦克莱兰(David C. McClelland)和其他心理学家经过20多年的研究,提出了一项与管理工作联系更加紧密的三种需要理论(Three needs theory)。该理论认为人的社会性需求不是先天的,而是后天的,来自于环境、经历和培养教育;特别是在特定行为得到报偿后,会强化该种行为模式,形成需求倾向。麦克利兰等人使用主题知觉试验等心理学方法进行定员及定性分析,归结出三大类社会性需要:成就需要、权利需要和亲和需要。

1. 成就需要(Need for achievement)

成就需要指一种总是力求把每一件事情做得更完美、取得超越他人的成就,不断获得新的成功的强烈内驱力。有高度成就需要的人,有极强的事业心,对成功有一种强烈的要求,同样也强烈担心失败。他们愿意接受挑战,为自己树立只有一定难度的目标,他们总是寻求能够独立处理问题的工作机会,对待风险采取一定现实主义的态度,宁愿承担所做工作的个人责任,对他们正在进行的工作情况,希望及时地了解自己工作的成效。

2. 权利需要(Need for power)

权利需要指一种发挥影响力和控制他人的愿望。研究者们发现,具有高度权利需要的人,往往寻求领导者的地位,要求取得、行使并保持权利,或影响他人;好争辩,直率,很健谈,头脑冷静并善于提出要求;乐于与他人竞争,使其服从自己的支配,喜演讲,爱教训人。

3. 亲和需要(Need for affiliation)

亲和需要指寻求与别人建立友善且亲近的人际关系的欲望。亲和需要强烈的人往往寻求建立并保持和他人的友谊和亲密的感情关系;希望获得他人对自己的好感;乐于参加各种社交活动,以寻求知心朋友;乐于帮助和安慰危难中的伙伴。这样的人在组织中容易与他人形成良好的人际关系,易被别人影响,因而往往在组织中充当被管理的角色。

麦克利兰的需要理论对各种需要的相互关系并不关心,而注重各种需要与组织行为的联系,他们关心的是何种需要能导致事业的成功,是需要与成果的直接联系,因而具有浓厚的实用主义色彩。同时,麦克利兰区分了不同个人的主导需要,因而对工作中的激励实践具有很重要的意义。管理者可通过区分不同员工的主导需要采取不同的措施,来达到有效激励的目的。例如,具有强烈亲和需要的人倾向于与他人建立、维护及恢复亲密的个人关系,适合与别人合作;对有高成就需要的人,则应给予其极大自由发挥其创造性和提供获取成就的机会。对有高权利需要的人,则可培养使其成为领导者。

(四) 双因素理论

美国心理学家弗雷里克·赫兹伯格(Frederick Herzberg)提出双因素理论。20世纪50年代末期,赫茨伯格和他的助手们在美国匹兹堡地区对200名工程师、会计师进行了调查访问。访问主要围绕两个问题:在工作中,哪些事项是让他们感到满意的,并估计这种积极情绪持续多长时间;又有哪些事项是让他们感到不满意的,并估计这种消极情绪持续多长时间。他发现,与满意和不满意相关的因素是两类完全不同的因素。例如"低收入"通常被认为会导致不满,但"高收入"却不一定被归结为满意的原因。这个发现使赫茨伯格对传统的"满意—不满意"相对立的观点提出了修正。赫茨伯格认为在满意与不满意之间存在着中间状态,二者不是对立的,即满意的对立面是没有满意,而不是不满意,不满意的对立面是没有不满意,而不是满意。换句话说,消极的对立面是不消极,但不是积极,积极的对立面是不积极,但不是消极。他发现,使职工感到满意的都是属于工作本身或工作内容方面的;都是属于工作环境或工作关系方面的。他把前者叫做激励因素,后者叫做保健因素。

1. 保健因素(Hygiene factors)

保健因素的满足对职工产生的效果类似于卫生保健对身体健康所起的作用。如工作环境与工作条件、同事的关系、上下的关系、工作的安全状况等。这类因素与人的不满情绪有关,若满足了这些需要,员工就不会产生消极情绪,但也不会起积极的激励作用;若未满足这些需要,员工就会产生消极情绪。这就如同医疗保健可以防病,但不能治病是一个道理。

2. 激励因素(Motivators)

那些能带来积极态度、满意和激励作用的因素就是激励因素。如工作的挑战性、工作的成就感、工作性质、职位的提升等。这类因素与工作内容本身有关。若满足了这些需要,可以产生积极的激励作用;若未满足这些需要,员工也不会产生消极情绪。

激励因素是以工作为中心的,而保健因素则与工作的外部条件相关,是保证工作完成质量的基本

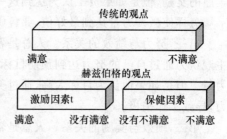

图 10-2 满意—不满意观点的对比

条件。并不是所有的需要满足都能激发人的积极性,只有那些激励因素的满足,才能激发起人们的积极性。保健因素的满足只能防止人们产生不满情绪,而难以起到激励作用。因此,激励的确要以满足需要为前提,但并不是满足需要就一定能产生激励作用。双因素理论就如何针对需要激励员工进行了更深入的分析,提出要调动和保持员工的积极性,必须首先具备必要的保健因素,防止员工不满情绪的产生;但只是如此还不够,更重要的是要针对激励因素,努力创造条件,使员工激励因素方面得到满足。为此,要重视工作内容的设计、任务的分配等。

二、过程型激励理论

过程型激励理论着重研究了从动机的产生到采取具体行动的心理过程,试图弄清人们对付出劳力、功效要求和奖励价值的认识,来达到激励的目的。最典型的理论有期望理论和公平理论等。

(一) 期望理论

期望理论是美国心理学家弗鲁姆(Victor H. Vroom)在20世纪60年代提出来的,又称作"效价—手段—期望理论"。弗鲁姆认为,人总是渴求满足一定的需要并设法达到一定的目标。这个目标在尚未实现时,表现为一种期望,这时目标反过来对个人的动机又是一种激发的力量,而这个激发力量的大小,取决于目标价值(效价 valence)和期望概率(期望 expectancy)的乘积。用公式表示就是:

$$M = V \times E$$

其中: M 表示激发力量,是指调动一个人的积极性,激发人内部潜力的强度; V 表示目标价值(效价),是一个心理学概念,是指达到目标对于满足他个人需要的价值。同一目标,由于各个人所处的环境不同,需求不同,其需要的目标价值也就不同。同一个目标对每一个人可能有三种效价:正、零、负。效价越高,激励力量就越大; E 是期望值,是人们根据过去经验判断自己达到某种目标的可能性是大还是小,即能够达到目标的概率。目标价值大小直接反映人的需要动机强弱,期望概率反映人实现需要和动机的信心强弱。

这个公式说明:假如一个人把某种目标的价值看得很大,估计能实现的概率也很高,那么这个目标激发动机的力量越强烈。

从公式我们可以看出,促使人们做某种事的激励力依赖于效价和期望值这两个因素。效价和期望值越高,激励力就越大。以奖酬为例,虽然公司规定达成某一工作指标可以得到丰厚的奖励,但是如果员工认为达到这一指标的可能性很小,则不会付出较大的努力。

怎样使激发力量达到最好值,弗鲁姆提出在激励过程中需要兼顾三个方面的关系:

第一,努力与绩效的关系。人总是希望通过一定的努力能够达到预期的目标,如果个人主观认为通过自己的努力达到预期目标的概率较高,就会有信心,就可能激发出很强的工作力量。但是如果他认为目标太高,通过努力也不可能会有很好的绩效时,就失去了内在的动力,导致工作消极。

第二,绩效与奖励的关系。人总是希望取得成绩后能得到奖励,这种奖励是广义的,既包括提高工资、多发奖金等物质方面的,也包括表扬、自我成就感、得到同事或领导认可和信赖等。如果他认为取得绩效后能够获得合理的奖励,就有可能产生工作热情,否则就没有积极性。

第三,奖励与满足个人需要的关系。人总希望自己所获得的奖励能满足自己某方面的需要。然而,由于人们在年龄、性别、资历、社会地位和经济条件等方面都存在着差异,他们对各种需要要求得到满足的程度不同。因而对于不同的人,采用同一种奖励办法能满足的需要程度不同,能激发出来的工作动力也不同。

(二) 公平理论

美国行为科学家亚当斯(J. S. Adams)于1965年提出"报酬公平理论"。他认为,只有公平的报酬,才能使职工感到满意和起到激励作用。而报酬是否公平,职工们不是只看绝对值,而是进行社会比较,和他人比较,或进行历史比较,和自己的过去比较。报酬过高或过低,都会使职工心理上紧张不安。

公平理论可以用公平关系式来表示。设当事人 p 和被比较对象 c,则当 p 感觉到公平时有下式成立：

$$\frac{O_p}{I_p}=\frac{O_c}{I_c}$$

其中：O_p——自己对所获报酬的感觉；

O_c——自己对他人所获报酬的感觉；

I_p——自己对个人所作投入的感觉；

I_c——自己对他人所作投入的感觉。

当上式为不等式时，可能出现以下两种情况：

1. $\dfrac{O_p}{I_p}<\dfrac{O_c}{I_c}$

在这种情况下，他可能要求增加自己的收入或减小自己今后的努力程度，以便使左方增大，趋于相等；第二种办法是他可能要求组织减少比较对象的收入或者让其今后增大努力程度以便使右方减小，趋于相等。此外，他还可能另外找人作为比较对象，以便达到心理上的平衡。

2. $\dfrac{O_p}{I_p}>\dfrac{O_c}{I_c}$

在这种情况下，他可能要求减少自己的报酬或在开始时自动多做些工作，但久而久之，他会重新估计自己的技术和工作情况，终于觉得他确实应当得到那么高的待遇，于是产量便又会回到过去的水平了。

亚当斯的公平理论表明，一个人所得的相对值比绝对值更能影响人的工作积极性。所以管理者需更多地注意实际工作结果与个人所得之间的公平合理性。但是这在实际运用中又比较难以把握，因为人们总是倾向于过高估计自己的付出，而过低估计自己的所得，对别人的付出与所得的估计则正好相反。

然而，公平理论对我们有着重要的启示：首先，影响激励效果的不仅有报酬的绝对值，还有报酬相对值。其次，激励时应力求公平，使等式在客观上成立，尽管有主观判断的误差，也不致造成严重的不公平感。再次，在激励过程中应注意对被激励者公平心理的引导，使其树立正确的公平观，一是要认识到绝对的公平是不存在的，二是不要盲目攀比，三是不要按酬付劳，按酬付劳是在公平问题上造成恶性循环的主要杀手。

为了避免职工产生不公平的感觉，企业往往采取各种手段，在企业中造成一种公平合理的气氛，使职工产生一种主观上的公平感。如有的企业采用保密工资的办法，使职工相互不了解彼此的收支比率，以免职工互相比较而产生不公平感。

三、行为改造型激励理论

心理学家认为，人具有学习能力，通过改变其所处的环境可以保持和加强积极的行为，减少或消除消极行为，把消极行为转化为积极性行为。据此，有关学者提出了行为改造型激励理论，其中最具有代表性是强化理论。

美国哈佛大学心理学家斯金纳（B. F. Skinner）提出的强化理论认为，人的行为是其所

获刺激的函数,通过对取得成绩的人加以赞扬,对成绩差的人加以惩罚,使人们受到激励。强化方式有正强化、负强化和自然消退三种。

(一) 正强化(Positive reinforcement)

正强化又称积极强化。它是指当人们采取某种行为时,能从他人那里得到某种令其感到愉快的结果,这种结果反过来又成为推进人们趋向或重复此种行为的力量。例如,看到员工工作表现出色领导立即加以表扬,实际上就是对行为做了正强化。在管理中,正强化表现为奖酬,如认可、赞赏、增加工资、职位提升、高奖金、提高满意的工作条件等。

(二) 负强化(Negative reinforcement)

负强化又称消极强化。它是指通过某种不符合要求的行为所引起的不愉快的后果,对该行为予以否定。若职工能按所要求的方式行动,就可减少或消除令人不愉快的处境,从而也增大了职工符合要求的行为重复出现的可能性。例如,员工知道随意迟到、缺勤会受到处罚,不缺勤、按时上班则不会受到处罚,于是员工会避免迟到、缺勤,学会按要求行事。另外,惩罚是负强化的一种典型方式。

(三) 自然消退(Extinction)

自然消退又称衰减。它是指对某种行为采取任何措施,既不奖励也不惩罚。这是一种消除不良行为的策略,实质上是一种负强化手段。例如,企业曾对职工加班加点完成生产定额给予奖酬,后经研究认为这样不利于职工的身体健康和企业的长远利益,因此不再发给奖酬,从而使加班加点的职工逐渐减少。

正强化是用于加强所期望的个人行为;负强化和自然消退的目的是为了减少和消除不期望发生的行为。这三种类型的强化相互联系、相互补充,构成了强化的体系,并成为一种制约或影响人的行为的特殊环境因素。

在具体应用强化理论时,管理者应遵循以下行为原则:

1. 要遵循目标强化的原则

管理者要设立目标体系组织,把部门和个人的目标结合起来,把远期、中期和近期的目标结合起来。在这个目标体系中,要把大目标和长远目标放在第一位,但要实现这些目标需从实现小目标和近期目标做起。每完成一步都要及时给予强化,以便增强下属的信心,逐步实现最终目标。

2. 要依照强化对象的不同采用不同的强化措施

人们的年龄、性别、职业、学历、经历不同,需要就不同,强化方式也应不一样。如有的人更重视物质奖励,有的人更重视精神奖励,就应区分情况,采用不同的强化措施。

3. 要及时反馈和及时强化

所谓及时反馈就是通过某种形式和途径,及时将工作结果告诉行动者。无论是对积极的行为还是对不良行为,都要及时给予反馈,及时奖惩。无反应本身实际上就具有强化的效果。比如对上班迟到不处理,就可能被认为上班迟到没问题。

4. 正强化比负强化更有效

所以,在强化手段的运用上,应以正强化为主;同时,必要时也要对坏的行为给以惩罚,做到奖惩结合。

四、综合型激励理论

综合型激励理论模式是上述三类理论的概括和综合,较全面地反映了人在激励中的心理过程。其中,波特—劳勒期望激励理论广为流传。

该理论是美国行为科学家 L. 波特(L. Porter)和 E. 劳勒(E. Lawler)在 1968 年提出的,概括和总结了内容型激励理论和过程型激励理论,成功地用一个激励模型来直接探讨满足感和绩效之间的关系。他们的模型可用图 10-3 表示。

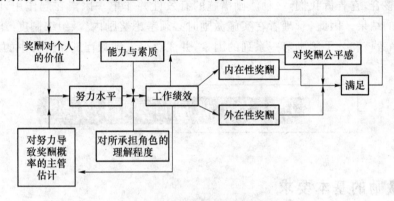

图 10-3　波特—劳勒期望激励理论

从这个图 10-3 中我们可以归纳出该模式的几个基本关系:

第一,努力程度指个人所受到的激励强度和由此产生的对工作付出的力量或消耗的能量。努力程度一方面取决于个人对报酬价值的主观评价,另一方面还决定于个人对可能获得报酬的期望概率和个人认为应该付出的努力程度的大小。

第二,绩效指工作表现和取得的实际成果。它不仅取决于个人的努力程度,还决定于个人的其他条件和外界环境等,包括个人的工作能力、对任务的了解程度、机会等。由于每个人在这些方面存在差异,因而即使付出了同等的努力,其绩效也不一定会相同。

第三,奖励或报酬是由绩效得来的,它分为内在奖励和外在奖励两种,前者指工作本身产生的报酬,即尊重、自我实现等需要的满足,后者指工作之外的,如工资、工作条件、职业的保障等方面需要的满足,内在奖励与外在奖励与个人对奖励或报酬的公平感结合在一起,影响着个人的满足。其中,公平感又受个人对绩效自我评价的影响。

第四,满足是个人的一种内在的认知状态,表明个人在实现预期的目标和报酬后所得到的满意感觉。当个人从实现目标和报酬中得到了满足时,就会使其对此项目标所得报酬的评价提高,从而提高此项目标对个人的激励力,使其为达到此项目标更加努力。

第五,个人是否满足及满足的程度将会反馈到其完成下一个任务的努力过程中。满意会导致进一步的努力,而不满意则会导致努力程度的降低甚至离开工作岗位。

上述模式把工作成果与满意直接联系起来,指出工作成果将导致满足。它对现实工作

有如下的指导作用：

首先，企业管理者在设定工作目标时，要正确估计不同员工的满足水平，使工作成果所得的报酬与其满足水平相适应，以加强满足与工作成果的联系，激起员工对工作成果的期望，从而达到管理的预期目的。如果员工的满足与工作成果的联系减弱了，使得他们对工作成果的期望减弱或消失，他们就不会努力了。

其次，为使员工的满足与工作成果一致起来，在设定工作目标时，还要正确估计其实现目标的条件，使之通过努力能够达到预期的工作成果。否则，由于目标难以实现，得不到预期的工作成果，因而得不到满足，就会使员工感到失望而不愿努力了。

最后，要使员工通过自己的努力达到预期的成果，只有如此，员工才能从工作成果中获得自我实现等高层次需要的满足，从而产生更有力的激励。

由上述可看出，波特和劳勒的激励模式是对激励系统比较全面和恰当的描述，它是前述各种理论的整合，它告诉我们，一种激励措施的有效性并非单一因素在起作用，而是多种因素综合作用的结果。因此，管理者在实施激励时必须考虑奖励内容、组织制度、组织分工、目标设置、公平考核和公平奖励等一系列的因素，并注意个人满意程度在努力中的反馈。

第三节 激励的要求与方法

一、激励的基本要求

（一）激励方向与组织目标相结合

激励是为了鼓励员工向实现组织目标的方向努力，是实现组织目标的一种手段。管理者在进行目标激励时，要正确区分组织目标和个人目标，使之相互融和、在实现组织目标的同时满足个人目标的需要。如果激励措施不合适，则会起到相反的作用，从而危害组织的利益。我们判断激励是否有效，必须分析激励所产生的积极性是否有利于完成组织任务，实现组织目标。

（二）激励要公正

激励必须公平合理，必须对全体员工一视同仁，不允许借助权利或凭借个人感情搞偏袒。员工对自己是否受到公平合理的待遇十分敏感，他们在组织中所注意的不是他们所得的报酬的绝对值，而是与别人相比较的相对值。他们会把自己的报酬和贡献的比率与他人的比率做比较，判断自己是否受到了公平的待遇，从而影响自己的情绪，控制自己的工作行为。为了做到公平激励，必须反对平均主义和"一刀切"的简单做法。平均分配会使激励失去作用，甚至产生负面影响，不仅影响员工的积极性和工作热情，还会影响企业的利益。

（三）激励要全面调动员工的积极性

激励应该针对全体员工，把各个层次、各个方面的积极性都调动起来，充分发挥他们的积极作用。因为组织是一个整体,组织目标需要全体员工一致努力才能实现,一个部门运转失灵,会立即影响到整个组织的正常运转。激励行为如果过分强调组织的某一部分,而忽视另一部分,则被忽视的部分员工就会有一种失落感,进而影响他们的积极性,最终也会影响组织的经营效益。例如,如果没有生产一线员工的积极工作,企业日常生产就难以有效进行;如果没有技术人员的积极性,产品开发和技术进步的速度就会减缓;如果没有管理人员的积极性,生产秩序的混乱和各种浪费就在所难免。因此,激励措施的实现必须是充分调动全体员工的积极性。

(四)激励要有针对性

由于每个员工的具体情况不同,他们对各种激励的反应程度也不一样,所以,管理者在采取激励措施时,必须具有针对性。例如,有些员工比较看重荣誉,有些员工比较在意实惠;还有的员工既看重物质奖励,也在乎精神奖励。管理者应针对他们的具体情况,分别采取不同的激励措施,以收到事半功倍的效果。同时,在采取激励措施时,还必须分析员工目前的各自状态,当员工在某一方面还有潜力可以挖掘时,采取相应的激励措施最为有效。

(五)激励会降低成本

激励是有成本的,组织采取激励措施必须支付一定的费用。例如,组织活动、发放奖金都需要资金或其他资源的支持,这些资金成资源支出就构成了激励成本。而激励措施产生的收益会给企业带来效益,这是激励活动产生的绩效。企业是以营利为目的的经济组织,它必须进行投入和产出的分析,力争以最少的成本获得最大的产出。激励的支出与收益相比,应该为企业有利可图。如果激励成本高于激励所产生的绩效,这种激励对企业来说就没有实际意义。因此,企业在实施激励措施时,应注意激励成本的问题。

二、激励的方法

(一)薪酬激励

这是企业激励机制中最易采用也是最重要的激励手段,比较容易控制,但操作技巧很有讲究,薪酬总额相同,支付方式不同,激励效果也截然不同,薪酬激励并不是越多越好。收入越多,边际效用越低;工作越多,边际成本越高。也就是说,工资水平必须随工作量增加而递增,收入越高激励成本越高;确定的收入和不确定的风险收入不是等价的,承担风险越大的人需要的补偿越多;应该把害怕风险的人放在薪水固定的位置,把愿意承担风险的人放在收入波动大的位置,这样有助于降低平均工资水平。

薪酬既是对员工过去工作的肯定和补偿,也是员工对未来工作得到报酬的预期,不仅是劳动所得,也代表着员工自身价值、企业的认同,所以在薪酬设计上既要具有市场竞争力,又要确定内部岗位价值的相对公平,还必须与工作绩效挂钩,同时与职位等级设计相配套。多设计一些层次,可以让员工在努力工作中得到薪酬层次的提升,体验到提升所带来的自我价值实现感和被尊重、被认可的喜悦,从而激发创造性。

另外,企业还可以推出员工持股计划,让技术、经营、管理的关键骨干认购股票期权,也

可以让技术、管理成果入股,增强员工对企业的忠诚度,调动积极性。这样既可以长期保留和吸引优秀人才,为他们提供比较优惠的税率积累资本,同时也将企业支付给高级人才的现金控制在最低水平。股票的期权性质,使企业牢牢控制高级人才日益积累的庞大资产,使其在"金手铐"下努力工作。

(二) 精神激励

精神激励是以满足人的精神需要为着眼点的一种内在激励方法,相对于物质激励,精神激励的影响更为持久深远,一是它可以满足员工深层次的需要。根据马斯洛的需求层次理论、ERG 理论、期望理论等,在基本的生理、安全上的需要得到满足之后,员工更关注尊重、自我实现、成就等精神需要,精神激励,更可以满足这些需要。二是精神激励带来的满足感、成就感和荣誉感,使员工产生深刻的认同感,自觉地与企业形成同甘苦共命运的共同体,实现凝聚人心,形成合力。三是有效的精神激励能够在员工中形成具有企业特色的组织道德和组织风气,塑造良好积极向上的企业文化氛围,进而潜移默化地推动每一个员工做出良好的自我约束、自我激励行为。

精神激励的方法多种多样,如荣誉激励、参与激励、关怀激励、文化激励、认同激励、晋升激励、培训激励、成就激励、目标激励、情感激励、信任激励、尊重激励等。这里列举几种常用的精神激励方法。

1. 荣誉激励

荣誉激励具体做法有发奖状、证书、记功、通令嘉奖、表扬等。在管理学看来,追求良好声誉是经营者的成就发展需要,或归于马斯洛的尊重和自我实现的需要。如果我们承认马斯洛的自我实现的需要是人类最高层次的需要,那声誉才是一种终极的激励手段。经济学家从追求利益最大化的理性假设出发,认为经营者追求良好声誉是为了获得长期利益

2. 成就激励

成就激励最重要的表现形式就是合理晋升。如江铃汽车集团近年实施的"项目经理制"是一种较好的激励机制模式。集团根据市场发展趋势选好项目和项目经理后,赋予项目经理一个项目的全部指挥权、用人权、财权和奖励分配权。这一机制极大地激发了集团的科技创新能力,营造出 1998 年以来"每季度出个新产品"和产销量、企业效益持续快速增长的鲜活局面。

3. 情感激励

情感是影响人们行为最直接的因素之一,任何人都有渴望各种情感的需求。这就要求领导者要多关心群众生活,关心群众的精神生活和心理健康,提高员工的情绪控制力和心理调节力,努力营造一种相互信任、相互关心、相互体谅、相互支持、互敬互爱、团结融洽的氛围。

三、目标激励

人们的行为特点是有目的性的行为。行为有无目的性其结果是大不一样的。一般来说,没有目的性的行为无成果可言,而有目的性的行为才可取得最大最满意的成果。任何行

为都是为了达到某个目标的。目标是一种外在的对象。它既可以是物质的,也可以是精神的或理想的对象。目标是一种刺激是满足人的需要的外在物,是希望通过努力而达到的成就和结果。合适的目标能够诱发人的动机,规定行为的方向。心理学上把目标称为诱因。由诱因诱发动机,再由动机到达目标的过程称为激励过程。目标作为诱因,对人们的积极性起着强烈的激励作用。因此,适当的设置目标,能够激发人的动机,调动人的积极性。可用以激励的目标主要有三类:工作目标、个人成长目标和个人生活目标。管理者可通过对这三类目标的恰当选择与合理设置有效地调动员工的积极性。

(一)尽可能增大目标的效价

根据弗鲁姆的期望理论,激发力量的大小取决于效价及概率。管理者在设置目标时,一是要选择员工感兴趣、高度重视的内容,使所选择的目标尽可能多地满足员工的需要;二是要使目标的实行与相应的奖酬或名誉、晋升挂钩,加大目标实现的效价;三是要做好说明、宣传工作,使员工能真正认识到目标的社会心理价值及其实现所带来的各种利益。

(二)增加目标的可行性

只有通过努力能够实现的目标,才能真正起到激励作用。目标水平要先进合理,要具备相应的实施条件,要具有可操作性,并做好必要的说明解释工作,使下级充分认识到实现的可能性。

(三)考核周期不宜太长

这个奖励计划就如同商人给毛驴的胡萝卜,让员工看到只要他努力,在不久的将来就能得到他们想要的东西,所以,考核的周期不宜太长。很多企业采用的是半年甚至一年考核制,想想员工是否有望穿秋水的感觉?觉得那目标只是遥不可及的事,因此,他们会泄气,会渐渐失去动力,也会没有我们想象的那么好的耐心,建议理想的考核周期是月度或季度。

四、工作再设计

双因素理论曾经告诉我们,只有工作本身才能成为真正有利的激励因素,不过并不是所有类型的工作都可以激励员工,只有设计合理的工作才能导致满意和激励。

(一)工作专业化

最早的工作设计思想是来自于科学管理的创始人泰勒,他主张对工作进行科学的研究,将工作细分为更小的任务,然后将所有工人完成工作的操作都予以标准化。工作专业化带来了工作效率的大大提高,基本成为工作设计的最基本的原则。然而,也要看到工作专业化带来的负面影响,比如工作单调、缺乏乐趣等,促使管理者思考工作再设计。

(二)工作扩大化

影响工作积极性的最突出原因是员工厌烦自己所从事的工作,而造成这种现象的基本原因之一就是工作的单调乏味或简单重复,为解决这一问题,管理者应开展工作设计研究,即如何通过工作调整,克服单调乏味和简单重复,千方百计地增加工作的丰富性、趣味性,以吸引员工。工作扩大化旨在消除单调乏味的状况,增加员工工作的种类,令其同时承担几项工作或周期更长的工作。具体形式有:兼职作业,即同时承担几种工作或几个工种的任务;工作延伸,即向前、后向接管其他环节的工作;工作轮换,即在不向工种或工作岗位上进行轮换。这既有利于增加员工对工作的兴趣,又有利于促进人的全面发展,是重要的工作激励手段。

(三) 工作丰富化

工作丰富化指让员工参与一些具有较高技术或管理含量的工作,提高其工作的层次,从而使职工获得一种成就感,使其要求得到尊重的需要得到满足。工作丰富化与工作扩大化不同,它不是水平地增加员工工作的内容,而是垂直地增加工作内容。具体形式包括:将部分管理工作交给员工;吸收员工参与决策和计划等。

(四) 弹性工作时间

弹性工作时间是指完成规定的工作任务或固定的工作时间长度的前提下,员工可以自由选择工作的具体时间安排,以代替统一固定的上下班时间的制度。弹性工作制是20世纪60年代由德国的经济学家提出的,当时主要是为了解决职工上下班交通拥挤的问题,目前则成为灵活工作安排的一种主要方式。

五、员工参与

增强员工对于其所完成的工作和服务的企业的决策权与话语权是激励的一个重要影响因素。员工参与是指利用员工的投入来增加他们对组织成功的承诺的一种参与过程,主要的方式有参与管理、代表参与、合理化建议等。参与管理的思想蕴含了前述多个动机理论,例如,Y理论和参与管理一致;双因素理论也提到了通过增加员工在工作中的成长机会、责任以及对工作本身的介入,可以为员工提供内部动机。同样,给予员工参与和做出决策的机会,有助于满足员工尊重、成就和自我实现的需要,与需要理论相一致。

(一) 参与管理

参与管理的核心在于让员工分享决策权。这看起来有些振奋人心,但众多的研究表明,参与管理对员工生产率、动机和满意度只有中等水平的影响。要想使这种做法有效,关键点在于员工参与解决的问题与他自身的利益密切相关。这表明,参与管理的做法并不是一种提高员工绩效的万全之策。

(二) 合理化建议

合理化建议是指鼓励员工对于企业现行的运行和管理体制提出具体的建议,指出存在的问题与不足,同时还给出相应的解决方案,以此来达到提高产品质量,简化工艺程序,节约材料和工作时间,提高生产安全、环境保护、劳动保护等目的。

本章学习要点

1. 人的活动总是受某种需要所驱使,需要一旦被意识到并驱使人去行动时,就以活动动机的形式表现出来。所谓动机,是指驱动和诱导人们去从事某种活动的动因。动机的形成是内在需求与外部条件相互作用的结果。

2. 需求、动机与行为之间存在着直接的因果式的关系。需求是动机产生的基础、动机是行为的驱动力。动机的目标又是为了满足需求。

3. 激励就是激发人的动机,诱发人的行为。

4. 激励是建立在人性假设基础之上的。人性假设主要有四种:经济人、社会人、自我实现人和复杂人。

5. 激励理论分为内容型激励理论、过程型激励理论、行为修正型激励理论和综合型激励理论。内容型激励理论包括需求层次理论、ERG需要理论、三种需要理论和双因素理论;过程型激励理论包括期望理论和公平理论;行为改造型激励理论最具有代表性是强化理论;综合型激励理论是上述三类理论的概括和综合,较全面地反映了人在激励中的心理过程。其中,波特—劳勒期望激励理论广为流传。

6. 激励的方法主要包括薪酬激励、精神激励、目标激励、工作再设计和员工参与。

复习思考题

1. 什么是需求?什么是动机?两者的关系是什么?
2. 动机和激励的区别和联系是什么?
3. 激励的人性假设基础是什么?
4. 比较需求层次理论、ERG需要理论、三种需要理论和双因素理论。
5. 期望理论的主要内容是什么?
6. 公平理论的主要内容是什么?
7. 强化理论对于激励员工有什么启示?
8. 激励方法主要有哪些?

参 考 文 献

[1] 宋一凡.管理学.哈尔滨:哈尔滨工业大学出版社,2009.
[2] 彭四平,童恒庆.激励心理学.武汉:湖北人民出版社,2006.
[3] 马军,卢生康,王旺.管理学基础.北京:北京理工大学出版社,2012.
[4] 谭力文,刘林青.管理学.北京:科学出版社,2009.
[5] 企业员工管理方法研究组.企业员工激励方法.北京:中国经济出版社,2002.

[6] 部分资料来自:http://baike.baidu.com/.

案例分析

管理者如何给下属加薪

王经理有 8 个下属,今年年中刚好是加薪的时候,按照公司的政策,每个管理者可以给下属加薪,但每月的加薪最多不得超过 1400 元。因为是第一次做加薪决策,公司又没有相应的加薪标准,要是第一次没有处理好,极可能会成为今后加薪的先例,留下后患,因此王经理非常慎重,先对这 8 个下属的基本情况做了一些分析:

小檀:现在的月薪是 1650 元,工作不算出色,但他的活又脏又累,缺了小檀,一时还很难找到人来顶替这个工作。

小彭:现在的月薪是 1870 元,单身,生活上不拘小节,他的工作还够不上我所要求的标准,他曾经出过的娄子也是尽人皆知的。

小陈:现在的月薪是 2050 元,他是我最强的下属之一,不过部门的其他人不太同意我的看法,他的丈人家很富有,不缺钱花。

老戴:现在的月薪是 1890 元,他儿子是弱智,母亲多病,妻子不久前也下岗了,他也是我手下最强的人之一,但其他的下属不这么认为,他们常常有一些关于老戴工作绩效的带讽刺性的事作为笑料,我听过好几回了。

小贾:此人一直干得很出色,因为她的活颇为棘手,我对她的印象非常深,她比好些同事更需要钱,因为她的家境不好,同事们因为她的工作出色,都挺尊敬她。她目前的月薪是 1960 元。

老付:现在月薪是 1810 元,他的表现很突出,而且被部门的人看成是最好的人之一,这有点出乎我的意料,因为老付举止比较轻浮,对加薪和提级都比较冷淡。

小高:工作表现勉强过得去但其他下属对他的评价很高,他不久前离婚,一个人带两个孩子,还要养活年迈的父亲、母亲,生活艰难,极需加薪,他目前的月薪是 1710 元。

小韩:现在月薪是 1750 元,是个花钱老手,有些随意挥霍。分配给他的职务是比较轻松和容易的,他干得不是很好,但部门其他人认为他是部门里最优秀的。

案例思考
1.请给每位员工加薪。
2.请说明你加薪采用的激励理论和原因。

第十一章
沟　通

本章学习目的
  理解沟通的定义及重要性；
  理解和掌握沟通的过程与要素；
  掌握沟通的各种类型；
  掌握沟通网络；
  理解有效沟通的障碍及在日常管理中的表现；
  掌握沟通障碍的克服。

案例——问题的提出

小道消息

斯塔福德航空公司是美国北部一个发展迅速的航空公司。然而,最近在其总部发生了一系列的传闻:公司总经理波利想出卖自己的股票,但又想保住自己的总经理职务,这是公开的秘密了。他为公司制定了两个战略方案:一个是把航空公司的附属单位卖掉;另一个是利用现有的基础重新振兴发展。他曾对这两个方案的利弊进行了认真的分析,并委托副总经理本杰明提出一个参考意见。本杰明曾为此起草了一份备忘录,随后叫秘书比利打印。比利打印完后即到职工咖啡厅去,在喝咖啡时比利碰到了另一位副总经理肯尼特,并把这一秘密告诉了他。比利悄悄地对肯尼特说:"我得到了一个极为轰动的最新消息。他们正在准备成立另外一个航空公司。他们虽说不会裁减职工,但是,我们应该联合起来,有所准备啊!"这话又被办公室的通讯员听到了,他立即把这消息告诉他的上司巴巴拉。巴巴拉又为此事写了一个备忘录给负责人事的副总经理马丁,马丁也加入了他们的联合阵线,并认为公司应保证兑现其不裁减职工的诺言。第二天,比利在打印两份备忘录又被路过办公室探听消息的人摩罗看见了。摩罗随即跑到办公室说:"我真不敢相信公司会做出这样的事来。我们要被卖给联合航空公司了,而且要大量削减职工呢!"

这消息传来传去,3天后又传回到总经理波利的耳朵里。波利也接到了许多极不友好,甚至敌意的电话和信件。人们纷纷指责他企图违背诺言而大批解雇工人,有的人也表示为与别的公司联合而感到高兴。而波利则被弄得迷惑不解。

(资料来源:芮明杰.管理学——现代的观点.上海:上海人民出版社,1999)

第一节 沟通概述

管理工作的方方面面都离不开沟通,都需要建立在信息的有效传递的基础上,领导工作更不例外。管理者要想对下属、同事以及上级产生影响,不可缺少的一个过程就是人与人之间的沟通。亨利·明兹伯格曾对高级管理人员的时间安排做过调查,结果表明,管理人员78%的时间用于从事与沟通有关的活动,而剩余的22%的时间才用于桌面工作及各种活动的安排。可以说管理者与其他员工之间的有效沟通是那些备受尊敬和非常成功公司的特征。

一、沟通的含义

企业管理过程中每一件事都包含着沟通的任务。管理者没有信息就不可能作出决策,而一旦作出决策,没有沟通就不可能实现目标。因此企业领导者和员工都要从各自的角度认识沟通的重要性,掌握沟通的有效方法,否则就会陷入无穷的问题与困境之中。

沟通是指信息从发送者到接收者的传递和理解的过程。首先,沟通包含着信息的传递。信息可以有多种形式,如声音、文字、图片、温度、体积、颜色等等,如果信息或想法没有被传送到,则意味着沟通没有发生。也就是说,说话者没有听众或写作者没有读者都不能构成沟通。其次,要使沟通成功,信息不仅需要被传递,还要被理解。比如,有人收到一封来自美国的英文信件,但他本人对英语一窍不通,那么不经翻译他就不能看懂,也就无法称为沟通。

所以根据上述定义,沟通有三方面的含义:

第一,沟通是双方的行为,必须有信息的发送者和接送者。其中,双方既可以是个人,也可以是群体或组织。

第二,沟通是一个传递和理解的过程。如果信息没有被传递到对方,则意味着沟通没有发生。而信息在被传递之后还应该被理解,一般来说,信息经过传递之后,接收者感知到的信息与发送者发出的信息完全一致时,才是一个有效的沟通过程。

第三,沟通要有信息内容,并且这种信息内容不像有形物品一样由发送者直接传递给接收者。在沟通过程中,信息的传递是通过一些符号来实现的,例如语言、身体动作和表情等,这些符号经过传递,往往都附加了传送者和接收者一定的态度、思想与情感。

二、沟通的重要性

沟通不仅与人们的日常生活密切相关,它在管理的各个方面也得到了广泛的运用。萧伯纳曾经说过"你有一个苹果,我有一个苹果,彼此交换,则各人手里还是一个苹果。你有一种思想,我有一种思想,彼此交换,那么两人就各有两种思想。"由此可知,沟通的作用是显而易见的。良好的沟通可促使有关想法、意见、观点、信息等得到交流、交换和共享,从而达成相互了解和信任。一般来说,沟通的重要性体现在以下几个方面:

(一)沟通是实现组织目标的重要手段

组织中的个体、群体为了实现一定的目标,在完成各种具体工作的时候都需要相互交流,统一思想,自觉地协调。信息沟通使组织成员团结起来,把抽象的组织目标转化为组织中每个成员的具体行动。没有沟通,一个群体的活动就无法进行,特别是管理者通过与下属的沟通,使员工们了解和明确自己的工作任务,以保证目标的实现。

(二)沟通使管理决策更加合理有效

对信息的收集、处理、传递和使用是科学决策的前提。在决策过程中利用信息传递的规律,选择一定的信息传播方式,可以避免延误决策时间而导致的失败。管理人员通过一定的方式推行决策方案,赢得上级的支持和下级的合作,没有有效的沟通是不会达到这一目标的。

(三)沟通成为企业中各个部门、各成员之间密切配合与协调的重要途径

由于现代组织是建立在职能分工基础上的,不同职能部门之间"隔行如隔山",不易相互了解和协作配合。通过有效的沟通,可以使组织内部分工合作更为协调一致,保证整个组织体系的统一指挥,统一行动,实现高效率的管理。

(四) 沟通是管理人员激励下属,实现领导职能的基本途径

沟通不仅能增进员工彼此间的了解,促进彼此之间的合作,改善人与人之间的关系,也是最大限度地调动员工积极性的一种方式,管理者与员工的定期沟通会提高员工的满意度,从而提高工作效率,降低组织的缺勤率和流动率。

(五) 沟通也是企业与外部环境之间建立联系的桥梁

企业外部环境处于不断变化之中,企业为了生存就必须适应这种变化。企业必然要和顾客、政府、公众、原材料供应商、竞争者等发生各种各样的关系,它必须按照顾客的要求调整产品结构,遵守政府的法规法令,担负自己应尽的责任,获得适用、廉价的原材料,并且在激烈的竞争中取得一席之地,这就迫使企业不得不和外部环境进行有效的沟通。不同规模和不同类型的组织沟通联络的着重点也有所不同。例如,一个规模很小的企业里,沟通的重点应是对外的,小企业的主管们需要从外部获得信息,以便决定自己的产品和服务。

三、沟通的过程

(一) 沟通过程的步骤

一般来说,沟通过程由发送者开始,发送者首先通过某种方式将信息进行编码,变成接收者所能理解的信息,然后通过一定的通道传递给接收者,接收者接收之后将信息进行解码,变成自己的理解与观念,然后采取行动,反馈给信息的发送者,这样就完成一个完整的沟通过程,如图 11-1 所示。这一过程可以分解为以下步骤:

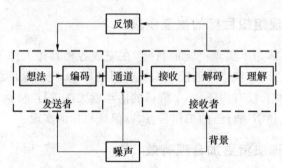

图 11-1　沟通过程

步骤1:发送者明确沟通的信息内容。信息发送者发出信息是由于某种原因希望接收者了解某些事或者希望接收者采取某种行动,因此首先要明确信息的内容。

步骤2:编码。发送者将这些信息译成接收者能够理解的一系列符号,比如语言、文字、图表、手势或其他符号,要发出的信息只有编码才能传递。

步骤3:传递信息。通过某种通道将信息传递给接收者,由于选择编码的方式不同,传递的方式也不同。传递的方式可以是书面的、口头的,甚至是肢体语言等。

步骤4:解码。接收者将通道中加载的信息翻译成他能够理解的形式,解码的过程包括

接收、译码和理解三个环节。

步骤5：反馈。接收者将其理解的信息再返送回给发送者，发送者对反馈信息加以核实和做出必要的订正。反馈的过程只是信息沟通的逆过程，它也包括信息沟通过程的几个环节，包括发出信息、编码、传递信息、解码和再反馈。反馈构成了信息的双向沟通。

此外，整个过程还受到噪声的影响。这里的噪声是指信息传递过程中的干扰因素，包括内部的（如说话人或信息源的声音道低）和外部的（说话人所在的环境声音嘈杂等）。

(二) 沟通的要素

1. 信息发送者

发送者即发送信息的人或组织，又称为信息源。在沟通过程中，发送者的功能是产生、提供用于交流的信息，是沟通的初始者，具有主动地位，决定了沟通的内容，沟通过程如何开始，何时开始、信息传递的对象和目的等。

2. 信息

发送者需将信息转换为发送者自己与接收者双方都能理解的共同"语言"或"信号"。为了有效地沟通，这些符号必须能够符合适当的媒体。一个组织中，如果组织的成员没有共同语言，也就使组织成员之间的有效沟通失去了良好的基础，除非通过翻译进行，不过翻译会导致原来信息的失真。例如，如果媒体是书面报告，符号的形式应选择文字、图表、照片。

3. 信息传递渠道

编码后的信息必须通过一定的信息传递渠道才能传递到接收者那里，没有信息传递渠道，信息就不可能传递出去，沟通也就成了空话。信息传递渠道有许多，如书面的备忘录、计算机、电话、电报、电视、互联网，等等。选择什么样的信息传递渠道，既要看沟通的场合、互相同意和方便、沟通双方所处环境拥有的条件等，也与选择所用渠道的成本有关。可以是书面的，也可以是口头的，甚至还可以通过形体动作来表示。各种信息沟通渠道都有利弊，信息的传递效率也不尽相同。因此，选择适当的渠道对实施有效的信息沟通是极为重要的。

4. 信息接收者

信息接收者又称为沟通对象，或者解码人，是接收信息的个人、群体或组织。为了保证有效沟通，发送者必须针对不同的信息接收者来调整自己的沟通方式，比如人际关系、地位区别、信息接收者的兴趣，等等。

5. 反馈

反馈就是接收者对于发送者传来的信息所做出的反应。如果接收者能充分解码，并使信息真正融入信息交流过程中的话，则会产生反馈。通过反馈，个人之间的信息交流变成一种双向或多向的动态过程。

6. 噪声

噪声是指通道中除了所要传递的那些信息之外的任何干扰，即影响接收、理解和准确理解信息的任何障碍因素。噪声作为一种干扰源，其本质也是一种信息。只不过这种信息通过增加信息编码和解码中的不确定性，导致信息传递和接收时的模糊与失真，并将进一步干扰沟通主体之间的信息交流。

7. 背景

背景就是沟通发生时的各种情境因素,因为沟通总是在一定的环境下发生的,任何形式的沟通,都会受到各种环境因素的影响。一般认为,对沟通过程发生影响的背景因素包括如下几个方面:

(1) 心理背景

心理背景是指沟通双方的态度和情绪。沟通时双方的态度和情绪将直接影响沟通的效果。比如,在日常生活中人们经常会出现一些小摩擦,比如踩了脚、撞了人之类的,如果双方心情都不错,也许可能在"对不起""没关系"的对话中结束了,如果一方情绪不好,则一场小摩擦可能就会转成大的争吵,甚至以肢体冲突来结束。所以,在沟通的时候要把握好对方的情绪和态度,这样沟通才不会出现偏差。

(2) 物理背景

物理背景是指沟通发生的场所。物理背景会对人们的管理沟通造成巨大影响。如在上司办公室和自己办公室进行沟通,就会有明显区别。显然,不同的物理背景会造成不同的沟通气氛,特定的物理环境更是能造就特定的沟通氛围,从而影响管理沟通的过程与结果。

(3) 社会背景

社会背景是指管理沟通主体双方的社会角色关系,与对沟通间接发生影响的其他个体或人群关系。对应于每一种社会角色关系,人们都有一种特定的沟通方式预期,只有沟通方式符合这种预期时,人们才能接纳这种沟通。对不同的社会角色,应当有不同的沟通方法与模式。

(4) 文化背景

文化背景是指沟通主体长期的文化积淀,即沟通主体较稳定的价值取向、思维模式、心理结构的总和。由于文化已经转化为人们精神的核心部分而为人们自动保持,是人们思考、行动的内在依据,所以人们最初较少注意到文化对沟通的巨大影响。实际上,沟通需要文化背景,同时文化背景更是潜在而深入地影响每一个人的沟通过程与沟通行为。在现代信息经济时代,多文化、多元化的集团企业、跨国公司这些管理沟通问题越来越受到专家的重视。

第二节 沟通的类型与沟通网络

一、沟通的类型

沟通的种类繁多,每一种类型的沟通所涉及的方法和技巧可能都会不一样。了解沟通的种类,有助于将一般沟通原理运用到不同的场合和层次当中。

(一) 按沟通的层次分类

按照沟通的层次,分为自我沟通、人际沟通、小组沟通、组织沟通和跨文化沟通。

1. 自我沟通

简单地说就是自己跟自己的沟通,其实质是深层次地了解自己,意识到自己身体、处事、思想中潜在问题的存在,从而防患于未然。

2. 人际沟通

也就是发生在两个或两个以上的人之间的交流。人际沟通的目的通常是交换信息和情感,维持一定的社会关系。

3. 小组沟通

通常是以一群人在一起交流的形式,通常的沟通形式就是会议的方式。

4. 组织沟通

通常是发生在整个企业内部和相关外部的沟通,可以分为组织内部沟通和组织外部沟通。组织内部沟通通常发生在连接公司内部员工的网络中。组织外部沟通则通常发生在组织外部的沟通网络中,通常是利益相关者。

5. 跨文化沟通

是出于两种不同文化背景下的企业内部或外部人员间进行的信息沟通。随着全球化的发展,这种跨文化沟通将成为管理的挑战之一。

(二) 按沟通的方法分类

按照沟通的方法,分为口头沟通、书面沟通、非语言沟通、电子媒介沟通等。

1. 口头沟通

口头沟通是采用口头语言进行信息传递的沟通,也是最常见的交流方式,比如谈话、会议、演讲、电话等。口头沟通的优点是快速传递和快速反馈。在这种方式下,信息可以在最短的时间里被传送,并在最短的时间里得到对方的回复。如果接收者对信息有所疑问,迅速的反馈可以使发送者及时检查其中不够明确的地方并进行改正。但是,当信息经过多人传送时,口头沟通的主要缺点便会暴露出来。在此过程中卷入的人越多,信息失真的潜在可能性就越大。每个人都以自己的方式解释信息,当信息到达终点时,其内容常常与最初大相径庭。如果组织中的重要决策通过口头方式在权利金字塔中上下传递,则信息失真的可能性相当大。

2. 书面沟通

书面沟通是指采用书面文字的形式进行沟通,如报告、信件、文件、通知等。书面沟通的优点为严肃、准确、权威,不易歪曲,因为它持久、有形、可以核实。一般情况下,发送者与接受者双方都拥有沟通记录,沟通的信息可以无限期地保存下去。如果对信息的内容有所疑问,过后的查询是完全可能的。对于复杂或长期的沟通来说,这尤其重要。例如,一个新产品的市场推广计划可能需要好几个月的大量工作,以书面的形式记录下来,可以使计划的构思者在整个计划的实施过程中有一个参考。所以书面沟通比口头沟通显得更为周密,逻辑性强,条理清楚。但是,书面沟通也有自己的缺陷。比如耗时,同是一个小时的测验,通过口试学生们向老师传递的信息远比笔试来得多。事实上,花费一个小时写出来的东西,往往只需 15 分钟左右就能说完。书面沟通的另一个主要缺点是缺乏反馈。口头沟通能使接收者对其所听到的东西提出自己的看法,而书面沟通则不具备这种内在的反馈机制。其结果是无法确保所发出的信息能被接收到,即使被接收到,也无法保证接收者对信息的解释正好是发送者的本意。

3. 非语言沟通

非语言沟通即用语言以外的非语言符号系统进行的信息沟通。它通过身体动作、面部表情、说话的语调和重音以及信息的发送者与接收者之间的身体距离来传递信息。例如，声、光信号(红绿灯、警铃、旗语、图形、服饰标志)，体态(手势、肢体动作、表情)、语调等。值得注意的是，任何口头沟通都包含有非语言信息。研究者曾发现，在口头交流中，信息的55%来自于面部表情和身体姿态，38%来自于语调，而仅有7%来自于真正的词汇。非语言沟通的优点是：信息意义十分明确，内涵丰富，含义隐含灵活。其缺点是：传送距离有限，界限含糊，只能意会、不可言传。

4. 电子媒介沟通

我们现在依赖各种各样复杂的电子媒介来传递信息。除了常见的媒介(如电话电报、邮政等)之外，我们还拥有闭路电视、计算机、静电复印机、传真机等一系列电子设备。将这些设备与言语和纸张结合起来就产生了更有效的沟通方式。其中发展最快的应该是互联网了。人们可以通过计算机网络快速传递书面及口头信息(比如 BBS、电子邮件、即时通信软件等)。如电子邮件迅速而廉价，并可以同时将一份信息传递给若干人。

(三) 按沟通的渠道分类

按沟通的渠道，分为正式沟通和非正式沟通。

1. 正式沟通

正式沟通是指按照组织的明文规定，依靠组织的正式结构或层次系统进行的信息的传递与交流。正式沟通的主要类型包括会议、书面沟通等，例如组织间的公函往来，组织内部规定的汇报、请示、报告、制度、上级指示、文件下达、情况汇报，等等，都属于正式沟通。任何一个组织为执行其政策以及实现组织目标，都必须借助于正式沟通渠道，以增进成员对组织实施策略及目标的了解，使成员能够同心协力，一齐为达成共同目标而努力。所以，身为管理者，应该善用正式沟通，以帮助整个组织健全发展。

2. 非正式沟通

正如正式沟通是正式组织所采用的基本沟通模式一样，非正式沟通通常是非正式组织所采用的沟通模式。因而，非正式沟通指的是通过正式沟通渠道以外的信息交流和传达方式。非正式沟通一方面满足了员工的需求，另一方面也补充了正式沟通系统的不足，是正式沟通的有机补充。有一些组织的领导人为了打破组织的壁垒，倡导非正式沟通。例如，通用电气公司前董事长杰克·韦尔奇就经常给员工写便条和打电话，促进组织中的非正式沟通，他努力使公司的所有员工都保持着一种近乎家庭式的亲友关系。使每个员工都有参与和发展的机会，从而增强管理者和员工之间的理解、相互尊重和感情交流。

(四) 按信息传递的方向分类

按照信息传递的方向，分为下行沟通、上行沟通、平行沟通和斜向沟通。

1. 下行沟通

下行沟通是指信息自上而下的沟通。如上级把企业战略有目标、管理制度、政策、工作命令、有关决定、工作程序及要求等传递给下级。下行沟通顺畅可以帮助下级明确工作任务、目标及要求,增强其责任感和归属感,协调企业各层次的活动,增强上下级之间的联系等。但在逐层向下传达信息时应注意防止信息误解、歪曲和损失,以保持信息的准确性和完整性。

2. 上行沟通

上行沟通是指自下而上点面结合的沟通。如下级向上级反映意见、汇报工作情况、提出意见和要求等。上行沟通是管理者了解下属和一般员工意见及想法的重要途径。上行沟通畅通无阻,各层次管理人员才能及时了解工作进展的真实情况,了解员工的需要和要求,体察员工的不满和怨言,了解工作中存在的问题,从而有针对性地做出相应的决策。上行沟通中应防止信息层层"过滤",尽量保证真实性和准确性。

3. 平行沟通

平行沟通是指组织内部平行机构之间或同一层级人员之间的信息交流。如组织内部各职能部门之间、车间之间、班组之间、员工之间的信息交流。平行沟通是加强各部门之间的联系、了解、协作与团结,减少各部门之间的矛盾和冲突,改善人际关系和群际关系的重要手段。

4. 斜向沟通

斜向沟通是指处于不同层次的没有直接隶属关系的成员之间的沟通。这种沟通方式有利于加速信息的流动,促进理解,并为实现组织的目标而协调各方面的努力。

管理中四种沟通缺一不可。纵向的上行、下行沟通应尽量缩短沟通渠道,以保证信息传递的快速与准确;横向的平行沟通应尽量做到广泛和及时,以保证协调一致和人际和谐。同时,为加速信息流动可灵活运用斜向沟通。

(五) 按是否进行反馈分类

按照是否进行反馈,分为单向沟通和双向沟通。

1. 单向沟通

信息的发送者与接收者的地位不改变的沟通。在沟通中,不存在信息反馈。其优点是:信息发送者不会受到信息接收者的询问,能保护发送者的尊严,信息沟通通常比较有秩序,速度较快。其缺点是:信息接收者不能进行信息反馈,没有理解的信息只能强制性地接受,容易降低沟通效果。适用情况:问题简单,但时间紧;下属易于接受解决问题的方案;下属没有了解问题的足够信息,在这种情况下,反馈不仅无助于澄清事实,反而容易混淆视听;上级缺乏处理负反馈的能力,容易感情用事。

2. 双向沟通

双向沟通是指沟通过程中信息的发送者和接收者经常换位的沟通。其优点是:存在着信息反馈,发送者可以及时知道接收者对所传递的信息的态度、理解程度,有助于加强协商和讨论,增强了解和对发送信息的理解。其缺点是:费时,速度较慢,容易受干扰,信息的发送者的心理压力较大。如果时间允许,采用双向沟通比较好。适用情况:时间比较充裕,但问题比较棘手;下属对解决方案的接受程度至关重要;下属能对解决问题提供有价值的信息

 管理学

和建议;上级习惯于双向沟通,并且能够建设性地处理负反馈。

(六) 按沟通程度分类

按沟通程度,分为浅层沟通和深层沟通。

1. 浅层沟通

即在管理工作中必要的行为信息的传递和交换。例如,管理者将工作安排传达给下属,下属将工作的建议告诉主管等,企业的上情下达和下情上传都属于浅层沟通。浅层沟通的特点是:①企业内部信息传递的重要内容,如果缺乏浅层沟通,管理工作就会遇到很大麻烦;②一般仅限于管理工作表面上的必要部分和基本部分。如果只靠浅层沟通,管理者就难以深知下属的情感和态度等;③浅层沟通比较容易进行。

2. 深层沟通

即管理者和下属为了有更详尽的了解,在个人情感、态度和价值观等方面所进行的深入交流。例如,管理者与下属推心置腹的谈心就属于深层沟通。深层沟通的特点是:①深层沟通不属于企业管理工作的必要内容,但它有助于管理者更有效地管理好本部门或本企业员工;②深层沟通大都不在企业员工的工作时间内进行,通常是在两人之间进行;③深层沟通与浅层沟通相比较难度更大,因为深层沟通要占用双方的时间、精力和情感。

二、沟通网络

沟通一般是以两个人的参与为基础,然而大多数交流都是发生在多个人的参与基础上,这就形成了网络。沟通网络可以分成两大类型:正式沟通网络和非正式沟通网络。

(一) 正式沟通网络

1. 正式沟通网络的类型

正式沟通网络是被列入管理范围、按照正规的组织程序、隶属关系、等级系列建立起来的沟通网络。它表明了在组织内,组织信息是如何传递和交流的。组织内部正式沟通网络有很多种类型,典型的有:链型、轮型、圆型、Y型、全通道型。这里仅介绍最常见的链型、轮型和全通道型,如图11-2所示。由于一般沟通网络很复杂,我们将其简化为只有五个人的沟通网络来说明信息沟通网络情况。

(1) 链型

链型是信息在组织成员间只进行单线、顺序传递的犹如链条状的沟通网络形态。这是一个平行网络,其中居于两端的人只能与内侧的一个成员联系,居中的人则可分别与两端的人沟通信息。成员之间的联系面很窄,平均满意度很低。信息经层层传递、筛选,容易失真,最终一个环节所收到的信息往往与初始环节发送的信息差距很大。在一个组织系统中,它相当于一个纵向沟通网络,代表组织的各级层次自上而下传递信息。这种网络表示组织中主管人员与下级部属之间存在若干管理者,属于控制型结构。

(2) 轮型

轮型是指网络中的信息是经由中心人物而向周围多线传递的,其结构形状因为像轮盘

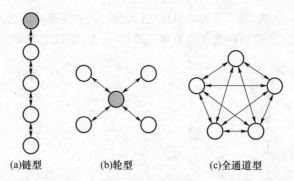

图中：●代表中心人物,可能是领导或地位较高的人；→表示信息传递方向

图 11-2　正式沟通网络的类型

而得名。这属于控制型沟通网络,其中只有一个成员是各种信息的汇集点与传递中心。在组织中,这种网络大致相当于一个主管领导直接管理几个部门的权威控制系统,所有信息都是通过他们共同的领导人进行交流,因此,信息沟通的准确性很好,集中化程度也很高,解决问题的速度快,领导人的控制力强,预测程度也很高,但沟通通道少,组织成员的满意度低,士气可能低落,而且此网络中的领导者在成为信息交流和控制中心的同时可能面临着信息超载的负担。一般来说,如果组织接受攻关任务,要求进行严密控制,同时又要争取时间和速度时,可采用这种网络。

（3）全通道型

全通道型是一个全方位式的网络系统,其中每个成员之间都有不受限制的信息沟通与联系。采用这种沟通网络的组织,集中化程度及主管领导的预测程度均很低。由于沟通通道多,组织成员的平均满意程度高且差异小,所以士气高昂,合作气氛浓厚。有利于集思广益,提高沟通的准确性,这对于解决复杂问题,增强组织合作精神,提高士气均有很大作用。但由于沟通通道多,容易造成混乱,且讨论过程通常费时,也会影响工作效率。委员会方式的沟通就是全通道式沟通网络的应用实例。

2. 正式沟通网络类型的比较

每一种类型的沟通网络各有其优缺点,表 11-1 按照解决问题的速度、传递信息的精确程度、领导人产生情况、员工的士气等方面总结了各种正式沟通网络的有效性。从表 11-1 中可以看到,没有一种模式在任何情况下都是最好的。因此,管理者在具体运用这些信息沟通网络时,尽可能地扬长避短,并要根据不同的目的和要求,决定采用什么类型的沟通网络。

表 11-1　正式沟通网络类型的比较

	链型	轮型	全通道型		链型	轮型	全通道型
解决问题速度	中	快	快	信息精确度	高	高	中
领导人的产生	中	高	无	成员满意度	中	低	高

（二）非正式沟通网络

非正式沟通网络是指通过非正式沟通渠道联系的沟通网络。它们没被列入管理范围,不按照正规的组织程序、隶属关系、等级关系来进行交流,其中传递的信息一般称为"小道消息"、或者"马路消息"。非正式沟通网络主要有单串型、饶舌型、随机型和集合型。如图11-3所示。

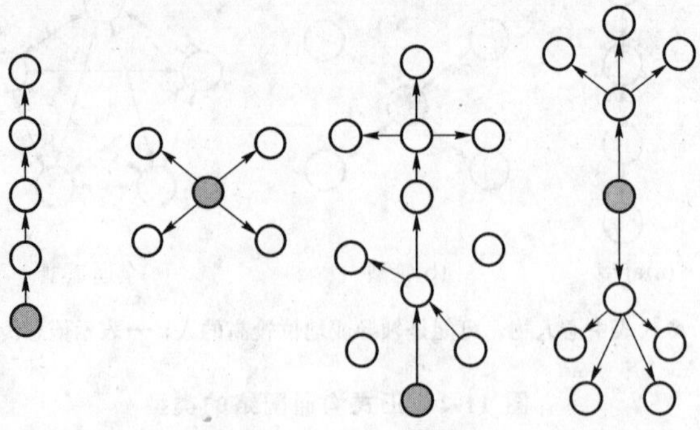

(a)单串型　　(b)饶舌型　　(c)随机型　　(d)集合型

图中:●代表非正式网络中信息传播源;→表示信息传递方向

图 11-3　非正式沟通网络的类型

1. 单串型

信息在非正式沟通网络中依次传递。每一个传播者都只告诉另外一个人,即信息由一连串的人传递给最后的接收者。这种沟通强调非正式沟通的保密性,信息按照最亲密的人际关系进行单线传递。

2. 饶舌型

也称流言传播式,信息由非正式沟通网络中的关键人物传递给其他所有人。这种沟通是指沟通中有一个主要的信息源,他(或她)主动将信息进行广泛传播,来扩大信息的影响力。

3. 随机型

信息由某人随机地传递给其他一些人,这些人再随机传递给另一些人。信息的传播方式是以偶然的方式进行的,传播对象的选择性较差,属于碰到什么人就转告什么人,并无一定的中心人物。

4. 集合型

信息由某人有选择地传递给一些特定的人,这些人又再将信息再次传递给另一部分特定的人。这种沟通是指在非正式沟通中信息的传递以几个人为传递中心,并且这些人将信息传递给周围的人的时候是有选择性的。

研究表明,非正式沟通网络的消息传播普通采用集合型方式,都只把消息告诉经过选择的对象。社会心理学的研究也证实,向他人传递什么种类的信息,人们一般都是有所选择的,最需要知道某个不幸消息的人往往可能听到的最少。从信息传递效果分析,集合型传播速度最快、面积最广,而单串型和随机型传播速度最满,失真可能性很大。

非正式沟通网络的存在有它的客观必然性,它能够满足员工情感方面的需要,可以弥补正式网络传递信息的不足,可以了解员工真实的心理倾向与需要,可以减轻管理者的沟通压力,可以防止某些管理者滥用正式网络,因此,具有一定的积极作用。它和正式沟通网络的关系就如同人和影子的关系,管理者不能阻止它的发生,只能引导它、利用它。

第三节 沟通的障碍与克服

一、有效沟通的障碍

在沟通过程中,由于主观因素和外界干扰及其他原因,经常出现信息被丢失或被曲解,使得信息的传递无法正常进行或不能产生预期效果的现象,我们称为沟通障碍。沟通障碍主要来自三个方面:发送者的障碍、接收者的障碍、沟通通道的障碍。

(一)信息发送者的障碍

沟通的首要工作就是将信息发送者的思想进行编码,也就是信息发送者能将心中的想法以适当的语言加以编码,使之成为可以进行传递的信息。编码过程的质量会极大地影响到信息沟通的总体效果水平。一般来说,影响信息发送者编码信息质量的因素主要有四个:

1. 表达能力

有效沟通的一个最基本条件是,编码者必须具有良好的口头或书面表达能力以及逻辑推理能力。如果发送者不能清晰地发出自己所要表达的信息,就势必造成所传递信息的先天性缺陷。发送信息方如果口齿不清,词不达意或者字体模糊,就难以把信息完整地、准确地表达出来;如果使用方言、土语,会使接收者无法理解。在不同国籍、不同民族人员之间的交流中这种障碍更明显。由此可知,作为信息源的发送者如果不能进行正确的信息编码,不能准确地把自己所要表达的内容传递出去,这样就在信息传递的第一个环节出了问题,必然使接受者出现茫然,难以解码所收集的信息。

2. 知识经验

任何人都无法传递自己不知道的东西。信息发送者和接收者如果在知识与经验方面水平悬殊很大,发送者认为沟通的内容很简单,不考虑对方,仅按照自己的知识和经验范围进行编码,而接收者却难以理解,就可能影响所传递的信息质量。如果信息发送者与信息接收者之间有共同的经验区,这样才比较容易实现沟通信息的目标。

3. 发送者信誉

沟通中人们经常会发现,在沟通方式、沟通内容及沟通对象相同的情况下,不同的信息发送者可能会收到不同的效果,这说明人们对信息发送者的信任程度会影响沟通的效果。如果对发送者是信任的,则沟通就会顺畅得多;否则,如果信息发送者的能力不强,人品差、威望低,接收者对他具有不信任感,就会在情感上加以拒绝。特别是如果他平时言而无信,其他人对他说的话就会持怀疑态度,沟通也就无法有效进行。

4. 对信息的过滤

过滤是指故意操纵信息,使信息显得对接收者更有利。如某管理人员向上级传递的信息都是对方想听到的东西,这位管理人员就是在过滤信息。过滤的程度与组织结构层次与组织文化有关。组织纵向管理层次越多,过滤的机会也就越多。组织文化则通过奖励系

鼓励或抑制这类过滤行为。如果奖励只注重形式和外表,管理人员便会有意识地按照上级的习惯品位调整和改变信息的内容,现实生活中"报喜不报忧"就是典型的信息过滤行为。

(二)信息接收者的障碍

从信息接收者的角度看,影响信息沟通的因素主要有四个方面:

1. 理解能力

这与发送者发送能力的障碍是一样的。如果信息接收者的素质差、理解能力不强,不具有信息发送者编码时所认定或设定具有的知识水平,对发送者的编码不熟悉,这就可能对正常的信息产生误解,甚至得到相反的理解,以至于妨碍正常的沟通。

2. 信息过量障碍

接收者收到过多的信息时,就可能使一部分信息被忽略。这应引起信息发送者和接收者双方的重视。每个人在单位时间接受和处理信息的能力不同,对于承受能力较低的人来讲,如果信息过量,难以全部接受,就会造成信息的丢失而产生误解。在信息化的社会里,一个人所接收到的信息量是非常多的,信息接收者不可能对所有的信息都掌握,必然是有选择地接收信息。

3. 过早地评价

在尚未完整地接收一项信息之前就对信息做出评价,将有碍于对信息所包含的意义的接受。价值判断就是对一项信息所给予的总的价值的估计,它是以信息的来源、可靠性或预期的意义为基础的。过于匆忙地作出评价,就会使接收者只能听到他所希望听到的那部分内容。

4. 情绪

在接收信息时,接收者的感觉会影响到他对信息的理解。不同的情绪感受会使个体对同一信息的解释截然不同。狂喜或悲伤等极端情绪体验都可能阻碍信息沟通,因为这种情况下人们会出现意识狭隘的现象而不能进行客观的理性的思维活动,而代之以情绪性的判断。因此,应尽量避免在情况很激动的时候进行沟通。

(三)沟通通道的障碍

沟通通道的问题也会影响到沟通的效果。沟通通道障碍主要表现在以下两个方面:

1. 选择沟通媒介不当

在现代信息沟通中,对现代信息手段的使用越来越多,从而大大提高了沟通效率。但是,一旦这些手段发生了故障,也会影响沟通的顺畅进行。例如,召开大会时,扩音器的噪声过大,就会影响报告的效果。比如对于重要事情而言,口头传达效果较差,因为接收者会认为"随便说说"而不加重视。因而,在信息沟通中,应尽可能地选择高质量或保证高效率的沟通工具。

2. 沟通渠道的障碍

信息沟通是在一定的信息传递渠道中进行的,如果信息渠道不畅通,必然影响沟通的效果。一般来说,信息渠道的故障主要表现在如下两个方面:其一,传递环节过多。信息在传递过程中,与其他物体运动一样,会发生损耗。如果一个信息从发送者那里发出,到达接收者那里的环节越多,这种损耗会越严重,使得信息失真、歪曲和丢失的可能性加大。据研究,信息量从最高层逐级传达到基层时只有原来的五分之一。所以,在沟通过程中,沟通的层次应尽可能地减少,以防止信息被过多地过滤。其二,缺乏及时反馈。信息的沟通应该是双向的,在某些企业中,从上到下的下行沟通渠道是畅通的,但从下到上的上行沟通渠道却形同虚设,高层管理者往往得不到来自基层的信息反馈,由此使沟通效率降低。

二、沟通障碍在日常管理中的表现

在企业日常的管理中,经常发生一些信息沟通上的障碍,这些障碍的产生都源于上述因素的影响,具体表现如下:

1. 距离

上级与下级之间的物理距离减少了他们面对面的沟通。我们知道较少的面对面的沟通可能会导致误解或不能理解所传递的信息。物理距离还使得上级与下级之间的误解不易澄清。

2. 曲解

当一个人分不清实际材料和自己的观点、感受、情绪的界限时,就容易发生曲解。很多时候,我们不仅在工作层面上进行交流,也在情感层面上进行沟通,但有时上级和下级都倾向于根据自己的观点、价值观念、意见和背景来解释信息,而不是对它做客观的解释。

3. 语义

这涉及沟通语言、文字、图像、身体语言,等等。因为几乎所有的信息沟通都利用符号来表达一定的含义。而符号通常有多种含义,人们必须从中选择一种。有时选错了,就会出现语义障碍。比如词语这一符号,会从词的多重含义、专业术语、词语的下意识联想等方面引起沟通障碍。

例如有一则笑话,主人请客吃饭,眼看约定的时间已过,只来了几个人,不禁焦急地说:"该来的没有来",已到的几位客人一听,扭头就走了两位。主人意识到他们误解了他的话,又难过得说:"不该走的走了",结果剩下的客人也都气乎乎地走了。

4. 缺乏信任

这种障碍与上下级相处的经历有关。在以往经历的基础上,如果下级觉得把坏消息报告给上级于己无益,他就会隐瞒这些消息。另外,如果他觉得上级能体谅并且帮助人,他就不会把坏消息或不利信息过滤掉。

5. 不可接近性

在一些企业中,会有这样的管理人员,他们经常外出,或者把自己置身于烦琐的小事,下级没有机会与他们进行商谈、讨论或得到他们的指导。这种难以接近上级的情形会导致沟通的失败。它会挫伤下级从上级那里寻求适当指导的积极性。不可接近并不一定非得是实体上的,它也可以是心理上的。由于上级采取严厉的态度,下级们要弄懂他的观点,也许并不容易。

6. 职责不明确

当一个下级的职责不明确时，他们就会找替罪羊或者捏造理由。我们常常听人说："我以为这是你要我做的"或者"我以为该由王伟来做"。职责不明会导致职务和作用的含糊，这恰恰意味着下级对其所处的职位以及所履行的职责感到模糊。

7. 个性不相容

上下级的个性不相容，常常发生冲突，并因此而产生沟通障碍。

8. 拒绝倾听

一些管理人员，或是自高自大，或是漫不经心，拒绝倾听上级或下级的意见。这种态度阻碍了有效的沟通。拒绝倾听有两种类型：源于"我知道所有事情"的优越情绪，或者源于"我一无是处"的自卑情结。

9. 没有利用恰当的媒介

在组织环境下进行沟通，可以利用好几种媒介。沟通的有效性依赖于管理人员如何根据自己的情况选择恰当的媒介。有些管理者以给下级发送充满行话的便条为自豪，却不顾下级缺乏阅读和理解的技巧。

10. 沟通缺口

这指的是沟通的正式网络中所存在的缺陷与漏洞。在一些规模较大，较复杂的组织中，这种障碍是一种普遍现象。正式沟通网络是沿着组织的权责路线而建立的。随着组织的增长和扩大，这些网络便倾向于变得大而复杂，同时又没有很多的计划工作。在这种情况下，沟通网络便开始出现了缺陷，过分依赖于正式沟通而不利用其他来源和方法，导致沟通系统产生缺口。

11. 方向迷失

信息内容缺乏导向可能会导致沟通障碍。有些信息分为两部分内容：外显的或明显的意义和潜在的或真正的含义。在有些情况下，消息的外显意义被弄得过分吸引人，从而导致真正意义的丢失。

12. 负载过重

当人们负载的信息过度时，他们就倾向于业绩完成不佳，其绩效比接受信息不足的员工的绩效要低。

三、信息沟通障碍的克服

在管理活动中，人们都希望明白无误地正确传递信息，克服沟通的障碍，提高沟通的效果。根据沟通的基本过程，要克服沟通的障碍，应当从三个方面入手：

(一) 信息发送者

信息发布者是信息沟通中的主体因素，起着关键性作用，要想提高信息传递的效果，必须注意下列因素：

1. 要有认真的准备和明确的目的性

信息发布者首先要对沟通的内容有正确、清晰的理解。在沟通之前,要做必要的调查研究,收集充分的资料和数据,对每次沟通要解决什么问题,达到什么目的,不仅自己心中要有数,也要设身处地为信息的接收者着想,使他们也能清晰理解。

2. 正确选择信息传递的方式

信息发布者要注意根据信息的重要程度、时效性、是否需要长期保存等因素,选择不同的沟通形式。例如,对于有重要保存价值的文件、材料一定要采用书面沟通形式,以免信息丢失。而对于时效性很强的信息,则采用口头沟通,甚至运用广播、电视媒体等形式,以迅速扩大影响。

3. 沟通的内容要准确和完整

信息的发布者应当努力提高自身的文字和语言表达能力,沟通的内容要有针对性,语义确切,条理清楚,观点明确,避免用模棱两可的语言,否则容易造成接收者理解上的失误和偏差。此外,信息发布者对所发表的意见、观点要深思熟虑,不可朝令夕改,更不能用空话、套话、大话对信息接收者敷衍搪塞。若处理不好,常常会引起接收者的逆反心理,形成沟通中不应有的壁垒和障碍。

4. 沟通者要努力缩短与信息接收者之间的心理距离

沟通是否成功,不仅与沟通的内容有关,而且也与信息发布者的品德和作风有很大的关系。一位作风民主、密切联系群众的领导者,常常会被下属看成是"自己人",而愿意与其沟通,并自觉地接受他的观点和宣传内容。所以,信息发布者在信息接收者心目中的良好形象是至关重要的因素。

5. 沟通者要注意运用沟通的技巧

沟通的形式要尽量使用接收者喜闻乐见的方式,必要时可运用音乐、戏剧、小品等形式,寓教于乐,达到下属接收信息的目的。根据心理学中"权威效应"的概念,尽量使各个领域的权威、专家、名人参与信息发布,通过他们的现身说法,往往可以便信息传递更具影响,达到事半功倍的效果。

(二) 信息的接收者

1. 信息的接收者要以正确的态度去接收信息

在管理活动中,作为领导者应当把接收和收集信息看成是正确决策与指挥的前提,也是与下属建立密切关系、进行交流与取得良好人际关系的重要条件。而对被领导者,应当把接收信息看成是一次重要的学习机会。社会的发展更要求人们不断地进行知识更新,而沟通就是一种主要手段。其次,通过沟通可以更好地理解组织和上级的决策、方针和政策,开阔视野,提高工作水平和工作能力。如果人们都能正确认识接收信息的重要性,沟通的效果就会大大提高。

2. 接收者要学会"听"的艺术

在口头传递信息的过程中,认真地"听",不仅能更多更好地掌握许多有用的信息和资料,同时也体现了对信息传递者的尊重和支持,尤其是各级领导人员在听取下级汇报时,全神贯注地听取他们反映的意见,并不断地提出问题与下属讨论,就会激发下属发表意见的勇气和热情,把问题的探讨引向深入,并进一步密切上下级之间的人际关系。

(三) 沟通通道的选择

1. 尽量减少沟通的中间环节,缩小信息的传递链

在沟通过程中,环节和层次过多,特别容易引起信息的损耗。从理论上分析,由于人与人之间在个性、观点、态度、思维、记忆、偏好等方面存在巨大差别,因此信息每经过一次中间环节的传递,将丢失30%的信息量。所以,在信息交流过程中,要提倡直接交流,作为领导者要更多地深入生产一线,多做调查研究,对信息的传播和收集都会有极大的好处。

2. 要充分运用现代信息技术,提高沟通的速度、广度和宣传效果

随着现代科学技术的进步,以及广播、电视与现代通信技术的发展,为管理沟通创造了良好的外部条件和物质基础。在沟通过程中,应该充分利用这些条件,提高沟通效果。例如,运用电话或可视电话召开各种会议,既可以克服沟通过程中距离上的障碍,快速传递信息,又可以减少与会者旅途时间和财力上的损失。此外,利用广播、电视进行广告、新闻发布比起传统的沟通手段,在速度和波及范围等方面也有无可比拟的巨大优势。

3. 避免信息传递过程中噪声的干扰

组织中要注意建设完全的信息传递系统和信息机构体系,确保渠道畅通。无论是信息的发布者还是接收者,都要为沟通创造良好的环境.使信息发布者有充足的时间为信息发布做好充分的准备,也使信息接收者有更多的时间去收集、消化所得到的信息,真正做到学以致用。

本章学习要点

1. 沟通是指信息从发送者到接受者的传递和理解的过程。

2. 沟通使管理决策更加合理有效;沟通成为企业中各个部门、各成员之间密切配合与协调的重要途径;沟通是管理人员激励下属,实现领导职能的基本途径;沟通也是企业与外部环境之间建立联系的桥梁。

3. 沟通的过程包括发送者明确沟通的信息内容、编码、传递信息、解码和反馈。

4. 每个完整的沟通过程包括的要素有:信息发送者、信息、信息传递渠道、信息接受者、反馈、噪声和背景等。

5. 沟通的类型:按照沟通的层次,分为自我沟通、人际沟通、小组沟通、组织沟通和跨文化沟通;按照沟通方法,分为口头沟通、书面沟通、非语言沟通、电子媒介沟通等;按沟通渠道,分为正式沟通和非正式沟通;按照信息传递的方向,分为下行沟通、上行沟通、平行沟通和斜向沟通;按照是否进行反馈,分为单向沟通和双向沟通;按沟通程度,分为浅层沟通和深层沟通。

6. 沟通网络可以分成两大类型:正式沟通网络和非正式沟通网络。正式沟通网络有链型、轮型、圆型、Y型和全通道型;非正式沟通网络主要有单串型、饶舌型、随机型和集合型。

第十一章 沟通

7. 沟通障碍主要来自三个方面：发送者的障碍、接收者的障碍、沟通通道的障碍。信息发送者的障碍主要有表达能力、知识经验、发送者信誉和对信息的过滤；信息接收者的障碍主要有理解能力、信息过量障碍、过早地评价和情绪；沟通通道的障碍主要有选择沟通媒介不当和沟通渠道的障碍。

复习思考题

1. 什么是沟通？沟通的重要性是什么？
2. 沟通过程包括哪些要素？
3. 沟通有哪些类型？
4. 沟通网络有哪些类型？
5. 有效沟通的障碍有哪些？
6. 比较链型、轮型和全通道型沟通网络。
7. 影响组织沟通的主要障碍有哪些？
8. 如何克服沟通障碍？

参 考 文 献

[1] 亨利·明茨伯格.管理工作的本质.方海萍,译.北京:中国人民大学出版社,2007.
[2] 谭力文,刘林青.管理学.北京:科学出版社,2009.
[3] 黑尔里格尔,斯洛克姆,伍德曼.组织行为学(上).岳进,等,译.北京:中国社会科学出版社,2001.
[4] 杰拉尔丁·海因斯. 管理沟通策略与应用(第三版).贾佳,等,译.北京:北京大学出版社,2006.
[5] 斯蒂芬·罗宾斯,玛丽·库尔特.管理学(第七版).孙建敏,等,译.北京:中国人民大学出版社,2004.
[6] 马军,卢生康,王旺.管理学基础.北京:北京理工大学出版社.2012.
[7] 部分资料来自:http://baike.baidu.com/.

案例分析
迪特尼·包威斯公司的员工意见沟通机制

迪特尼·包威斯公司是一家拥有12 000余名员工的大公司,他早在20年前就认识到员工意见沟通的重要性,并且不断地加以实践。现在,公司的员工意见沟通已经相当成熟和完善。特别是在20世纪80年代,面临全球性的经济不景气,这一系统对提高公司劳动生产率发挥了重要作用。

公司的"员工意见沟通"系统是建立在这样一个基本原则上的:个人或机构一旦购买了

迪特尼公司的股票,他就有权知道公司的完整账务资料,并得到有关资料的定期报告。

本公司的员工,也有权知道并得到这些账务资料,如一些更详尽的管理资料。迪特尼公司的员工意见沟通系统主要分为两个部分:一是每月举行的员工协调会议,二是每年举办的主管汇报和员工大会。

一、员工协调会议

早在 20 年前,迪特尼·包威斯公司就开始试行员工协调会议,员工协调是每月举行一次公开的讨论会。在会议中,管理人员和员工共聚一堂,商讨一些彼此关心的问题。无论在公司的总部还是各部门、各基层组织,都在举行协调会议。这看起来有些像法院结构,从地方到中央,逐层反映上去,以公司总部的首席代表协会会议为最高机构。员工协调会议是标准的双向意见沟通系统。

在开会之前,员工可事先将意见或怨言反映给参加会议的员工代表,代表们将在协调会议上把意见转达给管理部门,管理部门也可以利用这个机会,同时将公司政策和计划讲解给代表们听,相互之间进行广泛的讨论。

在员工协调会议上将讨论些什么呢?这里摘录一些资料,可以看出大致情形。

问:新上任人员如发现工作与本身志趣不合,该怎么办?

答:公司一定会尽全力重新安置该员工,使员工能发挥最大作用。

问:公司新设置的自动餐厅的四周墙上一片空白,很不美观,可不可以搞一些装饰?

答:管理部门已拟好预算,准备布置这片空白。

问:公司的惯例是工作 8 年后才有 3 个星期的休假,管理部门能否放宽规定,将期限改为 5 年?

答:公司在福利工作方面做了很大的努力,诸如团体保险、员工保险、退休金福利计划、意见奖励计划和休假计划等。我们将继续秉承以往精神,考虑这一问题,并呈报上级,如果批准了,将在整个公司实行。

问:可否对刚病愈的员工行个方便,使他们在复原期内,担任一些较轻松的工作。

答:根据公司医生的建议,给予个别对待,只要这些员工经医生证明每周工作不得超过 30 小时,但最后的决定权在医生。

问:公司有时要求员工星期六加班,是不是强迫性的?如果某位员工不愿意在星期六加班,公司是否会算他旷工?

答:除非重新规定员工的工作时间,否则,星期六加班是属于自愿的。在销售高峰期,如果大家都愿意加班,而少数不愿意加班,应仔细了解其原因,并尽力加以解决。

要将迪特尼 12 000 多名职工的意见充分沟通,就必须将协调会议分成若干层次。实际上,公司内共有 90 多个这类组织。如果有问题在基层协调会议上不能解决,将逐级反映上去,直到有满意的答复为止。事关公司的总决策,那一定要在首席代表会议上才能决定。总部高级管理人员认为意见可行,就立即采取行动,认为意见不可行,也得把不可行的理由向大家解释。员工协调会议的开会时间没有硬性规定,一般都是一周前在布告牌上通知。为保证员工意见能迅速反映上去,基层员工协调会应先开。

同时,迪特尼公司也鼓励员工参与另一种形式的意见沟通。即在四处安装许多意见箱,员工可以随时将自己的问题或意见投到意见箱里。

为了配合这一计划的实行,公司还特别制定了一项奖励规定,凡是员工意见经采纳后,产生了显著效果的,公司将给予优厚的奖励。令人欣慰的是,公司从在这些意见箱里获得了许多宝贵的建议。

如果员工对这种间接的意见沟通方式不满意,还可以采用更直接的方式来面对面和管理人员交换意见。

二、主管汇报

对员工来说,迪特尼公司主管汇报、员工大会的性质和每年的股东财务报告、股东大会类似。公司员工每人可以接到一份详细的公司年终报告。

这份主管汇报有20多页,包括公司发展情况、财务报表分析、员工福利改善、公司面临的挑战以及对协调会议提出的主要问题的解答等。公司各部门接到主管汇报后,就召开员工大会。

三、员工大会

都是利用上班时间召开的,每次人数不超过250人,时间大约3小时,大多在规模比较大的部门里召开,由总公司委派代表主持会议,各部门负责人参加。会议先由主席报告公司的财务状况和员工的薪金、福利、分红等与员工有切身关系的问题,然后便开始问答式的讨论。

这里有关个人问题是禁止提出的。员工大会不同于协调会议,提出来的问题一定要具有一般性、客观性,只要不是个人问题,总公司一律尽可能予以迅速回答。员工大会比较欢迎预先提出问题的这种方式,因为,这样可以事先充分准备,不过大会也接受临时性的提议。

下面列举一些讨论的资料:

问:本公司高级管理人员的收入太少了,公司是否准备采取措施加以调整?

答:选择比较对象很重要。如果选错了参考对象,就无法作出客观评价,与同行业比较起来,本公司高层管理人员的薪金和红利等收入并不少。

问:本公司在当前经济不景气时,有无解雇员工的计划?

答:在可预见的未来,公司并没有这种计划。

问:现在将员工的退休基金投资在债券上是否太危险了?

答:近几年来债券一直是一种很好的投资,虽然现在的经济不景气,但是,如果立即将这些债券脱手,将会造成很大的损失,为了这些投资,公司专门委托了几位财务专家处理,他们的意见是值得我们考虑的。

迪特尼公司每年在总部要先后举行10余次员工大会,在各部门要举行100多次员工大会。

那么,迪特尼公司员工意见沟通系统的效果究竟如何呢?

在20世纪80年代全球经济衰退中,迪特尼公司的生产每年平均以10%以上的速度递增。

公司员工的缺勤率低于3%,流动率低于12%,在同行业中最低。许多公司经常向迪特尼公司要一些有关意见沟通系统的资料,以作参考。

案例思考

1. 迪特尼公司是怎样具体实施员工沟通制度的?
2. 仔细分析迪特尼公司的总体指导原则是什么?依据是什么?
3. 既然迪特尼公司的这种方法能取得如此效果,为什么至今采用这种方法的公司不多?

第十二章
控 制

本章学习目的
  理解控制的含义及其必要性；
  了解控制的类型；
  描述控制应该遵循的原则；
  掌握控制的过程及其基本内容；
  认知控制的方法及其应用。

第十二章 控 制

案例——问题的提出

麦当劳的管理控制

麦当劳的各分店都是由当地人所有并由当地人从事经营管理。鉴于在快餐饮食业中维持产品质量和服务水平是其经营成功的关键,因此,麦当劳公司在采取特许连锁经营这种开辟分店和实现地域扩张的方式的同时,特别注意对连锁店的管理控制。

麦当劳公司主要是通过授予特许权的方式来开辟分店。其考虑之一,就是使购买特许经营权的人在成为分店经理人员的同时也成为该分店的所有者,从而使其在直接分享利润的激励中形成了对所扩展业务的强有力控制。麦当劳公司在出售其特许经营权时非常慎重,总是通过各方面调查了解后,挑选那些具有卓越经营管理才能的人作为店主,而且事后如发现其能力不符,则撤回这一授权。

麦当劳公司还通过详细的程序、规则和条例,使分布在世界各地的麦当劳分店的经营者和员工们进行标准化、规范化的作业。麦当劳公司对制作汉堡包、炸土豆条、招待顾客和清理餐桌等工作都事先进行翔实的动作研究,确定各项工作开展的最好方式,然后再编成书面的规定,用以指导和规范各分店管理人员和一般员工的行为。公司在芝加哥开办了专门的培训中心——汉堡包大学,要求所有的特许经营者在开业之前都要接受为期一个月的强化培训。回去之后,还要求他们对所有的工作人员进行培训,确保公司的规章条例得到准确地理解和贯彻执行。

为了确保所有特许经营分店都能按统一的要求开展活动,麦当劳总部的管理人员还经常走访、巡视世界各地的经营店,进行直接的监督和控制。例如,有一次巡视中,公司总部管理人员发现某家分店自作主张,在店厅里摆放电视机和其他物品以吸引顾客,由于这种做法与麦当劳的风格不一致,立即得到了纠正。除了直接控制外,麦当劳公司还定期对各分店的经营业绩进行考评。为此,各分店要及时提供有关营业额、经营成本和利润等方面的信息,这样总部管理人员就能及时把握各分店经营的动态和出现的问题,以便商讨和采取改进的对策。麦当劳公司的另一个控制手段,就是要求所有经营分店都塑造公司独特的组织文化,这就是大家所熟知的由"质量超群、服务优良,清洁卫生,货真价实"口号所体现的文化价值观。

(资料来源:马海牡.管理学理论与方法.北京:北京大学出版社,2010:225)

控制是管理工作的第四大职能。在管理过程循环中,如果说制定计划是管理工作的第一步,然后是组织和领导计划的实施,那么,接下来的问题便是要考虑计划实施的结果如何,计划所确定的目标是否得到顺利实施,甚至计划目标本身制定得是否科学合理?控制工作的主要内容包括确立标准、衡量绩效、差异分析和纠正偏差。一个有效的控制系统可以保证各项活动朝着组织目标的方向进行,而且控制系统越完善,组织目标就越易实现。

第一节 控制概述

控制是日常生活中的常见现象。在高速公路上飞驰的汽车,需要依靠司机的技术驶向正确的方向,以确保平安抵达目的地。球队教练在赛前给球队确定赛场战术,赛中利用暂停指示队员改变战术,比赛时经常换人和赛后总结经验教训等,这些措施都是为了确保球队取得预期的成绩。可见,控制是使活动达到预期目标的保证。

一、控制的概念

"控制"一词的出现,可以追溯到很久很久以前。早在古希腊时期,柏拉图就使用了"控制论"这个词,原意是管理国家和"掌舵的艺术"。是指领航者通过发号施令将偏离航线的船只拉回到正常的轨道上来。由此可以说明,控制概念的最核心含义,就是维持朝向目的地的航向,或者说维持达到目标的正确行动路线。古代的控制思想和实践主要是关于自动机械的思想与实践。据史料记载,早在中国古代,就已经有了自动计时的"铜壶滴漏"装置(时间控制)以及自动定向的"指南车"了。而近代的控制大多应用与机械化大生产基础上的自动调速技术等领域,发展到现代控制则向自动化、智能化方向发展。

控制应用在管理上,作为管理的一项职能,其定义最早是由法约尔确定的。他曾经说过:"在一个企业中,控制就是核实所发生的每一件事是否符合所规定的计划、所发布的指示以及所确定的原则,其目的就是要指出计划实施过程中舶缺点和错误,以便加以纠正和防止重犯。控制对每件事、每个人、每个行动都起作用。"由此可见,控制应该贯穿在计划实施的每个阶段、每个部门,所以每个管理者都有控制职责。

基于以上这种认识,古典管理理论认为,控制是指管理人员为保证实际工作能与计划一致而采取的一切行动。按照这一观点,控制职能包括为组织配备得力的管理人员,挑选和安排合格的职工,伴之以使用奖励和制裁等。所有的管理者都应当承担控制的职能,即使他的部门是完全按照计划行动着的。因为管理者对已经完成的工作与计划历应达到的标准进行比较之前,他并不知道他的部门的工作是否进行的正常。一个有效的控制系统可以保证各项行动完成的方向是朝着达到组织的目标而进行的。确定控制系统的有效性的准则就是看它在促进组织目标实现中是否发挥了应有的作用。控制系统越完善,管理者实现组织的目标就越容易。

现代管理理论认为,控制一词具有多种含义,主要包括:①限制或抑制;②指导或命令;③核对或验证。这三方面对一个组织或其管理过程都是重要的,是广义的控制。但狭义地讲,侧重在预计或验证,即使组织业务活动的绩效与达到目的或目标所要求的条件相匹配的控制。因此,可以说,控制就是按照计划标准衡量计划的完成情况,纠正计划执行过程中的偏差,确保计划目标的实现。可见,从现代管理学角度来说,控制就是"纠偏",也即按照计划标准衡量对发现的问题采取"纠偏"措施。它还应该能促使管理者在适当的时候对原定的控制标准和目标作适当的修改,以便把不符合客观需要的活动拉回到正确的轨道上来。这种导致控制标准和目标发生偏差的行动简称为"调适"。这种"调适"是现代意义下企业控制工作的有机组成部分。

理解控制的含义,需要掌握以下要点:

第一,控制是管理过程的一个阶段,它将组织的活动维持在允许的限度内,它的标准来自人们的期望。这些期望可以通过目标、指示、计划、程度或规章制度的形式含蓄地或明确地表达出来。强调控制是管理过程的一个阶段。从广义上讲,控制的职能是使系统以一种比较可靠的、可信的、经济的方式进行活动;而从实质上讲,控制必须与检查、核对或验证联系起来,这样才有可能使控制根据由计划过程事先确定的标准来衡量实际的工作。

第二,控制是一个发现问题、分析问题、解决问题的全过程。组织开展业务活动,由于受外部环境、内部条件变化和人认识问题、解决问题能力的限制,经常会出现结果与目标发现偏差这样的现象。对于管理者来说,需要及时发现这样的问题,采取恰当的措施,从而保证业务活动的顺利进行。

第三,控制职能的完成需要一个科学的程序。要实施控制,需要三个基本步骤,即标准的建立、实际绩效与标准的比较以及偏差的矫正。没有标准就不可能有衡量实际成绩的根据;没有比较就无法知道形势的好坏;不规定纠正偏差的措施,整个控制过程就合成为毫无意义的活动。因而,控制职能的三个基本步骤,需要建立在有效的信息系统之上。

第四,控制要有成效,必须具备以下要素:①控制系统必须具有可衡量性和可控制性,人们可以据此来了解标准;②有衡量这种特性的方法;③有用已知标准来比较实际结果和计划结果并评价两者之间差别的方法;④有一种调控系统以保证必要时间调整已知标准的方法。

第五,控制的目的是使组织管理系统以更加符合需要的方式运行,使它更加可靠、更加便利、更加经济。因此,控制所关心的不仅是与完成组织目标有直接关系的事件,而且还要使组织管理系统维持在一种能充分发挥其职能,以达到这些目标的状态。

二、控制工作的意义

罗宾斯曾指出,有效的管理始终是督促他人,控制他人的活动,以保证应该采取的行动得以顺利进行,以及他人应该达到的目标得以实现。控制的重要性可以从其普遍性和全程性两个方面来理解。

(一) 控制的普遍性

控制职能普遍存在于任何组织,任何活动当中。因为在现代管理系统中,人、财、物、信息等要素的组合关系是多种多样的,时空变化及环境的影响很大,内部运行机制和结构有时变化也很大,加上组织关系错综复杂,随机因素很多,预测不可能完全准确,制定出的计划在执行过程中不仅可能会出现偏差,而且还会发生未曾预料到的情况。这时,控制工作就起到了执行和完成计划的保障作用,以及在管理控制中产生新的计划,新的目标和新的控制标准的作用。所以说,控制是一项普遍而广泛的管理职能。

(二) 控制的全程性

控制职能作为实现目标及改进工作的有效手段存在于管理活动的全过程中。尽管计划可以制定出来,组织结构可以调整得非常有效,员工的积极性也可以调动起来,但是这些仍然不能保证所有的行动都能按计划执行,不能保证管理者追求的目标一定能达到,必须依靠控制工作在计划实施的各个阶段通过纠正偏差的行动来实现。因此控制职能存在于管理活动的全过程中,它不仅可以维持其他职能的正常活动,而且在必要的时候可以改变其他管理职能的活动。这种改变有时可能很简单,只在指导中稍做些变动即可。但在许多情况下正确的控制工作可能导致确立新的目标,提出新的计划,改变组织结构,改变人员配备以及在指导和领导方法上做出重大改革,使组织的工作得以创新和提高。

> **扁鹊三兄弟皆从医**
>
> 魏文王问名医扁鹊说:"你们家兄弟3人,都精于医术,到底哪一位最好呢?"
>
> 扁鹊答说:"长兄最好,中兄次之,我最差。"
>
> 文王再问:"那为什你最出名呢?"
>
> 扁鹊答说:"我长兄治病,是治病于病情发作之前。一般人不知道他事先能铲除病因,所以他的名气无法传出去,只有我们家的人才知道。我中兄治病,是治病于病情初起之时。一般人以为他只能治轻微的小病,所以他的名气只及于本乡里。而我扁鹊治病,是治病于病情严重之时。一般人都看到我在经脉上穿针管来放血、在皮肤上敷药等大手术,所以以为我的医术高明,名气因此响遍全国。"
>
> 文王说:"你说得好极了。"

三、控制工作的原则

(一) 未来导向原则

未来导向的原则,是指控制工作应当着眼于未来,而不是只有当出现了偏差才进行控制。由于在整个控制系统中存在着时滞,所以一个控制系统越是以前馈而不是以简单的信息反馈为基础,则管理人员越是能够有效地预防偏差或及时地采取措施纠正偏差。也就是说,控制应该是前向的,这才合乎理想。

(二) 反映计划要求原则

在管理工作中,控制和计划的联系最为紧密。孔茨曾说过:"可以把计划工作和控制工作看成一把剪刀的两刃。没有任何一刃,剪刀也就没有用了。没有了目标与计划,也就不可能控制,这是因为必须要把业绩与某些已规定的标准相比较。"控制的目的是为了实现计划,计划是控制所采用的绩效衡量标准的原始依据。因此,管理者在制定计划时要考虑到相关的控制因素。计划越明确,越全面完整,所设计的控制系统越能反映这样的计划,从而控制工作也就越有成效。

(三) 组织适应性原则

控制必须反映组织结构的类型和状况。组织结构既然是明确组织内每个人应当担任什么职务的主要依据,因而也就是明确职权和责任的依据。为此,控制必须反映组织的结构状况并由健全的组织结构来保证,否则,控制只是空谈。健全的组织结构有两个方面的含义:一方面,要能在组织中将反映实际工作状态的信息迅速地上传下达,保证联络渠道的畅通;另一方面,要做到责权分明,使组织结构中的各部门和每个人都能切实担负起自己的责任。否则,出现了偏差就难以纠正,控制也就不可能实现。

(四) 控制关键点原则

关键点原则是指控制工作要突出重点,不能只从某个局部利益出发,要针对重要的、关键的因素实施重点控制。事实上,组织中的活动往往错综复杂,管理者根本无法对每一个方面实施完全的控制,它们应该将注意力集中于计划执行中的一些关键影响因素上。因此,找出或确定这些关键因素,并建议重点控制,是一种有效的控制方法。控制住了关键点,也就控制住了全局。选择关键控制点的能力是管理工作的一种艺术,有效控制在很大程度上取决于这种能力。目前,已经存在一些有效的方法,能帮助主管人员在某些控制工作中选择关键点。

(五) 控制的例外原则

在控制过程中,管理者应该只注意一些重要的例外偏差,也就是说把主要注意力集中在那些超出一般情况的特别好或特别坏的情况,这样控制工作就会更省效。事实上,例外原则必须与控制关键点原则相结合,即要多注意关键点的例外情况。

(六) 控制的及时性原则

控制的及时性是指在控制工作中及时发现偏差,并能及时采取措施纠正。一个有效的控制系统必须能够提供及时的信息。信息是控制的基础。为提高控制的及时性,信息的收集和传递必须及时。如果信息的收集和传送不及时,信息处理的时间又过长,则偏差就不能及时纠正。当采取纠正措施时,如果实际情况已经发少了变化,这时采取的措施如果不变,不仅不能产生积极作用,反而会带来消极影响。

(七) 控制的客观性原则

控制的客观性是指在控制工作中,管理者不能凭个人的主观经验或直觉判断,而应采用科学的方法,尊重客观事实。为了保证控制的客观性,就要求尽可能将衡量标准加以量化。量化程度越高,控制越规范。但是,在诸多衡量标准中总有一些是定性的和难于量化的。总之,客观标准可以是定量的,也可以是定性的,但要做到客观,关键问题是使标准在任何情况下都是可测定和可考核的。

(八) 控制的弹性原则

任何一个控制系统,为了与外界进行正常的物质、能量和信息交换,与外部环境之间保持积极的动态适应关系,都必须充分考虑到各种变化的可能性,使管理系统整体或内部各要素、层次在各个环节和阶段上保持适当的弹性。通常,对各种可能出现的情况都应尽量准备好各种可选择的方案,以使控制更具有灵活性。事实上,灵活的控制最好通过灵活的计划实现。

(九) 控制的经济性原则

控制活动需要经费。是否进行控制,控制到什么程度,都要考虑费用问题。应将控制所需的费用与控制所产生的结果进行比较。当通过控制所获得的价值大于它所需费用时,才有必要实施控制。

四、控制职能与管理职能的关系

控制既是管理的一项重要职能,又贯穿于管理的全过程,它与其他管理职能之间有着密切的关系。

(1) 控制与计划的关系

管理学中的控制系统是建立在计划过程系统输出结果的基础上的。在组织中,一种很常见的现象是,组织报以极大的热情与希望来努力制订计划,在计划实施的早期阶段往往也会较顺利,并能取得一定的效果。但随着时间的控移,麻烦就接踵而至。这就需要采取一定的手段保证计划的切实可行。而控制正是为了确保计划目标的实现,从而按照计划标准来衡量计划的完成情况并纠正计划执行的偏差。因此,计划是控制的依据。同时,控制的结果又为进一步修正计划提供了合理的依据。

正因为控制与计划的关系十分密切,因此了解计划的局限性有助于有效的把握控制。计划的局限性是由于计划受到来自外部和内部的双重压力。竞争环境的变化、新产品的出现、技术的迅速变化、组织中的管理者与普通员工对技术的学习与适应等,都会对原有的计划产生冲击。因此,需要用控制的手段来实现计划的要求,或对计划进行修正。

可见,控制和计划之间的关系既是互相区别,又是紧密相连的。计划为控制工作提供标准,没有计划,控制也就没有依据。但如果只编制计划,不对其执行情况进行控制,计划目标就很难得到圆满实现。因此,有人把计划工作与控制工作看成是一把剪刀的两刃,缺少任何一刃,剪刀都无法发挥作用。

(2) 控制与组织的关系

组织职能是通过建立一种组织结构框架,并进行相应的人员配备从而为组织目标的实现提供一种合适的工作环境。因此,组织职能的发挥不但为组织计划的贯彻执行提供了合适的组织结构框架和人员配备信息,而且组织结构的确定也规定了组织中信息联系的渠道,为组织的控制活动提供了信息系统。

如果在实现目标的过程中产生的偏差源于组织上的问题,则控制的措施就要涉及组织结构的调整、组织中权责关系的重新设定和工作关系的重新确定等方面。

(3) 控制与领导的关系

领导职能是通过领导者的影响力来引导组织成员为实现组织的目标而做出积极的努力。这意味着领导职能的发挥影响着组织控制系统的建立和控制工作的质量;反过来,控制职能的发挥又有利于改进领导者的领导工作,提高领导者的工作效率。

总而言之,控制工作中的纠偏措施可能涉及管理的各个方面,控制活动就是要把那些不符合要求的管理活动统统引回到正常的轨道上来。

五、控制的类型

根据控制的实施时间、控制对象和控制特征等不同的情况,可以划分不同的控制方式和类型。

（一）预先控制、现场控制和反馈控制

根据控制实施的时间，可分为预先控制（Preliminary Control）、现场控制（Concurrent Control）和反馈控制（Feedback Control），这种划分是与组织活动的三个阶段紧密联系的。

1. 预先控制

预先控制也称事先控制、前馈控制。这种控制根据准确可靠的信息，运用科学的预测和规划，对出现的问题尽可能事先采取行动，其目的就在于发现潜在的问题，防范于未然。前馈控制是管理者最渴望采取的控制类型。

前馈控制的最大优点是克服了时滞现象。在实际问题发生之前就采取管理行动，可以减少系统的损失，而且可以大大改善控制系统的性能，因此在现实中得到了广泛的应用。

2. 现场控制

现场控制也称即使控制、过程控制。这种控制是在组织活动开展的过程中进行的控制，主要包括监督和指导两项职能。监督是检查现场正在进行的具体作用，以保证按计划规定的目标进行。指导是管理者对现场出现的问题，根据自己的经验指导下属改进工作，或与下属商讨纠正偏差的措施，以使下属能够顺利地完成任务。

现场控制主要包括这样一些内容：向下级指示恰当的工作方法和工作过程；监督下级的工作以保证计划目标的实现；当发现不符合标准的偏差时，立即采取措施纠正。现场控制的关键就是做到控制的及时性。因此，它必须依赖于信息的及时获得。还得做好多种控制方案的事前储备，以及事发后的镇静和果断。因而，也显示出现场控制的难度。但是，在计划的实施过程中，大量的管理控制工作，尤其是基层的管理控制工作都属于这种类型。因此，它是控制工作的基础。一个管理者的管理水平和领导能力的高低常常会通过这种工作表现出来。

在现场控制中，控制的标准应遵循计划工作中所确定了的组织方针与政策、规范和制度，采用统一的测量和评价。要避免单凭主观意志进行控制工作。控制的内容应该和被控制对象的工作特点相适应。控制工作的重点应是正在进行的计划实施过程。虽然在产生偏差与管理者做出反应之间肯定会有一段延迟时间，但这种延迟是非常小的。控制工作的效果取决于管理者的个人素质、个人作风、指导的方式方法以及下属对这些指导的理解程度。其中，管理者的言传身教具有很大的作用。

3. 反馈控制

反馈控制也可称为事后控制。它是将计划执行的结果与预期目标或标准进行比较后，采取纠偏校正行为。其目的在于检讨过去，以使进一步完善计划，修正组织发展的目标。反馈的类型很多，有正反馈和负反馈之分。对于一个企业来说，有内部信息的反馈，也有外部信息的反馈。反馈控制一般包括财务报告分析、质量控制分析和人员绩效的评定等。反馈控制是管理控制工作的主要方式，是最常用的控制类型。

反馈控制具有许多优点。首先它为管理者提供了关于计划执行的效果究竟如何的真实信息。如果反馈显示标准与现实之间只有很小的偏差，说明计划的目的是达到了；如果偏差很大，管理者就应该利用这一信息及时采取纠正措施，也可以参考这一信息使新计划制订得更有效。此外，反馈控制可以增强员工的积极性。因为人们希望获得评价他们绩效的信息，

而反馈正好提供了这样的信息。

反馈控制的主要缺点是时滞问题,即从发现偏差到采取更正措施之间可能有时间延迟现象,在进行更正的时候,实际情况可能已经有了很大的变化,而且往往是损失已经造成了。时滞现象对系统的危害极大,它可以使系统的输出剧烈波动和不稳定,导致系统的状况继续恶化其至崩溃。因此反馈控制与亡羊补牢类似。但是在许多情况下,反馈控制是唯一可用的控制手段。

以上三种控制存在着各自的缺点和不足,这是在控制过程中应十分注意的。对于预先控制,不可能对将要出现的问题都有充分的估计,不可避免地会有遗漏或预计不到的地方,这就要求预先控制必须有一定的弹性。对于现场控制,绝大多数情况下是对职工的现场监督和错误纠正,因此要求现场控制一定要讲究方法和时机,否则执行过度的话,容易引起职工的反感和抵触情绪。对于反馈控制,由于它有一个时间的迟滞期,如果反馈不能做到迅速及时、灵敏准确的话,容易失去控制的实效和机会。

选择控制的时期

控制的时期选择对组织目标的实现非常重要。恰当时期上的控制能提高关于质量、数量、期望是否被满足以及可能的解决方法或计划的信息。以下是关于如何选择控制时期的例子,请确定它们分别属于前馈控制、实时控制和反馈控制中哪一种?

1. 测试新车的马路试车状况
2. 每日现金流报告
3. 在装配最终产品前测试所购买的零部件
4. 在执行特点职能前确保员工经历了相应的培训
5. 生产过程中不断地检查原材料羊毛的质量
6. 就职之前需提供医生的相关证明
7. 控制一辆汽车或火车速度的调节器(通过控制燃料的流量来自动调整发动机速度的机械装置)
8. 报告被送去给委托人之前的最后一次检查
9. 员工移交工作之前检查已完成的工作以确保完成的质量
10. 对药片进行抽样监测,确保它们包含正确的化学成分

(二)直接控制和间接控制

根据控制的手段不同,可分为直接控制和间接控制。

1. 直接控制

在企业的经营管理中,直接控制是指对管理人员的工作质量的控制。在企业的生产经营活动中,发生偏差的原因往往是由于管理人员指挥不当、决策失误或本身素质太差造成的。因此重视对管理人员的选拔和培训,对其工作经常加以评审激励,促进他们提高管理水平和控制能力,对保证完成计划具有十分重要的作用。

进行直接控制有许多优点:①由于直接控制比较重视人的素质,因而能对管理人员的优缺点有比较全面的了解,在对个人委派任务时能有较大的准确性;同时,为使管理人员合格,

对他们经常进行评价,并进行专门的培训,能消除他们在工作中暴露出的缺点及不足。②直接控制可以及时采取纠正措施并使其更加有效。它鼓励用自我控制的方法进行控制。由于在对人员评价过程中会暴露出工作中存在的缺点,因此会促使管理人员更加努力地担负起职责并自觉地纠正错误。③由于提高了管理人员的素质,减少了偏差的发生,可以减轻损失,节约开支。④直接控制可以获得较好的心理效果。管理者的素质提高后,其自信心和威信也会得到提高,下级也会更加支持他们的工作,这有利于整体目标的顺利实现。

但需注意的是,采用直接控制方法是有条件的。管理人员必须对管理的原理、方法、职能以及管理的哲理有充分的理解。虽然这些不容易做到,但不是不能做到,管理人员可以通过进修、实际经验的积累、上级的严格要求和精心指导等途径使自己的素质得到提高。

2. 间接控制

间接控制是指对经济活动过程的控制。它往往是在计划实施发生偏差后,才由有关的管理人员对偏差实施控制。它的特点在于有一定的弹性和灵活性,通过一定的渠道和手段达到控制的目的。

在实际工作中,管理人员往往是根据计划和标准,对比或考核实际的结果,研究造成偏差的原因和责任,然后才去纠正。实际上,在工作中产生偏差的原因是很多的。比如,有时是制定的标准不正确,可对标准做合理的修订;或者存在未知的不可控的因素,如未来社会的发展状况,自然灾害等,因此而造成的失误是难免的;但还有一种原因,就是管理人员缺乏知识、经验和判断力等,在这种情况下可运用间接控制来纠正。同时,间接控制还可以帮助管理人员总结并吸取经验教训,丰富他的知识,经验和判断力,提高其管理水平。

但是,间接控制存在许多缺点。最明显的是,间接控制是在出现了偏差,造成损失之后才采取措施,因此其花费的代价比较大。另外,间接控制是建立在以下五个假设的基础之上的:①工作绩效是可以计量的;②人们对工作有责任感;③追查偏差原因所需要的时间是有保证的;④出现的偏差可以及时发现;⑤有关部门和人员将会采取纠正措施。然而这些假设在实际当中有时却不能成立。比如,工作绩效的大小和责任感的高低有时是难以精确评价的,而且二者之间可能关系不大或根本无关;有时管理人员可能不愿意花费时间去调查分析偏差的原因;有的偏差并不能预先估计或及时发现;有时发现了偏差并查明了原因,可管理者有时候或推卸责任或固执己见,而不去及时采取措施等。因此,间接控制尚存在一些局限性,还不是普遍有效的控制方法。

(三) 集中控制和分散控制

根据控制的集中程度,可分为集中控制和分散控制。

1. 集中控制

集中控制是决策权高度集中的一种控制方式。一般来说,集中控制将企业中各个部门的决策权集中到高层管理者手中,经济活动由高层管理者的行政指令来推动,纵向信息流强而横向信息弱。在一些生产经营连续性很强的企业里,集中控制是十分必要的。

2. 分散控制

分散控制与集中控制相对应,其特点就是决策权分散。在企业管理中表现为各部门拥有一定的决策权,具有一定的经营自主权,横向信息流较强,整个企业显得适应性较强,但难

以进行整体协调。

控制的许多特征并不互相排斥,因此有些控制类型往往可以同时纳入几种类型,各种控制类型是可以交叉的。而在实际管理控制中,各种控制手段的运用是有机结合在一起的,以达到有效的控制。

六、有效控制过程的基本特征

控制的有效性是控制工作的重点,它既体现了管理工作的特性,也是控制工作自身的需要。

1. 信息准确及时

一个有效控制系统必须是可靠的,并能提供准确信息,否则,很可能导致管理层在应该采取行动的时候没有行动,或在根本没有出现问题时而采取行动。同时,控制系统应该能及时地引起管理层的注意,使之防止小的问题,由于纠偏不力而造成对组织的严重伤害。最好的信息,如果是过时了的,也将是毫无用处的,因此,一个有效的控制系统还必须能够提供及时的信息。

2. 标准合理可靠

控制的标准必须是合理的且能达到的。如果标准太高或不合理,它将不会起到激励作用,也不是员工力所能及的。因此控制标准应该是一套富有挑战性的、能激励员工奋发向上的标准,而不是让人感到泄气或鼓励欺诈的标准。

3. 控制关键环节,注意例外处理

管理者若注意每一个细节,通常事倍功半,得不偿失。如果把注意力集中在举足轻重的主要问题上,则易于掌握全局,做到事半功倍。也就是说,控制的重点应放在对组织行为有战略性影响,易于出错或一旦出错会造成很大危害的地方。与此同时,管理者不仅要善于寻找关键点,而且在找出关键点之后,要善于把主要精力集中在对关键点例外情况的控制上。例外原理指出管理者越把主要精力集中于一些重要的例外偏差,则控制工作的效能越高,二者成正比例关系。

4. 讲究经济效益,保持灵活有效

控制所付出的代价如果比它得到的好处更大,这就失去了它的意义。有效性要求相对较小成本的控制技术和方法,自然还要考虑到问题的重要性,即该问题是否值得花大代价去解决。同时,控制的有效性还要求控制系统应该具有足够的灵活性适应各种不利的变化,或利用各种新的机会。

5. 适应组织情况,利于纠正行动

任何控制的目的都是在评定现行的工作,并采取进一步的行动,以确保计划的实现。因而必须知道偏差发生在哪里,建议如何纠正,采用纠正行动的职责属于谁。这就要求组织机构的功能和职责明确、完整。

6. 有利于培养员工的自我控制能力

自我控制是自我意识的重要成分。是指个体对自身的心理与行为的主动掌握,调整自

己的动机与行动,以达到所预定的模式或目标的自我实现过程。自我控制是自己对自身行为与思想言语的控制,具体表现为两个方面:一是发动作用,二是制止作用,也就是支配某一行为,抑制与该行为无关或有碍于该行为进行的行为。进行自我认知、自我体验的训练目的是进行自我监控,调节自己的行为,使行为符合群体规范,符合社会道德要求,通过自我控制调节自己的认识活动,提高工作效率。高自我控制者比低自我控制者更关注他人的活动,行为更符合习俗。人们认为,高自我控制者会在管理岗位上更为成功,因为它要求个体扮演多重甚至相互冲突的角色。

员工在生产和业务活动的第一线,是各种计划、决策的最终执行者,员工的自我控制能力就是指员工在这个过程中的自觉控制能力,它有助于发挥职工的积极性和创造性;可以减轻管理人员的负担,减少企业控制费用的支出;有助于提高控制的及时性和准确性。所以,控制标准应有利于加强员工的自我控制意识,使其对产品生产的每个环节严格把关,这才是提高产品质量的最终保证,提高控制有效性的根本途径。

第二节 控制的过程

控制是一个过程,它贯穿于整个管理活动的始终。在组织目标的实现中,不断地计划与实施结果的比较,发现两者之间的差距,并分析产生这种差距的原因,制定新的改进措施加以改进,这就是控制过程。由此可知,管理控制过程一般包括四个基本步骤。

一、确立标准

标准必须从计划中产生,计划必须先于控制。换言之,计划是管理者设计控制工作和进行控制工作的准绳,所以控制工作的第一步总是制订计划;同时,计划的详尽程度和复杂程度各不相同,而且管理者也不可能事事都亲自过问,所以就得制定具体的标准。这成为控制工作的第一步。

1. 确定控制对象

确定控制对象,即明确管理者控制什么,这是确定控制标准的前提。只有知道控制什么,才能做到有的放矢。控制对象一般包括组织的人员、财务活动、生产作业活动、信息管理以及整体组织绩效等。各项组织活动的成果应该成为控制的重点对象。

2. 选择控制重点

理论上,一切有助于达到组织目标的活动都需要建立标准。但在现实条件下,由于各方面的限制,管理者不可能对所有影响组织实现目标的因素都进行控制。因此,管理者必须对影响组织目标成果实现的各种要素进行科学的分析研究,从中选择需要特别关注的要素作为控制重点。

在选择关键控制点时,管理人员应该考虑这样一些问题:哪些指标能够更好地反映本组织的整体目标;哪些信息能帮助管理人员确定关键的偏差;什么样的标准在控制信息的收集过程中更容易、更经济等。

3. 确定控制标准

关键控制点确定之后，就可以依据关键控制点制定出明确的控制标准，控制标准进一步可分为定量标准和定性标准。定量标准是可以用数字来量化的标准，是控制标准的主要形式，易于度量和把握。在工业企业中，最常用的定量控制标准有 4 种：时间标准（如工时、交货期等）、数量标准（如产品数量、废品数量）、质量标准（如产品等级、合格率）和成本标准（如单位产品成本）。定性标准即无法量化的标准，主要是有关服务质量、组织形象、员工工作态度等。为了在实际工作中便于掌握这些方面的工作绩效，也常常使用一些量化的方法，如用出勤率、工作事故比率等来间接衡量员工的工作态度。

常用的制定标准的方法有 3 种：统计方法、经验估计法和工程法。其中，统计方法，即利用历史资料，在统计分析的基础上，确定当前标准。这些历史数据可以是本单位的，也可以是外单位的，如同行业先进企业；据此建立的标准，可以是历史数据的平均数，也可能是偏离平均值的某个数。这种方法简便易行、成本低廉，但准确性差，毕竟历史与现实之间有差距，过去的并不能完全代表现在和未来。经验估计法，即组织各方面的人员和专家，运用评估的方法制定标准。主要适用于新从事的工作，或缺乏统计资料的工作。此法的优点是简单易行，适用面广，但缺乏科学性，评估很大程度上取决于个人的经验。工程法，即通过工作情况对所指定的标准进行客观、定量的分析，如生产能力、动作研究、劳动定额等。其优点是准确性好，但成本高、耗时长。

二、衡量实际业绩

控制过程的第二步工作就是按照控制标准来衡量实际业绩，发现那些已经发生或预期将要发生的偏差，并对结果进行客观评价。在衡量的过程中应注意以下问题。

1. 通过衡量实际业绩，检验标准的客观性和有效性

利用预先制定的标准去检查各部门、各阶段和每个人工作的过程，本身也是对标准的客观性和有效性进行检验的过程。例如，在实际工作中，常常用员工出勤率来评价员工的工作态度，但事实上出勤率并不足以说明问题，有些人出勤率高但工作效率不高，有些人虽然出勤率不高但工作效率高。因此，在确定衡量标准时不能只重视一些表面因素。

2. 确定适宜的衡量方式

衡量方式包括衡量主体、衡量项目、衡量方法及衡量频度等方面，衡量方式的恰当与否会对结果产生重大影响。

（1）衡量主体

即由谁来衡量的问题。衡量实绩的主体可以是员工本人、员工的直接主管、同级人员及客户等。衡量主体不同，最终控制的结果可能也会有差别。衡量主体的确定应该根据工作的性质、内容等具体情况来确定。一般而言，衡量的主体应该对衡量对象的性质、内容、标准、要求与具体的工作表现等比较熟悉和了解，只有这样才能保证衡量的结果公正客观。比如目标管理可以认为是一种"自我管理""自我控制"，因为工作执行者又是工作成果的衡量者，其衡量的自觉性就比较高。

（2）衡量项目

控制管理者应该针对决定实际成效好坏的重要项目进行衡量。不能只衡量那些易于衡

量的项目,而忽视那些不易衡量、不太明显但相当重要的项目。比如对生产过程的衡量,不能仅限于产量,更应注意新产品质量、劳动生产率、设备利用率、材料节约等方面的衡量,只要是绩效重要特征指标都应进行衡量,不可偏颇。

(3) 衡量方法

在控制工作中,衡量的方法基本有以下几种:一是报表和报告,就是要求下属管理者将本部门的基本情况以报表和报告的形式进行上报,优点是节省时间,但信息的全面性、真实性取决于报表和报告的质量。二是亲自观察法,比如现场视察、面谈等,这种方法的优点是获取的信息真实,不足的是由于时间和精力,往往难以全面。三是召开会议,有助于获取信息,又有助于部门间的沟通和协作,但比较费时,成本也较高。四是抽样调查,此法可节省时间与成本,但得到的是近似的结果,会存在一定的抽样误差。在实际工作中,要根据各种方法的利弊选择适当的方法,以保证信息的准确性。

(4) 衡量频度

即衡员实际业绩的次数或频率。衡量次数过多或过少,都会影响最终的评价结果。对某项工作衡量过多,一方面会增加控制成本;另一方面也容易引起相关人员的反感,影响其工作态度和工作效率。而对某项工作衡量过少,则可能无法及时发现活动过程中存在的问题和偏差,措施也不能及时落实,就会影响控制的效果,造成不必要的损失。

3. 建立信息反馈系统

为纠正偏差应该建立有效的信息反馈网络,使反映实际工作情况的信息既能迅速收集上来,又能适时传递给管理人员,并能迅速将纠偏指令下达给相关人员,使之能与预定标准相比较,及时发现问题,并迅速地进行处置。

三、进行差异分析

通过将实际业绩与控制标准进行比较,可以确定这两者之间有无差异。若无差异,工作就按原计划继续进行;若有差异,首先要了解偏差是否在标准允许的范围之内,如差异在标准允许的范围之外,则应深入分析产生偏差的原因。

1. 分析偏差产生的主要原因

产生偏差的原因是多方面的,总体来说可以分为两大类:一是计划本身的问题,如目标定得过高或过低,从而导致出现偏差,这时就要根据实际情况通过调整计划来加以纠正;二是在计划执行过程中的某些问题造成的偏差,对于这类原因要进行细致分析,因为有些偏差可能是由于偶然的暂时的外部因素引起的,而有些可能是执行过程中相关工作人员主观因素造成的,应该具体问题具体分析,才能够为下一步采取有效的纠偏措施提供依据。

总之,不论哪种情况,都应该首先判别偏差的严重程度,判断其是否会对组织活动的效率和效果产生影响,在此基础上要透过现象找出造成偏差的深层原因,并在众多深层原因中确定导致偏差产生的主要原因。

2. 确定纠偏措施的实施对象

在纠偏过程中,需要纠正的不仅是企业的实际活动,也可能是指导这些活动的计划或衡量活动的标准。因此,纠偏的对象可能是进行的活动,也可能是衡量的标准,甚至是指导活动的计划。

四、采取纠偏措施

找出了偏差存在的原因,还要采取相应措施予以纠正。管理系统只有不断发现并纠正执行中的偏差,才能最终实现组织目标。

1. 纠偏工作中采取的主要方法

针对产生偏差的主要原因,在纠偏措施中采取的方法主要有3种:①对于由工作失误而造成的问题,控制工作主要是加强管理、监督,确保工作执行与目标的接近或吻合;②计划或目标不切合实际,控制工作就主要是按实际情况修改计划或目标;③若组织的运行环境发生重大变化,使计划失去了客观的依据,控制工作就主要是启动备用计划或更新制订新的计划。

2. 纠偏措施的类型

具体的纠偏措施有两种:一种是立即执行的临时性应急措施;另一种是永久性的根治措施。对于那些直接影响组织正常活动的紧迫问题,应立即采取补救措施。例如,某一种规格的零部件如果不能按时生产出来,其他部门就会受其影响而出现停工待料,此时,管理者应该采取果断措施确保按期完成任务,危机缓解之后再花时间分析问题的深层次原因到底是什么、该追究什么人的责任等。管理者在实际工作中既不能使问题久拖不决,但也不应仅仅局限于充当"救火员"的角色,而不去认真探究"失火"的原因,并采取根治措施消除偏差产生的根源和隐患。否则,长此以往必将自己置于被动的境地。

同时,在纠偏措施的选择和实施过程中,应注意如下几个方面:

第一,要充分考虑原先计划实施的影响。由于环境的重大变化而引起的纠偏,可能会导致对原先计划的追踪决策。

第二,措施要进行双重优化。纠正偏差,往往有多种不同的措施。是否采取措施,取决于采取措施纠偏带来的效果是否大于不纠偏的损失,有时最好的方案可能是不采取行动,否则可能是得不偿失,这是第一重优化。第二重优化是在此基础上,在多个纠偏方案中,通过比较,找出其中追加投入最少、解决效果最好的方案来组织实施。

第三,注意消除人们对纠偏措施的疑虑。任何纠偏措施都会在不同程度上引起组织的结构、关系和活动的调整,从而可能会影响某些组织成员的利益,对纠偏措施往往态度不一,或褒或贬,或支持或怀疑甚至反对,尤其是涉及重大调整的追踪决策。初始决策的制定者和支持者可能因缺乏承认错误或失败的勇气而反对纠偏;初始决策者和执行者可能担心因调整而影响自己的既得利益。因此,控制人员要充分考虑他们的态度,想方设法消除他们的疑虑,争取他们的理解和支持,避免可能出现的人为障碍。

第四,纠正偏差一定要及时。一般而言,偏差的程度会随时间延续而不断扩大。纠正偏差越及时,偏差所造成的影响、损失就越小,纠偏所付出的代价也越小。反之,问题日积月累,偏差不断扩大,到那时,极有可能回天乏术,至少会付出沉重的代价。"千里之堤,溃于蚁穴"就是最有力例证。

第三节 控制的技术与方法

在长期的管理实践中,人们总结出了一系列的控制技术与方法。但是,对控制技术与方法的分类也不一致,如有的将控制的技术与方法区分为财务控制、人员控制和综合控制;有的区分为对人的控制、对物的控制等。这里着重介绍预算控制方法、质量控制方法及成本控制方法。

一、预算控制方法

企业未来的几乎所有活动都可以利用预算进行控制。所谓预算,就是用数字、特别是用财务数字的形式来描述企业未来的活动计划,它预估了企业在未来时期的经营收入和现金流量,同时也为各部门或各项活动规定了在资金、劳动、材料、能源等方面的支出的额度。预算控制就是根据预算规定的收入与支出标准来检查和监督各个部门的生产经营活动,以保证各种活动或各个部门在完成既定目标、实现利润的过程中对经营资源的利用,从而使费用支出受到严格有效的约束。

(一)预算的编制

为了有效地从预期收入和费用两个方面对企业经营全面控制,不仅需要对各个部门、各项活动制定分预算,而且要对企业整体编制全面预算。分预算是按照部门和项目来编制的,它详细说明了相应部门的收入目标或费用支出的水平,规定了他们在生产活动、销售活动、采购活动、研究开发活动与财务活动中筹措和利用劳力、资金等生产要素的标准。全面预算则是在对所有部门或项目分预算进行综合平衡的基础上编制而成的,它概括了企业相互联系的各个方面在未来时期的总体目标。只有编制了总体预算才能进一步明确组织各部门的任务、目标、制约条件以及各部门在活动中的相互关系,从而为正确评价和控制各部门的工作提供客观的依据。

任何预算都需用数字形式来表述。全面预算必须用统一的货币单位来衡量,而分预算则不一定用货币单位计量。比如,原材料预算可能用千克或吨等单位来表述。这是因为对一些具体的项目来说,用时间、长度或重量等单位来表述能提供更多、更准确的信息,比如,用货币金额来表达原材料预算,我们就只知道原材料消耗的总费用标准,而不能知道原材料使用的确切种类和数量,也难以判断价格变动会产生何种影响。当然,不论以方式表述的各部门或项目的分预算,在将它们综合平衡以编制企业的全面预算之前,必须转换成用统一的货币单位来表达的方式。

(二)预算的种类

不同企业,由于生产活动的特点不同,预算表中的项目会有所不同,但一般来说,预算内容要涉及以下几个方面:收入预算、支出预算、现金预算、资金支出预算、资产负债预算。

1. 收入预算

收入预算和支出预算提供了关于企业未来某段时期经营状况的一般说明,即从财务角度计划和预测了未来活动的成果以及为取得这些成果所需付出的费用。

由于企业收入主要来源于产品销售,因此收入预算的主要内容是销售预算。销售预算是在销售预测的基础上编制的,即通过分析企业过去的销售情况、目前和未来的市场需求特点及其发展趋势,比较竞争对手和本企业的经营实力,确定企业在未来时期内为了实现目标利润必须达到的销售水平。

由于企业通常不止生产一种产品,这些产品也不仅仅在某一个区域市场上销售,因此,为了能为控制未来的活动提供详细的依据,便于检查计划的执行情况,往往需要按产品、区域市场或消费者群,为各经营单位编制分项销售预算,同时,由于在一年中的不同季度和月度,销售量也往往不稳定,所以通常还需预计不同季度和月度的销售收入。这种预计对编制现金预算是很重要的。

2. 支出预算

企业销售的产品是在内部生产过程中加工制造出来的,在这个过程中,企业需要借助一定的劳动力,利用和消耗一定的物质资源。因此与销售预算相对应,企业必须编制能够保证销售过程得以进行的生产活动的预算。关于生产活动的预算,不仅要确定为取得一定销售收入所需要的产品数量,而且更重要的是要预计为实现销售收入需要付出的费用,即编制各种支出预算。不同企业,经营支出的具体项目可能不同,但一般都包括以下几方面:

(1) 直接材料预算

直接材料预算是根据实现销售收入所需的产品种类和数量,详细分析为了生产这些产品,企业必须利用的原材料的种类数量。它通常以实物单位表示,考虑到库存因素后,直接材料预算可以成为采购部门编制采购预算、组织采购活动的基础。

(2) 直接人工预算

直接人工预算需要领计企业为了生产一定数量的产品,需要哪些种类的工人,每种类型的工人在什么时候需要多少数量,以及利用这些人员劳动的直接成本是多少。

(3) 附加费用预算

直接材料和直接人工只是企业经营全部费用的一部分,企业的行政管理、营销宣传、人员推销、销售服务、设备维修、固定资产折扣、资金筹措以及税金等,也要耗费企业的资金,对这些费用也需要进行预算。这就是附加费用预算。

3. 现金预算

现金预算是对企业未来生产与销售活动中现金的流入与流出进行预测,通常由财务部门编制。现金预算只能包括那些实际包含在现金流程中的项目:除销所得的应收款在用户实际交付以前不能列作现金收入,除购所得的原材料在未向供应商付款以前也不能列入现金支出,而需要今后逐年分摊的投资费用却需要当年实际支出现金。因此,现金预算并不需要反映企业的资产负债情况,而是要反映企业在未来活动中的实际现金流量和流程。企业的销售收入很大,利润即使相当可观,但大部分尚未收回,或收回后被大量的库存材料或在制品所占用,那么它也不可能在目前给企业带来现金上的方便。通过现金预算,可以帮助企业发现资金的闲置或不足,从而指导企业及时利用暂时过剩的现金,或及早筹齐维持营运所短缺的资金。

4. 资金支出预算

上述各种预算通常只涉及某个经营阶段,是短期预算,而资金支出预算则涉及好几个阶段,是长期预算。如果企业的收支预算被很好地执行,企业有效地组织了资源的利用,那么利用这些资源得到的产品销售以后的收入就会超出资源消耗的支出,从而给企业带来盈余。企业可以利用盈利的一个很重要部分来进行生产能力的恢复和扩大。这些支出由于具有投资的性质,因此对其计划安排通常被称为投资预算或资金支出预算。资金支出预算的项目包括:用于更新改造或扩充包括厂房、设备在内的生产设施的支出,用于增加品种、完善产品性能或改进工艺的研究与开发支出,用于提高职工和管理队伍素质的人事培训与发展支出,用于广告宣传、寻找顾客的市场发展支出等。

5. 资产负债预算

资产负债预算是对企业会计年度末的财务状况进行预测。它通过将各部门和各项目的分预算汇总在一起,表明如果企业的各种业务活动达到预先规定的标准,在财务期末企业资产与负债会呈现何种状况。作为各分预算的汇总,管理人员在编制资产负债预算时虽然不需作出新的计划或决策,但通过对预算表的分析,可以发现某些分预算的问题,从而有助于采取及时的调整措施。比如,通过分析流动资产与流动债务的比率,可能发现企业未来的财务安全性不高,偿债能力不强,可能要求企业在资金的筹措方式、来源及其使用计划上作相应的调整。另外,通过将本期预算与上期实际发生的资产负债情况进行对比,还可发现企业财务状况可能会发生哪些不利变化,从而指导事前控制。

(三)预算的作用及其危险倾向

由于预算的实质是用统一的货币单位为企业各部门的各项活动编制计划,因此它使得企业在不同时期的活动效果和不同部门的经营绩效具有可比性,可以使管理者了解企业经营状况的变化方向和组织中的优势部门与问题部门,从而为调整企业活动指明了方向。通过为不同的职能部门和职能活动编制预算,也为协调企业活动提供了依据,更重要的是,预算的编制与执行始终是与控制过程联系在一起的,编制预算是为企业的各项活动确立财务标准,用数量形式的预算标准来对照企业活动的实际效果大大方便了控制过程中的绩效测量工作,也使之更加客观可靠。在此基础上,很容易测量出实际活动对预期效果的偏离程度,从而为采取纠正措施奠定了基础。

由于这些积极作用,预算手段在组织管理中得到了广泛运用。

但在预算的编制和执行中,也暴露了一些危险倾向,主要表现在以下三个方面:

1. 预算过繁

过细的预算规定,实际上使主管人员丧失了管理自己部门必要的自由。这实质上使授权名存实亡,不利于调动他们的工作积极性。

2. 目标置换

即让预算取代了企业目标。在这种情况下,主管人员只是卡住自己部门经费不超过预算的规定,但却会使他们忘记自己的职责应该是千方百计地实现企业目标。比如,销售部门在印刷产品宣传资料时,如果一味地强调预算费用,就有可能因为在全国性的订货会上因宣传资料不够或质量不好等原因而丧失签订合同的机会。导致目标置换的原因:一是没有恰当地掌握预算控制的度;二是为职能部门或作业部门设立的预算标准,没有很好地体现计划的要求;与企业的总目标缺乏更直接、更明确的联系,使主管人员只考虑如何遵守预算。

3. 效能低下

预算有一种因循守旧的倾向,过去所花费的费用成为今天同样一笔费用的依据,这缺乏必要的科学依据。加上主管人员深知预算在层层的审批中会削减很多,故使得很多部门在申报预算时远远大于实际需要。所以,必须加以扭转,否则会愈演愈烈,甚至会变成掩盖懒散、效率低下的主管人员的保护伞。克服上述危险倾向,就要用弹性预算和零基预算方法。

(四) 其他预算方法

1. 可变预算

可变预算与效率相一致,具有最大限度的灵活性,是良好的控制工作和计划工作的基础,现在人们更加关注可变预算的应用。这种预算通常是随着销售量的变化而变化的,它主要限于在费用预算中应用。当单位可变费用(成本)不变时,可变费用总数是随销售量的变化而变化的,实际中可变预算主要是用来控制固定费用(成本)的。但固定费用并非绝对不变,而是在一定的生产规模内基本保持不变。固定费用随产量(或销售量)的变化呈现出一种阶梯状的变化关系,如图 12-1 所示。因此,在大多数情况下,可变预算总是提出一个产量,在这个幅度内,各种固定性的费用要素是不变的。如果产量低于该幅度的下限,就要考虑采用一个更适合于较低产量的固定费用。例如,压缩在职失业人员、处理闲置设备等。如果产量超过了该幅度的上限,那么为了按较大规模来考虑必需的固定费用,例如增加设备、扩大厂房面积等,应另外编制一个新的可变预算。

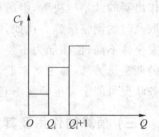

图 12-1　固定费用变化规律

2. 零基预算

(1) 零基预算法的含义

针对传统预算编制方法存在的危险倾向等问题,美国得克萨斯仪器公司的彼得·A. 菲尔(Peter A. Pyhrr)于 1970 年提出了"零基预算法"(Zero-base Budgeting,ZBB)的概念。美国的政府部门,特别是佐治亚州政府最早采用 ZBB 取得了好的成效。随后,企业组织也相应采用。

这一方法的含义大体可以表述为:在每个预算年度开始时,将所有还在进行的管理活动都看作重新开始,即以零为基础。根据组合子目标,重新审查每项活动对实现组织目标的意义和效果,并在费用效益分析的基础上,重新排出各项管理活动的优先次序。资金和其他资源的分配,是按重新排出的优先次序,即按每个方案与其他同时点方案相比的优点进行的,而不采用过去那种外推的办法。美国一些州政府还将这种方法推广应用于部门的设立,称为"日落法"。即每年年终,现有的各个部门,尤其是一些临时设立的部门像太阳落山一样将宣告结束。当新的一年开始时,各部门必须向专门的审议机构(在美国是州议会)证明自己确有存在的必要,才能"旭日东升"那样重新开始。

(2) 零基预算法的操作程序

要运用零基预算法编制预算的操作程序,首先要弄清以下 4 个问题:

第一,组织的目标是什么,活动要达到的目标又是什么?

第二,能从此项活动中获得什么效益,这项活动为何必要,不开展这项活动行吗?
第三,可选择的方案有哪些,目前的方案是不是最好的,有没有更好的方案?
第四,各项活动的重要次序是什么,从实现目标的角度看到底需要多少资金?
其次,是实施4个必要的步骤:

第一步,建立一种可考核的目标体系。要求主持审查预算的主管人员应明确组织的目标,并将长远目标、近期目标与非定量目标之间的关系和重要次序罗列出来。

第二步,审查从"零基"开始。就是在开始审查预算时,将所有过去的活动都要当作从零开始。比如,要求凡是在下一年度继续进行的活动或续建的项目,都要提交计划完成情况的报告;凡新增的项目都必须提交可行性分析报告;所有要继续进行的活动和项目都必须向专门的机构证明自己确有存在的必要;所有申请预算的项目或部门都必须提交下一年度的计划,并说明各项开支要达到的目标和效益。

第三步,排出优先次序。根据目标体系将必要的活动重新排出优先次序。

第四步,编制预算。将资金按重新排出的优先次序分配,以满足排在前面的活动的需要。

(3) 应注意的几个问题

首先,要认识到零基预算法具有对企业或组织做全面的审核、克服组织内随意性支出、把组织的长远目标和当前目标以及实现的效益三者有机结合等优点,但也有消耗的人力、时间和物力较大,对于项目活动排列的优先次序仍然有主观性,不太适合具有明显投入产出关系的制造业组织等这样一些缺点。其次,负责最后审批预算的领导人必须亲身参加活动和项目的评价过程,真正负起责任;主持者对组织目标等一定要清楚,排出的优先次序要尽量客观、准确。最后,要求组织要有创新精神,因为从"零基"开始本身就是突破传统观念的创新。

每一个用零基预算法来进行管理控制的企业或组织都应该充分认识到其中的困难,适时、客观、准确地中止那些过去一直在进行的但又不提供效益或其效益已大大低于成本的活动。这是科学,需要用领导者的勇气和娴熟的领导艺术进行决策。

二、质量控制方法

质量是由产品使用目的所提出的各项适用特性的总称。产品质量特性按一定尺度、技术参数或技术经济指标的规定必须达到的水平,形成质量标准。质量标准是检验产品是否合格的技术依据。

质量有狭义与广义之分,狭义的质量指产品的质量,而广义的质量除了涵盖产品质量外还包括工作质量。产品质量主要是指产品的使用价值,即满足消费者需要的功能和性质,可以具体化为下列五个方面:性能、寿命、安全性、可靠性和经济性。工作质量主要是指在生产过程中,围绕保证产品质量而进行的质量管理工作的水平。

(一) 质量控制的含义

质量控制就是以质量标准作为技术依据并作为衡量标准来检验产品质量。为保证产品质量符合规定的标准、要求和满足用户使用的目的,企业需要在产品设计、试制、生产制造直至使用的全过程中,进行全员参加的、事后检验和预先控制有机结合的、从最终产品的质量到产品赖以形成的工作质量全方位地开展质量管理活动。

质量控制经历了三个阶段,即质量检验阶段、统计质量管理阶段和全面质量管理阶段。质量检验阶段主要在 20 世纪 20—40 年代,工作重点在产品生产出来之后的质量检查;统计质量管理阶段主要在 20 世纪 40—50 年代,管理人员主要以统计方法作为工具,对生产过程加强控制,提高产品的质量;全面质量管理阶段从 20 世纪 50 年代开始,是以保证产品质量和工作质量为中心、全体员工参与的质量管理体系,具有多指标、全过程、多环节和综合性的特征。

(二)产品质量控制

产品质量是指产品适合一定的用途,满足社会和人们一定的需要所必备的特性。一般包括产品结构、性能、精度、纯度、物理性能和化学成分在内的质量特性,也包括产品外观、形状、色泽、气味、包装等外在的质量特性,同时还包括经济特性(如成本、价格、使用费用、维修时间等)、商业特性(如交货期、保修期等)以及其他方面的特性,如安全、环境、美观等。

一般将产品质量特性应达到的要求规定在产品质量标准中。产品质量标准是指对产品品种、规格、质量的客观要求及其检验方法作出的具体技术规定。它一般包括:产品名称、用途和适用范围,产品的品种、类型、规格、结构和主要技术性能指标,产品的检验方法和工具,产品的包装、储运和保管准则,产品的操作说明等。按其颁发单位和适用范围的不同,有国际标准、国家标准、行业标准和企业标准等。产品质量标准是进行产品生产和质量检验的技术依据。

产品质量控制是企业生产合格产品、提供顾客满意的服务和减少无效劳动的重要保证。在市场经济条件下,产品的质量控制应达到两个基本要求:①产品达到质量标准;②以最低的成本生产出符合市场需求的产品质量标准的产品。

全面质量管理体现了全新的质量观念。质量不仅是企业产品的性能,还包括企业的服务质量、管理质量、成本控制质量、企业内部不同部门之间相互服务和协作的质量等。

全面质量管理强调动态的过程控制。质量管理的范围不能局限在某一个或者某几个环节和阶段,必须是从市场调查、研究开发、产品设计、加工制造、产品检验、仓储管理、途中运输、销售安装、维修调换等整个过程进行全面的质量管理。

(三)员工工作质量控制

工作质量是指企业为保证和提高产品质量,在经营管理和生产技术工作方面所达到的水平,可以通过企业各部门、各岗位的工作效率、工作成果、产品质量、经济效益等反映出来,可以用合格品率、不合格品率、返修率、废品率等一系列工作质量指标来衡量,是企业为了保证和提高产品质量,对经营管理和生产技术工作进行的水平控制。

(四)产品生产工序质量控制

产品生产工序质量控制是实现产品开发意图,形成产品质量的重要环节,是实现企业质量目标的重要保证,主要包括生产技术准备过程、制造过程和服务过程的质量控制。

1. 生产技术准备过程的质量控制

生产技术准备过程是指产品在投入生产前所进行的各种生产技术准备工作,其目的是为了使正式生产能在受控状态下进行。

(1) 受控生产的策划工作

即在质量计划、体系文件和程序文件中作出明确规定,对影响生产过程质量的因素,包括人员、机器、原料、工艺、环境等诸因素加以系统控制。

(2) 过程能力控制

在技术准备过程中,应对过程能力是否符合产品规范要求进行验证,识别对产品质量有重大影响的、与产品或过程特性有关的作业,对这些作业进行必要的控制以确保这些特性符合规范要求或进行适当的修改或改进,对过程的验证还应包括材料、设备、计算机系统和软件、程序与人员。

(3) 辅助材料、公用设施和环境条件的控制

对质量特性起重要作用的辅助材料和设施,如对生产用水、化学用品应加以控制并定期进行验证,以确保对生产过程影响的均一性,同样,对产品质量十分重要的生产环境,如温度、湿度和清洁度等,也应对此规定一定的限度并控制和验证。

(4) 搬运控制

对产品搬运要求有适当的计划、控制,对进厂的材料、加工材料和最终产品的搬运要求有形成文件的制度,产品搬运应正确地选择和使用传送装置与运输装置。

2. 制造过程的质量控制

制造过程是指从投料开始到制成产品的整个过程。

(1) 技术文件控制

制造过程所使用的技术文件必须是现行有效的版本,应做到正确、完整、协调、统一、清晰、文实相符。

(2) 过程更改控制

应明确规定过程更改批准程序,必要时还需征得顾客的意见。当设计更改时,生产工具或设备、材料或过程的所有变更都应形成文件,并规定实施的程序。每次过程更改后应对产品进行评价,以验证所作的更改是否对产品质量产生了预期的效果。同时,还应将由于过程更改引起的过程和产品特性之间关系的任何变化形成文件并及时通知有关部门。

(3) 物资控制

进入制造过程的材料和零部件均应符合规定的要求,代用物资必须按规定办理审批手续。制造过程中的物资必须合理堆放、隔离、搬运、储存和保管,以保持其适用性。

(4) 设备控制

所有设备在使用前均应按规定进行验收、验证,以确保其准确性,特别是制造过程控制中使用的计算机以及软件的维护,应制定预防性维修保养计划,以确保持续的过程能力。

(5) 人员控制

各过程的操作人员、检验人员必须熟悉和掌握过程的技术要求,具备过程所要求的技术、能力和知识,必要时经考核持证上岗。

(6) 环境控制

提供适宜的加工环境,满足工艺技术文件的要求,遵守环境保护的有关法规。

3. 辅助服务过程的质量控制

辅助服务过程包括物资供应、设备维修保养、工装工具制造与供应、燃料动力供应、仓库

保管、运输服务等环节。

(1) 物资供应的质量控制

保证所供应的物资符合规定的质量标准,供应及时、方便,减少储备和加速周转。为此,必须加强进入各过程前物资的质量检验工作和验收工作的管理,加强物资在搬运和储存中的管理。必要时,可以把物资供应的质量控制延伸至供应商的领域。

(2) 设备的质量控制

设备从购买、验收、安装运转到使用中的维护保养、定期检修以及改装、改造等整个设备管理过程,都要进行严格的质量控制。为此,质量体系中必须确定设备质量控制的要素,建立设备质量控制计划,保证设备在使用过程中能保持完好的工作状态,以确保稳定的工序能力。

(3) 工量具、工装供应的质量控制

工量具、工装包括各种外购的和自制的工具、量具和其他工艺装备。由于工量具、工装大多数使用的时间较长,必须建立专门的机构和工作程序保证其持续满足的质量水准,尤其是量具直接影响各过程的质量检验工作,必须设置专门的计量管理机构和建立科学的定期检验制度,保证量具的验收、保养、发放、鉴定、校正和修理等过程符合规定的要求。

三、成本控制方法

(一) 成本控制的概念

对于企业来说,成本在整个行为活动过程中发挥着重要的作用,成本水平的高低,直接决定着企业能否以收抵支和偿还到期的各项债务,进而决定企业能否健康生存和发展。对于一个成本水平较高的企业来说,企业将会因为成本的原因而丧失在市场上的竞争力,带来企业的长期亏损,甚至发生破产倒闭。

所谓成本控制,就是指以成本作为控制的手段,通过制定成本总水平指标值、可比产品成本降低率以及成本中心控制成本的责任等,达到对经济活动实施有效控制目的的一系列管理活动与过程。成本控制本质上是指为了实现企业整体的成本控制和降低目标,各个部门确定的成本责任,以及为此采取的一系列提高管理者成本意识、制定部门成本目标、提高成本效率的管理工作。表面看来,成本控制的直接的对象是产品或者服务的成本开支,其实,成本控制的主要对象是管理过程中的人,而不是"成本"或者"成本项目"。因此,成本控制的关键仍然是管理中的"成本控制者",即通过成本控制者履行自身的成本控制职责,使企业的成本计划得到严格执行。

"成本控制者"能够担负起成本管理的重任,首先要具有较强的成本意识。成本意识,是指管理者具有的、自觉将生产经营与成本挂钩的习惯性思维。这是成本控制者能够比较难确定判断成本效率的能力和提高成本效率的积极性的集中体现。成本意识归根结底是一种问题意识、改革意识、强化管理的意识。同时,必须明确成本控制者的成本责任。各部门各个管理者必须承担各自的职务责任,并根据他们的职务和地位,授予他们在一定范围内选择和使用资源的权利,也就是为了成本效率而给予他们在选择成本水平上的权利,这自然也是一种责任。

(二) 成本控制的步骤

当一个企业已充分分析了企业外部的环境和内部生产经营条件,并且在分析企业的优劣势之后制定了明确的经营战略,依据经营战略目标的要求进行了必要的组织结构调整,并且配备了适当的人员,建立了一整套规范的故障制度,并进行了产品设计、设备装置、作业设计,那么,在组织战略实施的过程中,成本控制始终都是一项重要的工作。将成本控制在一定的限度范围之内,或者不断降低成本水平,需要遵循必要的步骤,采取适当的方法。一般来说,成本控制应按照如下步骤进行:

1. 必须制定控制标准,确定目标成本

确定目标成本的方法有:历史成本法,即以历史上本企业或者同行业的先进企业的成本水平作为目标成本。计划法,即在考虑企业的生产经营水平和企业外部环境的条件下,估算出一定可能达到的成本水平,并纳入到企业的计划之中。定额法,即以企业在长期的实践过程中确定的各项劳动定额、消耗定额等为基础制定的企业目标成本。

2. 根据企业的各种数据记录、统计资料等进行成本核算

成本核算所用的记录应当是反映核算期内人力、物力、财力等支出的全部原始记录,是可靠的企业成本核算和控制的依据。进行成本控制所要进行的成本核算主要有:总成本支出、可比产品总成本、可比产品单位成本、可比产品成本降低率、商品产品成本、主要产品单位成本等。通过成本核算,有关管理人员可以清楚地了解企业在控制期内的成本水平是否达到目标成本的要求,为分析改进提供数据资料。

3. 进行成本差异分析

将实际成本与事先确定的目标成本相比较,发现差异,并对差异进行类别分析。差异分析主要是通过实际与目标的比较,找出实际成本与目标成本之间存在的正负差异,并进行成本差异的原因分析,在此基础之上提出控制和降低成本的措施方案。企业成本差异分析的主要内容有:直接材料费用分析、直接人工费用分析、车间管理费用分析、企业职能部门费用分析、财务费用分析、销售费用分析。

4. 及时采取措施,降低成本

在成本差异分析的基础上,要及时科学地比较不同的成本控制措施方案的优劣,在对比分析的基础上选择最优的成本控制方案,并全力组织实施。一般来说,可采用的方法有价值工程法、投入产出分析法等。

本章学习要点

1. 控制就是按照计划标准衡量计划的完成情况,纠正计划执行过程中的偏差,确保计划目标的实现。控制的本质就是按照预定标准调整运营活动,控制的基础就是管理者手中掌握的信息。

2. 在管理控制过程中存在着四个具有逻辑联系的基本步骤。它们是:确立标准、衡量实际业绩、进行差异分析和采取纠偏措施。

3. 一个有效的管理控制系统应该是准确的、及时的、经济的、灵活的,它采用合理的标准,具有战略性高度,强调例外的存在,突出组织的整体目标,并且能指明纠正问题的方向。

4. 管理控制工作按不同标准分类,可以划分为不同的类型。根据控制实施的时间,可分为预先控制、现场控制和反馈控制;根据控制的手段不同,可分为直接控制和间接控制;根据控制的集中程度,可分为集中控制和分散控制。

5. 在长期的管理实践中,人们总结出了一系列的控制技术与方法,包括预算控制方法、质量控制方法及成本控制方法。

复习思考题

1. 什么是控制?为什么要进行管理控制?
2. 控制有哪些类型?不同类型的控制有何特点?
3. 控制过程包括哪些阶段的工作?
4. 如何进行有效的控制?
5. 控制是为了使不希望的行为更少发生呢,还是更多着眼于使所希望表现出的行为更多的发生?
6. 计划与控制是如何发生联系的?
7. 事前控制、事中控制和事后控制的区别是什么?描述大学里,教师是如何利用不同的控制类型来使学生的学习不断进步的。
8. 为什么高层管理人员花在控制工作上的时间比基层管理人员多些?

参 考 文 献

[1] 王慧娟,彭傲天.管理学.北京:北京大学出版社,2012.
[2] 李永清,钱敏.现代管理学导论.北京:化学工业出版社,2010.
[3] 宋一凡.管理学.哈尔滨:哈尔滨工业大学出版社,2009.
[4] 王雪峰,段学红.管理学基础.北京:中国经济出版社,2009.
[5] 刘雪梅,胡建宏.管理学原理与实务.北京:清华大学出版社,2011.
[6] 朱占峰.管理学原理:管理实务与技巧(第2版).武汉:武汉理工大学出版社,2005.
[7] 刘金方.现代管理学.成都:电子科技大学出版社,2010.
[8] 廖建桥.管理学.武汉:华中科技大学出版社,2010.
[9] 谭力文,刘林青.管理学.北京:科学出版社.2009.
[10] 部分资料来自:http://baike.baidu.com/.

案例分析

西湖公司的控制

西湖公司是由李先生靠3 000元创建起来的一家化妆品公司。开始只是经营指甲油,后来逐步发展成为颇具规模的化妆品公司,资产已达6 000万元。李先生于1984年发现自己患癌症后,对公司的发展采取了两个重要措施:①制定公司要向科学医疗卫生方面发展的目标;②高薪聘请雷先生接替自己的职位,担任董事长。

雷先生上任后,采取了一系列措施,推行李先生为公司制订的进入医疗卫生行业的计划:在特殊医疗卫生业方面开辟一个新行业,同时开设一个凭处方配药的药店,并开辟上述两个新部门所需产品的货源、运输渠道。与此同时,他在全公司内建立了一条严格的控制措施:要求各部门制定出每月的预算报告,要求每个部门在每月初要对本部门的问题提出切实的解决方案,每月定期举行一次由各部门经理和顾客代表参加的管理会议,要求各部门经理在会上提出自己本部门在当月的主要工作目标和经济往来数目。同时他特别注意资产回收率、销售边际及生产成本等经济动向,他也注意人事、财务收入和降低成本费用方面的工作。

由于实行了上述措施,该公司获得了巨大的成功。到20世纪80年代末期,年销售量提高24%,到1990年达到20亿元。然而,进入90年代以来,该公司逐渐出现了问题:1992年出现了公司有史以来第一次收入下降、产品滞销、价格下跌。主要原因有:①化妆品市场的销售量已达到饱和状态;②该公司制造的高级香水一直未打开市场,销售情况没有预测的那样乐观;③国外公司挤占了本国市场;④公司在国际市场上出现了不少问题,推销员的冒进得罪经销商,公司形象没有很好地树立,等等。

雷先生也意识到公司存在的问题,准备采取有力措施,以改变公司目前的处境。他计划要对国际市场方面进行总结和调整,公司开始研制新产品。他相信用了大量资金研制的医疗卫生工业品不久也可以进入市场。

(王凤彬,朱克强.管理学教学案例精选.上海:复旦大学出版社,1998:231)

案例思考

1. 雷先生在西湖公司里采取了哪些控制方法?
2. 假设西湖公司原来没有严格的控制系统,雷先生在短期内推行这么多控制措施,其他管理人员会有什么反应?
3. 就西湖公司的目前状况而言,怎么健全控制系统?

第十三章
管理创新与创业管理

本章学习目的

理解管理创新的含义、特点、内容；
掌握管理创新的方法及策略；
理解创业的含义及其核心要素；
掌握创业者及创业企业的不同类型及其特点；
正确理解创业中的风险；
掌握一般创业企业创业的一般过程；
了解新创企业的发展的战略。

案例——问题的提出

中国近代化学工业的创业先驱
——范旭东

20世纪初,积弱积贫的中国,正处于风雨飘摇之中,多少仁人为之奔走呼号,多少志士为之损躯赴难。范旭东,一个毕生本行实业救国的创业英雄,用心血谱写了一部创业史诗。

著名实业家范旭东先生,1883年10月25日(清光绪九年,癸未九月二十五日),生于湖南省湘阴县南部一个名叫东乡的小村落。范家本是个殷实小康之家,后家道中落,范旭东自幼颇多磨难,后追随其兄范源濂。献身维新事业,深受新思想影响。在那个时代,不得不东渡日本,求学十余年。

从1900年至1911年,从17岁到28岁,范旭东在那个盛开樱花的岛国生活了12个春秋。这12年中,他埋头苦读,实地考察,分析国内国外情形,忧时忧国之情,无时不萦绕心头。1901年,范旭东考入日本清华学校,他在此主要补习日语,过好语言关,以便进一步深造。同时还涉猎政治、哲学,掌握普通学科知识。1905年范旭东毕业于日本"和歌山中学",同年考入日本冈山第六高等学堂(大学预科),学习医学。在学堂里,范旭东从不参加舞会,也不参与社会交际活动。他埋头读书,或钻进实验室摆弄瓶瓶罐罐,同学们都敬畏地称他"怪人"。这一时期,范旭东在政治上仍很幼稚,在救国富民的道路上,他一直处在摸索中。他常常一个人偷偷躲到千吟海滨秘密学制炸药,以图精习军火的制造技术,以"坚船利炮救国"。后来,他又认识到兵器的基础是近代科技和近代工业,单纯造兵器非救国根本之计,决定改循"科学救国""工业救国"的道路,并以化学为出发点。这是因为化学工业为近代工业之母。1908年,范旭东考入"京都帝国大学"理学院学习应用化学。同时,他还对无机化学、有机化学以及各自的应用前景进行了广泛涉猎和探求,并得到了一定的收获。这为范旭东创办中国民族化学工业打下了坚实的理论基础。经过上下求索,范旭东逐步坚定了工业救国之志。1911年,抛弃了已在日本获得的大学助教的职位,范旭东回到了阔别12年的祖国。

回国后,范旭东目睹中国盐业生产落后,盐质低劣,有害国人健康,有碍中国化工发展,就下决心创办料盐工厂,改良盐质,"使人民有干净的盐吃,有便宜的盐吃。"同时又"为中国化学工业奠定基础",遂竭力筹措,于1914年创办了久大精盐公司,揭开了中国盐业史上崭新的一页。在创办久大精盐公司之前,为了掌握科学的第一手资料,范旭东独自一人来到荒凉的塘沽海滩,向当地渔民租得一间破旧小屋,开始了炼制精盐的实验。环境的恶劣丝毫没有动摇他试制精盐的决心,他白天在小桌上做实验,夜晚则以桌为床,和衣而卧。经过无数次的用心实验,范旭东终于试制出了含氯化钠($NaCl$)在90%以上的静盐,为创办精盐公司攻克了技术难关。久大精盐公司创立后,社会上虽不乏感兴趣之人,但多持犹疑与观望态度。其实,公司真正的职员只有范旭东一人,为了尽可能多筹一点资金,范旭东不顾别人的讥讽,不厌其烦地去向那些答应出资的人们催促股款。他回忆当时的情景:"常常站在人家的门房等许久,结果还是下次再去。"因此,原定五万元的股本,至公司成立之初仅募得三千余元。范旭东就在内有资本不足,外有洋人控制的盐务稽核总所企图扼杀威胁的不利条件下,顽强不息,惨淡经营,终于使久大精盐公司发展壮大了起来。

第一次世界大战期间，欧亚交通阻梗，中国市场上的洋碱顿显奇缺，英商卜内门公司趁机居奇囤积，扼住我国化学工业之颈，不少华商化工厂受到打击而停产、倒闭。早想为中国兴办制碱工业的范旭东，便在这关键时刻挺身而出，历经挫折，不畏艰难，于1918年创办了永利制碱公司，并在不断的探索中掌握了西方国家秘不示人的苏尔维(1838—1922年，比利时人)制碱法，生产出了"红三角"牌优质纯碱，终于使中国基本化工的一只翅膀长出来了。在创办永利制碱公司时，范旭东遇到的困难和挫折，远远超过了创办久大精盐公司。创业资本难筹集，申请手续难办；而且，英商卜内门公司百般阻挠，肆意捣乱；派人赴美国寻求设计方案和订购设备时，又受人要挟和欺骗，范旭东领导的一群新手如何去排布那些密如蛛网的管路，安装那些精密复杂的设备？最大的打击出现在试车投产的关键时刻。1924年8月13日，碱厂全体职员和公司股东们以激动的心情期待着雪白的碱粉诞生，并准备进行隆重的庆祝活动之时，不料，从出碱口流出的竟是红黑间杂的不合格的"红碱"。股东们失望了，不少人顿生怨恨。而此时的永利碱厂已耗去资金两百多万元，超过了公司资本的五六倍。召开股东大会，股东们不仅不愿继续投资，而且对范旭东等人大加攻击，甚至有人大呼上当受骗。在此进退维谷之际，范旭东没有接受大多数股东要求停产解散公司的意见，而是决定继续生产，从中查找故障所在。然而，命运似乎有意同范旭东过不去，在"红碱"生产了四五个月之后，作为碱厂关键设备的四口干燥锅全被烧坏，就连不合格碱也产不出来了，只得停工。受此重创，范旭东没有消沉下去，他不顾股东们的强烈反对，一方面继续借用久大公司款项；另一方面派侯德榜率领几位技术人员再次赴美，考察制碱技术，分析失败原因。他以一个企业家特有的大度和坚毅，勉励那些参与建厂、试车的技术人员，使他们走出痛苦，重鼓勇气，坚定战胜困难的信心。经过认真钻研，侯德榜等人终于弄清了出"红碱"的原因，并不惜重金购回了美国最先进的圆筒形干燥锅。在范旭东的领导下，永利碱厂于1926年6月29日再次投产，终于生产出"红三角"牌优质纯碱。同年，"红三角"牌纯碱在美国费城国际博览会上，一举夺得最高荣誉金质奖，被西方人誉为"中国近代工业进步之象征。"

在"为中国创事业"，发展中国化学工业的神圣使命驱使下，范旭东又领导永利公司于20世纪30年代初挑起了创办南京硫酸铵的"千斤重担"。1937年2月，南京硫酸铵厂正式投产。该厂的建成，不仅"为中国的农业第一次制成了化学肥料，同时也为祖国的工业制造了大量的硫酸和硝酸。"至此，中国基本化工的另一只翅膀又长出来了。

抗日战争爆发之后，范旭东以"宁为玉碎，不为瓦全"的气概，拒绝日军的利诱和胁迫，组织大批技术人员和职工内迁四川，全身心投入到华西化工基地的创建。刚到四川时，由于基础未立、同业误解、原料缺乏、交通落后，使得久大自贡盐厂和永利五通桥碱厂（位于乐山）一直无法正常生产。为了有效地利用井盐制碱，范旭东于1938年携侯德榜专程赴德国考察，购买新型制碱专利——察安制碱法。但由于对方有意刁难，未果而返。于是范旭东便组织技术人员在极端困难的条件下自行研制新的制碱技术。他们先后在香港、上海法租界和东山五通桥等地进行了无数次试验，终于成功研究出自己的专利技术——"侯氏联合制碱法"，标志着世界制碱工艺史上的重大突破。为了使这一技术尽快投入应用，范旭东再次"远征"海外，协同侯德榜采购机器。中越、中缅等战时的国际通道遭到很大破坏，范旭东几次身陷困境，在美国采购的设备也大多毁于战火。然而，战争带来的重创并没有挫伤范旭东非凡的实业救国雄心。

第十三章 管理创新与创业管理

1943年,世界反法西斯战场发生了根本转折,范旭东坚信中国人民的抗日战争必将胜利。在抗战临近胜利之际,范旭东没有陶醉于战后接收工厂的喜悦,而是远瞻于中国化学工业的未来。范旭东雄心勃勃地提出了战后发展中国化学工业的"十厂计划",包括:扩充塘沽碱厂、修复南京硫酸氨厂、新建侯氏法制碱厂、合成氨厂、硫酸氨厂、硝酸厂、食盐电解厂、炼焦厂、水泥厂、玻璃厂等。其后,范旭东又到国外奔走,寻求资金,凭着他卓著的信誉和坚韧不拔的精神。终于在1945年同美国进出口银行签订了1600万美元的政府担保贷款合同。然而,国民党官僚资本则欲趁机吞并"永久黄"团体,当其目的不能实现时,便拒绝为范旭东的贷款提供担保,使范旭东宏伟绚丽的"十厂"蓝图成为泡影。受此沉重打击,一生坚强的范旭东忧愤成疾,带着壮志未酬的遗恨,于1945年10月4日逝世。

创业最直接的追求,是"金子"。然而闪光的不只有"金子",更耀眼的是经验和精神。总结范旭东先生的创业经验,主要有四个方面:

一、以人为本的用人之道。工作上重用、感情上沟通、生活上关心,使广大科研、管理人激发了"士为知己者死"的传统的耿忠奉献精神。8小时工作制,福利待遇等措施无不开全国风气之先。正由于范旭东精心贯彻了"以人为本"的创业管理之原则,使得他不仅在自己麾下集结了众多的优秀人才,而且充分调动了各类人才的工作热情,最大限度地发挥了人才的潜能,从而使得他得以利用"人才"和"人和"方面的优势克服了创业历程中在"天时""地利"两方面的劣势,创造了一系列的实业奇迹。

二、以科技促进实业的经营战略。1922年,范旭东在创办永利碱厂,资金非常紧缺的情况下,不顾多数股东的反对,投资十万元营建了一所"能供一百位化学师研究之用"的新型化工研究机构——黄海化学工业研究社。该社不仅为永利、久大两厂解决了大量技术难题,而又在发酵与菌学、轻金属冶炼、井盐生产技术改进、盐化工开发等多方面取得开创性成果,在中国近代科技史上产生了重要影响。范旭东不仅重视科研,而且注重科研成果向大生产的转化,为此,1941年专门成立了主要任务是"进行半工业实验"的三一化品厂。就在范旭东逝世的前一年,还发起成立了海洋研究室,提出了"向海洋进军"的科研和实业战略,他是近代中国第一个提出开发海洋,并开始付诸实践的一代伟大的创业家。

三、注重"团体奋斗"意识培养的管理之道。范旭东为"永久黄"团体手订四大信条:"我们在原则上绝对地相信科学国;我们在事业上积极发展实业;我们在行动上宁愿牺牲个人而顾全团体;我们在精神上以服务社会为最大光荣。"这四条信条实际上就是对"永久黄"精神的核心之概括。

四、克勤克俭,以身作则的个人品质。早在创办久大公司时,范旭东就为自己规定了三个原则:不利用公司的钱财谋私利;不利用公司的地位图私益;不利用公司的时间办私事。在几十年的创业历程中,他忠实地履行了这些信条。良好的个人品质提高了范旭东在属下人心目中的地位,增强了他对职员的吸附力,使得范旭东不仅成为"永久黄"团体事业上的领导,而且成为团体成员精神上的领袖,从而有力地促进了"永久黄"团体事业的发展。

纵观范旭东一生,作为一个创业家,怀着实业救国这一崇高理想。可谓鞠躬尽瘁,死而后已。往者虽已矣,然创业之精神始终激励着人们前赴后继之,惟其如此,生活才得以富足,民族才得以昌盛,国家才得以富强,人类才得以前进。

(资料来源:陈德智.创业管理.北京:清华大学出版社,2001.5)

第一节 管理创新

一、管理创新的概念

国内学者提出管理创新概念比较有影响的观点有丙明杰教授在1994年出版的著作《超越一流的智慧——现代企业管理的创新》中给出的观点,以及常修泽等人在1994年出版的著作《现代企业创新论》中给出的观点。

常修泽教授认为:"管理创新指一种更有效而尚未被企业采用的新的方式或方法的引入。管理创新是组织创新在企业经营层次上的辐射。经济史中企业产权结构的每一次变迁,都相应伴随着企业管理方式的革命。最具代表性的一次管理创新是现代股份公司兴起后,出现的所谓'所有权与管理权分离',这种分离导致管理等级制成为现代工商企业的一个明显特征。管理创新的主要目标是试图设计一套规则和服从程序以降低交易费用,因为随着现代大量生产的兴起,专业化和劳动分工的程度,导致生产过程中交换次数的指数倍增,大量的资源耗费到了交易费用上。"从常修泽教授所认定的管理创新概念来看,管理创新是组织创新在企业经营层次上的辐射,即管理创新是企业引入的更为有效的新的管理方式方法,这种方式方法的引入目的是为了降低交易费用。

丙明杰教授认为,管理创新的概念应源于管理的概念。管理的定义可大可小,大可至组织中资源有效整合以达到目标和责任这一过程本身,小可至围绕目标和责任使资源有效整合的一切细小工作和活动。也正因为如此,组织中的管理可明显分成三个层次:一是决策层的管理,二是执行层的管理,三是操作层的管理。无论哪个层次的管理,都是为达成组织目标而对资源进行有效的配置,只是具体管理活动的内容有所不同。他认为,管理创新是指创造一种新的更有效的资源整合范式,这种范式既可以是新的有效整合资源以达到企业目标和责任的全过程管理,也可以是新的具体资源整合及目标制定等方面的细节管理。这样一个概念至少可以包括下列五种情况:

(一)提出一种经营思路并加以有效实施

新经营思路如果是可行的,这便是管理方面的一种创新。但这种新经营思路并非针对一个企业而言是新的,而应对所有企业来说是新的。

(二)创立一个新的组织机构并使之有效运转

组织机构是企业管理活动及其他活动有序化的支撑。一个新的组织机构的诞生是一种创新,但如果不能有效运转则成为空想,不是实实在在的创新。

(三)提出一种新的管理方式方法

一种新的管理方式方法能提高生产效率,或使人际关系协调,或能更好地激励员工等。这些都将有助于企业资源的有效整合以达到企业目标和责任。

(四) 设计一种新的管理模式

所谓管理模式是指企业综合性的管理范式。是指企业总体资源有效配置实施的范式。这么一个范式如果对所有企业的综合管理而言是新的,则自然是一种创新。

(五) 进行一项制度的创新

管理制度是企业资源整合行为的规范,既是企业行为的规范,也是企业员工行为的规范。制度的变革会给企业行为带来变化,进而有助于资源的有效整合,使企业更上一层楼。因此制度创新也是管理创新之一。

综上观点,管理创新是指组织管理中新的、更有效的管理方式方法的形成与应用。

二、管理创新内容

(一) 观念创新

管理观念又称管理理念,是指管理者或管理组织在一定的哲学思想支配下,由现实条件决定的经营管理的感性知识和理性知识构成的综合体。一定的管理观念必定受到一定社会的政治、经济、文化的影响,是企业战略目标的导向、价值原则,同时管理的观念又必定折射在管理的各项活动中。从 20 世纪 80 年代开始,经济发达国家的许多优秀的企业、专家提出了许多新的管理思想和观念。如知识增值观念、知识管理观念、全球经济一体化观念、战略管理观念、持续学习观念等。我国企业的经营管理理念存在经营目标不明确、经营观念不当和缺乏时代创新精神的问题,应该尽快适应现代社会的需要,结合自身条件,构建自己独特的经营管理理念。

(二) 组织创新

企业系统的正常运行,既要求具有符合企业及其环境特点的运行制度,又要求具有与之相适应的运行载体,即合理的组织形式。因此,企业制度创新必然要求组织形式的变革和发展。从组织理论的角度来考虑,企业系统是有不同成员担任的不同职务和岗位的结合体。这个结合体可以从结构和机构这两个不同层次去考察。所谓机构是指企业在构建组织时,根据一定的标准,将那些类似的或实现统一目标有密切关系的职务或岗位归并到一起,形成不同的管理部门。它要涉及管理劳动的横向分工问题,即把对企业生产经营业务的管理活动分成不同部门的任务。而结构则与各管理部门之间,特别是与不同层次的管理部门之间的关系有关,它主要涉及管理劳动的纵向分工问题,即所谓的集权和分权问题。不同的机构设置,要求不同的结构形式;组织机构完全相同,但机构之间的关系不一样,也会形成不同的结构形式。由于机构设置和结构的形成要受到企业活动的内容、特点、规模和环境等因素的影响,因此,不同的企业有不同的组织形式,同一企业在不同的时期,随着经营活动的变化,也要求组织的机构和结构不断调整。组织创新的目的在于更合理地通过组织管理人员的努力,来提高管理劳动的效率。

(三) 制度创新

制度创新需要从社会经济角度来分析企业系统中各成员间的正式关系的调整和变革。制度是企业运行的主要原则。企业制度主要包括产权制度、经营制度和管理制度三方面的内容。产权制度是决定企业其他制度的根本性制度,它规定着企业最重要的生产要素的所有者对企业的权利、利益和责任。不同的时期,企业各种生产要素的相对重要性是不一样的。在主流经济学的分析中,生产资料是企业生产的首要因素,因此,产权制度主要是指企业生产资料的所有制。目前存在的相互独立的两大生产资料所有制——私有制和公有制(或更准确地是社会成员共同所有的"共有制"),在实践中都是不纯粹的。私有制正越来越多地渗入"共有"的成分,被"效率问题"所困扰的公有制则正或多或少地添进"个人所有"的因素(如我国目前试行中的各种形式的"股份制")。

企业产权制度的创新也许应该朝着寻求生产资料的社会成员"个人所有"与"共同所有"的最适度组合的方向发展。经营制度是有关经营权的归宿及其行使条件、范围、限制等方面的原则规定。它表明企业的经营方式,确定谁是经营者,谁来组织企业生产资料的占有权、使用权和处置权的行使,谁来确定企业的生产方向、生产内容、生产形式,谁来保证企业生产资料的完整性及增值,由谁来向企业生产资料的所有者负责以及负什么责任。经营制度的创新方向应该是不断地寻求企业生产资料的最有效利用的方式。管理制度是行使经营权、企业日常运作的各种规则的总称。制度创新就是企业根据内外环境需求的变化和自身发展壮大的需要,对企业自身运行方式、原则规定的调整和变革。制度创新要以反映经济运行的客观规律、体现企业运作的客观要求、充分调动组织成员的劳动积极性为出发点和归宿。企业制度创新的方向是不断调整和优化企业所有者、经营者、劳动者三者之间的关系,使各个方面的权利和利益得到充分的体现,使组织的各种成员的作用得到充分发挥。

(四) 技术创新

技术创新是管理创新的主要内容,企业中出现的大量创新活动是有关技术方面的,因此,技术创新甚至被视为企业管理创新的同义词。现代企业的一个主要特点是在生产过程中广泛运用先进的科学技术,技术水平是反映企业经营实力的一个重要标志,企业要在激烈的市场竞争中处于主动地位,就必须不断进行技术创新。由于一定的技术都是通过一定的物质载体和利用这些载体的方法来体现的,因此,技术创新主要表现在要素创新、要素组合方法的创新及产品创新三个方面。

(五) 产品创新

产品是企业向外界最重要的输出,也是组织对社会作出的贡献。产品创新包括产品的品种和结构的创新。品种创新要求企业根据市场需求的变化,根据消费者偏好的转移,及时地调整企业的生产方向和生产结构,不断开发出用户喜欢的产品;结构创新在于不改变原有品种的基本性能,对现有产品结构进行改进,使其生产成本更低,性能更完善,使用更安全,更具市场竞争力。

（六）环境创新

环境是企业经营的土壤,同时也制约着企业的经营。环境创新不是指企业为适应外界变化而调整内部结构或活动,而是指通过企业积极的创新活动去改造环境,去引导环境向有利于企业经营的方向变化。例如,通过企业的公关活动,影响社区、政府政策的制定;通过企业的技术创新,影响社会技术进步的方向等。

（七）文化创新

现代管理发展到文化管理阶段,可以说已经到达顶峰。企业文化通过员工价值观与企业价值观的高度统一,通过企业独特的管理制度体系和行为规范的建立,使得管理效率有了较大提高。创新不仅是现代企业文化的一个重要支柱,而且还是社会文化中的一个重要部分。如果文化创新已成为企业文化的根本特征,那么,创新价值观就能得到企业全体员工的认同,行为规范就会得以建立和完善,企业的创新动力机制就会高效运转。

三、管理创新特点

管理创新是不同于一般的"创新",其特点来自于创新和管理两个方面。管理创新具有创造性、长期性、风险性、效益性和艰巨性。

（一）创造性

以原有的管理思想、方法和理论为基础,充分结合实际工作环境与特点,积极地吸取外界的各种思想、知识和观念,在吸取合理内涵的同时,创造出新的管理思想、方法和理论。其重点在于突破原有的思维定式和框架,创造具有新属性的、增值的东西。

（二）长期性

管理创新是一项长期的、持续的、动态的工作过程。

（三）风险性

风险是无形的,对管理进行创新具有挑战性。管理创新并不总能获得成功。创新作为一种具有创造性的过程,包含着许多可变因素、不可知因素和不可控因素,这种不确定性使得创新必然存在着许多风险。这也就是创新的代价之所在。但是存在风险并不意味着要一味地冒险,去做无谓的牺牲,要理性地看待风险,要充分认识不确定因素,尽可能地规避风险,使成本付出最小化,成功概率最大化。

（四）效益性

创新并不是为了创新而创新,而是为了更好地实现组织的目标,要取得效益和效率。通过技术创新提高产品技术含量,使其具有技术竞争优势,获取更高利润。通过管理创新,建立新的管理制度,形成新的组织模式,实现新的资源整合,从而建立起企业效益增长的长效机制。

（五）艰巨性

管理创新因其综合性、前瞻性和深层性而颇为艰巨。人们观念、知识、经验等方面的不同及组织目标、组织结构、组织制度，关系到人的意识、权利、地位、管理方式和资源的重新配置，这必然会牵涉到各个层面的利益，使得管理创新在设计与实施中遇到诸多"麻烦"。

四、管理创新方法

（一）头脑风暴法

头脑风暴法是美国创造工程学家A.F.奥斯本在1939年发明的一种创新方法。这种创新方法是通过一种别开生面的小组畅谈会，在较短的时间内充分发挥群体的创造力，从而获得较多的创新设想。当一个与会者提出一个新的设想时，这种设想就会激发小组内其他成员的联想。当人们卷入"头脑风暴"的洪流之后，各种各样的构想就像燃放鞭炮一样，点燃一个，引爆一串。这种方法的规则有以下几个方面。

（1）不允许对别人的意见进行批评和反驳，任何人不做判断性结论。
（2）鼓励每个人独立思考，广开思路，提出的改进设想越多越好，越新越好。允许有相互之间的矛盾。
（3）集中注意力，针对目标，不私下交谈，不干扰别人的思维活动。
（4）可以补充和发表相同的意见，使某种意见更具说服力。
（5）参加会议的人员不分上下级，平等相待。
（6）不允许以集体意见来阻碍个人的创造性意见。
（7）参加会议的人数不超过10人，时间限制在20分钟到1个小时。

这种方法的目的在于创造一种自由奔放的思考环境，诱发创造性思维的共振和连锁反应，产生更多的创造性思维。讨论1小时能产生数十个乃至几百个创造性设想，适用于问题比较单纯，目标较明确的决策。这种方法在应用中又发展出"反头脑风暴法"，做法与头脑风暴法一样，对一种方案不提肯定意见，而是专门挑毛病、找矛盾。它与头脑风暴法一反一正，正好可以相互补充。

（二）综摄法

综摄法是由美国麻省理工学院教授戈登在1952年发明的一种开发潜在创造力的方法。它是以已知的东西为媒介，把毫不相关、互不相同的知识要素结合起来创造出新的设想，也就是吸取各种产品和知识精华，综合在一起创造出新产品或知识，称为综摄法。这样可以帮助人们发挥潜在的创造力，打开未知世界的窗口。综摄法有两个基本原则。

1. 异质同化

异质同化即"变陌生为熟悉"。这实际上是综摄法的准备阶段，是指对待不熟悉的事物要用熟悉的事物、方法、原理和已有的知识去分析对待它，从而提出新设想。

2. 同质异化

同质异化即"变熟悉为陌生"。这是综摄法的核心，是对熟悉的事物、方法、原理和知识去观察分析,从而启发出新的创造性设想。

(三) 逆向思维法

逆向思维是顺向思维的对立面。逆向思维是一种反常规、反传统的思维。顺向思维的常规性、传统性,往往导致人们形成思维定式,是一种从众心理的反应,因而往往使人形成一种思维"框框",阻碍着人们创造力的发挥。这时如果转换一下思路,用逆向法来考虑,就可能突破这些"框框",取得出乎意料的成功。逆向思维法由于是反常规、反传统的,因而它具有与一般思维不同的特点。

1. 突破性

这种方法的成果往往冲破传统观念和常规,常带有质变或部分质变的性质,因而往往能取得突破性的成就。

2. 新奇性

由于思维的逆向性,改革的幅度较大,因而必然是新奇、新颖的。

3. 普遍性

逆向思维法适用的范围很广,几乎适用于一切领域。

(四) 检核表法

检核表法几乎适用于任何类型与场合的创造活动,因此又被称为"创造方法之母"。它是用一张一览表对需要解决的问题逐项进行核对,从各个角度诱发多种创造性设想,以促进创造发明、革新或解决工作中的问题。实践证明,这是一种能够大量开发创造性设想的方法。检核表法是一种多渠道的思考方法,包括以下一些创造技法:迁移法、引入法、改变法、添加法、替代法、缩减法、扩大法、组合法和颠倒法。它启发人们缜密地、多渠道地思考和解决问题,并广泛运用于创造、发明、革新和企业管理上。它的要害是一个"变"字,而不把视线凝聚在某一点或某一方向上。

(五) 信息交合法

信息交合法通过若干类信息在一定方向上的扩展和交合,来激发创造性思维,提出创新性设想。信息是思维的原材料,大脑是信息的加工厂。通过不同信息的撞击、重组、叠加、综合、扩散、转换,可以诱发创新性设想。要正确运用信息交合法,必须注意抓好以下三个环节。

1. 搜集信息

不少企业已设立专门机构来搜集信息。网络化已成为当今实业搜集信息的发展趋势。如日本三菱公司,在全世界设置了115个海外办事处,约900名日本人和2 000多名当地职员从事信息搜集工作。搜集信息的重点放在搜集新的信息,只有新的信息才能反映科技、经济活动中的最新动态、最新成果,这些往往对企业有着直接的利害关系。

2. 拣选信息

拣选信息包含核对信息、整理信息、积累信息等内容。

3. 运用信息

搜集、整理信息的目的都是为了运用信息。

运用信息,一是要快,快才能抓住时机;二是要交汇,即这个信息与那个信息进行交汇,这个领域的信息与那个领域的信息进行交汇,把信息和所要实现目标联系起来进行思考,以创造性地实现目标。信息交汇可以通过本体交汇、功能拓展、杂交、立体动态四个方式进行。总之,信息交汇法就像一个"魔方",通过各种信息的引入和各个层次的交换会引出许多系列的新信息组合,为创新对象提供了千万种可能性。

(六)模仿创新法

人类的发明创造大多是由模仿开始的,然后再进入独创。勤于思考就能通过模仿做出创造发明,当今有许多物品模仿了生物的一些特征,以致形成了仿生学。模仿仅被用于工程技术、艺术,也被应用于管理方面。

五、管理创新策略

(一)根据创新程度分类

根据创新的程度不同,分为首创型创新策略、改创型创新策略和仿创型创新策略。

1. 首创型创新策略

首创型的创新是指观念上和结果上有根本突破的创新,通常是首次推出但对经济和社会发展产生重大影响的全新的产品、技术、管理方法和理论。这类创新本身要求全新的技术、工艺以及全新的组织结构和管理方法。首创型创新还常常引起产业结构发生变化,从而彻底改变组织的竞争环境和基础。

2. 改创型创新策略

改创型创新是指在自己现有的特色管理或在别人先进的管理思想、方式、方法上进行顺应时或逆向式的进一步改进,现在的特色管理是自己所独有但尚未系统化或完全成型的管理方式。改创型创新就是在借鉴别人的先进管理的基础上进行大胆创新,探索出新的管理思路、方式、方法,简单地说,就是在别人已有的先进成果上进行有创意的提高。日本是采用这种管理创新策略的典型国家。日本的企业管理水平在第二次世界大战后是很落后的,20世纪50年代日本派了大批人去美国学习企业管理技术,邀请许多美国的专家到日本讲学,并结合日本的传统文化和国民气质,创造出了全新的日本企业管理模式,最终使美国反过来向日本学习其某些管理方法。

3. 仿创型创新策略

仿创型创新策略是创新度最低的一种创新活动,其基本特征在于模仿性。在创新理论的创始人熊彼特看来,模仿不能算是创新,但是模仿是创新传播的重要方式,对于推动创新的扩散具有十分重要的意义,没有模仿的创新的传播可能十分缓慢,创新对社会经济发展和人类进步的影响也将大大的减小。模仿可以分为创造性的模仿和简单性的模仿,创造性模仿就是我们上面介绍的改创型创新,而简单性模仿就是仿创型创新。

(二) 根据创新过程分类

根据创新的过程是量变还是质变,可分为渐进式创新策略和突变式创新策略。

1. 渐进式创新策略

渐进型创新是指通过不断的、渐进的、连续的小创新,最后实现管理创新的目的。这种创新策略从小的方面入手,不至于猛烈攻击既得利益者的利益,易于被这群人所接受。由于许多大创新需要与之相关的若干小创新的辅助才能发挥作用,而且小创新的渐进积累效应常常促进创新发生连锁反应,导致大创新的出现,所以,单个小创新虽然带来的变化是小的,但它的重要性不可低估。它说明企业的管理创新是从无数的小创新开始的,当大量的小创新不断地改善着企业的经营管理,并达到一定程度时就会产生导致质变的大创新。这种创新具有渐进性、模仿性,创新的周期一般较长,而创新的效果却不错。日本的企业多采用这种渐进式管理创新策略,日本政府在公务员改革过程中也采用了这种策略,通过有计划地每年逐渐减少公务员数量的办法,加以编制法定化的配套措施,使日本的公务员改革取得了成功,值得我国在制定机构的方案时学习借鉴。

2. 突变式创新策略

突变式创新策略是指企业的管理首先在前次管理创新的基础上运行,经过一段时间,直到创新的条件成熟或企业运行到无法再适应新情况时,就打破现状,实现管理创新质的飞跃。它具有突变性,创新的周期相对较短,而创新的效果相对较好。这种突变式管理创新的实现通常由专业管理人员、企业家来实现。欧美的企业和政府的管理创新多采用这种策略,如 20 世纪 80 年代初英国政府实现的"私有化运动"和 20 世纪 90 年代初由美国、英国、澳大利亚、新西兰等西方国家实行的"重塑政府"行动,在短时间内,政府的管理理论和管理实践都发生了重大变化。

(三) 根据创新的独立程度分类

根据创新的独立程度,可分为独立型创新策略、联合型创新策略和引进型创新策略。

1. 独立型创新策略

独立型创新的特点是依靠自己的力量自行研制并组织生产,同时独立创新型创新的成果往往具有首创性。国外大型企业大多拥有自己的研究开发机构,因而其研究工作特别是涉及公司特色产品的核心技术,多以自身力量进行,这样可以做到技术保密,使自己处于行业竞争中的领先地位。其缺点是应用此策略的企业在投入了巨资且研究项目已经或将要取得成功时,有可能会发现同样的产品或发明已经被别人领先创新出来,不但失去了占领市场的先机,而且造成人力、物力、财力的巨大损失。

2. 联合型创新策略

联合型创新策略是若干组织相互合作进行的创新活动。联合创新往往具有攻关性质,可以更好地发挥各方的优势。但是这种创新活动涉及面广,组织协调及管理控制工作比较复杂。然而,随着科学技术的发展、高新技术的兴起,许多重大的创新项目,无论从资金、技术力量以及该创新项目内容的复杂性,都并非一个企业或组织所能承担的,因此,联合创新就变得日益重要。联合不仅仅包括企业和企业之间的合作,企业和科研机构以及高校进行联合创新,甚至各国政府都开始采取联合创新的策略,并且这种企业和其他部门的合作以及政府的跨国的合作变得越来越普通。

3. 引进型创新策略

引进型创新策略是从事创新的组织从其他组织引进先进的技术、生产设备、管理方法等,并在此基础上进行创新。这种创新的开发周期相对较短,创新的组织实施过程有一定的参照系,风险性相应降低。但是这种创新策略需要对引进的技术进行认真的评估和消化。

第二节 创业概述

一、创业的概念

创业是一个发现和捕捉机会,并由此不断地创造某些有价值的新事物,以期实现其商业利润的过程。其中两个最基本的核心要素是"创新"和"价值实现",尽管创业是一个相对较长且需要创业者不断努力的过程,并且需要承担各方面的风险,包括财务的、技术的、市场的、精神的以及社会环境的等各方面的风险,但是,风险也是衡量潜在收益的有效标准,创业的成功意味着相应的物质回报以及对个人效用的最大满足。

创业是一种社会行为,但首先是一种经济行为。关于创业行为目前还没有统一的定义。但是创业这一定义是理解创业者、创业家以及创业管理的重要前提,因此,对创业概念的理解是进行创业的关键基础。创业行为作为一种经济的推动力量,具有特殊的经济作用,而创业行为也因为创业家在创业过程中的重要影响而具有某种特定的"人格";当然,对创业行为的分析应区别于一般的管理行为,在对比过程中理解,才能突出创业行为的特点。对创业行为的理解中应包括创业机会的选择和创新价值的实现。而创业标准的评价应以重大的创新为依托,同时兼具较强的增长潜力和明确的战略目标。对于创业有许多不同的定义,其中具有代表性的概念如下:

荣斯戴特(1984年)认为,创业是一个创造并实现财富增长的动态过程。财富是由这样一些人创造的,他们承担资产价值、时间承诺或提供产品服务的风险。他们的产品或服务未必是新的或唯一的,但其价值是由企业家通过获得必要的技能与资源进行配置来注入的。

史蒂文森(1989年)认为,创业是一个人——不管是独立的个人还是在一个组织——追踪利益在捕获机会的过程,这一过程与当时控制的资源无关。而察觉机会、追逐机会的意愿及获得成功的信心和可能性对创业是特别重要的。

希斯瑞克(2000年)认为,创业是一个发现和捕捉机会并由此创造出新颖的产品、服务或实现其潜在价值的过程。创业必须要贡献时间和付出努力,承担相应的风险,并获得金钱的回报、个人的满足和独立自主。

加特纳(1990年)对创业的认识这一问题曾做过一个详尽的调查,其间涉及了学者、企业领导和政界人士等各方面人物,通过对所得调查结果进行统计,归纳出了90多种对创业的不同理解,当然这符合创业内涵丰富而又复杂的特点。创业不仅是一个管理学的现象,同时也涉及经济学、社会学等领域。由于受到各种因素的影响,对于创业的准确界定就变得更为复杂化了。

综合已有的创业概念,可以将创业的特点归纳为以下几个方面:第一,创业是创新成果叠加的过程,创新是一切商业活动成功的重要因素,将新的构想通过新产品、新流程,以及新的服务方式,有效体现到市场中,进而创造新价值。此外,以创新的执行方式应对风险将是实现其风险最小化的有效措施。而新构想的产生、实现以及商业化,在进一步细化后,创业过程其实就是各个阶段技术创新结果累加的过程。第二,创业是创业家利用创新的手段进行新价值创造和积累的过程。创业的主导是创业家,通过创业家的商业洞察力,辨别并把握机会,通过自身素质以及个人能力与组织效能的有机融合,在组织运行的过程中不断地激发新创企业的发展潜力,逐步在实现个人价值最大化的过程中完成企业财富价值的创造与积累。第三,创业是创业管理有效实施的过程。创业过程中的风险可能有多种形式,而完成整个创业过程、实现发明成果的商业价值,是需要多种要素以及大量时间的投入。要获得成功需要创业家付出极大的努力,当然,这一努力的过程其实就是创业家进行创业管理的过程,通过各种措施,最大化地降低企业的风险,分阶段地进行创新评价,并依据评价结果,积极调整企业的战略,以期顺利实现已有的经营目标。

通过以上的分析,我们在综合已有研究的基础上,针对创业的特点和目前的发展状况,给出创业的定义,在这里主要强调创业家和技术创新在创业管理过程中的关键作用。所谓创业,就是创业家通过技术创新的方式,在实现风险可控范围内最小化的前提下,发现商业机会并通过有效的管理实现商业价值的转化的过程。

二、创业的核心要素

(一) 创业者

人们一般都认为创业一定要冒极大的风险。的确,在高科技和一些新兴的领域,失败率较高。但对于大多数创业而言,并不存在很多危言耸听的风险,但是为什么会有许多创业失败者呢?德鲁克认为:"事实上,因为少数所谓的'创业家'的无知,缺乏管理方法、违反管理规律,从而给创业精神的发挥蒙上风险的色彩,高技术创业家尤其如此。"现代风险资本的奠基人——乔治·多里奥认为:"宁可考虑向有二流主意的一流人物投资,也决不向有一流主意的二流人物投资。"确实,不是一个拥有技术的科学家或工程师就能够创业成功。创业,不仅需要好的技术,还需要其他素质与能力。因此,创业者的素质与能力是创业成功的第一要素。

(二) 技术

对于创业者来说,在创业准备的时候,确实需要认真地考虑。"我做什么?我能够做什么?"什么是技术?技术是将知识运用到实践中的手段、途径、工具或方法。企业之所以存在,是因为社会的需要,因为企业能够满足社会的"需要"。创业者就是要找能够满足社会需要的技术,而将技术付之应用,去不断地满足社会的需要。对于社会需要的技术,并不完全等同于科学家眼中的科学技术,社会需要的技术既是建立在科学基础上的技术,又必须是能够满足社会实际需要的技术。因此,仅就技术水平上的高技术,并不一定能够创业成功。如果选择的技术虽然符合实际,在创业之初,显得非常火爆,但这样的技术已趋于普通的技术,很快就度过技术的生命周期。因此,技术的选择,比较合适的是选择成长阶段的技术。对于创业者来说,还不能够考虑追求科学与技术上的卓越,因此,应该以市场需要为技术选择的中心,像日本学者说的那样:"要开发能够卖得出去的产品。"既不要太超前于市场的技术,也不要落后于市场的技术;比较适宜的选择是在市场中已经显现出应用前景,但还没有应用,或是技术在市场上刚刚出现,即技术只需超前于市场半步。

(三) 资本

从创业的角度,创业资本是创业的关键要素。中国台湾一家企业咨询公司总结了近一千家创业失败的原因,创业资金的缺乏是重要的原因。正如人云:不是有钱就有了一切,但是,没有钱什么事也做不成。

(四) 市场

企业的存在是因为能够满足市场的需要,如果没有市场需求,那么新创企业就没有生存价值,自然也就不能生存。在竞争激烈的市场环境下,创业者如果不能开拓好市场并管理好市场,即使拥有最好的技术或比较雄厚的资金,也可能导致创业夭折。当然,一个优秀的创业者,是肯定能够开拓市场并管理好市场的。很多人总在期待市场高潮的到来,但是,对于创业者更需要坚持的是"创造市场"的理念。

对于创业,还有很多的因素,但就核心要素而言,创业者更加关心这四个关键因素。

三、创业者类型

(一) 生存型创业者

创业者大多为下岗工人、失去土地或因为各种原因不愿困在乡村的农民,以及刚刚毕业找不到工作的大学生。这是中国数量最大的一种创业人群。清华大学的调查报告表明,这一类型的创业者占中国创业者总数的90%。这一类型的创业者,创业范围均局限于商业贸易,少量从事实业,也基本是小打小闹的加工业。当然也有因为机遇成长为大中型企业的,但数量极少。

(二) 变现型创业者

就是过去在党、政、军、行政、事业单位掌握一定权利,或者在国企、民营企业当经理人期间聚拢了大量资源的人,在机会适当的时候,下海办公司、办企业,实际是将过去的权利和市场关系变现,将无形资源变现为有形的货币。

(三) 主动型创业者

主动型创业者又可以分为两种:一种是盲动型创业者,另一种是冷静型创业者。前一种创业者大多极为自信,做事冲动,这样的创业者很容易失败,但一旦成功,往往就是一番大事业。冷静型创业者是创业者中的精华,其特点是谋定而后动,不打无准备之仗,或是掌握资源,或是拥有技术,一旦行动,成功概率通常很高。

四、创业企业类型

(一)按照创业动机来划分

创业类型选择与创业动机密切相关。GEM(全球创业观察)项目根据创业动机的不同将创业活动分为机会型创业和生存型创业。

1. 机会型创业

机会型创业是指创业者把创业作为其职业生涯中的一种选择。创业动机出于个人抓住现有机会的强烈愿望,即通常意义上的创业动机。在商业机会可能带来巨大超额利润与抓住机会的个人强烈愿望的共同作用下,企业家承担一定的风险,表现出超常的进取心。对这类创业者而言,创业活动是一种个体偏好,并将其作为实现某种目标(如实现自我价值、追求理想等)的手段。

2. 生存型创业

生存型创业是指创业者把创业作为其不得不做出的选择。创业动机是出于别无其他更好的选择,即不得不参与创业活动来解决其所面临的困难。因此,这种创业行为是一种被动的行为,而不是个人的自愿行为,也是一种无奈的选择。

(二)按照新企业建立的渠道来划分

1. 独立创业

独立创业是指创业者个人或创业团队白手起家进行创业。独立创业可能基于各种原因。比如,发现了很好的商业机会;独立性强,不愿受别人管制;失去现有工作或找不到合适的工作;对大组织的官僚作风和个人前途感到无望;受其他人创业成功的影响等。

2. 母体脱离

母体脱离是公司内部的管理者从母公司中脱离出来,新成立一个独立企业的创业活动。母体脱离的创业者拥有创业所需的专业知识、经验和关系网络,生产与原公司相近的产品或提供类似的服务。母体脱离的原因可能是创业者与原管理层不和从而分离出来,或者是创业者发现了商业机会但原管理层不认同或不重视。母体脱离多发生在产品生命周期的早期阶段或新兴的行业之中。因为这时产品的市场空间很大,面临的市场竞争还不是很激烈。

3. 企业内创业

企业内创业的驱动力来自于企业内的创新。大型企业已不再是创业热潮中的旁观者和被动应对者,它们在积极地寻找和发掘新的、有利可图的商机与创业机会。在一个动态的环境下,竞争十分激烈,市场不断变化,不断提供新的机会,企业必须不断发展,而发展就意味着变化和改进,这就要求企业保持和发扬创业精神,在企业内部形成创新和创业的氛围。同时,企业家的推动作用在企业内创业中至关重要。企业内创业需要创业的理念、驱动力和文化,这些

因素来自作为企业所有人的管理者,也来自在企业工作的其他在企业内部创业的人。

(三) 按照对个人和市场的影响程度来划分

美国经济学家克里斯汀(Christian)认为,根据创业者个人改变的要求和新创造价值的多少,可以把创业分为复制型、模仿型、安定型和冒险型四种类型。

1. 复制型创业

复制型创业是指复制原有公司的经营模式而创立新的企业,这种创业的创新成分很低。复制型创业在新创企业中所占的比率是最高的,由于这种类型创业的创新贡献太低,缺乏创新精神的内涵,通常被称为"开创新公司",而不受人重视。但是,由于复制型创业中创业者从事的还是原来的工作,同时拥有现成的市场模板、本身的经验与资源优势,使得这种创业成功几率较大。

2. 模仿型创业

模仿型创业对于市场虽然也无法带来新价值的创造,创新的成分也很低,但与复制型创业不同之处在于,创业过程对于创业者而言还是只有很大的冒险成分。不过,对于模仿型创业,创业者有可学习的对象,可以通过同行获取相关的行业经验,甚至有可能通过系统的创业管理培训获得相关的知识和经验。如果这种类型的创业者具有适合的创业人格特质,掌握正确的市场进入时机,还是有很大机会可以获得成功。

3. 安定型创业

安定型创业虽然为市场创造了价值,但对创业者而言变化不大,风险大多来自市场。这种创业类型强调的是创业精神的实现,也就是创新的活动,而不是创造新的企业。它能够体现出稳健的创业精神,企业内创业多属于此种类型。

4. 冒险型创业

在所有创业类型中,冒险型创业无论从市场还是创业者个人来说所面临的不确定性都最大,难度也最高。除了对创业者本身的转变大、不确定性高,对新事业的产品创新而言,也将面临很高的市场不确定风险。但是这种风险和不确定也意味着冒险型创业过程带来的回报是惊人的。对这类企业来说,创业的成功需要在创业者能力、创业时机、创新精神的发挥、经营策略和创业过程管理方面有很好的搭配。

在现实中,创业者大多会选择安定型的创业模式,选择自己原来从事的行业或与原来行业相关的行业,以便增加成功的几率。并且,这种创业模式尽可能地利用已经存在各种资源。而有特殊才能或能力的创业者则偏向于选择冒险型的创业方式,一旦成功,他们将得到极高的经济效益。

五、创业的风险

风险是我们日常生活中经常遇到的,一提起风险,人们往往唯恐避之不及。其实经济学中的风险是一个中性词,并不是人们想象的那样可怕。关于风险的内涵,美国学者 A. H. 威雷特在 1901 年最早作了研究,他认为:"风险是关于不愿发生的时间发生的不确定性的客观体现。"后来,日本学者武井勋归纳提出了风险的三个基本要素,即风险与不确定性有差异;

风险是客观存在的;风险是可以预测的。一般认为,风险是在一定的失控条件下,由于各种因素复杂性和变动性的影响,使实际结果与预测发生背离而导致利益损失的可能性。

(一) 机会风险

创业者选择创业也就放弃了自己原先所从事的职业。一个人只能做一件事,选择创业就丧失了其他的选择,这就是所谓的机会成本风险。这种机会成本风险是每个创业者所应认真考虑的问题。如果创业者认为目前创业时机成熟,正好有一个绝佳的商业机会,那么就狠下决心,立即着手创业。如果觉得没什么太好的商业机会,而自己对公司经营运作管理知之甚少,就可以暂时不辞去工作,而是边工作边认真观察,看看所在公司的各层领导是如何工作的,甚至有心学习所在公司开拓市场的技巧,以及公司老总管理公司的技巧。平时设身处地将自己当作公司老总、对不同的情况做出决定,然后和公司老总的决定比较,让事实去检验自己决定的正确与否。而且,创业者还可以边为其他公司打工,边留心建立良好的商业关系网,等待时机成熟时,再开始创业。

(二) 技术风险

技术风险是指在企业产品创新过程中,因技术因素导致创新失败的可能性。技术从研究开发到实现产品化、产业化的过程中,任何一个环节的技术障碍,都将使产品创新前功尽弃,归于失败。技术上能否成功的不确定性、技术实现最终的效果的不确定性、技术寿命的不确定性都给创业带来一定的风险。

(三) 市场风险

所谓市场风险是指市场主体从事经济活动所面临的盈利或亏损的可能性和不确定性。市场需求量、市场接受时间、市场价格、市场战略等方面都会给创业带来风险。

市场容量决定了产品的市场商业总价值。很多创业者在创业计划时,常常会根据调查的数据进行主观推理,结果可能过大地估计市场的需求量。造成投资无法收回,创业夭折。

一个全新的产品,打开市场需要一定的过程与时间,若创业企业缺乏雄厚的财力投入到广告宣传中,产品为市场接受的过程就会更长,因而不可避免地出现产品销售不畅,造成产品积压,从而给创业企业资金周转带来困难。

高技术产品的研制开发成本一般较高,为了实现高投入的高收益,产品定价一般很高,但产品价格超出市场的承受力,就很难为市场所接受,技术产品的商业化、产业化就无法实现,投资就无法收回。另外,这种新产品逐渐被市场所接受和吸纳时,高额的利润会吸引来众多的竞争者,可能造成供大于求的局面,导致价格下跌,从而影响高技术产品创新的投资回报。

(四) 资金风险

资金风险是指因资金不能适时供应而导致创业失败的可能性。依托高技术产品进行创业,需要的创业资金有两个特点:一是资金规模较大,二是融资渠道少。对于新创企业,资金缺乏是最普遍的问题,如果创业者未能及时解决,非常容易造成创业夭折。对于高技术创业活动,由于资金不能及时供应,导致高技术迟迟不能产业化,其技术价值随着时间的推移不断贬值,甚至很快被后来的竞争对手超出,而使初始投入付之东流。

在资金风险中,一个不可忽视的因素是通货膨胀问题。当发生通货膨胀的时候,政府一般会采取紧缩银根的金融政策,致使利率上升,贷款成本随之增加,或难以得到贷款,导致"转化"资金紧张甚至中断。同时,通货膨胀出现后,会拉动"转化"过程中所使用的材料、设备等成本上升,使资金入不敷出。如果资金来源是国内外的风险投资公司,出于通货膨胀引起的股市和汇率的波动,也会使投资者承担一定的资金风险。

(五) 管理风险

管理风险主要包括管理者素质、决策风险、组织风险。

优秀的创业者可以不具备精深的技术知识,但必须具备一些素质:有强烈的创业精神与创新意识和愿望,不墨守成规,不人云亦云;具有追求成就的强烈欲望,富有冒险精神、献身精神和忍耐力;具有敏锐的机会意识和高超的决策水平,善于发现机会、把握机会并利用机会;具有强烈的责任感和自信心,敢于在困境中奋斗。尽管有些创业者有着较高的专业技术知识和创业的愿望,但是由于其管理水平、管理模式方面的问题,导致创业失败。

对于创业者而言,绝不可以根据自己的喜怒哀乐或不合实际的个人偏好而做出决策。也不可以不进行科学分析,仅凭个人经验或凭运气进行决策,否则可能导致惨重的失败。

组织风险是由于创业企业的组织结构不合理所带来的风险。创业企业的迅速发展如果不伴随着组织结构的相应调整,往往会成为创业企业潜在危机的根源。其中管理体制的不畅是主要原因之一。因此,对于新创企业,创业者从最开始就应该注意组织结构的设计、调整,人力资源的甄选、考评、薪酬的设计及学习与培训等管理;从创业初始就需要建立健全各种规章制度,并建立起企业文化。

(六) 环境风险

环境风险是指一项高技术产品创新活动出于所处的社会环境、政策、法律环境变化或由于意外灾害发生而造成创新失败的可能性。因此,高技术产品创新必须重视环境风险的分析和预测。把环境风险减少到最小限度。

第三节 创业过程

创业是一种复杂的社会现象,涉及新技术开发、产业化经营、资源的合理获取和有效利用以及一系列复杂的商业活动。作为一个创业者,要创建自己的企业,通常要经历几个基本的步骤。首先,创业者必须能够发现、评估新的市场机会;其次,能够进一步将其发展为一个新创企业;最后,管理这个新创企业。

一、识别与评估市场机会

识别与评估市场机会是创业过程的起点,也是创业过程中一个具有关键意义的阶段。

许多很好的商业机会并不是突然出现的,而是对于"一个有准备的头脑"的一种"回报",或是当一个识别市场机会的机制建立起来之后才会出现。

(一) 识别与评价创业机会

创业者是由创业机会驱动来进行创业的,而创业机会来自于现存的市场环境中存在的某种不足。以更好的方式提供更好的产品或服务来弥补这种不足并获取盈利的可能性,就是创业机会。创业者通过发现和开发创业机会,与现有的企业,甚至是已确定市场地位且实力雄厚的企业展开有效的竞争。

虽然大多数情况下并不存在正式的识别市场机会的机制,但通过某些来源往往可以有意外的收获,这些来源包括消费者、营销人员、专业协会成员或技术人员等。无论市场机会的设想来源于何处,都需要经过认真细致的评估,对于市场机会的评估,或许是整个创业过程的关键步骤。

创业者初创企业的动力往往是发现了一个新的市场需求,或者发现市场需求大于市场的供给能力,或者认为新产品能够开启新的市场需求。但是,这样的市场机会并非只有创业者自身认识到了,其他的竞争者也许同样准备加入这个行列。因此,并不是每个市场机会都需要付出行动去满足,而是评估这个机会所能带来的回报和风险,评估这个市场机会所创造的服务(产品)生命周期,它能否支持企业长期获利,或者能够在适当的时候及时退出。

因此,并非所有的市场机会都能成为现实中的企业,即使某种商业机会确实能满足市场需求,但如果它不能为投资者带来可接受的回报,就没有被开发的价值。因而,甄别具有投资价值的商业机会也相当重要,需要独特的技能——识别与评估市场机会,这也是创业者和投资者必备的素质之一。

(二) 构建商业模式

当创业者瞄准某一商机之后,需要进一步构建与之相适应的商业模式。机会不能脱离必要的商业模式的支撑而独立存在。成功的商业模式是一座桥梁,富有市场潜在价值的商业机会将通过这一桥梁过渡为企业。缺乏良好的商业模式,机会就不能实现其市场价值。那么,什么是商业模式?如何选择适宜的商业模式?良好的商业模式需要回答的核心问题是企业如何获取利润。不清晰或是方向错误的商业模式对创业者来说是失败的征兆,创业者应当尽快调整战略,明确方向,重新部署商业模式。

二、创办新企业

创业者选择了商业机会、找到了与之匹配的商业模式后,就要考虑如何使商业机会成为现实中的企业。进入这个阶段,才是创业的开始。

(一) 组建创业团队

一个创业团队在创业成功中可以发挥很大的作用。一个新企业的增长潜力,以及吸引私人资本和风险投资的能力,与创业团队的素质之间呈正相关关系。没有团队的新创企业不一定注定失败,但没有一个团队而建立一个高成长潜力的企业是极为困难的。

良好的创业团队是创建新企业的基本前提。创业活动的复杂性,决定了所有的事务不可能由创业者一个人包揽,而要通过组建分工明确的创业团队来完成,这需要一个过程。创业团队的优劣,基本上决定了创业是否成功。这就不可避免地涉及两个层面的问题:创业团队成员在企业中是否有适当的角色定位,是否有基本素质和专业技能;创业团队是否能团结合作,优势互补。第二个问题取决于团队成员之间是否有一个统一的核心价值观,是否做到了责任和利益的合理分配。

(二) 撰写创业计划书

一个好的创业计划书对于创业者来说是非常重要的。创业计划书不仅是对市场机会作进一步分析的必要步骤,同时还是真正开始创业的基础,是说服自己、更是说服创业投资者投资的重要文件。不仅如此,创业计划书也将使创业者深入地分析目标市场的各种影响因素,并能够得到基本客观的认识和评价;使创业者在创业之前,能够对整个创业过程进行有效的把握,对市场机会的变化有所预警,从而降低进入新领域所面临的各种风险,提高创业成功的可能性。因此,创业计划书对于确定创业资源状况、获得所需资源和管理新创企业是必不可少的。

创业计划书反映了企业的需求和要求,没有一个统一的格式和体例来规定其形式及内容。创业者和创业团队都有自己的偏好,一个比较全面的新创企业的创业计划书主要包括:市场环境、企业介绍、资源需求、营销计划、组织计划和财务计划等。

(三) 获取创业资源

这一步骤从确定创业者现有资源开始。事实上,对于资源状况还需进行分析,特别要把对于创业十分关键的资源与其他不太重要的资源加以区分,对于关键资源要严格地控制使用,使其发挥最大价值,在适当的时机获得适当的所需资源。另外,创业者不应低估其所需创业资源的数量及多样性,并应对所缺乏资源或资源的不适合性对于创业风险所带来的影响做出清醒的估计。总之,创业者应有效地组织交易,以最低的成本和最少的控制来获取所需的资源。

三、管理新创企业

在获取所需资源之后,创业者就可按照创业计划建立新创企业。此时,就需考虑企业的运营问题。这里既包括企业管理的方式问题,也包括确定企业成功的关键因素并加以把握的问题,同时,创业者还应建立起一个控制系统,以对企业运作的各个环节进行有效的监控。

(一) 新创企业的战略管理

企业战略作为企业行动的纲领,是企业发展的方向性定位。因此,战略是企业管理中的首要问题,新创企业的战略选择有其重要意义。新创企业的战略在制定过程、表达形式、传递方式等方面与成熟企业有很大差异。新创企业应该主要抓住自己和市场上已有企业的差异性来做文章,形成自己独特的竞争优势,发展核心竞争力。

（二）新创企业的危机管理

新创企业在每个阶段都会遇到企业存亡的危机，这些危机以不同程度的威胁伴随着企业成长的全过程。因此，新创企业的管理者要常备危机意识。管理者需要时刻关注企业发展中出现的技术和市场危机、财务危机、人力资源危机等。危机不是一成不变的，采用适当的措施，可以将危机转化为企业发展的机遇。因此，创业者要积极把握新创企业发展中遇到的每一个危机，为企业的后续发展奠定基础。

第四节 创新机会识别与评价

一、创业机会的含义及本质特征

创业是从发现、把握、利用某个或某些商业机会开始的。所谓创业机会，也称商业机会或市场机会，是指有吸引力的、较为持久的和适时的一种商务活动的空间，并最终表现在能够为消费者或客户创造价值或增加价值的产品或服务之中。创业机会是技术、经济、政治、社会以及人口环境发生了变化，使新产品、新服务、新原材料和新的组织方式出现了新的情境。创业机会并不简单等同于新产品、新服务、新原材料和新的组织方式，而是通过把资源创造性地结合起来，迎合市场需求（或兴趣、愿望）并传递价值的可能性。因此，创业机会实际上是复杂的、不断变化的条件（知识、技术、经济、政治、社会和人口条件）带来的创造新事物（新产品或服务、新市场、新生产过程、新的原材料、组织现有技术的新方法等）的潜力。

一般而言，创业机会具有以下本质特征。

（一）创业机会的稀缺性

机会往往是因为环境的变化、市场的不协调或混乱、信息的滞后、领先或者缺口，以及市场中各种各样的其他因素的影响而产生的。可见创业机会是在特定的条件下产生的，它是客观存在的。但创业机会需要被识别，率先识别它的人就是机会信息的拥有者。其他人要获得这种机会，要么靠自己去发现，要么就要靠支付成本购买。中小企业限于资本的缺乏，更倾向于自己去发现创业机会。

（二）创业机会的时效性

创业机会的时效性体现在"机不可失，失不再来"。机会的获得，可以为创业者提供发展机遇，机会一旦失去，创业者就与这次机遇失之交臂。创业机会的持续时间与很多因素有关。垄断权的规定，如专利保护或独家合同的出现，都增加了机会的持续时间；相似地，信息传播的缓慢或者其他人识别机会时间的滞后同样会增加持续时间，如技术标准的采用或者学习曲线的出现。

(三) 创业机会的获利性

创业者发现创业机会后,如果把机会与其他要素有机结合,即创业机会得到有效的利用,那么可以为创业者带来丰厚的利润。创业机会的获利性也成为创业者的创业驱动之一。国外研究者依据一项针对 200 位杰出创业家的研究,发现他们的创业机会主要出自三个方面:针对现有的产品与服务,重新设计改良;追随新趋势潮流,如电子商务与互联网;时机合适;通过系统地研究,发现创业机会。

一般而言,改进现有商业模式比创造一个全新的商业模式要容易。许多创业者都可以从过去任职公司的经验中,发现大量可以立即改进的缺失,包括未被满足的顾客需求、产品质量上的瑕疵、作业程序上的不经济等。事实上,大部分离职创业者是认为自己能够做得比原有公司更好才离职创业。

二、创业机会的来源

创业者要发现创业机会,首先需要了解创业机会的来源。创业机会的出现往往是因为环境的变动、市场的不协调或混乱、信息的滞后、领先或缺口,以及各种各样的其他因素的影响。一般的,创业机会主要来源于:新的科技突破和进步、消费者偏好的变化、市场需求及其结构的变化、政府政策及国家法律的调整以及国际环境的变化。所有这些都可能创造新的创业机会。较早地发现、预知这些变化,创业者就能够发现机会、利用机会、把握机会,进而率先创业,甚至赢得创业的成功。总的来说,以上几种因素可归纳为技术机会、市场机会和政策机会三类创业机会。

(一) 创业的技术机会

所谓创业的技术机会,即技术变化带来的创业机会,它主要来源于新的科技突破和社会的科技进步。技术上的任何变化或多种技术的组合都可能给创业者带来某种商业机会。例如,计算机出现以后,人们可以借此进行数据、信息的自动化管理,继而开发商业化的管理信息系统或决策支持系统;计算机网络技术的出现使得人们可以借此技术实现网络交易,发展全新的营销模式即电子商务。技术机会的主要表现形式有以下三种:

1. 新技术替代旧技术

当在某一领域出现了新的科技突破和技术,并且它们足以替代某些旧技术时,创业的机会就来了。

2. 实现新功能、创造新产品的新技术的出现

这无疑会给创业者带来新的商机。

3. 新技术带来的新问题

多数技术的出现对人类都有利、弊两面性,即在给人类带来新的利益的同时,也会给人类带来某些新的灾难。这就会迫使人们为了消除新技术的某些弊端,再去开发新的技术并使其商业化,从而带来新的创业机会。

(二)创业的市场机会

所谓创业的市场机会,是指对企业经营富有吸引力的领域能给企业营销活动带来良好机遇与盈利的可能性。市场机会来源于营销环境的变化,表现为市场上尚未满足或尚未完全满足的需求。从不同的角度去考察分析,就有不同的市场机会。例如,目前我国大多数农村居民对彩色电视机、电冰箱、洗衣机等耐用消费品有着普遍的需求,但对于经济发展落后的高原山区农村,这些并不是该地区的市场机会。一般来看,市场机会主要有以下四类:

1. 市场上出现了与经济发展阶段有关的新需求

相应的,就需要有企业去满足这些新的需求,这同样是创业者可资利用的商业机会。

2. 当期市场供给缺陷产生的新的商业机会

非均衡经济学认为,市场是不可能真正达到供求平衡的,总有一些供给不能实现其价值。因此,创业者如果能发现这些供给的结构性缺陷,同样可以找到可以利用并创业的商业机会。

3. 先进国家(或地区)产业转移带来的市场机会

从历史上看,世界各国的发展进程有快有慢,即便在同一国家,不同区域的发展进程也不尽相同。因此,在先进国家或地区与落后国家或地区之间,就有一个发展的"势差",这就可能为落后国家或地区的创业者提供创业的商业机会。

4. 从中外差距中寻找隐含的某种商机

通过与先进国家或地区比较,看看别人已有的哪些东西我们还没有,"没有的"就是差距,其中就可能发现某种商业机会。

(三)创业的政策机会

所谓创业的政策机会,是指由于政府制定的法律、法规有所变动而带来的新的行业、新的市场、新的创业机会;或是由于政府的国家发展计划重点的转移,原来没有受到重视的区域市场重新受到人们的重视,创业者也跟随政府开发这一没有开发的市场,从中获取新的创业机会。这方面的机会具体包括:法律法规开禁带来的创业机会;因政府在地区政策上的差异而带来的创业机会;新政策的实施所带来的创业机会等。

三、创业机会的评价

目前,并没有什么绝对权威的机会评价标准。创业机会能否从最初的市场需求和未利用资源的形态发展成为新企业,不仅涉及机会本身的情况,还要求机会能与创建新企业的其他力量(创业团队、投资人等)相协调。一些风险投资公司在评估商业计划时制定了详细的指标,也提出了一定的标准。但风险投资家在做出决策的时候,更多地依靠个人的商业感觉。而创业者的非正式评价则基本不依赖系统的指标体系。

(一)创业机会的定性评价

1. 几种评价标准

史蒂文森等在《新创企业》中指出充分地评价创业机会需要考虑以下几个重要问题:

①机会空间的大小,存在的时间跨度和随时间成长的速度;②潜在的利润是否足够弥补资本、时间和机会成本的投资,能否带来满意的收益;③机会是否开辟了额外的扩张、多样化或综合的创业机会选择;④在有可能的障碍面前,收益是否会持久;⑤产品或服务是否真正满足了真实的需求。

朗格内克等在《小企业管理》中指出了评价创业机会的五项基本标准:①对产品有明确界定的市场需求,推出的时机也是恰当的;②投资的项目必须能够维持持久的竞争优势;③投资必须具有一定程度的高回报,从而允许投资中的失误;④创业者和机会之间必须互相适应;⑤机会中不存在致命的缺陷。

2. 高新技术创业机会的评价

冯婉玲在《高新技术创业管理》一书中,指出对某一创业机会进行辨识,通常需要就五方面内容进行分析和判断。

(1) 机会的原始市场规模

机会的原始市场规模就是商业机会形成之初的市场规模。因为原始市场规模决定着新创企业最初阶段的投资活动可能实现的销售规模,从而决定着创业之初的利润。一般来看,原始市场规模越大越好。只要原始市场规模足够大,即便某个新的创业企业只占了很小的市场份额,也可以获取较大的商业利润。但大市场往往可能吸引过多的竞争者,甚至是强有力的竞争者,这对多数刚刚起步的新创企业无疑是不利的。因此,所谓原始市场规模越大越好主要是对那些资本、技术、运营能力强的新创企业而言的,对于那些资本、技术、运营能力强的新创企业来讲,原始市场规模较小的创业机会可能是更为可取的。因为在这种机会下,新创企业可能只是面对较少、较弱的竞争者,并且可以根据市场的成长性和成长进度不断调整自己。

(2) 机会将存在的时间跨度

一切机会都只存在于一段时间之内,在不同行业这一时间的长度差别很大。机会存在的时间跨度越长,新创企业调整自己、整合市场、与他人竞争的操作空间就越大。

(3) 特定机会的市场规模将随时间增长的速度化

这一速度决定着利用某一机会创业的新创企业的成长速度,这一速度快,新创企业就会有"可资利用"的成长空间。现实中,一个机会的市场规模总是随着时间变化的,机会可能带来的风险和利润也会随时间而变化。机会存在的某些时段,可能比其他时段更具有商业潜力。创业者只有在机会整个存在期的一段时间内利用好相应的机会,才可能谋求到较佳的商业利益。

(4) 机会是不是较好的商业机会

即便某个机会有较大的原始市场规模,存在着较长的时间跨度,未来的市场规模会以较高的速度成长,创业者也需要进一步分析、判断该机会是不是较好的商业机会。一般而言,好的机会有以下五个特点:①前景市场可明确界定;②前景市场中前5~7年中的市场需求稳步且快速增长;③创业者能够获得利用机会所需的关键资源,包括技术资源、资本资源、资讯资源、公共关系资源等;④创业者不会被锁定在"刚性的创业路径"上,而是可以中途校正自己的创业路径;⑤创业者可以通过创造市场需求来创造新的利润空间。

(5) 机会对"某个创业者"自身的现实性

即便一般而论某个机会是较好的机会,对特定的创业者而言,还需要进一步分析、判断这一机会是否是自己可以利用的机会?是否值得利用这一机会?为了做出理性的判断,创业者必须回答五个问题:①自己是否拥有利用该机会所需的关键资源;②创业者是否能够"架桥"跨越"资源缺口";③对于可能遇到的竞争力量,创业者是否有能力与之抗衡;④存在创业者可以创造的新增市场,以及可以占有的远景市场;⑤利用特定机会的风险应该是创业者可以承受的,包括技术风险、财务风险、市场风险、政策风险、法律风险、宏观环境风险等。

3. 迪蒙斯机会评价框架

迪蒙斯总结概括了一个评价创业机会的框架,其中涉及几大类53项指标。尽管迪蒙斯也承认,现实中有成千上万适合创业者的特定机会,但未必能与这个评价框架相契合。他的这个框架是目前包含评价指标比较完全的一个体系。

(二) 创业机会的定量评价

1. 标准打分矩阵

通过选择对创业成功有重要影响的因素,并由专家小组对每一个因素进行极好(3分)、好(2分)、一般(1分)三个等级的打分,最后求出对于每个因素特定创业机会的加权评分,从而在不同的创业机会之间进行比较。表13-1中列出了其中10项主要的评价因素,在实际使用中可以根据具体情况选择其中的全部或者部分因素来进行评估。

表 13-1　创业评价因素

标准	专家评分标准			加权平均分
	极好(3分)	好(2分)	一般(1分)	
易操作性				
质量和易维护性				
市场接受度				
增加资本的能力				
投资回报				
专利权状况				
市场的大小				
制造的简单性				
广告潜力				
成长的潜力				

2. 温斯丁豪斯法

温斯丁豪斯法是由美国西屋电气公司制定的,用来给一系列可供选择的投资机会进行评分,并为最后的决策提供依据。其公示为:机会优先级等于技术成功概率、商业成功概率、年均销售数、价格减去成本的差值及投资生命周期五项的乘积除以总成本。

在这一公式中,技术和商业成功的概率以百分比来表示(1%~100%),平均年销售数以销售的产品数量来计算;成本以每个产品多少元来计算;投资生命周期是指可以预期的年均销售数保持不变的年限;总成本是指预期的所有投入,包括研究、设计、制造和营销费用。把创业企业的具体数值代入公式中计算,会得到机会优先级的一个数值,再拿来比较,最后得到机会优先级越高的那个创业机会成功的可能性越大。

3. 伯泰申米特法

伯泰申米特法通过让创业者来填写针对不同因素的不同情况、预先设定好权值的选项问卷方法，来快捷地得到有关创业机会成功潜力的指标。对于每一个因素来说，不同的选项得分可以从—2分到+2分，对所有因素得分进行加总，即得到最后的总分。总分越高，说明创业机会成功的潜力越高。只有那些最后得分高于15分的创业机会才值得创业者进行下一步的策划，低于15分的都应该被淘汰。伯泰申米特法具体标准如表13-2所示。

表13-2　伯泰申米特法具体标准

标准	专家评分			
	+2分	+1分	—1分	—2分
1. 对于税前投资回报率的贡献				
2. 预期的年销售额				
3. 生命周期中预期的成长阶段				
4. 从创业到销售额高速增长的预期时间				
5. 投资回收期				
6. 占有领先者地位的潜力				
7. 商业周期的影响				
8. 为产品制定高价的潜力				
9. 进入市场的容易程度				
10. 市场试验的时间范围				
11. 销售人员的要求				

4. 贝蒂的选择因素法

在这种方法中，通过设定11个因素来对创业机会进行判断。如果创业机会只符合其中的6个或更少的因素，这个创业机会就很可能不可行。相反，如果这个创业机会符合其中的7个或者7个以上的因素，那么这个创业机会就是大有希望的。

贝蒂的因素选择法
1. 这个创业机会在现阶段是否只有你一个人发现了？
2. 初始的产品生产成本是否可以接受？
3. 初始的市场开发成本是否可以接受？
4. 产品是否具有高利润回报的潜力？
5. 是否可以预期产品投放市场和达到盈亏平衡点的时间？
6. 潜在的市场是否巨大？
7. 你的产品是否是一个高速成长的产品家族中的第一个成员？
8. 你是否拥有一些现成的初始用户？
9. 是否可以预期产品的开发成本和开发周期？
10. 是否处于一个成长中的行业？
11. 金融界是否能够理解你的产品和顾客对它的需求？

总的来说,创业机会具有多方面的属性,一些属性可以量化,而一些属性不易量化。因此,单纯约定性或定量方法都存在着不足;单纯定性无法对几个创业机会进行优劣排序,而单纯定量则又可能忽略某些关键属性对创业的作用。再者,由于创业是一项极具个性化的创新行为,创业者又是非常具有个性的人,有时很难将它们拘泥于某一固定程式。因此,上述创业机会的评价方法仅供创业者在评判创业机会时作为参考。

本章学习要点

1. 创业是创业家通过技术创新的方式,在实现风险可控范围内最小化的前提下,发现商业机会并通过有效的管理实现商业价值的转化的过程。
2. 创业的核心要素有创业者、技术、资本、市场。
3. 创业者的类型有生存型创业者、变现型创业者、主动型创业者。根据创业动机的不同,将创业活动分为机会型创业和生存型创业。按照新企业建立的渠道,将创业活动分为独立创业、母体脱离型创业、企业内创业。按照对个人和市场的影响程度来划分,可以把创业分为复制型、模仿型、安定型和冒险型四种类型。
4. 创业风险有机会风险、技术风险、市场风险、资金风险、管理风险和环境风险。
5. 创业企业的类型按照不同的划分标准有不同的划分方法。按创业动机可分为机会型创业和生存型创业;按新企业建立的渠道可分为独立企业、母体脱离和企业内创业;按照对个人和市场的影响程度可分为复制型创业、模仿型创业、安定型创业和冒险型创业。
6. 对于新创企业而言,创业的一般过程是:识别与评估市场机会(识别与评价创业机会、构建商业模式)、创办新企业(组建创业团队、撰写创业计划书、获取创业资源)、管理新创企业(新创企业的战略管理、危机管理)。
7. 创业机会有技术机会、市场机会和政策机会三类创业机会。创业机会评估有定性和定量两类方法。

复习思考题

1. 什么是管理创新?管理创新的特点有哪些?
2. 管理创新的内容是什么?有哪些具体策略?
3. 什么是创业?创业的核心要素有哪些?
4. 创业的动因有哪些?
5. 你如何认识创业风险与收益?怎样评价创业的成败?
6. 创业的一般过程是什么?
7. 创业过程中有哪些风险?如何理解创业中的风险?
8. 如何寻找创业机会?

参考文献

[1] 杜跃平,王林雪 夏永林.创业管理.西安:西安交通大学出版社,2006.
[2] 梁巧转,赵文红.创业管理.北京:北京大学出版社,2007.
[3] 陈德智.创业管理.北京:清华大学出版社,2001.

案例分析

一个生物技术公司的创业过程

(一) 洞悉机会

在公司创立之前,T先生是一位从国外学成归国、专心从事于研发与教学工作并想要有所贡献的学者。但是因为学界有限的资源以及法规上的限制,他在学术上的成就并没有达到自己的预期。2000年6月,接近人类基因图谱草稿完成的时间点,公司的创始人T先生发觉这是一个很大的契机:药物市场不再被大药厂垄断,只要拥有好的技术平台,小公司也可以和大公司一起竞争。T先生认为这是一个可以投入生物技术产业的时机,于是决定摆脱学界的限制,自行创业,希望在业界能闯出一番事业。当时与基因相关的研究风潮正盛行,基因图谱虽然完成,但是基因与疾病、身体机能之间的关系仍有待了解,因此很多研究单位都在做基因相关的功能研究。但是要进行这类研究有一个非常重要的工具,也就是"抗体",T先生发现了这个机会,因此决定将公司定位为研发服务导向的公司,也就是提供客户所需要的抗体类试剂以及相关研发服务。T先生于2000年6月创立公司,并离开原本从事教研工作的学界。

(二) 开始创业

公司创立之初,并没有自己拥有的技术与专利。T先生于是在原本担任教学且在中国台湾具有崇高学术地位的知名学府聘请人才,组成实力强大的研发团队,并开始通过人脉关系组成经营团队。例如,研发团队的领导者基本上要和T先生有良好的默契,所以T先生就找以前任教时一起长期合作的研发伙伴A先生,因为他们之前有过长时间的合作与共处,彼此有绝对的默契以及相当程度的共同信念,因此A先生被说服加入公司成为研发副总,和T先生一起放弃教学工作;申请专利必须由专业的人员担任,通过朋友的介绍T先生认识了M女士,她除了拥有生化及法律的学位之外,也在FDA担任过审查员,回国后在国内某家制药公司担任过副总,经过长时间的互相沟通,M女士加入公司成为行政与法律副总,在寻找国外的合作伙伴方面,T先生找到以前就认识的T女士,她在美国担任过副教授,也做过美国生物技术公司的总经理,对国外市场很熟悉,在可以办理提早退休而且也想为台湾地区做一点事的情况下,她也加入了公司的运作。

凭着当时生物科技的热潮、T先生与其研发团队本身的研发能力、来自知名学府的研发团队成员、整齐的经营团队成员以及T先生所洞察到的市场获利机会与创业构想,T先生带着由上述元素构成的营运计划书开始拜访可能的投资单位并进行创业构想的文稿演示。首先是针对创业投资公司,其次就是对公司有兴趣的法人(如银行),其中有一个创业投资公司的基金主管H先生把这个案例拿回公司做内部研究,另外T先生也给C银行做了文稿演示。投资界本身是互通有无的,如果有好的案例,彼此会互相推荐,尤其是像C银行这样有名望的单位后来都愿意投资的案例,对很多投资单位来说就更有说服力。因此,公司在一个月内就将所需要的资金都募集齐了。公司的大股东大部分以法人为主,而法人其实比较保守,不会轻易撤资,他们会给公司几年的时间来发挥。有了足够的资金与优秀的人力资源之后,公司开始建构实验设施,并于2000年10月正式进驻现今的营运总部与研发中心,开始进行研发工作。

(三) 突破与转型

抗体可以作为找寻基因功能的研发试剂,也可以当成药物来使用。经过研发之后,公司发现本身的技术不但能做抗体试剂,而且还改良了原本做抗体的技术平台,甚至还创造出新的技术平台,而且公司所创造出的技术平台制造出的抗体的亲和性与专一性很高,品质非常好,又能减少制造时间并降低制造成本;除此之外,公司还发明了一套筛选的技术平台,可以很快地把药物筛选出来,比别人能更快地找到药物标的。

当时许多研发药物公司面临的最大问题,就是没有办法找到所需要的抗体。公司当时的专利已经开始进行申请审查,进度已经远远超出公司的预期,再加上几个合作案例的成功,例如与美国国家卫生研究院的合作案中,公司运用自身创造出的技术平台帮助他们很快地找到了长期无法找到的抗体,这些都证明了公司优秀的研发能力以及所拥有的技术平台是非常具有竞争力的,并且为公司建立研发方面的声誉,也因此公司找到很多来自国内外的科技顾问,组成了荣誉科学咨询委员会。这个委员会的功能主要有三个方面:对公司提出建议、协助公司解决问题、确保公司发展方向的正确性。

在这个时期公司开始与策略伙伴合作。如果因为合作的关系而找到了公司想要的东西,公司会给合作单位一笔权利金。当时的合作主要目的有两个:一方面是要训练公司本身的研发能力;另一方面是要把公司优秀的研发团队与杰出的研发能力展现出来,到一定的层次才能获得别人的信任。因为不管是现在或是未来可能合作的伙伴,只有合作的成果获得成功,才能找到很多与国外单位的合作机会。由于公司本身优越的研发技术,为自身创造出了优势以及转型的机会。依照原本的规划,公司只是服务导向的,可以很快就有稳定的收入持续进账。如果公司转型为制药研发公司,以找寻新药标的为目的,短期内可以与别的公司进行合作,利用公司的抗体帮它们解决实验上遇到的问题,然后从它们的后续开发中获得权利金。长期而言,如果做出一种药,也许研发进度发展到 Phase I 就可以将成果卖给大药厂,这种收益比做服务导向的公司要大许多。从投资人与股东权益的立场来看,因为公司拥有技术优势,也开发出一些药物标的,根据公司的调查预估,在2010年之前,每种治疗性抗体药物年销售领平均将高达 114 亿~204 亿台币,市场潜力相当大。

基于公司的研发成果以及庞大的商机,公司决定转型为小型生物技术药物研发公司。公司目前的能力已经从寻找药物标的一直延伸到 Phase I,最多到 Phase II 就是能力的极限了,因为再下来的 Phase III、大量生产、药物上市、通路营销等药物发展的后端工作,都需要更多、更高深的技术以及大量的资金投入,这就不是公司所能负荷的了。这部分是大公司、大药厂所擅长的,关于这部分的后续发展,公司将会寻求策略伙伴的合作。

(四) 因应转型成长

由于公司决定转型为生物技术药物研发公司,而生物技术药物研发公司需要的资金更为庞大(因为有足够的资金,团队成员才能专心做药物研发工作),所以有必要再进行增资与寻求政府的研发补助经费。经过增资之后,公司的资本额已达到新台币5.45亿元,并于2001年底获得政府的研发经费补助。对公司目前的进度而言,资金非常足够,但是日后如果要做更多的产品后续发展,资金的需求会很大。但是股本过度膨胀对投资人不见得是好事,所以公司希望有好的伙伴能承接Phase I之后的产品发展,然后产品可以顺利上市,公司就可以有收入来支撑未来的发展。目前公司拥有的资金维持5～7年的研发是没有问题的。

在经营团队成员方面,继续通过公司的声望与人脉吸引优秀的人才加入。例如后来加入的T女士,他长期在美国的知名生物技术产业领域工作,所以和美国数家生物科技公司关系很好。因为想对台湾地区的生物技术产业有所贡献,通过一些朋友了解到台湾地区有哪些公司,在主动拜访了解之后,觉得该公司值得加入。经过评估后公司决定请他担任学术长,并负责帮助建立与国外伙伴的关系,以谋求未来能延续公司研发成果的策略伙伴关系。在研发团队成员方面,为了转型为药物研发公司,该公司也增加了新的研发成员。因为优秀且适合的团队成员对生技公司而言是生存的关键,所以公司非常重视招募人员的过程。到2003年,研发团队人员增加到28个,全公司人数为43个。

为了研发成果的后续发展,公司同时通过学术链接及国际生物技术商机网络,积极寻求其他世界级生物技术公司进行商洽合作以共同开发基因功能及寻找药物标的,并规划后续商品化策略。在这个发展阶段,选择的合作伙伴发生变化,换成是大药厂或大型的生物技术公司。

公司目前擅长的是药品研发前端的技术,这部分对大药厂生物技术公司而言很难掌控。因为生物技术是非常大的领域,如果要掌控生物科技中所有技术所发展出来的药物候选,他们也没有能力启用各个领域的科学家。所以目前的理想合作模式是由公司找出药物标的,然后发展到Phase I或Phase II,这时的候选药物就代表有极大的成功机会,公司就可以与大药厂进行合作谈判,卖出部分权利;大药厂的义务就是协助公司进行所有临床实验、生产、上市审查、通路营销等药物研发的后端工作部分。每通过临床实验的某个阶段,就支付公司一笔经费,最后如果药品顺利上市,公司再和大药厂以谈好的条件来对药物收益进行拆账。

挑选合作者需要考虑:(1)有能力承接产品后续发展的大公司,能和公司一起合作,快速地将产品开发完成,然后上市;(2)该公司的产品线欠缺现在正在发展的产品,因为大药厂面临投资人希望每年有10%成长的期望压力,所以会有补足产品线欠缺产品的需求,这样才比较有利于公司与大药厂的谈判。

公司目前的目标市场是针对全球(包括中国台湾),主要市场是在海外,主要的合作伙伴(大药厂)也是在海外。不过公司在药物研发过程中,为了符合FDA的规范,实验程序上必须有详细的资料记录。关于这部分公司也和国外部分单位保持合作关系,但是这样的合作关系所产生的权利、义务并不是很多。而且为了寻求合作伙伴,公司目前在国际上公开发表成果,并发表一些学术论文,以建立公司的信誉。这在寻求发展的伙伴时会有所裨益。

在竞争分析方面,目前很多公司都在发展免疫类与抗癌症的药物,这些都是公司的竞争者。如果有一个药物的治疗效果是百分之百,副作用是零,那么其他药品除非有一样的效果而且能把成本压得非常低,否则就没有发展的价值。但是在这样的药物出现之前,公司目前发展的药品因为疗效高、成本低,而是研发进度领先,所以都还有机会进入市场。目前,只要药物能改善病人的生活,虽然对病人有效的百分比例不一定会很高,FDA就会准许上市。

(资料来源:赵文红.创业管理.北京:北京大学出版社,2007:122)

案例思考

1. 试分析生物技术公司的创业过程。
2. 分析生物技术药物研发公司面临的问题与不利因素。